中国经济发展的世界意义

CHINA'S ECONOMIC DEVELOPMENT AND ITS IMPLICATIONS TO THE WORLD

蔡昉 著

中国社会科学出版社

图书在版编目（CIP）数据

中国经济发展的世界意义/蔡昉著．—北京：中国社会科学出版社，2019.10（2020.6重印）

ISBN 978－7－5203－5259－8

Ⅰ.①中…　Ⅱ.①蔡…　Ⅲ.①中国经济—经济发展—研究　Ⅳ.①F124

中国版本图书馆CIP数据核字（2019）第216305号

出 版 人　赵剑英
责任编辑　王　茵
责任校对　闫　萃
责任印制　王　超

出　　版　中国社会科学出版社
社　　址　北京鼓楼西大街甲158号
邮　　编　100720
网　　址　http://www.csspw.cn
发 行 部　010－84083685
门 市 部　010－84029450
经　　销　新华书店及其他书店

印刷装订　北京君升印刷有限公司
版　　次　2019年10月第1版
印　　次　2020年6月第4次印刷

开　　本　710×1000　1/16
印　　张　34
字　　数　338千字
定　　价　125.00元

目　录

第三篇　新科技革命和高版本全球化

绪　论

中华人民共和国成立以来，中国自立于世界民族之林的卓著成就，特别是改革开放以来取得的世人瞩目成就，一个重要的表现在于经济发展方面。正如任何国家经济发展历史所表现的那样，中国的经济发展历程中也遭受过挫折，有过一次次的起伏波折，付出过沉痛的代价，但是，在这 70 年中，特别是在改革开放的 40 年中，中国终究取得了人类历史上罕见的成功发展。在 1978—2018 年期间，中国经济保持年均 9.4% 的实际增长率，比同期其他任何一个国家的增长速度都高出很多，成为梅纳德·凯恩斯所说的“复利奇迹”的经典例证①。

---

① 凯恩斯提出“复利奇迹”这个概念，表达他对于人类经济发展前景的乐观判断。但是，他所依据的经济增长经验，远远不能与中国在过去 40 余年所取得的奇迹媲美，他所依据的生产率进步事实，与如今的新技术革命也不能相提并论。参见 John Maynard Keynes，“Economic Possibilities for our Grandchildren”（1930），in Lorenzo Pecchi and Gustavo Piga（eds.），*Revisiting Keynes Economic Possibilities for Our Grandchildren*，Cambridge，Massachusetts and London，England：The MIT Press，2008，pp. 17－26。

中国经济发展的成就弥足珍贵，国际社会也给予了高度的评价，中外经济学家一直以来尝试做出理论总结，也不乏一些试图揭示这一奇迹的世界意义的有益成果。对一个国家经济发展的研究，应该以是否符合这个国家实际走过的历程为据，以是否能够揭示过程的本质特征为优劣判断，以是否能够提炼出具有一般意义的规律性为价值，而不应该把是否符合某些已故经济学家的教义为依据。

从这几个角度来判断，迄今为止我们看到的对于中国改革开放发展分享经验的解读文献，来自国外学者的研究对中国历史和现实常有隔靴搔痒的距离感，国内学者的研究总体来说缺乏全球视野和历史深度，也鲜见能够把一般规律与中国特色完好结合的作品。这诸种缺陷不可避免地导致对中国经济发展的世界意义的低估。让我们先从以下四个方面，来认识研究中国经济发展不可忽视的视角，以及理解为什么经济学不能缺乏这些视角。

首先，在中华人民共和国成立之初的 1950 年，中国拥有总人口 5.54 亿，占世界人口的 21.9%；在改革开放伊始的 1978 年，中国人口达到 9.66 亿，占世界人口的 22.4%；截至 2017 年，中国总人口为 13.90 亿，占世界人口的 18.41%。占人类总数高达 1/5 到 1/4 的中国人民所进行的经济发展探索和实践，与其他国家人民的愿望和努力相同，并且取得了引人瞩目的伟大成就，本身便天然具有了显著的世界意义。

其次，正如任何国家的经济发展都是在自己独特的历史起点上和一段时期特定的环境中所发生一样，中国的经济发展也有自身的历史渊源和现实环境。但是，整个世界经济史和经济学说史也表明，人类需要共同遵循的一些经济发展规律，正是从每一个独特的国家经济发展经验中提炼和抽象出来的。一般性与特殊性的统一、多样性与个案性的统一，不仅是发展规律的源泉，也是其作为一门经世济民学问之所在。把中国经验与一般规律进行比照并得出有益的启示，也是中国经济发展所具有的世界意义。

再次，成功的经济发展、结构变革和成果共享，都是以经世济民为己任的经济学，特别是发展经济学和增长理论所孜孜以求的目标，改革开放方式和路径也是另一些经济学分支如制度经济学、转轨经济学等高度关注的制度变革过程。中国在所有这些领域进行的实践虽然不乏自身特色，同时也或多或少、或直接或间接、以证实或证伪的方式与诸多经济理论、定理、假说相联系，为修正、检验、丰富和创新经济学提供了有益养分。而且，由于中国经济体量之庞大、制度变迁内容之丰富多样、成效之显著，中国经验可谓经济学研究不可多得的富矿。

最后，中国自2010年成为全球第二大经济体之后，经济总规模继续扩大，2018年国内生产总值（GDP）达到13.61万亿美元，相当于美国的66.4%，占到低收入国家和中等收入国家总和的42.9%，占世界经济总量的15.9%。预计21世纪20

年代初中国人均 GDP 达到高收入国家的门槛标准，30 年代初经济总量将超越美国。也就是说，中国将很快成为一个史无前例的大国，能够在如此短的时间内经历低收入、中等偏下收入和中等偏上收入阶段，跨入高收入国家行列。如果认同这一经济发展具有重要的世界意义，中国经济的未来路径、趋势和走向，必然会以十分显著的程度影响世界经济特别是新兴经济体和其他发展中国家的发展。

本书尝试把中华人民共和国 70 年经济发展，特别是 40 年改革开放发展放在中国历史的纵向维度和世界经济的横向维度中进行考察，特别注重描述这个过程的关键时刻，揭示改革开放发展的关键环节，分析各种影响人们对中国经验和中国智慧进行理解的关键问题。与此同时揭示中国经济发展的特色和一般意义。全书共分 14 章，现将其逻辑脉络、结构安排和主要内容简介如下。

第一章重点阐述中国经济发展的世界意义。中华人民共和国成立以后，中国经济走上独立自主的发展道路，分别在不同阶段上进行了艰辛的探索，积累了成功的经验和有益的教训，最终在改革开放条件下取得举世瞩目的成就。在前 30 年经济建设的基础上，后 40 年的改革开放逐步消除了计划经济的体制弊端，形成市场经济下的有效激励机制，推动资源重新配置，中国全方位参与世界经济分工，创造了史无前例的发展奇迹，也对世界经济发展做出了显著的贡献。

首先，中国经济以同期世界上最快的增长速度以及不断扩大的总规模，成为总量第二和增量贡献最大的经济体，发挥了世界经济发动机和稳定器的作用。

其次，占世界人口五分之一的中国人民的成功实践，从数量意义上奠定了中国经验的世界性和显著性，为广大发展中国家提供了弥足珍贵的经验分享与智慧借鉴。

最后，中国经济发展探索中所体现的具有共性的发展规律，以及把一般规律与特殊国情相结合的方法论，为修正、丰富和创新经济理论提供了有益的素材，尤其有助于推动发展经济学的复兴。面向“两个一百年”奋斗目标，中国经济正在从中等偏上收入阶段迈向高收入阶段，更高水平的改革开放不仅是保持可持续发展的关键，还将对世界做出更大的贡献。

第二章尝试从增长理论和经济史的角度，为中国经济发展确立一个历史坐标。新古典增长理论基于西方国家发展经验，把经济增长看作单一、匀质的过程，在认识和解释包括中国在内的许多发展中国家现实经济发展时，暴露出理论和方法论上的局限性。

这一章尝试贯通各种经济发展理论，形成一个统一的分析框架，从物质资本和人力资本积累激励的角度解说经济增长成败。从较宏大的经济史视野，把经济增长划分为马尔萨斯贫困陷阱、刘易斯二元经济发展、刘易斯转折点和新古典增长等几种类型或阶段。同时，把中国经济发展问题嵌入相应的增长类型和阶段，对每个阶段相关的重大中国命题，如“李约瑟之谜”“刘易斯转折点”和“中等收入陷阱”等，进行实证分析并提出政策建议。

第三章立足于经济增长理论框架，分析经济史研究中“大分流之谜”的中国版本“李约瑟之谜”，力图增进认识中国经济发展的历史深度。在一个周而复始的贫困陷阱中，必须具备形成临界最小物质资本积累的条件，以及形成一种人力资本激励机制，实现创新与生产活动相结合，否则无法打破贫困均衡陷阱。因此，“李约瑟之谜”可以重新定义为：为什么中国历史上未能形成打破马尔萨斯贫困陷阱所必需的物质资本和人力资本积累，并将其转化为科学技术创新，以致中国未能成为工业革命的诞生地，错失拥抱现代化的历史机会。

这一章揭示前现代时期欧洲典型的封建制与中国的王朝帝国制的巨大差异，造就了大相径庭的物质资本和人力资本的积累激励机制，尝试为理解“李约瑟之谜”提供一个经济增长视角。

第四章为中国所经历的二元经济发展阶段进行理论和经济史铺垫，尝试赋予其一般意义。在主流增长理论中，传统上只承认一种经济增长类型，即新古典增长，而忽略在发展中国家普遍存在的二元经济发展类型和阶段。这不仅倾向于低估刘易斯经济发展理论的学术史贡献，也弱化了新古典增长理论对大量发展现象的解释力和预测力。

这一章尝试填补新古典增长理论的这一逻辑缺陷。通过梳理经济增长理论和经济史文献，整合一些经济史研究的经验与发现，论证各国经济史上都经历过积累起大规模农业剩余劳动力，从而形成二元经济结构的过程，并称之为“格尔茨内卷化”经济发展阶段。这样，可以把东西方各国的经济发展，典型地概括为马尔萨斯贫困陷阱、格尔茨内卷化、刘易斯二元经济发展、刘易斯转折点和索洛新古典增长，因而在第二章论述的基础上，使经济增长类型和阶段的划分在逻辑上更为完整，在经验上更加丰富和包容。

第五章整体揭示中国改革开放的分享经验。总结长达40年的中国改革开放经验，可以显著增进对人类社会发展规律的认识，也为经济学进行回顾总结、经验分析和理论提炼提供丰富的素材。虽然国内外经济学界对于中国的成功经验予以高度肯定，但是，对中国改革与发展做出理论解释和评价的研究中，占主流地位的范式仍以新古典经济理论和话语作为圭臬。

这一章从中国实际出发，结合对国内外经济学界相关文献的讨论，揭示中国经验的独特性及其与一般经济发展规律的一致性，概括中国智慧和中国方案。本章立足于历史逻辑同理论逻辑相统一的思想方法，简述中国改革开放发展的历程，阐释其相互关系和推进逻辑，概述通过激励机制、要素积累和资源配置体制、市场发育、宏观政策条件等方面的改革，实现经济增长、结构调整和生产率提高的效果，并结合发展阶段变化对改革做出展望，提出政策建议。

第六章从经济发展规律的角度总结农村改革对经济发展的贡献。本章从农业内卷化背景出发，阐释从农业内卷化转向现代化农业生产方式的几种备选路径及其在不同国家的适用性，以此解说农业人民公社化的逻辑以及人民公社化运动失败的原因。自农村实行家庭联产承包制，一举解决了农业生产缺乏激励的问题之后，在40余年改革开放时期，农村改革乃至整体经济改革始终围绕着赋予农民对生产要素的配置权利进行，使农村劳动力得以不断退出生产率低的生产活动，日益充分地在地区之间、城乡之间、产业之间流动，并依次进入生产率更高的生产活动部门。

随着经济发展阶段的变化，农业经营规模问题再次上升到重要的议事日程。一方面，由于土地经营规模的制约，农业出现了资本报酬递减现象，显现出作为一个产业缺乏自立性和竞争力；另一方面，以农业产业特殊论为代表的传统观念禁锢了农业发展的政策思路，使中国农业开始走向过度依赖补贴和保护的道路，农业发展新阶段的任务迟迟不能破题。本章尝试从理论上对不利于构建现代化农业生产方式的传统观念予以澄清，从经验上揭示中国农业因规模不经济而面临的困境，从政策上建议通过改革，破除土地制度和户籍制度等妨碍土地经营规模扩大的体制性障碍。

第七章选取最具有代表性的三个历史瞬间或事件，分别从劳动力从低生产率农业及农村产业中“退出”，在农业和非农产业之间、城乡之间、地域之间的“流动”，以及在居住、就业、社会身份等方面“进入”城市及其部门和社会三个角度，叙述了同时作为改革过程和发展过程的中国特色城镇化。

以城镇化为代表的中国改革和发展经验，可以回答如下一些重要问题，并且为解决一般的发展问题提供方案。第一，通过改革解决生产要素积累的激励问题和生产要素重新配置的机制问题，把必要条件转化为实际经济增长；第二，立足于劳动力重新配置从而促进更加充分就业，把改革、开放、发展和分享融为一体，由此获得全社会对改革的共识，使之得以持续推进；第三，随着发展阶段的变化，不断调整改革的重点，以保持和挖掘经济增长的必要条件。顺应相同的逻辑，进一步改革和发展，需要以提高农业劳动生产率为动力，推动劳动力继续退出，以消除深层体制障碍促进其更充分地流动，以搭建社会纵向流动阶梯推动其更高进入。

第八章着重阐述中国经济改革促进经济增长效果的一个重要视角，即观察改革如何通过改善激励机制、矫正价格信号和拆除体制障碍，促进生产要素特别是劳动力的重新配置，从增量和存量两个方面提高资源配置效率。这一章梳理了国内外解析中国经济改革及其增长效应的相关研究，从关于中国经济发展奇迹的充分条件、机制机理、结构视角和阶段变化等方面，尝试对现有研究文献的不足做出自己的补充。这一章从劳动力重新配置的角度简述了一系列体制改革的过程和逻辑，从经验角度估算了三个产业总体以及产业结构变化对劳动生产率提高的贡献，揭示高速经济增长的资源重新配置效应，并阐释其对中国经济进一步改革和发展的含义。

在分析的基础上，本章借助发展经济学的三个经典模型及其强调的劳动力转移重点任务，分别从刘易斯转移阶段、托达罗转移阶段和费－拉尼斯转移阶段的逻辑关系和时间递进性，对进一步实现劳动力转移提出政策建议。

第九章分析中国最富成效的成功实践——大规模减贫及其经验。中国实施的一系列经济改革拆除了阻碍生产要素流动和配置的体制障碍，推动劳动力从低生产率就业领域不断退出，实现城乡之间、地区之间和产业之间日益充分的流动，进而获得更高效率的重新配置，不仅为经济高速增长创造了必要条件，也通过劳动力转移和就业扩大提高了农户收入，同时实现了发展与共享。

与这种整体的共享型发展相并行，中国政府实施了专门的农村扶贫开发战略，并随着发展阶段和贫困性质的变化，与时俱进地调整对贫困对象的聚焦程度，打破了扶贫效果边际递减的迷思，取得了世界瞩目的减贫成就。

这一章从减贫的角度简述 40 年改革和发展过程，揭示这个时期的经济增长源泉，展示发展所具有的共享性质；回顾国家农村扶贫战略的实施过程，揭示其中体现的以人民为中心的发展思想，概括改革促进发展和减贫的实践、主要经验及其世界意义；对2020年实现按现行标准农村贫困人口全部脱贫目标之后面临的新任务做出展望，提出相应的政策建议。

第十章讨论中国经济进入新的发展阶段的减速现象。这一章总结了中外经济学家用来分析增长减速现象的三种流行范式，剖析其对于认识中国经济的削足适履之嫌。从供给侧原因即人口红利消失从而潜在增长率下降的角度解释中国经济增长减速，否定从需求侧或周期性因素解释减速的合理性，区分中国经济发展新阶段上出现的减速与以往历次出现的周期性减速的不同，以及中国经济发展新常态与世界经济新平庸的不同，以国际经验和教训阐释过度采用需求侧宏观经济刺激政策的潜在风险。

针对中国经济发展所处特殊阶段，第十章提出中等收入陷阱的一个更加聚焦的版本——门槛陷阱，借此揭示在中国即将跨入高收入国家行列之际，在增长、改革和保障民生方面的新挑战。既借鉴国际经验，又立足于中国的问题导向，从劳动力供给、人力资本积累、投资回报率以及全要素生产率等方面指出潜在增长率进一步下降的因素。在揭示阻碍生产要素供给和生产率提高的体制性障碍的基础上，指出通过结构性改革提高潜在增长率的必要性，并依此逻辑指出赢得改革红利的关键领域。

第十一章从全球化和世界经济趋同的视角考察中国经济发

展。在历次工业革命基础上形成的全球化高潮，虽然从理论上可以预期为世界经济和各国增长提供强大动力，然而第一次工业革命和第二次工业革命，以及对应的全球化 1.0 和全球化 2.0 都把广大发展中国家排除在受益者之外。20 世纪 90 年代以来，发展中国家和转轨国家广泛参与全球价值链分工，同时进行国内经济体制改革，推动了全球化 3.0 并从中获益，实现了后起国家经济发展的赶超，导致世界经济的明显趋同。

与这一轮全球化并行，中国实行经济改革和对外开放，创造出发展所必需的“钱纳里条件”，实现了激励改善与资源配置效率提高的统一，在分享全球化红利的同时，走到了新一轮工业革命的前沿。随着国际形势变化和自身发展阶段变化，面对来自全球化的逆风和传统增长动能的式微，中国经济发展也遭遇到严峻的挑战。坚持深化经济改革和扩大对外开放，引领全球化保持开放包容性质，坚持和完善自身发展所必要的“钱纳里条件”，中国经济就可以实现长期可持续发展。

第十二章阐述全球化趋势以及中国应采取的应对战略。20 世纪 90 年代以来的全球化高潮，在广度和深度上都超过了以往，以致许多工业化国家的国内经济社会政策跟不上其步伐，造成就业岗位损失和收入停滞，中产阶级和低收入者成为“输家”，日益强烈地表达不满，政治家则倾向于把问题指向包括中国在内的新兴经济体的发展。以美国信贷扩张为代表的应对政策缘木求鱼，未能从供给侧解决生产率滞缓的问题，也未能通过再分配解决全球化收益的分享问题，反而对房地产泡沫推波助澜，最终导致泡沫的破灭，酿成国际金融危机继而欧洲债务危机，使世界经济陷入平庸状态。

随着西方国家政治结构的民粹主义化，贸易、投资和移民等领域保护主义政策盛行，全球化趋势有被逆转或阻滞的危险。中国在改革开放和二元经济发展时期充分利用了上一轮全球化机遇，实现了高速经济增长和就业扩张，从而使全球化成果得以在广泛的基础上分享。面对式微的全球化，中国应以其经济体量和潜在消费力在世界经济中举足轻重的优势，在国际事务中主动作为，成为新一轮全球化的推动因素。

第十三章探讨全球公共品供给及其中国方案。以英国和美国作为单一霸主国家，主导国际公共品供给的传统全球治理模式，因其未能广泛代表各国的共同意志和平等利益，终究不能提供真正意义上的公共品。随着世界经济及其贡献者的多极化，不仅传统的治理方式和格局不再是不可或缺，而且全球共治新模式的形成不可避免。

因而，当今世界并不存在关于公共品供给真空或治理主导权交接的金德尔伯格陷阱。随着中国在世界经济中地位的不断提升，也必将积极参与全球治理，并代表新兴经济体和广大发展中国家争取更大的话语权。但是，这并不意味着要寻求霸主国家地位及其蕴含的全球公共品供给者的主导地位。从努力为人类和平与发展事业做出更大贡献的愿望出发，中国愿意与世界各国分享其改革开放促进发展和共享的成功经验，也有责任和能力提出关于全球减贫的中国方案，与各国人民一道，为破解被称作伊斯特利悲剧的反贫困难题贡献智慧和努力。

第十四章阐释迎接新的工业革命所需要的经济学革命。中国经济和世界经济都正在面临着第四次工业革命和全球化4.0的崭新挑战。以往的历次工业革命和不同版本的全球化，无疑都起到了经济增长发动机的作用，但是回顾经济发展史，可以发现工业革命和全球化同时也带来世界经济趋异、国内发展不平衡、收入不平等乃至贫困等痼疾。

从经济思想史来看，以存在着“涓流效应”为假设的两种经济学传统观念，即涓流经济学和渗透经济学更是源远流长，产生的误导及其后果绵延不绝。把经济史的回顾与经济学反思结合起来，可以得出结论：技术变革既不会以同等程度渗透到所有领域，并由此自然而然地导致均衡发展，也不应该指望能够坐享其成，等待产生经济增长成果的均等分享。

既然经济理论是经济政策制定的方法论之基和理念之源，正确应对正在发生的新工业革命和更高版本全球化，亟待破除对政策制定产生误导的实证经济学方法论、政策制定中的唯教义论，以及在处理市场与政府关系上的一成不变论，以人民为中心制定和实施经济发展战略和产业政策。

第一篇

经济史和增长理论的视角

第一章　世界五分之一人口的贡献

一　引言

在21世纪第二个十年结束之际，中国经济发展取得的成就得到全世界的瞩目。今日中国在全球经济的重要地位，既来自于过去40年的改革开放，也离不开改革开放之前30年的探索。1949年中华人民共和国成立，改变了中国经济殖民地、半殖民地的性质，使中国走上独立自主发展的道路。20世纪70年代末改革开放之前，中国经济建设从多年的战乱中得到恢复，人民得以安居乐业。随着死亡率大幅度下降，人口转变从高出生率、高死亡率和低自然增长率的第一阶段，进入高出生率、低死亡率和高自然增长率的第二阶段，也是改革开放以后在向低出生率、低死亡率和低自然增长率转变过程中，经济增长收获人口红利的一个必经阶段。

前30年建立起的完整工业体系，奠定了改革开放期间进行产业结构调整，获得资源重新配置效率的起点。中华人民共和国成立之后，中国的工业化战略就确定为重工业优先发展。当时，实施这一战略有其特定历史条件下的合理性。西方国家封锁形成诸多发展的瓶颈，必须靠优先发展重工业来打破。

例如，作为一个不可或缺却被卡了脖子的战略性产业，自力更生实现石油自给自足，在当时的环境下既是不得已而为之，也是不可不为的事情。与此类似的还有化学工业、电子工业、核工业和航天工业，正是由于赋予了更高的优先地位，才实现了突破性的发展。

不过，中国经济的确在前30年错过了一次全球经济大趋同的机会[①]，未能实现对发达经济体的赶超。如果简单地从数字表面观察，计划经济时期中国经济增长率似乎差强人意。根据麦迪森按照1990年国际购买力平价美元构造的数据口径，1952—1978年期间，中国GDP的年均实际增长率为4.4%。但是，由于20世纪50年代以后，很多后起国家和地区以较快的增长速度实现了对发达经济体的赶超，在同一时期，被定义为“富裕国家”的总体增长率达到4.3%，而不属于该组别的“其他国家”（主要为低收入和中等收入国家）总体增长率高

① 美国学者迈克尔·斯彭斯（Michael Spence）认为，大约在1950年全球经济开启了一个大趋同的时代。参见Michael Spence, *The Next Convergence: The Future of Economic Growth in a Multispeed World*, Part One, Farrar Straus and Giroux, 2011。

达4.9%，世界平均增长率为4.6%。[①]

在这期间，由于原来一些低收入和中等收入国家（地区）的人均收入向“富裕国家”靠近，而中国没有跟上这个潮流，所以中国与世界的差距反而拉大了。根据上述数据，1952年中国的人均GDP仅为538美元，为“富裕国家”平均收入水平的8.7%、“其他国家”平均收入水平的46.5%，以及世界平均收入水平的23.8%。由于中国人均GDP增长速度均低于上述组别，到1978年，中国人均GDP（978美元）相当于这三个组别平均水平的百分比反而下降，分别为6.8%、42.1%和22.1%。

事实上，由于冷战以及由此产生的世界经济体系的分隔，斯彭斯所说的那一轮所谓全球大趋同，其实范围是十分有限的。真正实现了对先行国家赶超的仅仅是欧洲一些相对落后的国家和日本、亚洲四小龙等经济体，而并没有包含更广泛的发展中国家。只是在1990年以来，新兴经济体和众多从计划经济转型的国家实行了开放政策，深度参与了新一轮经济全球化，才出现了全球范围的趋同现象，使世界经济格局发生了根本性的变化。[②] 中国正是这一轮经济全球化的积极参与者和获益者，在40年里对发达国家实现了奇迹般的经济赶超。

---

① ［英］安格斯·麦迪森：《中国经济的长期表现——公元960—2030年》，上海人民出版社2008年版，第108—109页。

② 蔡昉：《全球化、趋同与中国经济发展》，《世界经济与政治》2019年第3期。

世界经济中的组成部分，即每一个国家或经济体，理论上都以自己的改善或恶化，对整体产生影响。然而，要真正产生实质性的影响，这个作为整体组成部分的经济体需要有足够大的总规模和占比。进入 21 世纪的中国经济，以其高速增长及作为结果的规模扩大和占比提高，对世界经济产生越来越大的影响。

如果说这种产出贡献是以一种私人产品的方式对世界经济做出贡献的话，那么达到这样一种绩效的发展经验和发展理念，以及随之而来的对规则制定的话语权、对发展观念的有益见地和对循例的建设性挑战，都属于对世界经济的公共品贡献。

中国并不谋求世界经济霸权，也不输出自己的发展模式，但是，作为世界第二大经济体、第一大工业国、第一大货物贸易国以及第一大外汇储备国等，中国义不容辞地要代表广大发展中国家和新兴经济体表达关于国际经贸规则的诉求，及至引领全球化治理方式的转变。不仅如此，由于以下几个突出特征，中国及其发展对于世界的意义尤其重要。

首先，中国拥有世界上最大规模的人口，2017 年约为世界总人口的 18.5%，占人类五分之一的中国人民创造的成就对世界意义的显著性，是其他国家所无可比拟的。

其次，知识分子天生具有探索兴衰之谜的学术好奇心，而吸引众多学者尝试回答的关于中国科技（发展）为什么由盛至衰的李约瑟之谜，正是经济史学中同样著名的、旨在探索为什么16世纪以来世界经济发展出现大分流这个谜题的中国版本。

最后，就满足相同的学术好奇心而言，中国是迄今为止唯一经历了经济发展由盛至衰再至盛，同时接近于完整经历经济发展的每一个必要阶段的发展中国家。

早在1742年，英国古典经济学的先驱大卫·休谟（David Hume）曾经做过一个著名的预言。他认为当艺术和科学在一个国家达到至真至善的程度之后，从那一刻开始，艺术和科学将自然地并且必要地走向衰微，此后极少会甚至永远不会在那个国家得到复兴。[①] 迄今为止全世界观察到的中国奇迹，如果说还没有完成的话，也是正在打破这个“休谟预言”。至少从经济发展水平而言，中国已经经历了由盛至衰再至盛的激荡历史。

利用经济史学家安格斯·麦迪森（Angus Maddison）构造的长期历史数据，并力图按照相同或相近的口径予以更新，我们在图1—1中显示，在长达两千多年的时间里，以GDP占全球经济的份额、人均GDP相对于世界平均水平的百分比所表示的中国经济的世界地位，经历了一个明显的V字型变化轨迹。值得特别注意的是图中显示的中国经济由衰至盛的后半程，无论是从时间之短暂还是从规模之巨大来看，这个奇迹都是古今中外所罕见的。

---

① D. Hume, “On the Rise and Progress of the Arts and Sciences”, in D. Hume ed., *Essays: Moral, Political and Literary*, E. F. Miller (ed.), Indianapolis, Liberty Fund, p. 135.

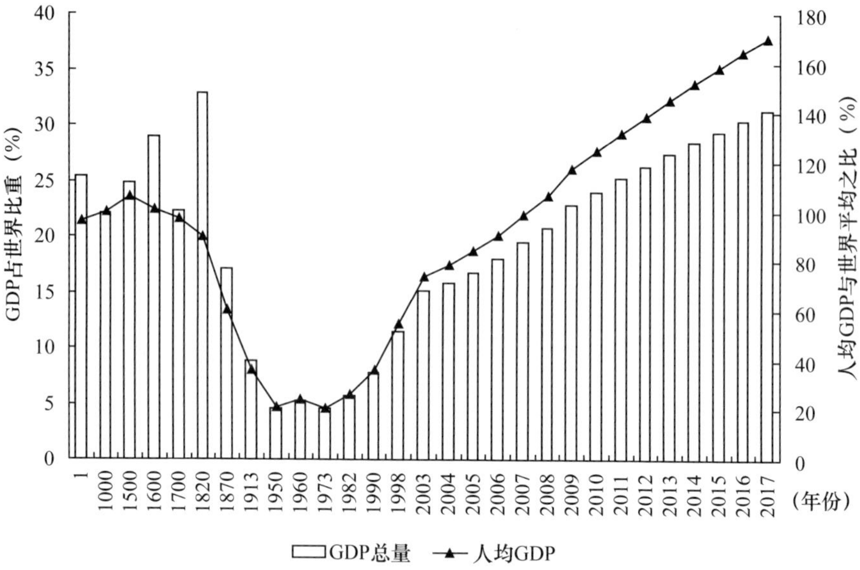

图 1—1 中国经济发展的由盛至衰和再至盛

资料来源：2003 年之前数据取自 Angus Maddison，“Contours of the World Economy（1 - 2030 AD）”，*Essays in Macro-Economic History*，Oxford University Press，p. 379，table A. 4；p. 382，table A. 7；2004 年以后数据系在 2003 年数据基础上，按照世界银行不变价国际美元 GDP 的相关增长速度推算，世界银行数据库：http：//data. worldbank. org/，2019 年 3 月 18 日。

二 世界经济发动机和稳定器

从经济规模来说国家有大有小；从增长表现来看国家有成有败。在过去 70 年的经济发展过程中，中国经历了起伏跌宕，有失败的教训更有成功的经验。自从 40 多年前开始改革开放以来，中国步履稳定地成为世界上独一无二经济规模足够大、增长速度足够快、不仅改变了自身的面貌也改变了世界经济格局的国家。可以说，中国以其作为世界经济的发动机和稳定器的作用，促成了全球百年未有之大变局。

首先，中国经济以其总规模、在全球的位次和世界经济占比，对世界经济做出显著贡献。根据世界银行数据，以 2010 年不变价美元计算，中国 GDP 总规模在 1978 年为 2943 亿美元，在全球排在第 14 位，仅相当于全球经济总量的 1.1% 和美国经济的 4.6%。到 1990 年，中国 GDP 增加到 8296 亿美元，世界经济占比提高到 2.2%，为美国的 9.2%，超过了墨西哥、澳大利亚、荷兰和沙特阿拉伯，排在世界第十位。在随后的十年里，中国经济规模先后超越了西班牙、加拿大、巴西、意大利和英国，于 2000 年排到世界经济第五位，总量达到 2.24 万亿美元，占世界经济比重为 4.5%，为美国的 17.6%。中国于 2010 年成为世界第二大经济体，总量达到 6.1 万亿美元，占世界经济 9.2%，相当于美国的 40.8%。及至 2017 年，中国 GDP 达到 10.2 万亿美元，在世界经济中占比为 12.7%，相当于美国经济的 58.7%。

其次，随着体量的增大和保持全世界持续时间最长的高速增长，中国经济增量的显著性逐年提高，中国经济对世界经济增长做出巨大的增量贡献。例如，中国 GDP 的年度增量，1990 年已经超过诸如越南、卢森堡和肯尼亚这些国家的 GDP 总量，

2000 年超过以色列、尼日利亚和爱尔兰这些国家的总量，2010 年超过瑞士、沙特阿拉伯和阿根廷这些国家的总量，2017 年超过荷兰和波兰等国乃至全部低收入国家合计的总量。如果说，在 20 世纪 90 年代以前，中国对于世界经济增长的贡献微不足道，甚至在改革开放之前常常还“拖累”世界经济增长的话，1990 年以后中国经济对世界经济的增量贡献就超过了 10%，2008 年国际金融危机以来则始终保持在 30% 左右。

再次，由于中国 GDP 年度增量逐渐扩大，自 20 世纪 90 年代以来在世界经济增长中的贡献显著提高，特别是由于与世界其他地区相比中国经济增量的高度稳定性，中国经济作为世界经济稳定器的作用变得越来越突出。从年度增长率来看，与世界经济增长相比而言，早期的时候中国经济增长波动大，但是，由于总量和增量都较小，对世界经济整体的影响并不显著。而这个特点逐渐发生了变化。

在图 1—2 中，我们把中国经济的年度增量，分别与不包括中国数据在内的世界其他地区经济增量，以及包括中国在内的世界经济总增量进行比较，从中可以发现，在有和没有中国经济增长这个因素的情况下，世界经济增长的稳定性是迥然不同的。

从包括和不包括中国数据情况下的世界 GDP 年度增长率的方差比较，可以看到自 1990 年开始，这个效应已经有所显现，之后随着中国经济年度增量的逐步扩大以及稳定性越来越强，

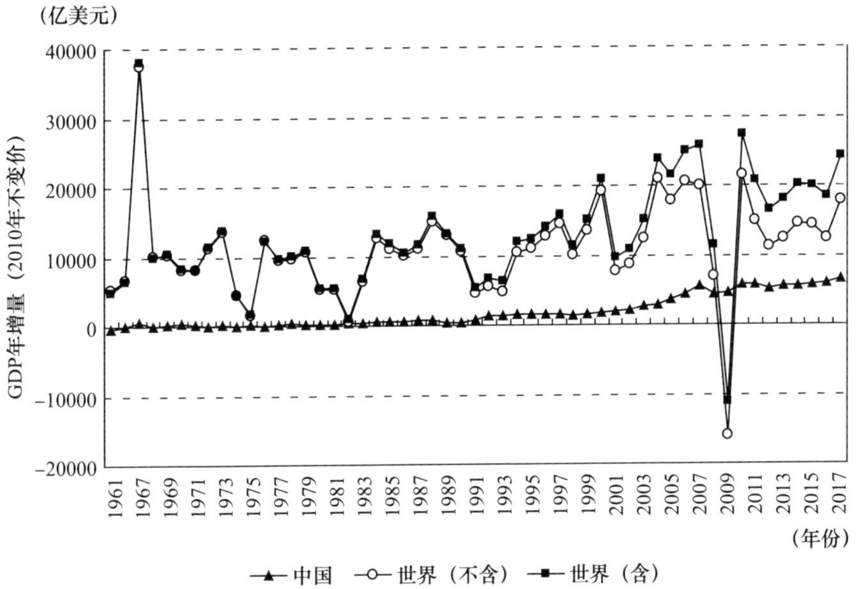

图1—2 中国经济年度增量及对世界经济稳定的贡献

资料来源：世界银行数据库，世界银行官方网站（https：//data. worldbank. org/）。

中国经济增长对于稳定世界经济增长的作用愈显突出。特别是在21世纪世界经济异常波动的年份，正是由于中国经济的稳定作用，全球波动性得以显著降低。

最后，以中国为代表的更多发展中国家和新兴经济体的经济赶超，使得长期只在理论上讨论的趋同的可能性，终于开始成为全球经济的现实。与此同时，作为经济趋同的结果，发展中国家人均收入水平大幅度提高，全球绝对贫困人口规模和贫困发生率前所未有地下降了。可见，中国改革开放带来的发展和分享，产生了提高城乡居民收入的整体效果从而大幅度减少贫困，对全球减贫做出巨大贡献。此外，中国绝对贫困人口的减少，直接对全球贫困人口的减少做出数量上的贡献。

根据世界银行数据，1981 年全世界生活在世界银行绝对贫困标准（按 2011 年购买力平价计算每天低于 1.91 美元）以下的人口共 18.9 亿人，其中中国为 8.8 亿人，占全球贫困人口的 46.4%。2015 年，全球贫困人口减少到 7.5 亿人，其中中国则只有 960 万人，仅为全球贫困人口的 1.3%。这期间，中国对世界减贫的贡献高达 76.2%。实际上，2015 年之后中国按照高于世界银行标准实施农村脱贫攻坚战略，分别于 2016 年、2017 年和 2018 年减少农村贫困人口 1240 万人、1289 万人和 1386 万人，可以说中国总体上已经消除了世界银行标准下的绝对贫困现象。

三　寻找经济发展的基本条件

第二次世界大战后，众多国家纷纷走上独立发展的道路，尝试进行各种改变贫困面貌的探索。经济学作为一门经世济民的学问，也因应这种现实的需要，于 20 世纪 50 年代形成以广大发展中国家为对象的发展经济学，各种关于发展的理论假说和战略主张一度层出不穷、花样翻新。虽然一些原来经济落后的欧洲国家以及日本和亚洲四小龙等经济体，对发达国家实现了较快的赶超，但直到80年代，世界经济范围内并没有表现出经济学家预想的趋同现象。或者说，人们从那个时期所能观察到的，充其量只是条件相似的经济体之间的“俱乐部趋同”或少数小型经济体的赶超现象。

在寻求为什么发展中国家赶超失败，因而世界范围的贫困问题未能有效解决的原因时，人们也对流行的发展理论进行了反思。一些发展经济学的先驱们纷纷进行自我辩护①，另外一些学者则旨在否定先驱们的理论立足点，试图揭示发展经济学本身的“贫困”②。最终的结果则是发展经济学作为整体，被冷落到角落里。

相应地，新古典经济学逐渐成为主流，其中新自由主义思潮更是大行其道，分别对发展中国家的发展战略、转型中国家的改革策略、国际和区域发展机构以及发达国家的援助理念产生影响。然而，这些理论和理念，既没有以正确的认识论引导各国找到适合于自身的发展道路，越俎代庖也未能帮助寻求发展中国家找准自身发展的必要条件。

在东西方冷战和南北方割裂的时代，中国没有与西方国家和国际援助组织发生密切的联系，而是在独立自主的环境中探

---

① Gerald M. Meier, *Leading Issues in Economic Development* (*Revised*), Oxford University Press, Incorporated, 1995.

② Deepak Lal, *The Poverty of "Development Economics"*, London: Institute of Economics Affaires, 1983.

索发展之路。改革开放之后，中国与各国发展贸易、引进外资，也与世界银行等国际机构建立了合作关系。然而，中国从改革伊始，便没有接受任何先验的教条，即不照搬任何既有的模式、道路或所谓共识，而是服从于发展生产力、提高国力和改善民生的根本目的，坚持了渐进式改革方式，秉持了改革、发展和分享的理念。

概述中国改革开放发展的过程，可以看到其中体现的逻辑，进而可以提炼出一个寻求赶超的国家，应该如何发现并遵循哪些必要的步骤，创造出必要发展条件的智慧。由于这些创造必要条件的步骤都是与经济体制改革紧密相关，所以改革又是实现增长的充分条件。

第一步，激活“点石成金”的激励机制。西奥多·舒尔茨（Theodore Schultz）有句名言：一旦有了投资机会和有效的刺激，农民将会点石成金。[①] 实际上，“把激励搞对”已经成为关于经济转型的教科书式的信条和建议。然而，这种一般性的说法，或者简单把问题归咎为是否存在私有产权制度，并无助于抓住中国计划经济体制弊端的要害。

在实施重工业优先发展战略的条件下，为了抑制农产品价格，以工农业产品价格剪刀差作为工业化积累的手段，就需要形成农产品统购统销制度。为了保证农业中生产要素不

① ［美］西奥多·舒尔茨：《改造传统农业》，商务印书馆1987年版，第5页。

致流失，把生产要素特别是劳动力严格限制在农业活动中，人民公社制度和户籍制度便应运而生。这一制度的“三驾马车”造成资源配置的扭曲、农业生产的低效率和劳动的激励不足。在改革前夜，这种体制弊端达到了顶点。1977 年全国人均拥有农产品产量，粮食不到 300 千克，棉花只有 2 千克，油料 4 千克，糖料 21 千克。1978 年，有 2.5 亿农村人口年收入不到 100 元。

在这种情况下，任何能够改善农业生产现状的变革，都会得到包括农民在内的全国人民的认同。在党的十一届三中全会创造了改革的政治环境后，家庭联产承包制的迅速普及，就是顺应这一需求的制度变革，也是一种帕累托改进。劳动努力与产量及收入直接挂钩，以及农产品收购价格的提高，激活了激励机制，在极短的时间里就显著增加了农产品产量，大幅度降低了农村人口贫困发生率，解决了农民的温饱问题。

第二步，展开资源重新配置的库兹涅茨过程。农业中激励机制的改善，调动了生产和劳动的积极性，提高了农业劳动生产率，单位土地面积上使用的劳动时间显著减少，长期积淀的农业剩余劳动力被迅速显性化。这时，家庭联产承包制的另一个效应显现出来，即农民获得了自由配置生产要素特别是劳动力的权利。农村劳动力按照收入提高的信号，分别进行了经济活动领域和地域的转移。

例如，农村劳动力经历了从单一粮食生产到种植业多种经营，再到农林牧渔业全面发展的重新配置，随后又进入乡镇企业等农村非农产业就业，继而依次迁移到小城镇和各种规模的城市，从中西部地区流动到沿海地区。国家统计局数据显示，农业劳动力比重从1978年的70.5%降低到2017年的27.0%。而根据笔者的研究结果，目前农业劳动力比重很可能比这个官方数字再低10个百分点左右。

由于一系列阻碍劳动力流动的体制障碍被逐渐消除，劳动者提高收入的个体动机与重新配置的效率驱动力得以衔接，共同推动了大规模的劳动力转移，同时在宏观意义上形成了一个资源重新配置过程，促进了产业结构的高度化。由于是西蒙·库兹涅茨（Simon Kuznets）最早揭示了产业结构变化现象背后体现的劳动生产率不断提高的本质，因此青木昌彦（Masahiko Aoki）把这个农业劳动力的转移和相对份额下降所表征的产业结构变化，称为库兹涅茨过程。[①] 在1978—2015年期间，中国整体劳动生产率（劳均GDP）提高了近17倍，其中劳动力在第一、第二和第三产业之间进行重新配置，即劳动力从农业向非农产业转移，对总体的贡献率高达44.9%。[②]

第三步，全方位参与世界经济分工体系。中国的经济改革

---

① Masahiko Aoki, "The Five Phases of Economic Development and Institutional Evolution in China", Japan and Korea, in Masahiko Aoki, Timur Kuran, and Gérard Roland (eds.), *Institutions and Comparative Economic Development*, Basingstoke: Palgrave Macmillan, 2012, pp. 13-47.

② 蔡昉：《中国经济改革效应分析——劳动力重新配置的视角》，《经济研究》2017年第7期。

与对外开放是同时发生的。始于1979年建立经济特区，先后经历了沿海城市和沿海省份的开放到全面开放；于1986年提出恢复关贸总协定缔约国地位的申请，2001年加入世界贸易组织（WTO）。贸易扩大、引进外资和沿海地区外向型经济发展，为转移劳动力提供了大量就业机会，引导产业结构转向符合资源比较优势，也为制造业产品赢得了国际竞争力。2017年，中国引进的外商直接投资净流入额占到全球的8.6%，出口货物和服务总额占世界的10.5%，总出口中有70%是面对世界银行定义的高收入国家，反映了中国在国际贸易中发挥了中等收入阶段的比较优势。

作为上述改革开放三部曲的结果，中国经济在长达40年的时间里实现了年均9.4%的增长速度。一方面，中国这个成就对于发展中国家对发达国家的赶超，以及对世界经济的趋同做出了巨大的贡献；另一方面，正是由于广大发展中国家参与这一轮全球化，新兴经济体取得了可圈可点的发展成就，世界经济有史以来首次显现趋同的趋势。1978—2017年期间，低收入和中等收入国家的GDP在世界经济中的比重，从21.3%提高到35.3%，中国的GDP占低收入和中等收入国家经济总量的比重，则从5.3%提高到36.0%。在这个时期，按不变价计算，低收入和中等收入国家GDP总额扩大了四倍，其中中国的贡献高达43.6%。

四　复兴发展经济学

歌德曾经说：理论是灰色的，而生命之树常青。这句话并不必然意味着理论不重要。从更加积极的角度理解这句话，可以得出的结论是：从成功的实践经验中提炼特征化事实，不断丰富乃至修正已有的理论体系，创造新的理论范式和体系，可以使理论本身生命常青。

迄今为止，中外经济学家并没有浪费中国改革开放这一丰富的经验资源，并在研究探索中形成了以下三种研究范式。首先，中国经济学家分别运用马克思主义政治经济学原理、借鉴关于转轨国家的经济学讨论、吸收西方经济学关于市场经济的理论，形成了一系列对于中国改革开放发展的独特认识，并尝试以之指导实践。其次，国外经济学家尝试用西方主流理论解释中国经验，也试图影响政策制定。最后，许多经济学家也利用中国经验的独特性，对主流经济学提出挑战、修正乃至否定。

依据经济发展实践形成的新的经验，对已有各种理论流派进行重新认识、再定位和集成，从而提出替代性的认识体系，是经济理论特别是发展经济学演进应有的逻辑以及源泉所在。占世界人口五分之一的中国人民所创造的改革和发展成就，就其显著性来说，当之无愧也责无旁贷地应该对发展经济学做出丰富和发展贡献。这就需要着眼于把中国发展的独特路径予以一般化，回应其对主流经济理论或其隐含假设的挑战，同时给出既能解释自身全过程，也能为更一般的发展问题提供借鉴的理论答案。下面将对其中若干问题进行简述。

首先，是否普遍存在一个二元经济发展阶段。新古典增长理论认为只有一条道路通向“罗马”。埃尔文·扬（Alwyn Young）和保罗·克鲁格曼（Paul Krugman）等人孜孜不倦地批评东亚模式，唱衰中国经济增长，就是由于不承认存在二元经济发展这样一个发展阶段，也看不到人口红利可以在特定阶段成为经济增长源泉。他们先验地认为劳动力是短缺的，资本报酬递减现象是无条件的，因此，否认要素投入可以维持可持续增长。因此，他们认为东亚经济体和中国经济的良好增长表现不是可持续的。

至于全要素生产率，将其看作唯一可持续增长因素固然没有错，但是，不承认二元经济发展，也就看不到资源重新配置在这个阶段上可以成为巨大的全要素生产率源泉，甚至可以以帕累托改进的方式得到大幅度提高。囿于新古典理论假设，先验地否定二元经济发展，使得这些经济学家不光彩地使用种种统计技巧，试图否认在具有劳动力无限供给特征的经济体中全要素生产率得到改善的事实。[①]

① 如参见 Alwyn Young, “The Tyranny of Numbers: Confronting the Statistical Realities of the East Asian Growth Experience”, *The Quarterly Journal of Economics*, Vol. 110, No. 3, 1995, pp. 641 – 680; Alwyn Young, “Gold into the Base Metals: Productivity Growth in the People's Republic of China during the Reform Period”, *Journal of Political Economy*, Vol. 111, No. 6, 2003, pp. 1220 – 1261; Paul Krugman, “Hitting China's Wall”, *New York Times*, July 18, 2013。

不过，也有经济学家看到了经济发展并非从始至终都是索洛式的新古典增长。实际上，普雷斯科特（Edward C. Prescott）等就尝试把马尔萨斯阶段也纳入经济增长模型中[①]，并暗示在马尔萨斯到索洛之间还存在一个农业劳动力重新配置的过渡阶段。[②] 蔡昉通过对经济史的回顾，认为二元经济的形成过程，进而二元经济发展阶段是各国经济发展过程中普遍存在的，因而可以把人类经济发展划分为五种类型或五个阶段，分别为马尔萨斯贫困陷阱、格尔茨内卷化、刘易斯二元经济发展、刘易斯转折点和索洛新古典增长。[③]

中华人民共和国成立之前，工业化进程大大落后于世界，农业已经长期处于克利福德·格尔茨（Clifford Geertz）所称的内卷化（involution）过程[④]，积累了大量的剩余劳动力。中华人民共和国成立之后，在实施重工业优先发展战略条件下，“三驾马车”的制度安排阻碍了农业剩余劳动力转移，在迅速推进工业化的同时反而形成低级化的产业结构。直至改革开放

---

① Gary D. Hansen, Edward C. Prescott, “Malthus to Solow”, *American Economic Review*, Vol. 92, No. 4, 2002, pp. 1205 – 1217.

② F. Hayashi and E. Prescott, “The Depressing Effect of Agricultural Institutions on the Prewar Japanese Economy”, *Journal of Political Economy*, Vol. 116, No. 4, 2008, pp. 573 – 632.

③ 蔡昉：《理解中国经济发展的过去、现在和将来——基于一个贯通的增长理论框架》，《经济研究》2013 年第 11 期；蔡昉：《二元经济作为一个发展阶段的形成过程》，《经济研究》2015 年第 7 期。

④ 参见 Clifford Geertz, *Agricultural Involution: The Process of Ecological Change in Indonesia*, Berkeley, University of California Press, 1963；黄宗智：《发展还是内卷？十八世纪英国与中国——评彭慕兰〈大分岔：欧洲，中国及现代世界经济的发展〉》，《历史研究》2002 年第 4 期。

以后，库兹涅茨过程才真正开始，在调整产业结构的同时大幅度提高了劳动生产率。并且在这个过程中，有利的人口年龄结构形成的潜在人口红利得到兑现，成为高速经济增长的源泉。

其次，在二元经济发展阶段，经济增长的源泉来自何处。主流经济学建立在新古典增长假设基础上，假设劳动力短缺是常态，虽然资本积累对于增长至关重要，却会遭遇报酬递减的制约，因此，该理论体系认为全要素生产率是经济增长的唯一源泉。然而，如果我们承认并非所有的经济增长都是新古典类型，则完全可以相信存在着异于新古典类型的其他增长源泉。

在人口年龄结构具有生产性特征（劳动年龄人口增长快且比重高，因而人口抚养比低且持续下降），并且普遍存在剩余劳动力的条件下，(1) 只要存在着有效的激励和动员机制，劳动力数量供给就是充足的；(2) 如果教育得到发展，新成长劳动力不断进入劳动力市场，也可以显著改善整体劳动力的人力资本；(3) 人口抚养比低且不断下降有利于维持高储蓄率；(4) 劳动力无限供给可以延缓资本报酬递减现象的发生；(5) 劳动力从低生产率部门（农业）向高生产率部门（非农产业）转移，可以获得资源重新配置效率，构成全要素生产率提高的主要部分。这些增长源泉，都是在新古典增长理论预期中不存在的。①

① 新古典增长理论在从资本报酬递减现象推导出趋同假说的时候，其实完全可以以同一理论假设认识到二元经济发展阶段的增长源泉。但是，绝大多数经济学家在面对发展中国家现实的时候，却主动放弃了这种理论的一致性。

中国在二元经济发展阶段的高速增长，以及在刘易斯转折点到来并且人口红利消失之后的增长减速，都证明了这种独特增长源泉的存在。许多计量结果都证明了存在着二元经济发展所具有的独特增长源泉。

例如，在1978—2010年期间，劳动年龄人口迅速增长，人口抚养比持续下降，估计表明，其间年均9.9%的GDP增长，劳动力数量的贡献率为9%，人力资本的贡献率6%，资本积累的贡献率61%，资源重新配置效率的贡献率8%，其余未能解释的残差（资源重新配置效率之外的全要素生产率）贡献率为16%。[①]

根据这种生产要素供给和配置状况可以估计得出，这一时期中国经济潜在增长率在9.7%—10.4%之间。伴随着2010年之后劳动年龄人口的负增长和人口抚养比由降转升，上述增长源泉显著减弱，相应地，潜在增长率也降低到“十二五”期间平均7.6%和“十三五”期间平均6.2%。[②]

最后，摆脱贫困陷阱与跨越中等收入阶段有何路径上的不同？在很长的时间里，关注发展的经济学家主要着眼于归纳打

---

① Fang Cai and Wen Zhao, “When Demographic Dividend Disappears: Growth Sustainability of China”, in Masahiko Aoki and Jinglian Wu (eds.), *The Chinese Economy: A New Transition*, Basingstoke: Palgrave Macmillan, 2012.

② Fang Cai and Yang Lu, “The End of China's Demographic Dividend: the Perspective of Potential GDP Growth”, in Garnaut, Ross, Fang Cai and Ligang Song (eds.), *China: A New Model for Growth and Development*, ANUE Press, Canberra, 2013, pp. 55 – 74.

破贫困陷阱的基本条件，譬如达到临界最小要求的资本积累水平、发挥市场作用的体制和对外开放政策等。随着越来越多的国家最终摆脱了贫困陷阱，成为新兴的中等收入国家，发展经济学家继而发现，从中等偏上收入国家行列进入高收入国家行列，进而继续提高在后一组别中的人均收入位次，是一个丝毫不比摆脱贫困陷阱容易的任务。许多研究也从经验角度揭示，确有众多国家长期徘徊在中等收入阶段，故而有了“中等收入陷阱”这一命题，并引起广泛的讨论。[①]

中国已经十分接近于经历从低收入国家，经由中等收入阶段迈入高收入国家行列的完整转变过程。按照2010年不变价，1978年中国人均GDP为308美元，属于典型的低收入国家；1993年达到1001美元，跨入中等偏下收入国家行列；2009年以4142美元进入中等偏上收入国家行列。按照现价计算，2018年中国的人均GDP已经达到9771美元，意味着中国已经临近跨入高收入国家行列的门槛。中国已经取得的成功经验和仍然面临的现实挑战，有助于回答两个发展阶段的共同点与相异处。

经济学中所谓“陷阱”，是指一种超稳定均衡状态，即对于任何一个扰动造成的偏离，增长速度仍将会回到初始状态。

① 世界银行经济学家最早提出这个概念。参见 Indermit，Gill and Homi Kharas et al.，*An East Asian Renaissance*：*Ideas for Economic Growth*，The World Bank，2007。

因此，针对打破贫困陷阱，早期发展经济学家提出需要一个临界最小努力，其中最主要的条件是储蓄率达到临界最小水平。第二次世界大战之后，广大发展中国家开始独立自主地发展本国经济。摆脱殖民主义的强烈愿望、赶超发达国家的急迫感以及当时苏联计划经济的成功表现，对于许多国家做出选择起到了重要的推动作用，即利用政府的力量加速积累，推进工业化过程。

由于这种赶超战略忽略了市场机制作用，形成封闭经济体系，在微观环节缺乏企业家活力和劳动积极性，资源配置效率低下，产业结构和技术选择背离了比较优势，使得多数国家未能成功实现赶超，各种经济发展理论饱受诟病，发展经济学本身也陷入发展困境。①

计划经济时期的中国具有很强的资源动员能力，实现了很高的资本积累率。在 1953—1978 年期间，中国的积累率平均达到 29.5%，高于世界平均水平。人力资本积累条件也优于同等发展水平的国家。然而，计划经济却不能完好地解决经济增长的另外两个必要的体制条件，即资源配置和激励机制问题，因而有利的人口因素并没有转化为经济增长源泉。只是在 1978 年之后，对传统经济体制进行深刻的改革，有节奏地不断扩大

① 如参见 Deepak Lal, *The Poverty of "Development Economics"*, London: Institute of Economics Affaires, 1983。

对外开放，才创造出增长的基本条件，实现了对低收入阶段的跨越，并迅速向高收入阶段转变。

在从中等偏上收入阶段向高收入阶段迈进的过程中，通常伴随着传统增长动能减弱的严峻挑战。在中国，人口转变过程与经济发展过程之间，以及两个过程共同形成的发展阶段，在因果关系上是互相影响的，因而在时间上也完全重合。因此，继人口红利帮助中国实现了长达30多年高速增长之后，2010年之后人口红利的迅速消失，不可避免地导致经济增长自然减速。

在新的发展阶段上，经济增长越来越需要全要素生产率提高来支撑的时候[①]，劳动力等要素从农业向非农产业转移减慢，带来的改善资源重新配置效率的空间趋于缩小，全要素生产率的提高需要更多依靠创造性破坏机制下的技术创新和制度创新。[②] 构建实现这一创新的条件则是更高的改革开放要求，也需要重新界定政府的职能及与市场的关系。也恰恰在这个时候，能够带来“帕累托改进”的改革机会也愈益稀少，进一步改革开放不可避免触及既得利益，在遇到阻碍的同时也带来成长中的烦恼。

---

① 埃辰格林等发现，全要素生产率的下降可以解释特定发展阶段上增长减速的85%。参见 Barry Eichengreen, Donghyun Park, and Kwanho Shin, “When Fast Growing Economies Slow Down: International Evidence and Implications for China”, NBER Working Paper, No. 16919, 2011。

② 蔡昉：《不破不立、不塞不流、不止不行：以出清无效产能促进增长动力转换》，《比较》2018年第1辑。

所以，在这个最接近跨入高收入国家行列的关口，一个国家必将遭遇更多困难、面对更大风险，也丝毫不容徘徊和后退。惟其如此，才能避免形成中等收入水平上的超稳定均衡状态。以往行之有效的办法也再不能够保障渡过新的沟坎，改革、发展、稳定必须以更加协调有机的方式结合起来。从经济史上成功的经验和失败的教训来看，从这个阶段开始，应对进一步发展面临的严峻挑战，是丝毫不比摆脱贫困陷阱容易的实践，所要求的理念创新也足以构成发展经济学的一个专门分支。

五　结语

中华人民共和国已经经历了70年的历程，其间的经济发展有前30年的探索及其教训，也有后40年的创新及其经验。无论是走过的弯路还是取得的成功，在知识意义上都是宝贵的财富，值得中国人自己珍视，也应该贡献给正在进行同样探索的其他发展中国家，并且值得写入发展经济学的最新版本。根据已经得到提炼的智慧，按照既定的方向和目标，依据相同的改革开放逻辑和路径，中国仍将继续进行实践探索，争取对世界做出新的更大的贡献。

首先，在时间上延续和升级经济增长动能。随着中国经济跨过刘易斯转折点，人口红利消失，二元经济发展阶段趋于结束。从增长动力的角度看，具有“低垂的果子”性质的经济增长源泉，如大规模劳动力转移产生有利于要素供给和生产率改进的效果逐渐消失，而经济增长越来越依靠新古典增长理论所预期的那些源泉，如通过市场机制下的优胜劣汰、人力资本的提升、技术创新等途径提高全要素生产率。

然而，如同许多中等收入国家的教训所印证的，并非到了这个阶段，新古典经济学的教条便可以水到渠成地引领中国经济增长。所谓中等收入陷阱这个命题意在揭示的道理正是，这个增长动能的转换不是自然而然的，而是要求根据每个国家特殊的情况，创造开发新增长源泉的条件。对中国来说，这就要求在诸多领域全面深化体制改革。

改革的实质性推进具有提高潜在增长率的效应。通过对改革效应做出合理假设，我们可以预测中国未来的潜在增长率。总体而言，中国经济增长虽然正在逐渐减速，但是在相当长的时间里，中国经济增长速度仍会高于世界平均水平，尤其会高于美国等高收入国家的增长水平。[①]

因此，假设美国经济以过去20年的趋势速度（剔除次贷危机时的两年负增长）增长，预计中国在2035年前后超过美国，成为世界第一大经济体。同时，按2010年不变价，中国

---

① 如蔡昉和陆旸的估算，参见 Fang Cai and Yang Lu, “The End of China's Demographic Dividend: the Perspective of Potential GDP Growth”, in Garnaut, Ross, Fang Cai and Ligang Song (eds.), *China: A New Model for Growth and Development*, ANU E Press, Canberra, 2013, pp. 55 – 74。

的人均 GDP 届时将超过 18000 美元。这就意味着，一旦实现对中等收入阶段的跨越，中国将成为第一个完整经历经济发展所有形态，并完成从低收入到中等收入及至高收入阶段转变的最大经济体。

其次，在空间上延伸改革、开放、发展和分享的逻辑。中国过去 40 年的改革开放发展具有一定的梯度性，即沿海地区率先改革开放，较早取得经济发展实效，实际体现了“让一部分地区先富起来”。在地区间发展水平差距明显扩大的情况下，两种机制开始发挥缩小地区差异的作用。第一种机制主要是市场化的，即沿海地区制造业发展产生了大规模劳动力需求，吸引中西部地区农村劳动力的流入，提高了劳动者对非农产业的参与率，增加了农户收入，提高了整体劳动生产率。第二种机制更多借助政府政策的作用，即实行包括西部大开发战略在内的各种区域均衡战略，促进了中西部地区基础设施和投资环境的改善。

随着中国经济迎来刘易斯转折点，劳动力短缺在沿海地区表现更为突出，制造业在这些地区最先失去比较优势。此时，中西部地区恰好具备了迎接产业转移的条件，遂形成“国内版雁阵模型”[①]。与此同时，中国开始进行粤港澳大湾区建设和长

---

① Yue Qu, Fang Cai, and Xiaobo Zhang, “Has the ‘Flying Geese’ Phenomenon in Industrial Transformation Occurred in China?” in Huw McKay and Ligang Song (eds.), *Rebalancing and Sustaining Growth in China*, Canberra: Australian National University E Press, 2012, pp. 93 – 109.

江三角洲一体化等区域发展布局，意在通过聚集规模经济保持制造业优势。

不过，劳动密集型产业终究会在中国丧失比较优势，仍然需要打造新的“国际版雁阵模型”，意味着部分制造业将向劳动力丰富的周边国家和非洲等国家或地区转移。“一带一路”以基础设施建设先行，进而带动产业转移，既符合雁阵模型这个一般发展规律，也为中国自身的梯度发展实践证明有效。

再次，从分享的维度上深化改革和扩大开放。各国寻求经济发展并不是因为发展本身，而是由于其带来对人民福祉的改善，因此，促进经济发展的改革与开放，只有从这一目的出发才能得到人们的肯定与欢迎。过去40年中国在改革开放过程中取得的伟大成就，核心也恰恰在于实现了以下三个过程的统一因而具有分享性。其一，劳动力资源重新配置，保障了生产要素的充分供给，提高了整体劳动生产率，经济增长尽享人口红利；其二，把劳动力丰富的资源禀赋转化为制造业比较优势，并且在国际上获得中国产品的竞争优势，获得全球化红利；其三，大量岗位的创造，使城乡就业更加充分，随着劳动力逐渐成为稀缺要素，普通劳动者获得了越来越高的劳动力市场回报。

随着中国经济进入新的发展阶段，来自市场机制本身的收入分配改善效应将会减弱。在经济增长模式从投入型转向创新型的情况下，生产率提高的源泉也从产业之间的资源重新配置转向经营主体之间的优胜劣汰，创造性破坏机制的作用必将增强；在更高的发展阶段参与全球价值链分工，与发达国家之间的竞争效应会大于互补效应；改革开放越是深入，帕累托改进的空间越小，可能遇到的既得利益阻碍越多。这些都要求在以人民为中心的发展思想的统领下，把分享性体现在进一步改革开放发展的全过程，同时加大政府再分配力度，发挥社会政策托底功能。

第二章　中国发展的经济史坐标

一　引言

改革开放以来中国经济发展所创造的奇迹，在世界范围内引起广泛的赞叹和关注。然而，更加特别之处是，从历史的视角观察，这个增长奇迹显示出中国有可能成为唯一的经历过由盛至衰，并再度崛起的经济增长案例，为热衷探索经济发展之谜的经济学家提出了智力挑战，也无疑会极大地满足经济史学家和增长经济学家的学术好奇心。与此同时，中国经济增长对世界经济的影响，呼唤着一种有解释力的理论的诞生。虽然世界经济史中不乏形形色色的演进路径和成功案例，但是，只有这些经验得以在一般性的增长理论中得到解释，才是有意义的。

传统增长理论从新古典经济学诸多与中国现实不一致的教义出发，不能圆满地解说中国奇迹。而制度经济学虽然旨在解释中国经验所显示的这种重大制度变迁，却因为总是教条地用某些头脑中的“共识”，事先塑造出特定的制度变迁轨道，因此终究未能满足弗里德曼对实证经济学设定的“预测”功能，从而也遭遇到不得要领的尴尬。

迄今为止，从不同的现实观察点和理论视角解释中国经济奇迹，已经出现了汗牛充栋、众说纷纭的解说。但是，目前解释中国奇迹的各家之说，在理论上是不统一的。这也难怪，解释经济发展的理论本来就分割成不同的门派，各据一隅，画地为牢。从以下标准看，这些理论解释尚不能令人满意。

第一，经济增长解释应该具有理论逻辑和历史逻辑的一致性，可以解释今天现象的理论框架，也应该能够用来解释昨天和预测明天。惟其如此，经济理论才具有指导现实、展望未来的功用。

第二，解释一国经济发展现象的理论框架，也应该能够解释其他国家，从而通过对先行国家经验的解释，对后起国家具有借鉴意义。

第三，人类历史上最大规模和最快的经济增长，理应对经济学和经济史学做出贡献，增进人们对世界经济发展全貌的认识。

作为对这一具有挑战性任务的回应，本章尝试从更加宏观的历史层面，对以下三个命题进行统一的考察。即用一个统一的理论分析框架，一致性地回答：（1）“大分流之谜”即“李约瑟之谜”的更具一般意义的说法，即为什么在前现代社会，中国科技一度遥遥领先于其他文明，而近现代中国不再具有这样的领先地位；（2）“中国奇迹之谜”，即在改革时期中国经济为什么以及靠什么实现了高速增长；（3）“中等收入陷阱之虑”，即中国能否延续以往的高速增长过程，从而按照预期进入高收入国家行列。

归根结底，笔者尝试从增长理论与经济史的结合上，同时回答中国经济发展是怎样由盛而衰，以及能否由衰至盛这一宏大命题。为此，这里提出的一以贯之的理论框架，基于任何时代的经济增长，归根结底是依靠特定的激励机制，促成物质资本和人力资本的积累，并以此为载体，把激发出的各种创意（ideas）转化为生产率的提高，实现报酬递增。

为了能够同时或分别表达特定发展阶段的报酬递增、报酬递减、要素边际替代率递减、要素同比例增加及其之间的衔接，能够区分开要素积累带来的增长与生产率提高带来的增长，并且同时表达经济的停滞状态、增长状态及其原因，我们放弃生产函数的表达形式，而是借用等产量线这个分析工具，来描述不同类型的经济增长过程。

在只考虑资本和劳动两种生产要素的情况下，因两者的相对稀缺性从而与相对价格形成不同的要素组合，决定特定的产出水平。由于生产要素的增加或者生产率的提高，产出得以增长，等产量线向外（右上方）移动，形成经济增长。

在不同的经济发展阶段上，生产要素的禀赋和积累方式，以及生产率提高的可能性和方式有着巨大的差异，从而经济增长的类型也不尽相同。我们识别出三种足以囊括迄今为止人类历史存在过的经济增长类型或状态，即以马尔萨斯模型为代表的贫困陷阱状态，或简称为 M 类型增长，以刘易斯模型为代表的二元经济发展，简称为 L 类型增长（其间包含了一个刘易斯转折阶段，或简称 T 类型增长），以及以索洛模型为代表的新古典增长，简称为 S 类型增长。从历史的角度，上述三种经济增长类型，也可以分别看作是具有继起关系的不同经济发展阶段。

在当代主流经济学家眼中，并不存在一个以劳动力无限供给为特征的二元经济发展阶段。他们或者像索洛那样，把发达国家所代表的新古典增长视作给定的，或者像库兹涅茨那样，在联系历史时看到了一个从传统经济到现代经济增长的转变，更为晚近的研究是汉森（Gary Hansen）和普雷斯科特（Edward Prescott），把马尔萨斯类型的经济增长与索洛类型的经济增长统一在一个理论框架。[①] 不过，普雷斯科特在另一篇合作论文中，承认在“马尔萨斯”和“索洛”之间存在着一个过渡阶段，其关键任务是消除约束劳动力流动的障碍。[②] 青木昌彦承

---

① Gary D. Hansen and Edward C. Prescott, “Malthus to Solow”, *American Economic Review*, Vol. 92, No. 4, 2002, pp. 1205 – 1217.

② F. Hayashi and E. Prescott, “The Depressing Effect of Agricultural Institutions on the Prewar Japanese Economy”, *Journal of Political Economy*, Vol. 116, No. 4, 2008, pp. 573 – 632.

认这样一个过渡阶段的存在，但是，他没有将其称作刘易斯阶段，而是以库兹涅茨式的结构变化作为这个阶段的特征。[①]

整个经济被区分为农业和非农产业，农业中存在的剩余劳动力，随着工业化和城市化进程不断得到转移，这样一个过程并非只是后起的赶超国家的特有现象；西方率先实现工业化的国家，也不是从马尔萨斯陷阱，经工业革命而一跃进入新古典增长阶段。只不过，在西方经济史上，长达数千年的马尔萨斯时代向索洛时代的过渡，缓慢得如同蜗牛爬行，人口转变过程也不能显示具有阶段性意义的变化，以致人们很难清晰地看到其间存在的刘易斯时代。

所以，我们在观察人类经济发展史的时候，加入一个以刘易斯命名的二元经济发展阶段，丝毫不降低对于早期工业化国家历史的解释力，却大大增强对于后起工业化地区（典型的是日本和亚洲四小龙），以及尚未完成这个过渡的发展中国家面临问题的理解。特别是，增长研究的目的，就在于为尽可能多的经济增长类型提供尽可能一致性的解释，发展经济学则更应该瞄准当代经济发展现象。

我们将会看到，把二元经济发展作为经济增长一个有机的逻辑链条，可以帮助我们剔除在解释“李约瑟之谜”中长期存

---

① Masahiko Aoki, “The Five-Phases of Economic Development and Institutional Evolution in China and Japan”, in Masahiko Aoki and Jinglian Wu (eds.), *The Chinese Economy: A New Transition*, Basingstoke: Palgrave Macmillan, 2012.

在的“高水平均衡陷阱”之说，还可以提供一个关于“中等收入陷阱”的观察维度和解释框架。

二 M类型增长与“大分流之谜”

人类历史的绝大多数时期都处在马尔萨斯贫困陷阱之中。陷阱一词在经济学中表示一种高度均衡状态，任何扰动性的改变都不能持续，最终仍然回到原来的均衡上面。马尔萨斯陷阱，作为一个经济发展阶段，统治人类历史的时间最为长久。

从世界作为一个整体经济的历史来说，直到18世纪下半期和19世纪初期发生工业革命，世界上任何角落的任何时期，人均收入都处在最低的生存水平上，没有本质上的差别，即都处于马尔萨斯式的贫困状态。以致有人认为，在这个马尔萨斯时代，简直谈不上存在着经济增长这样的事物。不过，经济增长靠累积而来，后来蓬蓬勃勃的工业革命也不是凭空发生，因此，终究是存在着一种马尔萨斯式的经济变化，即M类型经济增长。

如图2—1所示，在这种贫困陷阱中，资本和劳动的组合投入，如Ok_0的资本投入和Ol_0的劳动投入，在Q_0所代表的等产量线上形成一个仅能维持生存水平的产出。同时，在这种增长模式下，也可以产生经济剩余，从而形成新的资本，而人口的增长可以增加劳动力供给，创造发明也可以经常涌现[①]。因此，或者是由于要素的积累，使资本投入增加到 Ok_1 的水平上，使劳动投入增加到 Ol_1 的水平上，或者由于创新导致的生产率提高（更多的情形是两者同时发生），可以把生产水平扩大到 Q_1 所代表的等产量线上。经济增长似乎就这样发生了。

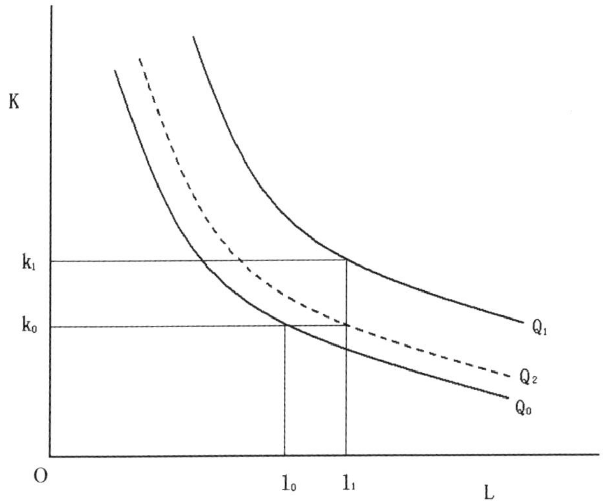

图 2—1 马尔萨斯贫困陷阱

然而，马尔萨斯均衡陷阱的本质在于，任何增加的产出都会因改善平均每个人拥有的生活资料（主要是食品）而降低死

① 克莱默（Michael Kremer）和林毅夫都指出，较大的人口规模有利于产生更多的创造发明，解决人口压力。参见 Michael Kremer，“Population Growth and Technological Change：One Million B. C. to 1990”，*The Quarterly Journal of Economics*，Vol. 108，No. 3，1993，pp. 681 – 716；林毅夫《李约瑟之谜、韦伯疑问和中国的奇迹：自宋以来的长期经济发展》，载林毅夫《林毅夫自选集》，山西出版集团、山西经济出版社 2010 年版。

亡率，提高出生率，从而刺激人口的增长，继而摊薄人均拥有的生产资料（资本）。例如，这种效应可以使产出降低到等产量线 Q_2 的水平上。这样，人均生活资料的拥有水平下降，则导致死亡率提高、出生率下降，从而人口减少。当人口减少影响到劳动力供给时，劳动投入就从 Ol_1 减少到 Ol_0 的水平，产出则回归到 Q_0 的贫困均衡水平上。在这种马尔萨斯式的条件下，所谓的"经济增长"就是这样无果地循环往复。

M 类型增长并不尽然只是过往历史上的一个阶段，还可以被看作是一种突破历史的时间坐标的增长类型。也就是说，这种类型的增长同时针对几种经济发展情形，分别为工业革命前的普遍状况、工业革命后大分流中的落伍者，以及当代世界的贫困国家和贫困地区。

在工业革命发生之前，整个人类历史实际上始终处于长夜漫漫的马尔萨斯陷阱之中。正如凯恩斯所指出，由于没有重大技术创新和资本积累，在长达至少 4000 年的时间里，人类生活水平没有实质性的提高，始终不能摆脱瘟疫、饥馑和战争灾难的困扰[①]。然而，在以马尔萨斯陷阱为特征的时代，特别是在其晚期，在凯恩斯描述的"生活在世界各个文明中心的人们的生活水平，并没有发生多大的变化"这一表象背后，一些国

① John Maynard Keynes, "Economic Possibilities for our Grandchildren (1930)", in Lorenzo Pecchi and Gustavo Piga (eds.), *Revisiting Keynes Economic Possibilities for our Grandchildren*, Cambridge, Massachusetts and London, England: The MIT Press, 2008, pp. 17 – 26.

家已经开始缓慢却不可逆转地积累起打破这一陷阱所必要的因素，尤其是相关的制度条件。

在此基础上，以英国为发源地产生了工业革命，并迅速扩展到其他欧洲国家，继而许多欧洲殖民国家。于是，人类历史上第一次实现了正的经济增长，同时形成了世界经济的“大分流”。也就是说，工业革命之后，许多国家长期继续处于马尔萨斯陷阱或M类型增长状态。在相当长的时间里，能够实现对早期工业化国家赶超的国家也寥寥无几。

真正与大分流形成对照的“大趋同”现象，迟至20世纪50年代以后才出现。而且，这种所谓的趋同现象，实际上也仅仅是一些与早期工业化国家具有同质性的国家对后者的赶超，所以充其量只是一种“俱乐部趋同”。以后的章节将显示，范围更加广泛的世界经济趋同现象，是在20世纪90年代以后才出现的。

值得注意的是，时至今日，世界上仍然有很多国家处于世界银行分组中的“低收入”行列。其中或许有些国家已经进入二元经济发展阶段，但是，也不乏一些国家仍然处在马尔萨斯陷阱或M类型增长阶段。例如，按照2010年不变价计算，人均GDP低于1000美元的低收入国家占统计范围内国家的比例，1990年高达22.2%，2017年依然有13.6%。

也应该指出，如果说当前世界经济中的低收入国家仍然处于M类型增长阶段，那也是具有了诸多与工业革命前时期的不同特征。特别是，由于这些贫穷国家被大量中等收入和高收入国家的汪洋大海所围绕，可以得到来自这些国家以及世界银行、联合国开发计划署、世界卫生组织等国际机构在金融、投资项目和医疗卫生等方面的援助，因而，这些低收入国家的“落后”也便具有了一些与时代相对应的新表现。

相比于工业革命前时代的物质资本不足，如今的低收入国家可以通过受援和借贷获得外部资金的流入，以填补国内投资资金的缺口。因此，对这些经济体来说，资本回报率低的问题，较之资本要素禀赋匮乏问题更为突出。

围绕“为何资本不从富国流向穷国”这个命题，增长经济学家进行过广泛的讨论。以索洛为代表的增长理论在假设资本报酬递减的条件下，得出穷国与富国增长趋同的假说。由此引申的结论便是，资本回报率在穷国应该高于富国。然而，卢卡斯（Robert E. Lucas, Jr.）根据人力资本差异、人力资本的外溢性和资本市场的不完备性等几种假设，认为资本回报率在穷国并不像传统理论所预期的那么高，尝试回答了“为何资本不从富国流向穷国”的问题①。

此外，还存在着其他一些与时代相关的因素，使得如今的低收入国家具有与工业革命之前不尽相同的特征。例如，首

---

① 如参见 Robert E. Lucas, Jr. , “Why Doesn't Capital Flow from Rich to Poor Countries? *The American Economic Review*”, Vol. 80, No. 2, Papers and Proceedings of the Hundred and Second Annual Meeting of the American Economic Association, May, 1990, pp. 92 –96.

先，与物质资本的道理相似，穷国面临的人力资本不足现象，归根结底也是由于其回报水平过低，因而缺乏积累激励；其次，当今时代低收入国家的人口转变也不再完全是内生的，而受到外生的生育观念、政府政策、节育手段和医疗卫生状况的影响；最后，即便是摆脱了马尔萨斯陷阱的发展中国家，其国内往往存在一些贫困地区，依然处于M增长状态下。

毫不例外，在进入现代历史时期之前的数千年里，中国始终在马尔萨斯贫困陷阱中挣扎。不过，就GDP总量和人均GDP水平来说，中国也曾经领先于世界平均水平，按照伊懋可（Mark Elvin）等经济史学家的说法，中国长期处在一个“高水平均衡陷阱”之中。

根据安格斯·麦迪森的历史数据，在公元1000—1600年之间，中国的人均收入大体上处于世界平均水平；至于经济规模（GDP总量），1820年时中国竟占到世界的1/3。而正是在那个时刻，中国在世界经济“大分流”中落到了停滞的国家行列，经济总量占世界比重，以及与世界平均水平相比的人均收入水平都一路下跌。

曾经长期流行的“高水平均衡陷阱”假说认为，由于中国历史上的农业实践把传统技术和生产要素组合到尽善尽美的程度，以致维持了一个与欧洲早期历史相比更高的生存水平，从而人口增长很快，相应导致劳动力过多和过于廉价，使得劳动节约型的技术常常不能得到应用[①]。但是很显然，这种解释未能回答为什么中国会形成这样的农业实践。

从前面对马尔萨斯贫困陷阱的解释可见，毋宁说，如果一个具有 M 类型经济增长的国家，总体而言处于扩大的等产量线（如图 2—1 中的 Q_1）上的时间较长，回归到均衡等产量线 Q_0 的速度较慢，而且比较容易发动起下一次向 Q_1 的移动，那么这个国家就具有高水平均衡陷阱的性质。伊懋可等学者的研究，证明了前现代时期的中国经济经常处在这种特殊的均衡陷阱之中，却并不能把中国排除于经济增长的 M 类型之外[②]。

虽然有意无意对大分流形成原因进行解释的理论假说可谓汗牛充栋，经济增长理论和经济史越来越集中于两个主流方向，分别把经济增长得以成功的原因，归结为一个社会能够鼓励从而创造足够多的发明、创造、创新，或总称创意，以及形成一种有效保护产权的制度安排，从而可以对创造发明者给予奖励。由此，破解大分流之谜的关键，是社会能否形成一种制度体系，使物质资本和人力资本得以积累，并达到足以打破低水平均衡陷阱的临界最小要求。

进一步说，以世界经济历史为对象所提出的“大分流之谜”也好，作为其特殊的中国版本“李约瑟之谜”也好，要从分流

① 关于这一理论最简单和精炼的概括，可参阅 Daniel Little, *Microfoundations, Method and Causation: On the Philosophy of the Social Sciences*, Transaction Publishers, 1998, pp. 151 – 169。

② 我们将在下一章对这种流行的“高水平均衡陷阱”假说进行评论。

的两极，如中国与西方国家在物质资本和人力资本的激励机制以及积累实效来进行解释。于是，这两个谜题实际上可以一般性地或特别地表述为：为什么落后国家（如中国古代）缺乏必要的制度，以便形成打破马尔萨斯均衡陷阱所必需的物质资本和人力资本积累，并将其转化为科学技术创新和经济发展。

实际上，如果以为世界上的低收入国家打破均衡陷阱提供指导和借鉴为研究出发点的话，同时认识到当今世界的贫富差距和南北分野，都或多或少是大分流的延续，我们对于当代世界经济增长现象的关注，至少要与对于经济史的关注等量齐观。也就是说，研究马尔萨斯贫困陷阱，不仅对于解释经济史有意义，对于认识当代发展中国家的贫困现象也应该有重要的含义。

就一个国家的物质资本和人力资本存量与增量来说，禀赋因素并非不可改变。而促成这个改变的动力及其激发机制，则受到多种因素的影响。经济学说史足以证明，建立在单一影响因素基础上的“决定论”，终究不能充分揭示出国家之间在物质资本和人力资本积累上产生差异的原因，因而也难以具有一般的理论解释力。

然而，地理位置和环境、自然资源禀赋、政治制度遗产、经济体制选择、偶发的历史事件以及文化宗教等因素，都会不同程度地产生对资本积累的影响。当所有这些因素以不同的方式组合起来时，则会形成某种力量，推动物质资本和人力资本的积累朝着此方向或彼方向发生变化。此时便形成经济发展的特定路径，也会使一个国家形成某种路径依赖。在国家对于某种因素组合决定的发展模式产生过强依赖的情况下，便会陷入相应的高度稳定均衡状态——马尔萨斯陷阱。

可见，认识M类型增长既需要具有一般性分析框架，又必须找出作为研究对象的具体国家或地区的这种独特影响因素组合。这是因为这个任务提出如此苛刻的学识和实感要求，大分流之谜和李约瑟之谜才成为相关领域研究者孜孜以求的学术目标，让人既乐此不疲又难以取得广泛认同的突破。

中国在前现代时期具有与西欧中世纪不同的制度形式，由此派生出一系列不利于物质资本和人力资本积累的因素。首先，由于缺乏一个在庞大中央帝国与分散小农户之间的既独立又有规模的经济主体，不足以形成临界最小规模的物质资本积累，从而难以打破低水平均衡陷阱。其次，这样的社会由于缺乏必要的创新需求因素，相应地，人才也便不能按照创新的导向得到培养和进行筛选，人力资本积累同样达不到打破低水平均衡陷阱的临界要求。在下一章，我们将尝试从这两个方向回应李约瑟之谜。

三　L类型增长与“中国奇迹”

与刘易斯理论（Arthur Lewis）不可分割的二元经济发展阶

段，是指在一个国家中，整个经济被明显地划分为存在大量剩余劳动力的农业和能够获得无限供给劳动力的非农部门，农业释放剩余劳动力与非农产业吸收劳动力的过程，构成一个经济增长过程。[①] 中国和许多发展中国家都处在这个发展阶段上，以日本和亚洲四小龙为代表的后起工业化经济体，也曾经经历过这样的发展阶段。

之所以这个增长类型在欧美早期工业化国家之外表现得更加淋漓尽致，一方面是因为后起国家和地区有着更快的人口转变过程。当人口转变发生很快，并且进入高出生、低死亡、高增长阶段时，劳动力剩余就会形成。另一方面，某些制度因素阻碍劳动力的充分流动，从而不能一下子改变劳动力供大于求的不均衡现象，因此，逐步消化剩余劳动力就构成经济增长的基本特征。这就是我们定义的L类型经济增长。

如图2—2所示，资本投入Ok_0和劳动投入Ol_0在等产量线Q_0上形成一个初始的产出水平。由于这种增长类型具有劳动力无限供给特征，同时任何可能产生的经济剩余，一旦被积累起来，便形成新的资本投入，并且可以取得同比例的劳动投入的配合，形成经济增长。例如，在图2—2中，扩大了的资本投入Ok_1和劳动投入Ol_1在等产量线Q_1上，形成新的产出水平。

---

① Arthur Lewis, "Economic Development with Unlimited Supply of Labor", *The Manchester School*, Vol. 22, No. 2, 1954, pp. 139 - 191.

只要劳动力供给仍然是充足的，上述产出扩大的过程或经济增长就可以持续下去。

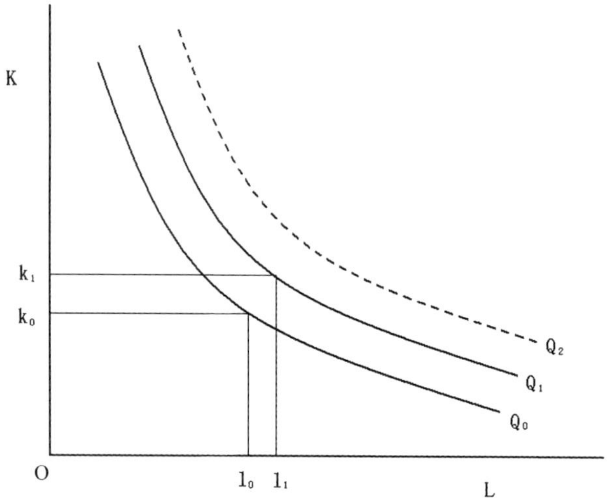

图 2—2 刘易斯二元经济发展

不仅如此，在这个资本和劳动投入规模不断扩大的循环往复过程中，劳动力从剩余状态转变为得到生产性使用，同时意味着从边际劳动生产力很低的农业，转向边际劳动生产力高得多的非农产业，形成一个资源重新配置过程，从而获得一种二元经济发展阶段特有的全要素生产率源泉——资源重新配置效率。

不仅如此，工业革命后的发展中国家还因与发达国家的技术差距，而具有独特的后发优势，通过引进技术和机器设备提高全要素生产率。这在图 2—2 中则表现为，在资本和劳动增加导致产出水平从 Q_0 移动到 Q_1 的同时，还因全要素生产率的提高，产出水平进一步移动到 Q_2。许多国家的经验表明，在二元经济发展阶段，全要素生产率不仅可以得到提高，而且可以以较快的速度和较大的幅度得到提高。所以，二元经济发展时期通常伴随着超常高速增长表现。

如这个模型所显示，在一个二元经济发展过程中，由于已经存在着现代经济增长部门和现代教育体系，因此，物质资本和人力资本的积累并不存在天然的瓶颈，问题在于实现必要积累及其有效率配置的激励机制。

例如，在计划经济时期，中国在物质资本和人力资本积累方面，都大大领先于同等收入国家，却没有得到有效配置，经济增长也没有杰出的表现。所以，如果把改革开放期间作为中国的典型 L 类型经济增长阶段，值得探索的问题在于，这一时期的制度变革如何创造出有效配置物质资本和人力资本的激励机制，并释放丰富的劳动力资源，借助人口红利实现史无前例的高速经济增长。

中国从 20 世纪 70 年代末开始的改革，从运用物质利益原则调动劳动者积极性和加大企业利润动机起步，随着价格形成机制的变化和企业竞争的增强，改革进一步触及资源分配体制，通过诸如价格双轨制这类改革方式，计划经济体制被逐渐放弃。在这个过程中，形成了两种有利于物质资本和人力资本积累的激励机制。

第一是针对直接微观经济活动的激励机制。农业家庭承包制、劳动报酬制度改革、劳动力市场发育、国有企业改革以及非公有经济发展，使资本和劳动的积累和合理配置可以最大限度地惠及经济活动当事人。

第二是针对地方政府介入经济发展的激励机制。财政分权、政府考核制度和干部晋升制度等方面的改革，激发各级（特别是有财政预算权的）政府促进地方经济发展的积极性，形成政府间的经济增长速度竞争。[①] 地方政府不仅直接招商引资、帮助企业从上一级政府跑项目争取资源，而且对各种人力资本的贡献做出鼓励，直至实施人才引进政策，甚至在劳动力出现短缺现象的情况下，制定和出台吸引农民工的政策。

在激励机制逐渐完善的条件下，劳动力无限供给的特征就被用来促进高速增长，潜在的人口红利被兑现为经济增长绩效。在 1979—2010 年期间，中国 GDP 年均增长率为 9.9%。这样一个典型而完美的二元经济发展奇迹，来源于与劳动力无限供给特征相关而存在的较多“不均衡”现象，从而资源获得重新配置的机会。

下面，我们根据自己的增长分解（图 2—3），观察与二元经济发展相关的一系列特殊增长机会，研究如何成为高速增长源泉，并以我们的分解结果作为一个标靶，与其他学者的相关

---

① 张五常把中国“近乎奇观的经济增长”归因为能够诱发地方政府（他具体指县级政府）之间激烈竞争的体制。不过，我们并不赞同他对这种体制效应的无条件推崇。参见张五常《中国的经济制度》，中信出版社 2009 年版。

结论进行对比。经济学家通常在增长分解中加入人口抚养比（依赖型人口与劳动年龄人口的比率）这个变量，以区分出人口红利对经济增长的贡献。[①] 然而，我们从中国的经验发现，人口红利的作用并非抚养比这个变量所能涵盖的，实际上，它体现在几乎所有的增长源泉（或解释变量）之中。

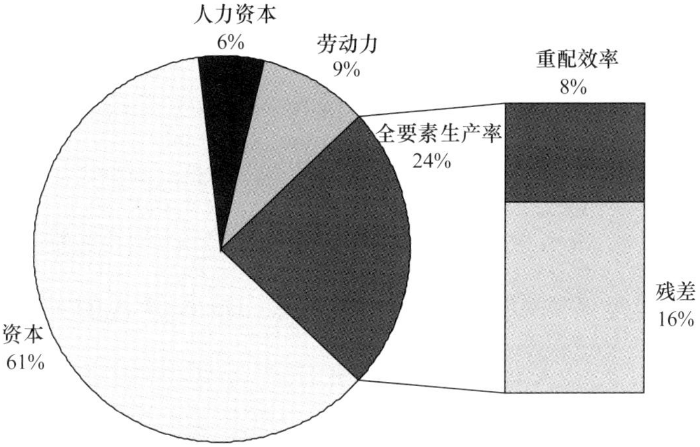

图2—3　改革时期经济增长源泉（1979—2010年）

资料来源：这一关于中国经济增长源泉的分解，是与赵文讨论并由他具体估算的。

在中国的整个改革期间，同时发生着急剧的人口转变，即生育率迅速下降，导致劳动年龄人口总量持续增长，占总人口的比重不断提高，保证了劳动力的充分供给。这表现在劳动力增长对经济增长的贡献中。而这个人口转变的另一个指标——人口抚养比也发生了大幅度的降低，扩大了经济增长创造的剩余，

---

① 如Jeffrey Williamson, "Growth, Distribution and Demography: Some Lessons from History", NBER Working Paper Series, No. 6244, 1997。

实现了高储蓄率，从而为资本积累创造了良好的条件。劳动力无限供给的特征防止出现资本报酬递减现象，打破了新古典增长的限制条件，使得资本形成可以在较长时期里作为高速经济增长的重要引擎。这表现为资本的贡献。新成长劳动力的受教育程度持续大幅度提高，人力资本积累速度是前所未有的，因而表现为人力资本贡献。大量对改革期间中国经济增长的分解，得出了类似的实证结果和结论。总结起来，大体上可以概括为，对中国高速经济增长贡献最大的因素是资本形成和劳动力增长，劳动者受教育程度的提高也做出了值得注意的贡献。

全要素生产率提高及其对经济增长的贡献，是把改革开放时期与计划经济时期截然区分的关键。技术差距的缩小和体制变革效应，在很大程度上表现在生产要素积累之外的增长源泉——全要素生产率的改善上面。

不过，特别值得指出的是与这个经济增长类型相关的生产率源泉，即劳动力从农业转向非农产业，创造了一个特有的资源重新配置效率，构成全要素生产率提高的重要组成部分。全要素生产率从改革之前对增长的负贡献变为改革期间的正贡献[①]，其中重要的组成部分，则是劳动力部门转移带来的资源

① 如杨坚白《速度·结构·效率》，《经济研究》1991 年第 9 期；Xiaodong Zhu, "Understanding China's Growth: Past, Present, and Future", *The Journal of Economic Perspectives*, Vol. 26, No. 4, 2012, pp. 103 – 124；［美］德怀特·帕金斯：《从历史和国际的视角看中国的经济增长》，《经济学》（季刊）第 4 卷第 4 期，中国经济研究中心、北京大学出版社 2005 年版。

重新配置效率[①]。给定要素积累对增长的显著贡献份额，经济学家一般把这个时期的中国经济增长归结为要素投入驱动型。不过，正是L类型经济增长所具有的劳动力无限供给性质，使这种增长模式奏效。[②]

四　T类型增长与“中等收入陷阱”

如果我们把农业劳动力剩余第一步定义为不需改变工资的生存水平性质，即可获得源源不断劳动力供给的状态，进一步定义为边际劳动生产力显著低于非农产业的情形，则二元经济发展终究要遭遇剩余劳动力的终结。虽然这是一个逐步完成的过程，但是，最具特征性的变化，如劳动力短缺现象的出现和普通劳动者工资的上涨，会在某一时点突出地显现出来，我们把这个时点叫作“刘易斯转折点”。

---

① 参见 L. Brandt and Xiaodong Zhu, “Accounting for China's Growth”, Working Paper No. 395, Department of Economics, University of Toronto, February, 2010。

② Fang Cai and Wen Zhao, “When Demographic Dividend Disappears: Growth Sustainability of China”, in Masahiko Aoki and Jinglian Wu (eds.), *The Chinese Economy: A New Transition*, Basingstoke: Palgrave Macmillan, 2012. 朱小冬通过一种独特的方法分解中国经济增长源泉，得出一个与众不同的研究结论，即他发现改革期间中国经济增长的主要源泉并不是资本投入，而是全要素生产率的提高。参见 Xiaodong Zhu, “Understanding China's Growth: Past, Present, and Future”, *The Journal of Economic Perspectives*, Vol. 26, No. 4, 2012, pp. 103 – 124。其实，正如当年对新加坡经验的讨论所显示的，技术进步的因素既可能表现为资本贡献，也可能表现为生产率贡献，取决于理论假设和模型选择（如参见 Jesus Felipe, “Total Factor Productivity Growth in East Asia: A Critical Survey”, EDRC Report Series, No. 65, Asian Development Bank, Manila, Philippines, 1997）。朱小冬的方法和结论旨在建立与新古典增长理论的一致性，从而避免传统理论不能理解L类型经济增长特殊性的尴尬。

在这个转折点上，相应形成了一个具有自身特征的增长类型，即T类型经济增长。这是二元经济发展的一个特殊阶段，或L类型经济增长向S类型经济增长过渡的一个特殊形态。

如图2—4所示，k_0与l_0、k_1与l_1，以及k_2与l_2所对应的资本同劳动投入组合，分别在等产量线Q_0、Q_1和Q_2上形成特定的产出水平，构成前述二元经济发展时期的增长过程。但是，当劳动投入l_2的水平上时，经济发展遇到了刘易斯转折点，即如果进一步增加劳动投入，必须提高劳动者的工资。在理论上，这也可以看作剩余劳动力的吸纳殆尽，劳动力成为稀缺生产要素的开端。所以，在进一步增加资本投入k_3的情况下，不再有同比例的劳动投入与之配合，资本报酬递减现象就会发生。在那之后，经济增长就将要进入索洛式的新古典阶段。

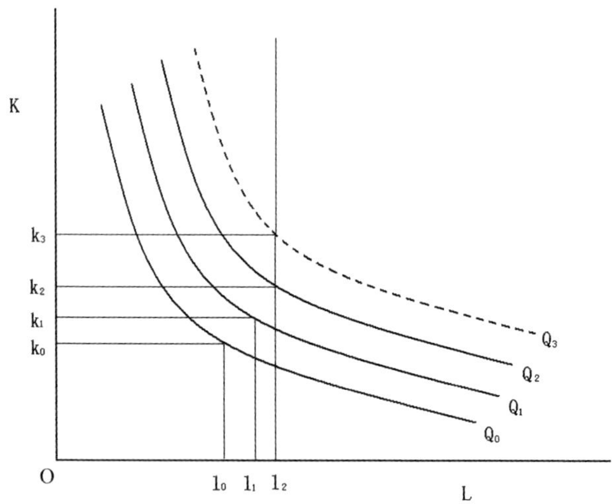

图2—4　刘易斯转折点

不过，正如在二元经济理论中，刘易斯转折点只是劳动力出现短缺、普通劳动者工资上涨的一个开始，真正终结二元经济发展阶段的转折点，则是农业与非农产业边际劳动生产力达到相等时才到达的所谓商业化点。[①] 也就是说，刘易斯转折点的到来，并不意味着经济增长马上就进入索洛式的新古典世界。实际上，T 类型经济增长仍然是 L 类型经济增长的一个阶段，同时具有二元经济发展和新古典增长的双重特征。

2004 年中国沿海地区出现“民工荒”，随后迅速蔓延到其他城镇地区，成为全国性的劳动力短缺现象，普通劳动者工资随之持续提高。根据国家统计局历年的调查，在 2003—2012 年期间，全国农民工实际工资年增长率为 12%。同期城镇职工工资和农业中雇工工资的增长速度也很快。

按照二元经济理论的定义，这就意味着 2004 年是刘易斯转折点到达的年份。与此同时，刘易斯转折点的到来与人口红利消失有着密切的联系。[②] 根据第六次人口普查数据，15—59 岁的劳动年龄人口于 2010 年达到峰值，随后开始负增长。因此，如果保守地把刘易斯转折点到来的 2004 年作为起点，把劳动年龄人口停止增长所代表的人口红利消失年份 2010 年作

---

① Gustav Ranis and John C. H. Fei, “A Theory of Economic Development”, *The American Economic Review*, Vol. 51, No. 4, 1961, pp. 533 - 565.

② Fang Cai, Demographic Transition, “Demographic Dividend, and Lewis Turning Point in China”, *China Economic Journal*, Vol. 3, No. 2, 2010, pp. 107 - 119.

为终点，所谓的刘易斯转折区间也已经完成，中国的二元经济发展进入其最后的阶段。

跨越刘易斯转折的中国经济，虽然还不能说就成为新古典增长类型，但是已经进入向后者转变的快车道。对于处在这个转变阶段上的国家来说，由于一方面面临着传统增长因素的式微从而增长减速，另一方面许多以前行之有效的物质资本和人力资本积累的激励机制可能不再奏效，因而经济增长面临着减速的可能性。[①]

已经完成刘易斯转折区间的中国经济，就处在这样的经济发展阶段。根据潜在就业增长率、投资增长率和全要素生产率的趋势，较早所做的估计显示，如果没有其他增长因素变化的话，中国经济潜在增长率会在“十二五”期间明显降低，并将于“十三五”期间继续降低（图2—5）。对以往的经济发展经验和教训的研究表明，一个国家如果不能正确地应对这种减速，则存在着落入“中等收入陷阱”的风险。[②]

因发展阶段变化潜在经济增长能力的降低，并不必然意味着导致中等收入陷阱。但是，如果对减速原因判断失误，即不是着眼于从供给方面的因素提高潜在增长率，而是着眼于从需

① Barry Eichengreen, Donghyun Park, and Kwanho Shin, "When Fast Growing Economies Slow Down: International Evidence and Implications for China", NBER Working Paper, No. 16919, 2011.

② ［美］印德尔米特·吉尔、［美］霍米·卡拉斯等：《东亚复兴：关于经济增长的观点》，中信出版社2008年版。

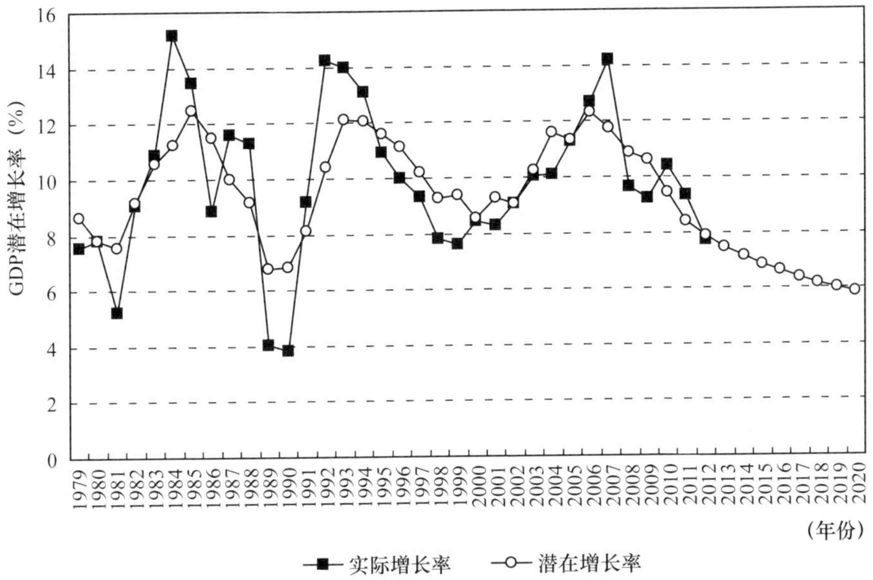

图2—5　潜在增长率的下降趋势

资料来源：根据蔡昉和陆旸文章进行修订的结果。参见 Cai Fang and Lu Yang, "Population Change and Resulting Slowdown in Potential GDP Growth in China", *China & World Economy*, Vol. 21, No. 2, 2013, pp. 1 – 14。

求方面的因素刺激经济增长，则会形成不恰当的政策倾向。提高潜在增长率、保持合理经济增长速度的关键是提高全要素生产率，而其所赖以实现的途径则是制度创新和技术创新。

一般来说，创新所要借助的手段是一种“创造性毁灭”，然而，政府借以刺激需求的高度介入方式，既热衷于挑选赢家，又不能接受失败，因此，结果必然是维持垄断、保护落后，造就“僵尸企业”，最终造成对物质资本和人力资本积累激励的伤害。

一旦由于政策失误，把经济增长的自然减速转变为长期停滞，在缺乏良好激励机制的情况下，则会导致寻租行为泛滥，资源和收入分配朝着不合理差距扩大的方向变化，不可避免要形成不公正和不均等的利益格局。

拉丁美洲一些国家的经验表明，在没有蛋糕增量，已有的蛋糕分配格局与既得利益集团密不可分的情况下，政治家对再分配的承诺根本无从兑现，社会政策陷入民粹主义泥淖。随着不平等分配格局中的既得利益越来越显著，获益者对于改革的抵制愈益强大，导致体制的固化和既得利益的刚性化，积重难返。[①] 正如西谚所说："坏事连成串，皆因一根钉"[②]，中等收入陷阱及其诸种难以摆脱的难题，通常滥觞于经济增长减速后的不当政策措施。因此，面对经济增长减速，应该有正确的认识和政策应对，以防微杜渐。

迄今为止，许多经济学家和政策研究者尚不懂得人口红利消失导致潜在增长率降低的原理，误以为中国经济增长减速是需求不足所导致，因此热衷于采用产业政策，并积极寻求中央政府实施投资主导型的区域发展战略和刺激性的宏观经济政

---

① Rudiger Dornbusch and Sebastian Edwards, "Macroeconomic Populism in Latin America", NBER Working Paper, No. 2986, 1989.

② 西方广为流传的一首谚语，全文为：只因少根钉，蹄铁无踪影；只因少蹄铁，战马送了命；只因缺战马，大将竟牺牲；只因缺大将，战争没打赢；只因输战争，王国一命终；坏事连成串，皆因一根钉。

策，以达到拉动投资需求的目的。因这种政策倾向而产生的地方政府举债现象，以及产能过剩现象已经愈演愈烈。其实，从历史教训看，地方债务和产能过剩还算不上是最大的风险。日本的惨痛教训表明，过剩的流动性最终必然流向非生产性或者投机性投资场所，如理财业、房地产业和海外不动产投资等，形成更加危险的泡沫经济。

潜在增长率下降意味着，制造业比较优势和竞争优势下降，既有生产率下的生产企业难以为继。在一般实体经济不强劲的情况下，基础设施等工程建设热情也不高。日本政府在试图靠大规模公共投资刺激经济时，就遇到了投资资金难以落实的窘境。曾任日本经济企划厅长官的宫崎勇发现，在实施财政刺激政策中，公共投资遇到先是“有预算没下拨”，继而“下拨了没到位”，及至“资金到位没开工”等层层打折扣的问题。[①]

宫崎勇终究没有弄明白资金究竟去了哪里。对此，凯恩斯的批评者早在1933年就有了先见之明。针对凯恩斯的刺激政策建议，他在“经济信息委员会”的经济学家同事休伯特·韩德森给他写信说：“如果你宣布启动一项2亿英镑的宏大计划，你将会在至少一年的时间里拿不到一个订单，同时，它对金边

---

① ［日］宫崎勇：《日本经济政策亲历者实录》，中信出版社2009年版，第188—189页。

股票之类的市场会产生迅速的影响。这样，你也许会在良性循环开始启动之前已经被恶性循环所围绕而不能自拔。”[①] 日本的泡沫破灭之后，陷入“失去的20年”。

中国高速经济增长伴随着城乡居民收入提高的同时，收入差距也趋于扩大。根据一些研究，如果把因资源占有不平等所导致的财产性收入，特别是一些介于合法与不合法之间的灰色收入考虑在内的话，收入不均等的程度可能还要高得多。[②] 由于在这一收入分配格局背后，是一系列体制因素造成的资源分配机制的不规范和不透明，因此，解决收入分配问题必须从推进深层改革入手，从体制和机制上打破既得利益格局。

在着手解决收入分配不公问题，消除阻碍改革的既得利益格局的同时，更重要的是正确应对经济增长的减速，确保蛋糕仍在继续做大。下面，我们看一看在中国经济所处的这个发展阶段上，应该从何处着眼，才能避免一发而不可收拾的经济崩溃和停滞。二元经济发展可以避免资本边际报酬递减的关键，是由于存在劳动力无限供给这个特有现象，得以打破劳动力短缺的新古典条件。所以，在刘易斯转折点到来之前，剩余劳动力得到不断释放和吸收的过程中，不会出现资本报酬递减现

---

① ［英］罗伯特·斯基德尔斯基：《凯恩斯传》，生活·读书·新知三联书店2006年版，第550页。

② 王小鲁：《灰色收入与国民收入分配》，载宋晓梧、李实、石小敏、赖德胜主编《中国收入分配：探究与争论》，中国经济出版社2011年版。

象，投资回报率也不会降低。

如图 2—6 所示，在经济发展阶段到达 L 点（刘易斯转折点）之前，资本报酬和投资回报都保持在 R 的不变水平上。而在 L 点之后，随着资本报酬递减现象的发生，一个自然的趋势，就是资本边际报酬和投资回报沿着 R_0R_1 的轨迹下降。

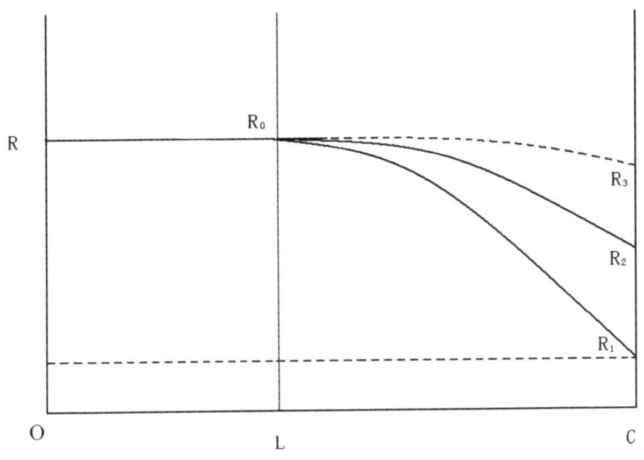

图 2—6　刘易斯转折点之后

然而，在抽象地把资本报酬和投资回报分开考察的情况下，从图 2—6 中可以看到，有两个途径可以分别阻止或延缓两者的降低。第一条途径，凡是能够增加劳动力供给，缓解劳动力短缺现象的做法，都可以把资本边际报酬递减的进程放缓，在图 2—6 中用 R_0R_2 的变化轨迹表示。

新加坡就是一个大量引入外籍劳动力，而延缓了刘易斯转折点的到来，继而延长了人口红利收获期的例子。由于生育率下降导致劳动年龄人口增长减速，以及高速经济增长导致劳动力短缺，新加坡从20世纪70年代中期开始放松移民政策，逐步加大对外籍就业者的引进规模。2010年，新加坡全国劳动力中有34.7%为外国人。[①] 正是由于新加坡的劳动力供给长期保持相对充足，资本报酬递减现象得以延缓发生，从而维持了较长时间的高速增长，为转向全要素生产率驱动发展赢得了时间。

在中国，撇开引进外国移民之外，通过改革增加劳动力供给的潜力也是巨大的。由于在城市缺乏稳定就业和居住预期，不能享受均等的基本公共服务，农民工的劳动参与率被人为抑低，因此，推进以农民工市民化为核心的户籍制度实质性改革，就可以直接起到延长人口红利、延缓资本报酬递减的作用。

然而，二元经济发展时期终究要完结，新古典增长阶段正是任何后起国家所要达到的目的地。所以，资本报酬递减终究不可避免，保持投资回报率的关键，则在于劳动生产率的提高。此为第二条途径，即填补资本报酬递减所造成的缺口阻碍投资回报率下降的途径。换句话说，提高劳动生产率并不阻止资本边际报酬降低，而是抵消后者造成的投资回报率下降效

---

① Siow Yue Chia, "Foreign Labor in Singapore: Rationale, Policies, Impacts, and Issues", *Philippine Journal of Development*, No. 70, First and Second Semesters, Vol. XXXVIII, No. 1 & 2, 2011, pp. 105 - 133.

果，保持经济增长。这个效应在图中表示为R_0R_3的变化轨迹，直至经济发展到达其商业化点（图中由C代表），经济增长就完全转变为新古典类型，唯一支撑投资回报率的因素就是生产率的提高。

五　S类型增长及其可持续源泉

任何一个经济体，一旦跨越刘易斯转折点，并且进一步到达农业与非农产业的边际劳动生产力相等的商业化点之后，其经济增长便属于索洛所定义的新古典类型。在这个主流经济学家倾全力关注，以致达到“不知有汉、无论魏晋”境地的S类型经济增长中，劳动力被假设为是短缺的。虽然由于劳动力素质不断改进，资本劳动比仍然可以合理地提高，但是，因资本积累而持续增加的投资，终究会在某一点上遭遇报酬递减现象。

在图2—7中，最初的资本和劳动的投入组合是Ok_0对应Ol_0，在等产量线Q_0上面形成一个产出水平。而当资本投入扩大到Ok_1后，劳动投入却保持在Ol_0的不变水平上，虽然产出水平可以提高到Q_1所代表的等产量线上，资本报酬递减现象仍然发生了。因此，经济可持续增长完全要仰仗全要素生产率的提高，即在不变的生产要素投入水平上，产出水平因生产率提高而达到Q_2所代表的等产量线上。

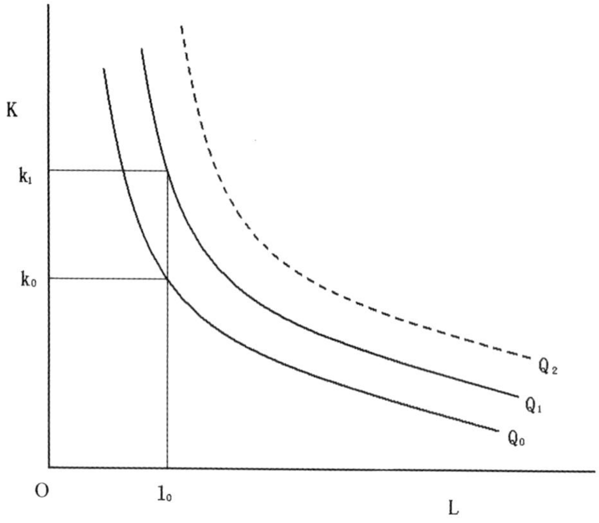

图 2—7　索洛新古典增长

正是因为属于这种增长类型的发达国家要在技术前沿上踽踽独行，其经济增长速度不再可能像 L 类型所能达到的水平，所以，一个经济体在接近新古典状态的过程中，必然经历显著的增长减速。

各国经济发展的经验表明，索洛式的新古典经济状态并不是远离风险的“应许之地”。导致在新古典状态下发生经济增长风险的事物一般包括：竞争力会在国家和地区之间消长，经济周期的发生终究也不可避免，社会保险项目特别是公共养老保险项目，在许多国家遭遇到可持续性危机。

具体的经验和教训则有诸如日本式的“高收入陷阱”并导致“失去的 20 年”，欧洲的主权债务危机造成的各国低增长、高失业和财政的不可持续，以及在美国经常存在的金融风险和无就业复苏。

此外，几乎在所有成熟的制度形式上都存在着旷日持久的争论，莫衷一是。如更加推崇经济的自由放任，还是更加强调政府干预，社会保护和劳动力市场制度是否必要，或者是否造成效率的损失，金融市场应不应该加强监管，等等。不过，经济研究成果对于S类型经济增长形成了一些共识，可以为中国这样向新古典增长阶段转变的经济体提供关于经济增长源泉和制度建设的借鉴。

首先，新古典增长并非一种稳定均衡，而是存在诸多的不均衡状态，由不均衡趋近于均衡的过程充满创造性破坏，惟其如此才形成生产率提高的机会窗口。因此，新古典增长也是一个熊彼特式的创新过程。

例如，一些经济学家的研究发现，在像美国这样的成熟市场经济国家，企业的部门进入和退出、成长和消亡，形成一种创造性破坏的过程，产生资源重新配置效率，其所能带来的全要素生产率的提高，占到全部生产率进步的30%—50%。[①] 正因为如此，才有所谓的报酬递增现象的存在。

其次，正是由于有这样一个创造性破坏的过程，企业是在

① Lucia Foster, John Haltiwanger and Chad Syverson, "Reallocation, Firm Turnover, and Efficiency: Selection on Productivity or Profitability?" *American Economic Review*, Vol. 98, No. 1, 2008, pp. 394 -425.

新生、成长、生存、死亡之中竞争存在的，相应地，劳动者也会不时遭遇到周期性、结构性和摩擦性失业的困扰。特别是，当技术变化速度很快，恰好也是熊彼特式的创新发生的时候，很多技能无法顺应劳动力市场要求的劳动者，需要受到一个社会安全网的保护。因此，无论经济学家怎样讲求效率，对于缺乏竞争力的劳动者多么冷漠，包括劳动力市场制度和社会保险体系在内的社会保护机制，终究是不可或缺的。事实证明，伴随着从低收入阶段跨入中等收入阶段和高收入阶段，各国几乎无一例外地进行了与此相关的制度建设。[①]

最后，虽然政府与市场之间关系的确定并无一定之规，与此相关的理论争论旷日持久，几乎成为永恒的话题，但是，一般来说，按照公共品与私人产品性质来划分政府与市场的边界，成为处理两者关系及界定各自职能的主流做法。刘易斯曾经不无迷茫地指出一个事实："政府的失败既可能是由于它们做得太少，也可能是由于它们做得太多。"[②] 这个"刘易斯悖论"所蕴含的意思是，在做多做少上面做文章，已经没有出路。

结合理论进展以及各国经济发展实践，越来越多的共识是，摒弃纠结于政府做"多"与做"少"之间的刘易斯悖论，

① 参见 Richard Freeman, "Labor Markets and Institutions in Economic Development", *AEA Papers and Proceedings*, Vol. 83, No. 2, 1993, pp. 403 – 408。

② ［英］阿瑟·刘易斯：《经济增长理论》，上海三联书店、上海人民出版社 1994 年版。

而着眼于更好地界定政府应该“做什么”与“不做什么”。在这个最基本的问题比较清晰的情况下，进一步探索“怎么做”的次级问题。即政府必须履行的职能是防止各种垄断行为，保护市场竞争的公平性和充分性；建立社会保障体系和劳动力市场制度；针对直接经济活动，政府也需要通过财政政策和货币政策手段，对宏观经济运行进行调节；实施产业政策中，政府应该最大限度地减少直接参与经济过程，杜绝对生产要素价格的扭曲，防止对不同经营主体歧视性待遇；政府在推动必要的制度改革中，有着不可或缺的作用。

中国经济终究要进入一个新古典增长阶段，一方面，将面临与其他发达经济体相同的问题，如必须探索全要素生产率提高的路径，才可能保持经济增长的可持续性；另一方面，也仍然会面临诸多独特的挑战，如二元经济发展时期已经形成的“未富先老”特征，不仅给中国带来特别的中等收入陷阱风险，也将以不同的形式被带入更高的发展阶段，给新古典阶段的经济增长和社会发展打上特殊的烙印。

此外，正如日本经济发展“失去的20年”所揭示，在高收入的增长阶段上，经济增长不仅不会自然而然地一帆风顺和凯歌前进，而且有着更富有挑战性的难题要克服。其实，在二元经济发展阶段向新古典增长阶段的过渡中，已经孕育着许多未来的挑战，需未雨绸缪。

六　结语

从一个相当长期的世界经济史跨度出发，人类所经历过并在各国分别正在经历的经济增长类型或阶段，可以分别被概括为马尔萨斯式的贫困陷阱（M类型增长）、刘易斯式的二元经济发展（L类型增长）、刘易斯转折点（T类型增长）和索洛式的新古典增长（S类型增长）。[①] 虽然这几种增长类型具有本质上相异的自身特征，经济激励和增长源泉不尽相同，所产生的对制度和政策的需求也大相径庭，但是，由于它们相互之间的历史的和逻辑的联系，完全可以并且应该用一个统一的经济理论框架予以解释。

正如本章所尝试作出的努力一样，建立这样一个统一的理论框架，可以提供一种有益的分析手段，从经济发展阶段的各种现象和经济发展动态的各种维度，对经济史作出理论上具有一致性、观察上具有连续性、实践上具有可比较性的解释。

例如，人类所经历的贫困、赶超和富裕这几种经济状态，停滞、起飞、高速和高稳态下的低速等几种增长状态，物质资本和人力资本的积累、技术与制度创新以及生产率提高等经济

---

① 实际上，笔者将在第四章增补一个经济发展形态或阶段，称为“格尔茨内卷化”，作为刘易斯二元经济发展的准备阶段。之所以放在第四章，是因为需要足够的篇幅专门论述。不过，这种安排并不影响本章的完整性。

增长动态，都可以为这个框架所兼收并蓄。这样，就可以赋予长期以来碎片化和形式化特征的各种经济发展理论流派以崭新的却守土有责的解释力。

更重要的，也是本章的目的，便是用一个具有一致性的理论框架，来解释中国经济发展的历史和现实，并展望未来。从相当长的历史视野来看，中国已经经历过四种增长类型中的前三个过程。而且，中国是以世界经济中的显著关注度经历了这些发展阶段的变化，不仅有着关于经验、教训、借鉴和启发的丰富素材，而且以其迅速的变化率提供了观察的便利。

这样，我们得以利用更具备可用性的理论武器和得天独厚的发展历程，升华中国经验，把迄今为止的“自为”行为变成“自觉”行动，增强对于中国经济发展道路的自信，增进对于未来挑战的认识，与此同时，也对发展经济学的复兴做出中国经济学家应有的贡献。

第三章　从增长视角重解"李约瑟之谜"

一　引言

经济增长理论通常从两个视角探索增长问题，一是着眼于报酬递减，即寻求贫穷国家对富裕国家的趋同；二是着眼于报酬递增，探索发达国家的持续增长源泉。这两个研究传统的理论出发点看似对立，却一道构成了对有史以来所有经济发展类型及其阶段更替的关注，特别有助于解释今天的发达国家、中等收入国家和贫穷国家的经济发展现象。

发达与不发达的分野是长期历史进程造就的结果，总体来说，可以把距今大约400年前发生的所谓“大分流”（great divergence）作为标志性起点。如果不仅仅局限于严格的时间维度，而是从历史和逻辑统一的维度出发，这个大分流代表了人类经济发展的最重要分水岭，后者在特定时间点上把不同的国家区别开来，那些或快或慢实现了工业革命的国家，从此摆脱了马尔萨斯陷阱，进入崭新的经济发展阶段。

那些既未成为工业革命始作俑者，也未能搭上工业革命末班车的国家，则长期徘徊在马尔萨斯陷阱之中。只是由于工业化所需要的科学技术已经在19世纪和20世纪成为公共知识，也给了广大贫穷国家机会赶超早期工业化国家。但是，当年被大分流冲刷到另一方的国家，虽然有了一定的现代经济部门，许多却迄今仍然徘徊在中等收入发展阶段。

可见，经济发展问题，从纵向观察就构成经济史的研究领域，从横向观察则是增长理论的研究领域。两类研究领域都留下了诸多引导研究者孜孜不怠探索的发展谜题，分别与解释为什么国家之间发生经济发展的“大分流”，或者为什么富裕国家和贫穷国家各自保持其发展状态这样的根本性问题相关。可以想象，如果把两个维度相结合并贯通一体，则会增进我们对于长期经济发展的认识，有助于解答两个学问领域中这些引人入胜的研究谜题。

“李约瑟之谜”就是这样一个重要的学术谜题，虽然它是更为广泛的命题——“大分流之谜”的中国版本。长期从事中国科学技术史研究的李约瑟试图用大量的史料证明，自公元前3世纪直到15世纪，中国的科学发明和发现远远超过同时代的欧洲，居于世界领先水平，而那以后则被西方所赶超。因此，“李约瑟之谜”无疑需要分两步给予解答，即第一步回答为什么中国早期的科技和经济发展能够遥遥领先，第二步回答为什么中国在15世纪之后的科技和经济发展大大落在欧洲之后。

对于这个谜题，分别有一个直接的注脚和一个更为广泛的背景资料。首先，许多研究者依据李约瑟的研究结论，总结了中国各个时期的科技发明，并揭示其在世界科技发明历史中的地位后，阐述了若干重要的发现。

例如，坦普尔（Robert Temple）得出结论称：现代世界赖以建立的基本发明创造，几乎有一半以上源于中国。[①] 然而，中国发明创造的数量占世界的比重自1500年以后急剧下降，及至工业革命开始则已经微不足道。例如，科技史资料显示，在401—1000年期间，全世界45件重大科技发明中有32件产生在中国，而在1501—1840年期间，全世界472件重大科技发明中只有19件属于中国。

其次，经济史学家普遍承认，现有的世界经济格局，即欧洲及其海外移民地区在科技和经济从而人均收入上所处的绝对领先地位，并不是从来如此。学者的研究表明，在1500年前后的世界，财富主要集中在东方，而中国在这个"东方"概念中的地位是举足轻重的。只是在那之后，欧洲才开始渐渐崛起，并且在18世纪较晚的时候，东西方之间的"大分流"才出现。[②] 也大

---

① Robert Temple K. G., *The Genius of China: 3000 Years of Science, Discovery, and Invention*, London: Carlton Publishing Group, 2007, p. 11.

② 有代表性且影响甚广，以致形成一个著名学派（因主要学者多在加州大学任教而被称作"加州学派"）的文献，可参见彭慕兰《大分流——欧洲、中国及现代世界经济的发展》，江苏人民出版社2003年版。

约在相同的时间范畴里，中国与西方在经济、科技和生活水平上的差距越来越大，最终变成了一个积贫积弱的国家。所以，在经济史学家和增长理论家穷经皓首，试图解答为什么会出现东西方之间的这个“大分流”的同时，“李约瑟之谜”其实只是“大分流之谜”的一个特殊的中国版本。

经济史学家倾注了足够的学术热情，尝试解答“大分流之谜”和“李约瑟之谜”，形成各种既相互补充又彼此对立的假说，相关文献卷帙浩繁却莫衷一是。概括而言，一个所谓“高水平均衡陷阱”假说或者占据主流地位，或者成为大多数相关研究的起点[①]，着眼于解释为什么中国不能走上通往工业革命的演变道路。这样富有挑战性的重大历史命题自然也吸引了经济学家的参与，其中出现频率最多的当属源自诺思（Douglass C. North）传统的制度经济学解释，而其着眼点则是解释为什么中国未能形成有利于工业革命发生的制度变迁。[②]

已有的研究成果无疑从不同角度增进了我们的认识，但是，大多数这些理论解说流于“把一个命题归结到另一个命题”之弊，迄今为止我们仍在期盼对于“大分流之谜”和“李约瑟之谜”在框架上更加综合、在理论上更加彻底、在经验上能够站

---

① Mark Elvin, *The Pattern of the Chinese Past: A Social and Economic Interpretation*, California: Stanford University Press, 1973.

② ［美］道格拉斯·诺思、［美］罗伯斯·托马斯:《西方世界的兴起》，华夏出版社1999年版。

住的解答。

作为追求此目标的一种尝试，本章以一个贯穿经济发展历史的增长理论为框架，把“大分流之谜”重新定义为，为什么东方国家未能形成打破马尔萨斯均衡陷阱所必需的物质资本和人力资本积累机制，并将其转化为科学技术创新，以致不仅错失工业革命良机而且未能赶上末班车。不过，本书作者却仅仅着眼于这个重大命题的中国特例——“李约瑟之谜”，虽然后者的表述可以与前述“大分流之谜”的表述完全一致，我们仍然有必要在下面做进一步的理论铺垫。

从第二章的讨论中，我们可以从长期经济史过程中，识别出四个具有时间继起关系的经济发展阶段，分别为马尔萨斯式贫困陷阱、刘易斯式二元经济发展、刘易斯转折点，以及索洛式新古典增长。以经济学家命名这几个经济发展阶段，比较便于把握各个发展阶段的最主要特征。

如何从前一个发展阶段转变到下一个发展阶段，是经济增长理论研究的一般性话题；特定地回答为什么东方国家没有率先或者至少与西方国家同步摆脱马尔萨斯贫困陷阱，进入现代经济增长阶段，是“大分流之谜”提出的话题；而回答为什么中国没有成为工业革命的故乡，保持历史上的科技和经济领先地位，则是解答“李约瑟之谜”的特别目的所在。

在花样翻新的种种增长理论中，有两个方向的理论潮流越来越占有主流的地位。一个是把经济增长归结为一个社会能否产生足够多且足够好的发明、创造、创新，或概而言之，创意(ideas)。另一个是制度决定论，即经济增长绩效取决于能否形成一种有效保护产权的制度安排，从而可以对创造发明者给予奖励。具备了保护产权从而使产生创意的人能够获得奖励的制度安排，一般而言决定了能够取得怎样的经济增长绩效乃至决定国家兴衰，特殊而言决定了一个国家能否成为工业革命的发源地或主战场。①

为了有针对性地解答中国摆脱马尔萨斯陷阱的特殊障碍，需要对上述两个增长理论潮流做一定的修正或补充。首先，创意必须与物质资本和人力资本相结合，才能转化为有利于经济增长的引擎和燃料。其次，人力资本是生产创意的源泉，而物质资本是创造发明的载体，而且，影响物质资本和人力资本积累的因素是相同的，实际中两者缺一不可，必须相互配合。最后，把妨碍物质资本和人力资本形成的根源，归结为产权制度不健全，不如归结为激励机制不健全在理论上来得更充分，因为激励这个概念的概括性更周延。例如，鼓励人力资本积累的因素还包括诸如晋升制度等，而并不唯一地来自产权制度。

现在，我们可以重新定义一个更具实证意义的“大分流之

---

① 在道格拉斯·诺思等的文献之外，还可参见 Charles Jones, “Was An Industrial Revolution Inevitable: Economic Growth Over the Very Long Run”, NBER Working Paper, No. 7375, 1999。

谜”或其中国版本“李约瑟之谜”，并尝试给予解答。中西方马尔萨斯类型经济增长的表现差异，在于物质资本和人力资本的激励机制的不同，即欧洲典型的封建制与中国的王朝帝国制，造就了大相径庭的激励机制。

也就是说，在一个周而复始的贫困陷阱中，必须具备形成临界最小资本积累的条件，以及形成一种人力资本激励机制，实现创新与生产活动相结合，否则无法打破贫困均衡陷阱。因此，“大分流之谜”（“李约瑟之谜”）可以重新表述为：为什么东方国家（中国）在古代没有形成打破马尔萨斯均衡陷阱所必需的物质资本和人力资本积累机制，并将其转化为科学技术创新，以致错失工业革命良机。

二　马尔萨斯陷阱中的中国经济

人类的经济发展经历了漫长的历史，其中绝大多数时间则是挣扎在马尔萨斯式的贫困陷阱中。增长经济学家琼斯曾经做过这样的比喻：设想人类迄今为止 100 万年的历史，是沿着一个长度为 100 码的标准橄榄球场地，从起点到终点走过来的，在 99 码之处即 1 万年之前，人类才创造了农业，与单纯靠渔猎、采集为生的原始生产方式相揖别；罗马帝国的鼎盛时期距离终点仅为 7 英寸；而我们熟知的把马尔萨斯时代与工业化时代做出划分的工业革命，一经发生，距球场的终点已经不足 1

英寸了。[①]

许多经济史学家尝试复原遥远的经济史数据，以反映世界从蛮荒时代开始的经济总量和人类的生活水平。虽然这种估计难以做出准确性评价而不足为凭，但是，其终究可以给我们一个总体概念，即直到1500年，世界人均GDP水平是长期停滞不变的，此后才缓慢增长，而人均收入真正开始实质性提高，则要到作为工业革命代表年份的1800年才能看到（图3—1），而大分流正是发生在那时以后。

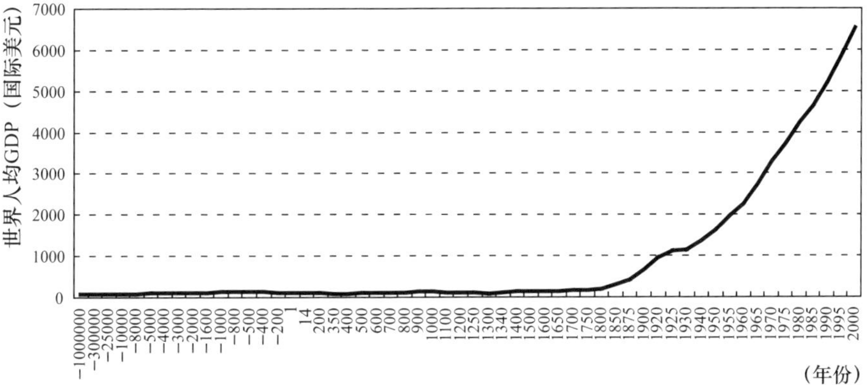

图3—1　世界人均GDP的徘徊与增长

资料来源：Bradford DeLong, Estimating World GDP, One Million B. C. -Present, 1998, http://www.j-bradford-delong.net/TCEH/1998_Draft/World_GDP/Estimating_World_GDP.html，2015年9月10日浏览。

在这个漫长的世界经济发展历史进程中，中国不仅是极其

① Charles Jones, "Was An Industrial Revolution Inevitable: Economic Growth Over the Very Long Run", NBER Working Paper, No. 7375, 1999.

重要的组成部分，而且具有特殊的意义。中国的人口自始至终占到世界总人口的巨大份额。例如，葛剑雄估计，至少从公元元年开始，中国人口占世界人口的比例大体上为20%—30%。[①] 中国占世界人口的如此高比例，维持至今仍未发生变化。相应地，中国的经济总量自然也占到世界的巨大份额。

首先，根据麦迪森的估计，1820年中国GDP规模达到世界总量的32.9%，而此前的一千多年则始终保持在1/4左右。[②] 所以，在一定意义上中国的经济发展代表着世界经济发展的总趋势。其次，世界经济最重要的事件——大分流，也以中国落后于西欧经济发展为代表性事件。从这两个视角看，解释了中国的长期经济发展——它在马尔萨斯陷阱中的挣扎、在大分流之后的停滞，以及在新一轮大趋同中的复兴趋势和显著地位，就认识和解释了世界经济发展及其反映在学术界的若干谜题。

前现代时期的中国经济发展，不仅与工业革命以前的世界其他地区具有相同的特征，即始终处于马尔萨斯贫困陷阱之中，而且具有一个独有的特征，即交替处于高水平均衡陷阱和低水平均衡陷阱。正如关于世界经济"大分流"的观察所揭示的，直到19世纪前半叶，中国的经济总量仍然大于西欧国家的总和（图3—2）。

---

① 葛剑雄：《中国人口史》（第一卷），复旦大学出版社2005年版，第147页。

② ［英］安格斯·麦迪森：《世界经济千年史》，北京大学出版社2003年版，第259、238页。

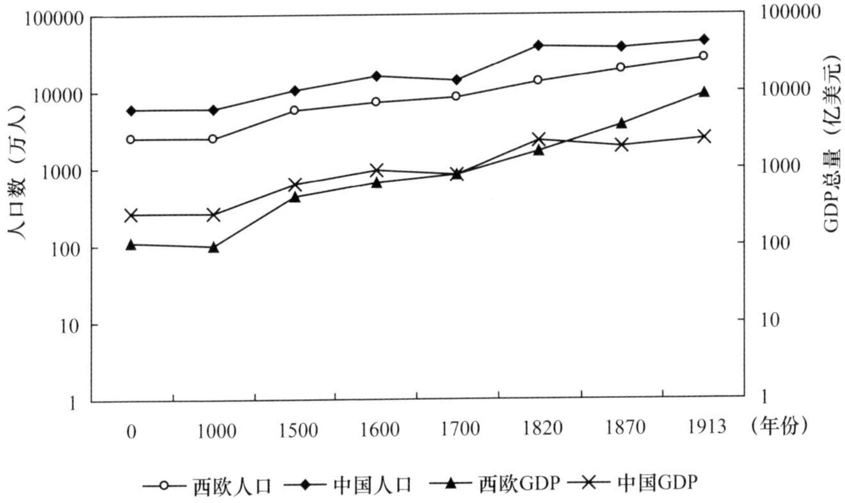

图3—2　中国与西欧历史比较：人口和经济总规模

注：两个纵坐标均系采用对数形式。

资料来源：［英］安格斯·麦迪森：《世界经济千年史》，北京大学出版社2003年版，第259、238页。

但是，这并不足以得出中国经济发展的表现更佳，以及人均收入水平更高的结论，因为在整个马尔萨斯时代，中国的人口总量都是显著高于西欧的，而且越是临近工业革命或“大分流”的转折点，中国人口增长的速度就越是领先于西欧。因此，按照人均GDP来看，中国的早期经济发展具有高度稳定和长期停滞的特征，后来则迅速地落后于西欧。

中国人民的生活水平虽然在相当长的历史时期里，处于高度稳定和停滞不变的状态，人均GDP并不总是低于世界平均水平，但至少在1500年以后已经开始落后于西欧国家的平均水平。根据麦迪森整理的人均GDP数据，在1500—1820年期间，中国的人均GDP保持在600美元不变，而西欧国家的平均水平则从774美元提高到1232美元。此后差距则更加迅速地拉大，及至工业革命前夕，中国的停滞状态与西欧迅速提高的生活质量相比，已经成为“大分流”中典型的落后一极。

由此提出的宏大命题无疑是何以中国经济在经常处于高水平均衡的状态下，却始终如此稳定不前乃至急剧地落在潮流之后，即“大分流之谜”的中国版本——“李约瑟之谜”。而一个较小，却是回答前述更大命题的逻辑环节中不可或缺的命题则是，中国经济具有的“高水平均衡陷阱”特征，是如何与其高度稳定和停滞并存不悖的。

如果仅仅从工业革命以前中国经济总量庞大且持续增长，从而可以刺激人口增长并养活庞大的人口规模这一点看，我们说中国经济发展的历史具有高水平均衡陷阱的特征也无不可。但是，随后的论述将表明，这一特征既不必然意味着历史上中国在科技发展、经济增长和生活水平上面是领先于世界的，也不能用来说明为什么中国在工业革命这个分水岭前后与西方国家拉大了发展差距。

在长达数千年之中可以保持高水平均衡陷阱，却最终落后于西欧的经济发展，一定意味着中国经济发展具有一种迈步而不前，从而周而复始的特殊表现。所以，我们需要对历史上中国经济发展的波动性质进行一番考量，以找出背后的逻辑，解释为什么波动，何以徘徊不前，以致最终被世界历史潮流冲刷到大分流的另一端。

既然中国历史上的人均收入水平是长期不变的，因此，观察这个统计指标，并不能够看到经济发展的波动性，从而无法借此描述经济增长的动态。不过，正如我们在图 3—2 可以看到的，人均 GDP 的长期稳定性，实际上是经济总量的变化效果恰好被人口的变化所抵消，这也恰好是马尔萨斯机制的作用方式。即人口增长是收入水平提高的结果，然而，人口增长随后又会降低人均资本以及产出水平，从而产生稀释人均收入的效果，把经济发展水平和生活质量拉回到原点上。因此，把历史上人口变化的动态，作为经济发展在波动中长期徘徊的代理指标，在方法论上是有充分依据且有益的。

历史学家根据史料记载总结出的中国历史上人口总量的时间序列数据，存在着若干问题，在学界从来莫衷一是。影响数据准确性和认同的，一般列举的几个主要因素包括统计口径问题，如历史上有的时期官方统计的以丁代口和以户代人；统计范围问题，如疆域变化导致人口统计的不一致性；以及数据缺失、记录不详等常规问题。

因此，各类研究所提供的估计数差异巨大。由于本章的目的不是探讨人口数量的历史变化，而是以其波动性反映经济发展在周而复始中的停滞状态，所以，我们借鉴杜兰德（John Durand）的研究并进行一定的处理，列出一个包含尽可能多的年份的时间序列数据。[①] 从图 3—3 中反映的人口波动趋势及其假设中的背后经济波动和停滞来看，这个数据系列尚差强人意。其趋势与中外历史学家普遍认为中国历史上人口兴衰是一种规律性现象，反映了经济发展的起伏跌宕是相吻合的。

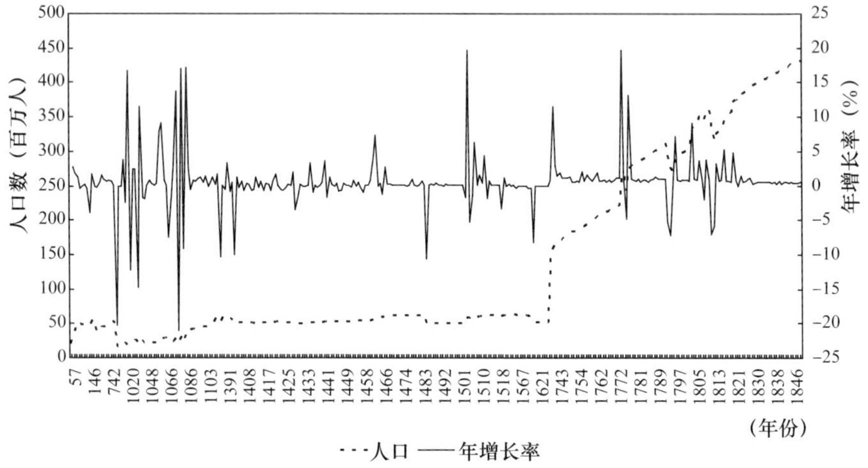

图 3—3　长期历史中的中国人口变化

资料来源：根据杜兰德数据整理和计算。John D. Durand, "The Population Statistics of China, A. D. 2 - 1953", *Population Studies*, Vol. 13, No. 3, 1960, pp. 209 - 256.

必须承认，作为图 3—3 显示的中国历史人口数据出处的这项研究，毕竟颇显陈旧。与更为晚近的研究相比，杜兰德的数据系列表现出的明显不同，在于对 17 世纪之前中国人口总

① John D. Durand, "The Population Statistics of China, A. D. 2 - 1953", *Population Studies*, Vol. 13, No. 3, 1960, pp. 209 - 256.

量的估计，比其他研究要低得多。

首先，从起点上看，杜兰德的估计是公元57年为2100万人；葛剑雄的估计则显示，在公元元年为6000万人[①]；麦迪森估计则是公元50年为4000万人[②]。

其次，中国人口超过一亿人的年代，杜兰德的估计在1626年到1741年之间；葛剑雄的估计在公元700年到1100年之间，此后也有过再次跌落到一亿人以下的时候，如1400年为7500万人；而麦迪森的估计为1280年，但随后又回落到一亿人以下，直到1470年再次过亿人，大体保持在一亿人以上的水平并在波动中逐步增长。

不过，所有关于中国历史人口的估计数都有一个共同点，即人口的变化趋势表现为大幅度波动中的缓慢增长。因此，我们借用杜兰德的长期人口变化数据观察值更多的优点在于，不着眼于人口绝对规模，而主要观察人口的波动特征及其背后的经济增长停滞性质，仍然可以获得十分有益的信息。

尽管有大跨度的数据缺失，损失了诸多信息从而掩盖了可能的波动特点，人口变动的宏观特征依然可以得到揭示，即在数据系列所覆盖的长达1793年的时间内，人口的年度增长率波动颇为剧烈，从最高达19.7%的正增长到最低的零增长乃至

① 葛剑雄：《中国人口史》（第一卷），复旦大学出版社2005年版，第147页。

② ［英］安格斯·麦迪森：《中国经济的长远未来》，新华出版社1999年版，第280—281页。

21.0%的负增长，增长率的方差高达16.4%。

把人口的剧烈波动与人均GDP的高度稳定结合起来观察，无疑可以得出结论：经济总规模的扩张并没有使中国摆脱本意上的马尔萨斯陷阱，无论历史上的中国是处于高水平均衡陷阱还是低水平均衡陷阱，都是马尔萨斯均衡陷阱的典型诠释，并为这个通用理论提供了经验证据。事实上，在经济史学家可以提供人均GDP这个现代统计指标供我们参照的年代里，工业革命以前中国所享受的最高人均收入水平（1000—1600年），也只是世界平均水平而已。[①]

三 "高水平均衡陷阱"假说

观察中国在高水平均衡陷阱与低水平均衡陷阱交替中的长期停滞状态，不禁使人怀疑是否真的存在着一个李约瑟本意的"李约瑟之谜"，换句话说，在前现代化时期，中国是否真的在科技发明和经济发展上面领先于世界其他地区，颇需要重新考察。显而易见，这是一个更加宏大也更加艰难的任务，李约瑟穷毕生之力得出的结论，不是笔者的知识结构所能推翻的。

不过，我们可以看到，相关文献已经在李约瑟的结论上面

① Angus Maddison, "Contours of the World Economy, 1 - 2030 AD, Essays in Macro-Economic History", Oxford University Press, 2007, p. 379, table A. 4; p. 382, table A. 7.

打开了一个小缺口，值得从其基础上进一步追究。为了扬长避短（或许有人会认为是避重就轻），本章不是从科技发展史，甚至不是从经济史的角度，而是从经济增长研究视角提出并讨论这个问题。

从某种程度上说，伊懋可（Mark Elvin）等经济史学者提出的“高水平均衡陷阱”假说，也是对“李约瑟之谜”本意的偏离。这个学派认为，由于中国历史上的农业实践把传统技术和生产要素组合到尽善尽美的程度，以致维持了一个与欧洲早期历史相比更高的生存收入水平，从而人口增长很快，进而引起人地关系的高度紧张，相应导致劳动力过多和过于廉价，使得劳动节约型的技术不能得到应用。[①]

可见，这个假说本身已经以其研究所及的时期（大体上为明清两代）为代表，否认了前现代时期中国在科技和经济发展上领先于西欧的说法。假如人均收入水平可以综合反映科技发展和制度成熟度，并且经济史学家提供的人均 GDP 数据没有方向上错误的话，则结论已经不言自明。至少可以说，中国古代即便以众多发明创造领先于世界其他地区，因这些发明创造并未被转化为能够应用于经济活动的科学技术，从而并没有在经济发展水平上占据世界的领先地位。

---

① 如参见 Daniel Little, *Micro Foundations, Method and Causation: On the Philosophy of the Social Sciences, Chapter 8: The High-level Equilibrium Trap*, Transaction Vublishers, 1998, pp. 151 – 169。

此外，从经济增长理论和历史经验的角度，人口众多以及人地比率高的资源禀赋，并不构成产生创新、发明和技术进步的根本障碍。

首先，人口数量多并不阻碍技术进步。克莱默（Michael Kremer）在一个把人口增长与技术变迁结合在一起的增长模型中，假设每个人创造发明的机会与总人口无关，因此，在人口众多的国家创新数量也就更多，尽管在马尔萨斯式的发展阶段，技术进步导致的人口增长会反过来稀释人均收入水平。他对历史的定量考察，从经验上验证了这一结论。[①]

其次，人地比例也不会构成技术进步的障碍。诱致性技术变迁理论指出，技术变迁是由生产要素的相对稀缺性从而相对价格诱致产生的[②]，在人地比例失调的条件下，劳动力过剩和土地稀缺的资源禀赋，虽然不会诱致出劳动节约型的技术变迁，但是，土地节约型的技术变迁仍然可以提高生产效率，而并不意味着技术的停滞。

在另外一项研究中，林毅夫虽然没有挑战李约瑟的结论，而是承认在前现代时期，中国以领先的技术水平、活跃的市场经济和繁华的城市而使西欧国家难以望其项背；但是，他在回

---

① Michael Kremer, "Population Growth and Technological Change: One Million B. C. to 1990", *The Quarterly Journal of Economics*, Vol. 108, No. 3, 1993, pp. 681 – 716.

② Gustav Ranis and John C. H. Fei, "A Theory of Economic Development", *The American Economic Review*, Vol. 51, No. 4, 1961, pp. 533 – 565.

答“李约瑟之谜”时，以人口众多从而进行创造发明“试错”的数量多从而成功概率大，以及较高生产力产生更大技术需求从而“试错”机会多，来解释为什么前现代时期特别是8—12世纪中国技术创新居世界领先水平，而以中国未能够像西方那样，在18世纪把发明创新从“概率试错”模式转到“主动实验”模式上来，解释为什么科技革命没有发生在中国。[①]

虽然林毅夫对解答李约瑟之谜的“高水平均衡陷阱”假说是持批评态度的，但是，他实际上是用如前笔者所定义的“高水平均衡陷阱”解答了“李约瑟之谜”的前半部分。不过，这个解释的重要意义在于，它证明了无论是中国还是西欧，前现代时期都有实现技术发明的机会。

经济学家在分析现代经济增长时，并不把技术可得性作为分析经济增长成功与否的一个制约因素。例如，帕伦特（Stephen Parente）和普雷斯科特（Edward Prescott）指出，世界已有的经验、创意、科学知识等存量，是每个国家、每个企业都可以获得的，因此，这不是造成全要素生产率差异的原因。[②]

由于很久以来世界各国在经济上就具有了相互交流的性质，这个结论在或大或小的程度上也适用于前现代时期的经济

---

① Justin Yifu Lin, Needham Puzzle, “Weber Question and China’s Miracle: Long Term Performance since the Sung Dynasty”, CCER Working Paper Series, No. E2006017, November 22, 2006.

② 参见［美］斯蒂芬·帕伦特、［美］爱德华·普雷斯科特：《通向富有的屏障》，第6章，中国人民大学出版社2010年版。

增长。如果把一个特定的区域范围作为考察对象，而不论其是统一的地域大国、松散或紧密的帝国，还是若干城邦、公国或诸侯组成的地区，只要存在彼此之间的人口迁移、通商，甚至交战，就必然形成思想、技术乃至制度形式的交流，从而各国通过相互学习、借鉴、模仿，可以实现各自的知识存量积累。这种政治、商业、技术乃至思想的交流，随人类社会的整体进步而发展，相得益彰。国家层面的政策有开放和封闭之分，现实中因人口流动产生的经济、政治、文化和技术交通，则从未能够被禁绝。

人类有明确记载的数千年历史，提供了这种知识在特定地域内和跨地域流动的充分证据。例如，早期的罗马人就懂得引进伊特鲁利亚工匠增进自身的技艺、抢夺萨宾妇女平衡人口性别比、派出元老院使团学习希腊法律；中国在春秋战国时期则有诸侯国之间的商业货殖和合纵连横的思想交通。古代罗马扩张时期修建的“条条大路”和秦国统一中国时期的“车同轨”，所承载的也不尽是士兵和商人，自然也包括各国的创意和技艺的交流。

始于两千多年前的丝绸之路，通过陆路和海路开通了中国与西亚、中亚、阿拉伯世界乃至欧洲的商业、文化、科技、宗教和外交联系，而阿拉伯人对于记录、保存和传播欧洲文明，从而沟通中西方科学技术发挥了十分关键的作用。例如，秦汉时期形成的中华帝国，虽然没有与欧洲的希腊和罗马直接形成交集，却已经与东方的印度和波斯两大帝国发生直接往来，并通过它们以及希腊、罗马的附属地区与西方有所交通。[①]

汉以后特别是至唐宋两代，中国与外部世界的政治、商贸、文化和宗教交流更加频繁，一些作为政治文化中心的都城以及繁荣的商业城市，甚至门庭若市般地吸引了大量的外邦人士。如果说基督教十字军的东征通过阿拉伯世界与中国发生了间接的沟通，成吉思汗的西征则扩大了与西方世界的直接交通。

至于中国与欧洲的更直接大规模交流，最迟于1517年葡萄牙商船抵达广州便开始。自元代以后，甚至在一般认为中国开始闭关锁国的明清两代，像马可·波罗和利玛窦一样的外国人并不在少数，以传教士身份来华游历甚至久居的外籍人士，甚至从科学原理、历法、农业、水利工程、军事工业、经济商贸等各个领域，充当了为中央政府和上流知识分子提供政策咨询的顾问角色。[②]

一旦把一个人口大国（如中国）与若干小国之和（如西欧或者整个欧洲乃至整个西方）作为比较的双方（事实上，“李约瑟之谜”就是着眼于这两个地域之间的差异），林毅夫所讲

---

① 向达:《中西交通史》，岳麓书社2011年版。
② 同上。

的前现代时期中西方技术发明模式的差异也就大打折扣，甚至于不存在了。“李约瑟之谜”中关于前现代时期中国科学技术领先于世界的论断，大多是采取列举法，举出某一项技术最先在中国被发明，多少多少年之后才见于西欧国家。①

反过来，其实同样可以举出发明顺序与之相反的类似例子。例如，虽然欧几里得的《几何原理》发表于两千多年以前，但是，毕竟在1607年由利玛窦（Matteo Ricci）和徐光启合译成中文，至今也已经400余年。因此，当世界或多或少成为“扁平的”（flat），列举的诸种发明的孰先孰后问题便可以在学术讨论中消弭于无形了。

换句话说，一旦把对于创造发明成果的应用及其范围、深度乃至后续效应考虑在内（如引致出的一系列其他创造发明乃至社会经济后果），发明权的问题则几乎没有意义了。更有意义的问题则是，在创造发明的机会大体相同的条件下，哪里需求更加强烈，就会在哪里诱致出最有利于创新的制度环境，进而形成路径依赖，从此技术进步便一发而不可收拾。相反，如果没有足够的激励将相应的发明创造应用于经济活动，高水平均衡条件下产生的各种发明，则不会有助于打破马尔萨斯均衡陷阱。

---

① 如Robert Temple K. G.，*The Genius of China*: *3000 Years of Science*, *Discovery*, *and Invention*, London: Carlton Publishing Group, 2007, pp. 278－282。

例如，罗马人发明的蒸汽技术和杠杆装备，玛雅人和阿兹特克人发明的轮子，印度的海德拉巴人制造的优质钢材，中国人发明的火药、造纸技术、印刷术、罗盘和三桅航海船等①，都是这种创造发明因脱离常态经济活动，而未在其诞生地被实际转化为必要的创新，因而并没有能够促进经济发展的著名例子。

特别典型的情形是，中国的“四大发明”即火药、指南针、印刷术和纸的发明，被培根誉为具有改变整个世界的力量和影响，却是通过直接和间接的渠道传播出去，在欧洲被率先应用，在适当的时机导致其商业活动范围大幅拓展，工业革命加快孕育和发生，经济制度得到迅速转型。

四　人力资本和物质资本积累激励

在潜在的发明创造的机会和成功概率大体相同的条件下，任何社会如果缺乏人力资本和物质资本的积累激励，便不可能产生足够的创新和发明以推动技术进步和经济增长。而这种资本积累的激励机制从根本上在于制度安排，即只有在某种适当的制度环境下，经济活动主体才会产生强烈的人力资本和物质

① ［美］威廉·伊斯特利：《在增长的迷雾中求索：经济学家在欠发达国家的探险与失败》，中信出版社2005年版，第160—161页。

资本积累动机。无论初始的制度安排诱因是什么，特定历史条件下作用如何，终究产生相应的路径依赖结果。

把世界各个角落的早期历史连续观察，逻辑上都要经历从部落或部族到部落联盟，通过战争实现消灭、吞并、联合进而建立王国的过程。下一步自然是从分立和分散的小规模王国统一为大型帝国或者统一国家。事实上，在所有主要的文明地区，在数千年的发展历史上，都充满了统一与分裂的反复更迭、分立王国与统一帝国的交替存在。

虽然如历史学家所证明，中国的历史并不能被简单地概括为长期并高度统一[①]，但是，自秦始皇统一中国以后，更经常、主流和常态的统治形式是中央政府（皇朝）通过州府、郡县、省部等条块体制，以及统一的国防、税赋和户籍进行自上而下式的管理，中央集权国家始终存在，因而同西欧主要是王国与分封领主之间划分权利与义务的封建制度相对立。

在西方封建制度形成和发展的过程中，君主与地方领主的关系是典型的分封关系，即前者把土地分封给家族成员、战争功臣和贵族，即所谓的“分土而治”的封建制度。作为回报，君主要求领主和贵族在随时爆发的战争中效力，特别是在尚未形成常设国家军队的情况下，这种由封建主以骑士或者武装首领的身份提供的军事服务，以及召之即来的表现，是君主与领

① 葛剑雄：《统一与分裂：中国历史的启示》，商务印书馆 2013 年版，第 65 页。

主之间的一种契约关系，同时也就奠定了君主统治的合法性（legitimacy）。

与西方相比，中国的封建社会是非典型的。由于在较早的时期就形成了大一统的中央帝国，皇朝与地方官员及士绅之间并不是典型的契约关系，而是威权式的层级构架，即所谓“分民而治”的中国式封建制度，皇朝统治的合法性并不建立在与地方官员和贵族的互惠基础上。因此，建立一种封建意识形态和礼仪规则，辅之以君权神授的威权及中央军事实力，是合法性的根本和唯一保障。古代中西方这种封建制政权合法性差异，产生了马尔萨斯贫困陷阱下物质资本和人力资本积累上的巨大差异。

在西欧，一旦这种以土地为核心的财产与军事服务之间的互惠，或隐或明地以契约的形式确定下来，获得分封土地等资源的领主，财产权也具有同样的合法性，据此实现的经济增长和资源增值，也得到产权的保障。因此，领主是一个接近经济活动并从中直接获益的阶层，获得促进领地经济繁荣的稳定激励。

此外，即使财产权利的不稳定因素，也成为发展经济的激励。在许多情况下，外族的侵略和相邻领主的掠夺，都可能造成财产的损失乃至丧失殆尽。因此，以自己可能的经济实力和技术能力，筑建尽可能坚固的城堡，是保护私人财产的唯一有效手段。而无论是保家卫土还是攻城略地的能力，无疑都与庄园或领地的经济发展水平密切相关。

在这种制度框架下，精英阶层既可以通过为国王打仗获得分封，也可以通过成为地方经济组织者甚至高级僧侣扩大自己的财富，甚至通过抢劫或蚕食其他庄园的财富，及至进入统治阶级。这在客观上形成了发展地方经济的强烈激励。

历史学家尼尔·弗格森（Niall Ferguson）认为，欧洲历史上成百上千政治单位（如国家）或自治体（如自治城市）之间及其内部数量更多的公司、同业工会和层级之间的竞争，提供了经济发展的竞争动力。[①] 许多经济史学家也从欧洲历史中找到可以论证这一假说的证据。虽然许多文献是相互独立完成的，相互之间未必直接呼应，但是，仍然可以把经济史学家的论证过程理出如下逻辑。

卡德维尔（D. S. L. Cardwell）指出，大多数社会只能在相对短暂的时期里保持技术上的创造力。[②] 这个结论被称为卡德维尔定律。然而，另有学者认为，将其用于单一的欧洲社会或许是成立的，但是用于由分割的社会构成的整个欧洲大陆则未必成立。例如，罗森博格（Nathan Rosenberg）和博得泽尔（L. E. Birdzell, Jr.）认为，在西方历史上，任何一个政治主体如果不能由技术变迁取得工商优势，则会输给具有竞争关系的对手，因此，这种政治主体之间的竞争性，能够抑制利益集

---

① ［英］尼尔·弗格森：《文明》，中信出版社 2012 年版。

② D. S. L. Cardwell, *Turning Points in Western Technology*, New York: Neale Watson, 1972, p. 210.

团对技术进步的政治阻力。[①] 莫吉尔则运用计量史学方法对此进行检验，证明卡德维尔定律并不适用于诸如欧洲历史上具有多元独立经济体相互竞争的情形。[②]

观察历史上这种因经济自治体之间的竞争压力，产生必须打破既得利益群体对创新的阻碍，并形成允许和鼓励技术创新激励的时候，更重要的是要了解能够使这种激励有效的必要条件，即这些自治体需要具有规模经济、产权清晰和收益内部化的特质。

在古代中国，由于天高皇帝远，中央政府除了在必要的基础设施建设中，如修筑防御性的长城和大型水利设施时，需要动员全国力量，组织经济活动之外，并不直接介入一般的生产活动。而地方政府作为中央政府的派出机构，只对中央政府负责，并且与地方经济没有直接的利益关系。因此，经济发展只是一家一户的分散经济活动的叠加而已，恰如马克思所形容的，这种分散的小农“是由一些同名数简单相加形成的，就像一袋马铃薯是由袋中的一个个马铃薯汇集而成的那样”。[③]

虽然这种典型的小农经济（地主经济通常也表现为个体的

---

① Rosenberg Nathan and Birdzell L. E. Jr., *How the West Grew Rich: The Economic Transformation of the Industrial World*, New York: Basic Books, 1986, pp. 136 - 139.

② 这里主要依据经济史学家莫吉尔（Joel Mokyr）的一篇兼具文献回顾和事实检验性质的文章归纳。参见 Joel Mokyr, “Cardwell's Law and the Political Economy of Technological Progress”, *Research Policy*, Vol. 23, 1994, pp. 561 - 574。

③ 马克思：《路易·波拿巴的雾月十八日》，载中共中央马克思恩格斯列宁斯大林著作编译局编《马克思恩格斯文集》第2卷，人民出版社2009年版，第566—567页。

佃农经济）具有较大的弹性和活力，许多制度形式如土地自由买卖等也有利于促进经济活动，但是，既缺乏经济体之间的竞争从而产生技术创新的压力，也缺少一个直接利益相关且具有规模经济的中间层次，来组织和激励技术创新，妨碍了物质资本的积累，使财富增长和资本积累难以达到一个临界最小规模，从而阻碍了可以达到革命性突破的技术进步。

分析至此，一个与人力资本积累相关的至为重要的因素，也已经昭然若揭。那就是，既然在西欧，君主与领主之间的关系更接近于一种互惠的契约关系，君主统治的合法性根植于此，则没有必要形成一种机制，不厌其烦地要求领主表达自己对君主的忠诚。这就是为什么在早期西方社会，没有形成一个像科举制度那样阻碍人力资本积累的制度的原因。不仅如此，各个地方自治经济单位之间的激烈竞争以及对收益的渴望，使领主、贵族和城市统治者乐于资助和鼓励各类人才发挥创造精神。

为人们所熟知的是，几乎所有伟大的古典音乐家和画家，无一例外地受到王族和贵族的保护和豢养；其实，科学家和发明家，更多的情形则是各种手艺人和工匠，也都受到自治体统治者的资助和保护。并且经济发展、艺术创造与科技发明也是相关和相通的。[①] 例如，集艺术、发明和制造为一身的雷奥纳

① 经济学家约翰·希克斯（John R. Hicks）指出："透视法在15世纪佛罗伦萨和威尼斯的绘画中曾经引起过革命，如果要探究透视法最初是如何传入的，最好从商业上去寻求解释。"［英］约翰·希克斯：《经济史理论》，商务印书馆1987年版，第54页。

多·达芬奇，受到商业自治城市佛罗伦萨贵族以及其他地区的统治者的直接雇用，对其创造发明给予保护和资助，就是一个经典的例子。

对人才的渴求必然加剧人才竞争，产生对人才培养的需求，进而推动教育的发展。不为人们熟知的是，对资本主义发展和工业革命具有重要推动作用的英国羊毛加工业，得益于英王亨利七世亲自策划到"低地国家"公开学习发展经验，以及暗地争夺熟练工人。[①] 早在9世纪末期欧洲就出现了第一所现代意义上的大学，以后不仅在各地纷纷涌现，而且教学内容从神学扩展到文学、法律、医学及至自然科学等领域。

自李约瑟本人开始，大多数学者都把科举制度列举为扼杀人才的创造性，没有实现向以实验为基础的科技创新模式转变，最终阻碍中国科学技术发展的制度桎梏[②]，但是，对于这种抑制创新思维和排斥创造发明的人才理念和体制，究竟是如何诱致产生的，则少有令人满意的研究结论。

其实，科举制形成的制度基础，也在于中西方封建制度的差异。在皇权合法性更加依赖于各阶层精英对中央权威的显示性认同与忠诚的古代中国，克己复礼的儒家思想就必然被选择

---

① 张夏准：《富国陷阱：发达国家为何踢开梯子》，社会科学文献出版社2009年版，第20、21、64页。

② ［英］尼尔·弗格森：《文明》，中信出版社2012年版，第26页；林毅夫：《解读中国经济》，北京大学出版社2012年版，第53—55页。

为主流意识形态，继西汉董仲舒“罢黜百家，独尊儒术”之后，在隋唐时期形成以阐释统治阶级意识形态和效忠为唯一内容的科举制度，并延续一千多年之久，也就顺理成章了。

这种科举制度被看做是一个开放的官员选拔制度，也恰恰起到了把所有的精英（同时也是潜在的麻烦制造者）引导到通过科举独木桥，从而进入统治阶层的作用。在科举制度形成后，唐代就明确规定商人和工匠不得参加考试，从制度上便把社会精英与资本积累主体的基因联系彻底斩断。在这种精英选拔体制下，表达对主流意识形态的认同，论证皇朝统治的合法性，以及自己对体制的忠诚，成为精英人才的晋升之途。

如果说北宋王安石进行的以抑诗赋扬经义为重点的科举制度改革，更加突出了道德（忠诚）为选人的最终标准，且还是以获得忠诚于皇朝的人才为出发点，则到了明清两代，科举制度的执行则愈加成为八股盛行、结党营私、排斥异己的大舞台。而在科举制度引导知识分子取向的制度环境下，科学技术、工艺技能则都成为奇淫巧技而耻与人言，教育也就与科学技术、技艺财经乃至民生全然无缘了。因此，科举制度把有利于科技创新的人力资本积累道路牢牢地堵死了。

把中国和欧洲在前工业革命时期的物质资本和人力资本积累模式做出这样的宏观比较，就不难从经济增长的角度对“李约瑟之谜”做出另一种解答。虽然在世界各地都处在马尔萨斯贫困陷阱中的时候，中国较早并且或许常常处在高水平均衡陷阱中，但是，这种低水平均衡陷阱与高水平均衡陷阱交替存在的现象，不过是政治周期（有时则是自然周期）在经济兴衰上面的一种映射而已。

中国封建社会“其兴也勃焉、其亡也忽焉”的政治周期特点，为历史学家所广泛观察到，甚至一般大众也耳熟能详。其实，这种政治周期与经济兴衰互为因果。无论中西，封建社会的统治者都会经常处在合法性危机状态之中。或者说，封建政权处在“合法性机会窗口—合法性焦虑—合法性危机”交互出现的循环之中。

达尔（Robert Dahl）指出，对政府成效的认同程度，分别会增强、削弱或改变对政府权威性或合法性的信任程度。由于政府的表现以及由此产生的这种信任具有周期性，就形成一个关于合法性的蓄水池，在不同时期分别处于充盈、匮缺甚至干涸的状态。[1]

按照这个原理，我们用图3—4来解释上述循环往复的政治周期。图中，D代表达尔所指的合法性“蓄水线”，即一旦低于这个临界点，政权合法性便受到严重威胁和挑战。从原点O出发，在OO_w所示区域代表一个合法性的机会窗口，可以是一个新王朝的开端，可以是各种增进合法性的努力产生的效

① Robert A. Dahl, *Polyarchy: Participation and Opposition*, New Haven and London: Yale University Press, 1971, pp. 124 - 188.

果。而在O_wO_a所代表的区域中，上述有利于增进合法性的努力边际效果递减，出现合法性焦虑。这种状况往往导致增进合法性的努力极端化，并且严重扭曲以致过犹不及，最终导致O_aO_c所代表的合法性危机时期。一旦政权陷入这个阶段，该统治必然或者以改朝换代为结局，或者经过剧烈的动荡和改革实现自我调整，分别开始新的统治周期。

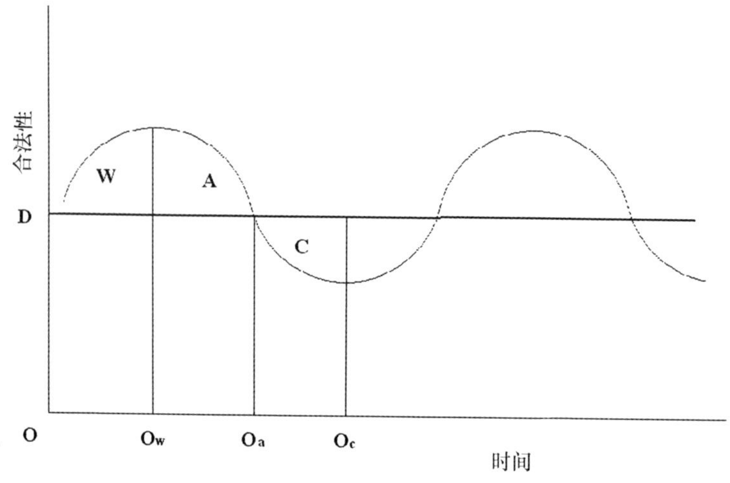

图3—4　封建王朝的合法性周期

在西欧的分封制之下，每逢出现这种合法性危机，通常君主和贵族等具有影响力的当事人可以根据谈判力的相对变化而重新缔结契约，而不会消除和危害既已存在的经济激励，进而妨碍物质资本和人力资本的正常积累。而在中央帝国统治制度下的中国，修复和增进合法性基础的努力，虽然不乏与民休息、轻徭薄赋、开拓疆域等做法，但在更多的情况下，并且归根结底体现在崇尚谶纬、加强中央集权、削藩抑强和节制资本等方面。[①]

这类努力的效果有利于经济和民生时，就形成合法性机会窗口，当此类做法的效应递减，或者当这类统治措施过犹不及，反而进一步伤害了经济和民生时，就形成新一轮合法性危机。但是，无论出现哪种情形，无一能够根本改变物质资本和人力资本的积累机制。

中国封建社会越是到了它的末期，遭遇到越加严重和频繁的合法性危机，合法性机会窗口出现的频率越低、延续的时间越短暂。强烈的合法性焦虑症及其频繁反复发作，统治手段愈加极端，反而将其推向更深的合法性危机中，难以回归新的机会窗口。

例如，秦始皇焚书坑儒在历史上并不是孤例，在疆土达到最广阔、商品经济愈加发达的清帝国时期，在官方主持修撰《四库全书》过程中，禁毁和篡改不符合主流意识或者有违统治者讳忌的古籍达数千种、十数万部，文字狱盛行充分反映了“防民之口甚于防川”。最终将中国封建社会政治制度的优势最大化予以抑制，其劣势则最大化予以暴露以致难以为继。当欧

---

① 钱穆：《中国历代政治得失》，生活·读书·新知三联书店2001年版，第170—173页。

洲通过从低水平陷阱到高水平陷阱的提升，进而逐渐为工业革命积累了必要的物质资本和人力资本的时候，中国反而没有进入这个发展阶段，错过了实现工业革命的机会。

五　结语

科学进步的历史表明，前人出于知识的局限和好奇心所提出的学术谜题，激励后来者献身其中，做出孜孜不倦的探索。所以，这些谜题在学术发展中起到了独特而重要的作用。关于“大分流”及其中国版本“李约瑟之谜”的丰富研究成果，迄今为止已经大大增进了人们对问题的认识，丰富和发展了经济史的研究。然而，社会科学与自然科学相比有一个难以克服的缺陷，是前者不能在完全控制的条件下进行实验，以检验相关假说。经济史的研究对象是既往的事件，这个弱点就更加突出了。

所以，像“大分流”和“李约瑟之谜”这样的经济史问题，其实是不存在一个终极答案的。惟其如此，这些问题更加引人入胜，令古往今来的相关领域研究者无比迷恋。正如经济学家曼昆所称，一旦开始思考经济增长中的诸多谜团，一个人就很难再考虑其他事情了。[①]

---

① 转引自［美］罗伯特·巴罗、［美］哈维尔·萨拉伊马丁《经济增长》前言，中国社会科学出版社2000年版。

就本章所涉及的“大分流”和“李约瑟之谜”而言，学者们的一切努力，说到底都只是服务于这样一个目的（事实上也只有这一个目的），即通过回答这样的谜题，从不同视角提出各自的假说并相互竞争，打开学者自身的视野，拓展思考问题的维度，延伸各独立学科的触角；同时，在尝试进行实证检验的过程中，发现和积累更多经验素材，丰富人类学术文库，最终增进人们对经济史，对经济现实及至未来经济发展规律的理解。

通过恰当地进行学科定位，本章从经济增长的维度考察“李约瑟之谜”，其目的也仅限于提出一个可供替代的新视角以及组织史料和文献的新框架。在本章中，“李约瑟之谜”被定位于笔者关于人类经济增长四种类型或发展阶段之中，作为一个关键环节尝试解答的。任何研究都必须从以往的思想和经验中寻找深厚根源，而不能指望重新发明全部分析工具。[①]

本章尽可能吸收并消化相关领域的成就，在此基础上提出一个希望引起关注的假说，即封建制度构架上的中西方差异，诱致出不尽相同的物质资本和人力资本的积累（及其激励）机制，最终造成科技发展和经济增长表现的重大不同，使前现代时期的中国未能形成打破马尔萨斯均衡陷阱所要求的资本积累

① ［美］卡尔·A. 魏特夫：《东方专制主义：对于极权力量的比较研究》，中国社会科学出版社1989年版，第26页。

临界最小规模，及至在特定的时点上发生与欧洲的“大分流”。

历史可以鉴今，理解现实也有助于认识历史。就其框架而言，解释历史的理论也应该能够适用于对现实问题的分析。然而，历史与现实并不可以也不可能简单比照。人们习惯于认为，或者是人们希望，历史和现实可以互为镜子，以今鉴古和以古喻今可以使人变得聪明。但是，悠远的时代距离必然使得这个镜子中已经发生了深邃的光学变异。拂去历史的尘埃，统一历史与现实的分析框架，是一个远远超过个人能力和想象力的，甚至比“大分流之谜”和“李约瑟之谜”要复杂得多、庞大得多的课题，因而也更加令人心驰神往。希望本章是这种学术追求的一个有用开端，也希望这一关于中国经济发展昨天的回溯，对于认识其今天与明天有所助益。

第四章　二元经济作为一般发展阶段

一　引言

西谚说：罗马不是一天建成的。但是，在西方的经济增长学者看来，罗马就是一天建成的，他们甚至认为罗马从来就存在。以索洛（Robert Solow）为代表性人物的新古典增长理论，长期以来只承认一种经济增长类型，并且从不区分发展阶段。这个唯一的经济增长类型或阶段，就是所谓新古典增长，或称索洛式增长。定义这种经济增长类型的增长理论，是以索洛为代表人物，在新古典经济学框架下形成的。[①]

这种增长理论通常集中关注三个增长源泉：与储蓄率相关的资本积累、受人口增长制约的劳动力供给，以及技术进步、制度变迁和其他效率改善带来的生产率，特别是全要素生产率

① Robert M. Solow, "A Contribution to the Theory of Economic Growth", *The Quarterly Journal of Economics*, Vol. 70, No. 1, 1956, pp. 65 - 94.

（total factor productivity）。

这种理论的先验假设是，由于劳动力供给受到人口增长的限制，所以，资本报酬递减现象必然发生。这一假设有两个引申出来的含义：第一，落后经济体可以实现比发达经济体更快的增长速度，从而形成经济发展水平的趋同；第二，一国长期可持续的经济增长只能来自于生产要素贡献之外的外生源泉，即所谓“索洛残差”或全要素生产率。

作为对后凯恩斯增长理论——哈罗德－多马模型的替代，新古典增长理论以及脱胎于该理论模型的一系列经济增长理论，如拉姆塞－凯斯－库普曼模型、内生增长理论、条件趋同假说和检验等，或多或少地具有对当代发达经济体的增长源泉和增长机制的解释力。然而，这些理论既不适用于解释典型贫困陷阱类型的传统经济，也不适用于解释具有二元经济特征的当代发展中国家，因而在解答经济史意义上的国家兴衰之谜，或者为发展中国家赶超努力提供政策建议时，常常感到力有不逮和捉襟见肘。

人类有着长期处于马尔萨斯贫困陷阱的历史记忆，当代贫穷国家仍然处于不发达的非新古典阶段，要求经济学家在研究视角上不再持熟视无睹的态度，进而在理论分析上放弃削足适履的偏见。

在经济学说史上值得一提的是，直到进入 21 世纪时，才有重要的经济学家承认，在索洛式增长之前的确存在着马尔萨斯式增长阶段，并且尝试将两个阶段或类型置于一个统一的分析框架中。[1] 作者之一普雷斯科特（Edward C. Prescott）也隐隐约约地感觉到，在马尔萨斯到索洛之间应该存在一个过渡的增长阶段。

青木昌彦（Masahiko Aoki）根据东亚经济发展的经验，提出了一个过渡性的库兹涅茨阶段（K 阶段）以强调其产业结构变化的特点。[2] 青木昌彦不情愿用刘易斯模型解释这个发展阶段，并且宣称刘易斯模型机械地综合了两个不同的模型：劳动力无限供给的古典模型和完全竞争的劳动力市场的新古典模型。但是笔者猜想，他坚持以库兹涅茨而拒绝以刘易斯来命名这个发展阶段，是因为后者的分析方法和理论假设距离新古典圭臬甚远，所以，接受刘易斯式的二元经济发展作为一个主流发展类型或阶段，从方法论和具体的分析角度来看必然更难驾驭，以致无法保持理论的一致性。

为了全貌地描述人类已经经历以及正在经历的经济增长史，本书在此前部分将时间上继起和空间上并存的经济增长，划分为四个类型或阶段，分别为马尔萨斯贫困陷阱（M 类型增长）、刘易斯二元经济发展（L 类型增长）、刘易斯转折点（T 类型增长）和索洛新古典增长（S 类型增长）。这样一种划分，旨在把解释后起国家的赶超过程与早期工业化国家的演进过

① Gary D. Hansen and Edward C. Prescott, "Malthus to Solow", *American Economic Review*, Vol. 92, 2002, pp. 1205 - 1217.

② Masahiko Aoki, "The Five Phases of Economic Development and Institutional Evolution in China and Japan", in Masahiko Aoki, Timur Kuran, and Gérard Roland (eds.), *Institutions and Comparative Economic Development*, London: Palgrave Macmillan, 2012.

程，置于一个相互联系甚至互为因果的逻辑之中，不仅赋予二元经济理论更大的解释力，也增强经济增长理论的包容性。

刘易斯二元经济理论的关键是传统部门存在着过剩劳动力，从而一国可以通过两部门之间的转换，以劳动力无限供给为条件实现经济发展。[①] 刘易斯若隐若明地发现了人口转变与二元经济结构之间的关系，并且这种关系可以从当代许多发展中国家的现实得到验证，但是，他本人和追随者都倾向于把早期工业化国家撇除在二元经济模型之外。

以往的研究一般认为，发展中国家的人口转变具有外生的性质，如从发达国家引入的产业和企业帮助形成了现代经济增长部门，外来的医疗卫生技术可以迅速而显著地降低死亡率；而与此相反，早期工业化国家的这些过程都是内生的，在长期的发展过程中缓慢发生。

不过，如果我们能够确定，后起国家与早期工业化国家之间的这种差别，不是有与无之间的根本差别，而只是在统计意义上显示出来的快与慢之间，或者显与隐之间的程度差别[②]，

---

① Arthur Lewis, "Economic Development with Unlimited Supplies of Labor", *The Manchester School*, Vol. 22, No. 2, 1954, pp. 139 - 191.

② 例如，法国在1866—1950年的84年间，农业就业比例才从52%降到33%［参见Masahiko Aoki, "The Five Phases of Economic Development and Institutional Evolution in China and Japan", in Masahiko Aoki, Timur Kuran, and Gérard Roland (eds.), *Institutions and Comparative Economic Development*, London: Palgrave Macmillan, 2012］，而韩国完成相同的农业劳动力比重下降是在1968—1981年期间，只用了13年的时间（蔡昉:《避免“中等收入陷阱”——探寻中国未来的增长源泉》，社会科学文献出版社2012年版，第98页）。

则二元经济发展过程便可以成为经济发展的一般阶段，刘易斯理论则应该得到更高的重视。相应地，经济增长理论也就面临着一个重塑甚至再造的巨大挑战。

经济史学家为解释进入现代经济增长的中西方差异，提出了一个经济内卷化（involution）的概念，并围绕之展开了激烈的论战，提供了大量的历史证据及其延伸性的、各自的、大相径庭的解读。当然，这些不同的材料及其解读，很多旨在回答何以出现1800年开始的世界经济的“大分流”，或者针对中国来说，旨在解答“李约瑟之谜”[①]。

本章的目的却不在于此，而是尝试回避这种公说公有理、婆说婆有理的争论，跳出支离破碎的史料拼凑怪圈，从经济增长的分析思路出发，集成那些已经被挖掘的公认历史事实，论证无论是在西方还是东方，历史上都存在着一个传统经济内卷化的过程。由于这个过程不同于马尔萨斯式的贫困循环往复，而是进入现代意义上的人口转变的起点，因而是二元经济结构形成的早期过程，一旦现代经济增长部门具备了伴随着吸纳剩余劳动力而扩张的条件，刘易斯式的二元经济发展过程便开始。

本章就方法论而言将从三个维度展开，相应地服务于三重

---

① 最近的代表性文献可参见黄宗智《发展还是内卷？十八世纪英国与中国——评彭慕兰〈大分流：欧洲，中国及现代世界经济的发展〉》，《历史研究》2002年第4期；彭慕兰：《大分岔：欧洲、中国及现代世界经济的发展》，江苏人民出版社2003年版。

目的。

第一，就经济增长理论来说，目前尚缺乏一个完整的、理论逻辑与历史逻辑统一的分析框架。为了有助于这个分析框架的形成，这里尝试用刘易斯二元经济理论来填补新古典增长理论的一个重要逻辑断裂带。因此，本章的目的是揭示，在无论中西方的一定历史阶段上，都会出现一个时期，在农业中积累起大规模的剩余劳动力，以致随后才会有二元经济发展。

第二，就经济学说史来说，把刘易斯发展理论与新古典增长理论融合成一个完整的框架，不仅有助于前者的再生和成为主流，也能够显著增强后者的理论解释力。

第三，就经济史来说，鉴于在研究者之间缺乏在理论框架和方法论上面的共识，借鉴增长理论的统一框架及假说，或许有助于经济史学家重新认识和阐述历史逻辑，扭转分析历史数据中的碎片化倾向。

二 回到古典经济学

刘易斯在他那篇最重要的论文中开宗明义地指出，该文是按照古典经济学的传统进行写作、做出假设和提出问题的。[①]

---

① Arthur Lewis, "Economic Development with Unlimited Supplies of Labor", *The Manchester School*, Vol. 22, No. 2, 1954, pp. 139 - 191.

他声称回归古典经济学的核心在于，斯密和马克思都观察到了在资本主义的早期，以生存水平的工资可以获得无限供给的劳动力。但是，刘易斯又自称着眼点是当代（20 世纪 50 年代前后观察到）的发展中国家的现实，同时不无谦恭地承认劳动力无限供给的假设不适用于英国和西北欧发达国家。

刘易斯把一个符合其模型的典型发展中经济体划分为两个部门，他本人和后来的讨论者常常使用不同的表述界定两者，我们这里统一称之为传统部门和现代增长部门，前者以农业为代表，劳动力相对于土地和资本是过剩的，因而以大规模累积的剩余劳动力为特征，后者以工业为代表，其扩张的速度从而资本积累的速度决定着能够以怎样的速度吸纳传统部门的剩余劳动力。

刘易斯尝试论证发展中国家存在着被主流新古典经济学忽略的这个二元经济特征，而没有真正回到古典经济学当年研究的对象上，因此也为自己埋下了被后来的主流经济学再次遗忘的伏笔。例如，发展经济学家拉尼斯发现，刘易斯的理论不为盎格鲁－萨克森传统的主流经济学所接受，要害在于其关于工资不是由供求关系内生决定，而是由于人口高度密集的特征，从而根据特定的制度安排而外生决定的观点。[①]

虽然许多研究者在对当代发展中国家进行深入观察后，逐

---

① Gustav Ranis, Arthur Lewis, "Contribution to Development Thinking and Policy", Yale University Economic Growth Center Discussion Paper, No. 891, 2004.

渐倾向于承认二元经济理论对这些发展中经济体做出的理论概括是有效的[①]，但是，既然刘易斯式的假说尚不被认为对发达国家早期发展的经验具有解释力，这个理论就仍然处在边缘化的地位。因此，如果理论和事实可以证明早期工业化国家也同样经历了二元经济发展过程，则刘易斯二元经济理论的解释力可以从深度和广度上得以增强，从而这个理论在学说史的意义上可以获得拯救。

斯密实际上是用刘易斯的方式解决了一个资本积累驱动力的矛盾。他观察到，从事资本积累的制造业者需要更多的劳动者，而这更大的雇用需求，倾向于把工人的工资提高到“自然”价格以上，从而导致资本家利润的下降，使积累过程有中止的危险。[②]

然而，由于斯密同时发现了一个规律，即“像对其他商品的需求必然支配其他商品的生产一样，对人口的需求也必然支配人口的生产”[③]，即对劳动力的需求增长倾向于把工资提高到生存水平之上，进而刺激人口增长，而人口增长扩大了劳动力

---

① 例如，芝加哥学派经济学家约翰逊（D. Gale Johnson）曾经对农村剩余劳动力的讨论和估算持严厉批评的态度，认为这个剩余劳动力的概念是错误的，也不可能是真实存在的。但对中国深入考察和思考后，他一反新古典传统，承认中国有大量的农业剩余劳动力，他们的生产率比城镇部门劳动力的生产率要低得多。参见［美］D. 盖尔·约翰逊《中国能否通过在农村创造非农工作职位来转移大部分农业劳动力》，载［美］D. 盖尔·约翰逊《经济发展中的农业、农村、农民问题》，商务印书馆2004年版，第65页。

② 参见杨敬年《译者序》，载亚当·斯密《国富论》，陕西人民出版社2011年版。

③ ［英］亚当·斯密：《国民财富的性质和原因的研究》（上卷），商务印书馆1996年版，第73页。

供给，进而抑制工资的继续提高，及至将工资再次压低到生存水平之下，资本积累者的利润得以维持。

我们也可以用新古典的方式以及反设事实法（counterfactual analysis）解释这个机理。新古典增长理论在劳动力短缺的假设下，得出了相对于有限的劳动力投入过多资本会导致资本报酬递减的结论。运用反设事实法则可以这样看，一旦劳动力短缺的假设被打破了，资本报酬递减现象便被遏止，经济增长则可以在投入增加的条件下实现。而这个增长类型，就其性质而言就是刘易斯式的二元经济发展。

值得指出的是，斯密1764年着手写作，12年之后才出版的《国富论》，虽然被看做是现代经济学的开山之作，其实在斯密写作的时代，工业革命尚未完成，现代经济学赖以立论的现代经济增长也未具雏形。

更为吊诡的是，斯密的研究号称以证据为基础，但是，他本人在写作期间可谓离群索居，既没有对经济现实的亲身体验和直接观察，也缺乏足够和不断更新的图书资料①，所以，实际上他所观察的对象在相当大的程度上与马尔萨斯是相同的，或者说，斯密研究的对象其实是马尔萨斯增长类型结束之际，现代经济增长类型成型之前的一个过渡增长时期。只是囿于特定时期的观察并且不懂得用发展阶段的划分准确界定这个时期

① ［英］加文·肯尼迪：《亚当·斯密》，华夏出版社2009年版，第194页。

的性质，斯密未能像两百年之后的刘易斯那样，把这个时期特有的经济增长类型准确概括出来，进而形成一种经济发展理论。

表面上，斯密观察到的“人口需求规律”与马尔萨斯所描述的贫困恶性循环十分相像，但实际上，前者根据在英国特定经济发展时期所发现的人口增长可以抑制工资上涨这样“一种聪明的机制”，显然不是马尔萨斯发展阶段所能够具有的，其实这恰恰就是刘易斯二元经济发展的机制。

本章的目的就是证明，斯密观察到并在某种程度上作为特征化事实（stylized fact）加以表述的现象，已经不再是马尔萨斯式的贫困陷阱，而更接近刘易斯式的增长类型，或者说他发现了能够导致刘易斯式二元经济发展的前提条件。也正是因为斯密与刘易斯的这种传承关系，而不是与马尔萨斯的某种内在联系，使其可以当之无愧地继续稳坐现代经济学鼻祖的宝座。

说斯密发现了刘易斯模型中的核心内涵，表达上当然不符合长幼有序的常规、历史发展的顺序和理论形成的逻辑。正确的说法自然应该是：刘易斯遵循了斯密的传统，把在斯密那里尚不清晰的观察提升为经济发展理论模型。然而遗憾的是，刘易斯没有勇敢地迈出下一步，即应用二元经济理论理解和说明欧洲国家的早期经济增长。新古典经济学理论也好，对古典时期经济发展历史的新古典解说也好，一统天下的力量过于强大了，以致最具创新能力的后来者也难免犹豫彷徨，最终无法摆脱被画地为牢的命运，未能与前者彻底分道扬镳。

三　作为起飞条件的人口增长

马尔萨斯时代的经济增长并不是完全停滞的，而是以极其缓慢的速度演进的，因而马尔萨斯式的增长类型也并非在何时何地都是一成不变的。一般而言，马尔萨斯均衡是指，任何有利于收入提高的扰动都是短命的，收入高于生存水平会导致出生率提高和死亡率下降，从而人口自然增长率提高，进而造成人口—土地关系的恶化；结果是，土地压力的严峻化最终又会把人均收入拉回到仅够生存的均衡水平上。

但是，经济史学家发现，西欧早在工业革命之前，即尚处于马尔萨斯陷阱之中如1700年时，人均收入就显著地高于世界其他地区了。[①] 而另一些经济史学家则在中国发现了一个独特的现象，即所谓的“高水平均衡陷阱”[②]。这两种现象都是对马尔萨斯陷阱的逃脱，抑或两种现象都不是，还是两者分别代表不尽相同甚至截然相反的情形呢？回答这样的问题，是破解

---

① Nico Voigtlander and Hans-Joachim Voth, “Malthusian Dynamism and the Rise of Europe: Make War, Not Love”, *American Economic Review: Papers and Proceedings*, Vol. 99, No. 2, 2009, pp. 248 - 254.

② Mark Elvin, *The Pattern of the Chinese Past: A Social and Economic Interpretation*, Stanford: Stanford University Press, 1973.

“大分流之谜”所不可回避的。

在能够有把握地回答上述疑问之前，我们姑且放下关于导致欧洲人均收入更高以及中国形成高水平均衡陷阱的原因这个问题，先看看这种不期而至的更高收入水平在随后的时代所引致的一个结果——曾经出现但可能持续也可能中断的长期人口增长。

根据速水佑次郎提供的数据[①]，在1000—1750年期间，世界上大多数地区都经历了极为缓慢的长期人口增长，其间的年均人口增长率，在欧洲及其后裔居住的地区、亚洲以及非洲之间差别并不大，分别为0.13%、0.14%和0.09%。然而，随后欧洲人居住地区的人口增长率迅速提高，亚洲的人口增长率稳定地徘徊，而非洲一度经历较大的波动。如在1750—1850年，三个地区的年均人口增长率分别为0.73%、0.45%和0.00%。欧洲裔在19世纪末便达到其人口增长的高峰，而亚洲和非洲则是在20世纪30年代前后，当欧洲裔人口增长已经减慢的时候，才获得了人口的迅速增长。例如，在1900—1990年期间，三个地区的年均人口增长率分别为0.91%、1.48%和1.69%。[②]

① ［日］速水佑次郎：《发展经济学——从贫困到富裕》，社会科学文献出版社2003年版，第56页。

② 值得指出的是，关于世界、各国以及中国的历史人口数据，存在着诸多不同的估计和汇总，结果不尽相同。这里仅在各家之说在趋势上的判断相一致的意义上，引用相关的数据。

按照经济发展的顺序我们可以观察到，工业革命最早在欧洲发端和传播，进而扩展到欧洲人在其他大陆的居住地区，除了拉丁美洲地区一度获得较高的发展水平后，又长期停滞在中等收入阶段以及东欧一度落后外，西欧、北欧、北美和澳大利亚、新西兰都成为高收入发达国家（地区）；亚洲在日本、韩国、新加坡和中国香港、中国台湾地区率先发展之后，也得到迅速发展；非洲的发展起步较晚，目前正在加快赶超。

由此可以看到，工业革命是在人口最先得到快速增长的地区实现的。经济史学家争论最集中的问题是，为什么是欧洲而不是亚洲（尤其是中国）成为工业革命的故乡和成长地。此外，还应该再加上一个必须回答的问题：如何辨别一个特定的人口增长是对马尔萨斯陷阱的永久突破，还是对马尔萨斯均衡的暂时偏离。这与前述对于欧洲早期高收入现象和中国“高水平均衡陷阱”的辨别，可以说是同一个命题。

根据麦迪森提供的数据①，我们可以观察到，直到1700年，亚洲仍然生产了全世界GDP总量的61.8%，作为最大的亚洲国家，中国对世界GDP总量的贡献份额为22.3%。由于亚洲、日本和中国分别有着更大的人口份额，这个地区和这两个国家的人均GDP均分别低于世界平均水平，但是幅度并不显

① ［英］安格斯·麦迪森：《世界经济千年统计》，北京大学出版社2009年版，第262—269页。

著。在1500—1820年期间，亚洲人口增长速度略快于世界和西欧的平均水平，日本人口增长率略低，中国则显著高于世界和西欧的平均水平。

这个时期中国的GDP增长率虽然快于世界平均水平，并与西欧保持大体相同的水平，由于其人口增长更快，所以到1820年，中国GDP总量虽然占到了世界的32.9%，人均GDP则不仅显著低于西欧，也进一步低于世界平均水平。虽然日本和其他亚洲国家与中国有着这样那样的差异，就其人均收入落后于西欧乃至世界平均水平而言，亚洲国家呈现了大致相同的轨迹。

值得特别注意的是，在随后的1820—1870年期间，中国的GDP和人口都陷入负增长，从此作为世界性“大分流”中处于不利一方的代表性国家，大幅度地拉开了与西方国家的发展差距。

如果我们把经济史学家所谓的“大分流”时期界定为1600—1950年期间[①]，可以看到，这个分流的一端所呈现的图景是工业革命滥觞于英国，并迅速传播到西北欧和北美及至整个西方，另一端的图景则是亚洲、非洲等地区的国家继续深陷

---

①　学者的分析和经济史实都表明，关于大分流的大致起始年份，能够取得共识的无疑是19世纪初工业革命实质性兴起之时（彭慕兰：《大分流：欧洲、中国及现代世界经济的发展》，江苏人民出版社2003年版）。至于大分流的截止年份，我们则可以接受斯宾塞（参见Michael Spence, *The Next Convergence*: *The Future of Economic Growth in a Multispeed World*, Part One, Farrar Straus and Giroux, 2011）的说法，为1950年，因为他认为恰在此时，全球经济开始了一个大趋同的新时期。

马尔萨斯贫困陷阱，“大分流”的主要表现便是人均 GDP 的差距越来越大。不过，从本章的目的出发，我们不拟考察人均收入的分化，而是仍然回到人口增长的差异上面来。

理解历史上的人口增长并进行国际比较，常常会被数据显示出的不稳定甚至具有断裂性的变化所迷惑。例如，中国在 1700—1820 年期间人口迅速增长，远远高于西欧 12 个国家的平均值和亚洲的日本，然而在接下来的很长时期却又大幅度下降，甚至在 1850—1870 年期间为负增长（图 4—1）。

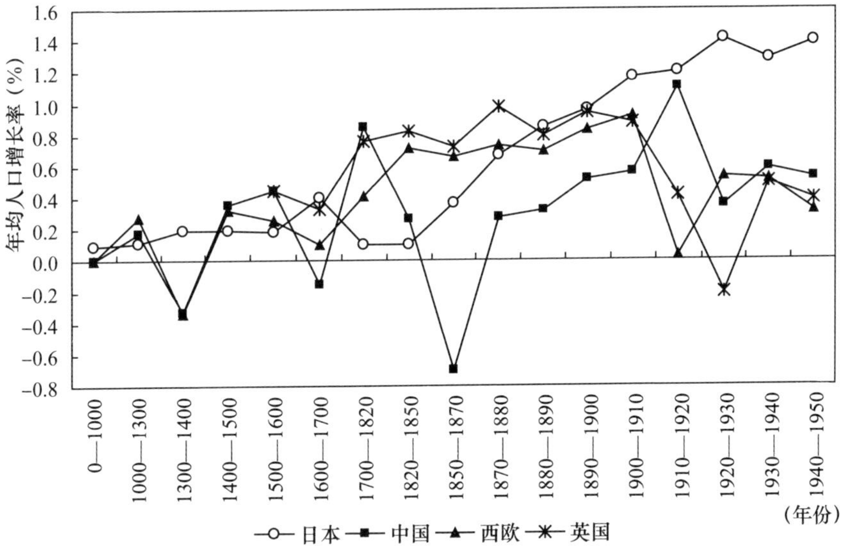

图 4—1　人口增长率的长期跨国比较

资料来源：根据麦迪森数据计算。其中，日本和中国在 1850 年及以前的数据和西欧数据，载［英］安格斯·麦迪森《世界经济千年史》，第 27 页；日本、中国和西欧（为 12 国平均数）在 1870 年及其后以及英国在 1500 年后的数据，载［英］安格斯·麦迪森《世界经济千年统计》，第 30、32、34、158 页。

为了把扰动性因素从长期趋势中剔除，这里以一个国家的人口变化是否符合人口转变理论所概括的阶段性趋势作为判断标准。人口转变理论指出，在经历马尔萨斯式的“高出生率—高死亡率—低（自然）增长率”之后，伴随人均收入的实质性提高，人口转变进入“高出生率—低死亡率—高（自然）增长率”的新阶段，以至随后才会在更高经济发展水平上形成“低出生率—低死亡率—低（自然）增长率”的阶段。①

这个人口转变具有本质意义并得到历史数据证实，因而特别值得强调的特征，是其起始于死亡率的稳定降低。② 经济史学家有充分的证据表明，从 18 世纪后半期开始，在西欧，传统的马尔萨斯式人口抑制机制发生了变化，“农业长期歉收和传染病危害造成人口危机的现象已逐渐减少，到 19 世纪就几乎完全消失了”③。

换句话说，只有在死亡率实质性下降的情况下，高出生率仍然保持其惯性，人口的自然增长率才得以大幅度提高。我们由此可以确立以下判断准则：与经济发展相联系的人口转变就是长期符合规律的趋势，是跨出马尔萨斯陷阱的最初表现，否

---

① 该理论简史可见 John C. Caldwell, “Toward a Restatement of Demographic Transition Theory”, *Population and Development Review*, Vol. 2, 1976, pp. 321 – 366。

② 参见 Massimo Livi-Bacci, *A Concise History of World Population* (*fifth edition*), Chapter 4, The Atrium, Southern Gate, Chichester, West Sussex, UK: Weily-Blackwell, 2012。

③ ［美］罗斯托：《这一切是怎么开始的——现代经济的起源》，商务印书馆 2014 年版，第 71 页。

则便是因特殊的或者周期性的因素造成的扰动性变化，表明一个国家尚未摆脱马尔萨斯陷阱。

根据这样的判别标准，从图4—1中我们可以看到，在所比较的经济体之间，人口增长加速的顺序，与经济起飞的顺序完全一致。无论是就进入后马尔萨斯人口转变轨道的时间，还是就具备经济起飞条件的时间，非西方世界显著地滞后于欧洲国家，恰好构成所谓的“大分流”时代。

西欧（最具代表性的是英国）人口从1700年以后便处于长期性和趋势性的上升阶段，并且因其内生性质，即受到经济社会发展的影响，而以死亡率下降为主要机制，逐步进入了人口转变的正常轨道，永久地摆脱了马尔萨斯陷阱。①

因此，这一人口增长趋势一直持续到西欧国家成为发达经济体从而进入人口转变的第三个阶段，才于20世纪开始显著减速。例如，库兹涅茨提供的英格兰和威尔士人口数字，充分显示了这个变化过程和机制。② 自18世纪中期之后，死亡率持续下降，出生率则直到19世纪中期仍保持相对稳定，到20世纪初才显著降低，因而人口自然增长率表现为一个倒U字型的变化轨迹。

日本作为在亚洲第一个承接了工业革命薪火的国家，则是

① 虽然国际史学界也有许多研究者认为，英国18世纪人口增长的主因是出生率的提高（如参见俞金尧《英国18世纪人口和发展的学术史回顾》，《史学理论研究》1995年第3期），但是，出生率提高同样与经济社会发展水平的提高有关，因此并不否定本章得出的结论以及随后依此进行的分析逻辑。

② ［美］西蒙·库兹涅茨：《现代经济增长》，北京经济学院出版社1989年版，第34页。

自1870年之后才开始人口的快速增长，直到第二次世界大战后成为发达经济体之后，人口转变进入更高阶段，人口增长才显著减速。

中国的人口增长则经历了远为复杂而曲折的变化过程。如图4—1所示，在1700—1820年的一个多世纪里，中国人口年均增长率高达0.85%，不仅显著高于日本（0.10%）、西欧12个国家平均水平（0.41%），甚至也高于英国（0.76%）。但是，以下理由可以使我们拒绝做出中国自那时起已经开始摆脱马尔萨斯陷阱的判断。①

首先，这个时期丁粮脱钩的做法消除了地方官员“赋随丁增”的担心，因此，多数史料显示的18世纪中国人口迅速增长，可能是实报人口的激励导致过去隐瞒的人口被暴露出来，而不完全是新的增量。

其次，从17世纪中期开始，玉米、番薯、花生等美洲农作物的引进和普及，帮助中国更充分利用了边际土地，增加了农业产量，提高了抵御灾荒的能力，对人口增长的刺激效应无疑是显著的。这种效应虽然是逐渐地显示出来的，但归根结底仍然是一次性的。

最后，18世纪人口迅速增长的趋势终究未能持续，表明马

① 如果说中国人口增长自那时开始具有了不同于更早历史的特点，恰恰增强了随后将讨论的格尔茨内卷化命题的针对性。

尔萨斯陷阱作为一个高度稳定均衡状态的维持机制，依然在发挥作用。从19世纪初人口增长率便开始回落，甚至一度降为负数，直到19世纪末才再次开始快速人口增长；但是，在20世纪第二个十年达到最高增长率（1910—1920年期间年平均增长率为1.1%）之后再一次回落。

直至中华人民共和国成立以后，众所周知的中国人口增长类型是：完全遵循了人口转变规律，并且以大大快于发达国家所经历过的速度，在较短的时间内完成了人口转变的完整周期。与此同时，自1978年改革开放以来，中国创造了经济高速发展的奇迹，从低收入国家行列进入中等偏上收入国家行列，正在向高收入国家行列转变。

四 农业内卷化与二元经济形成

人们以为二元经济这个概念是由刘易斯首创。其实，准确的说法应该是刘易斯首创了二元经济发展理论。但是，正如任何理论终究有其学术渊源，任何伟大理论必然是站在巨人的肩膀上一样，刘易斯二元经济概念的内涵，无疑应该来自于格尔茨影响深远的观察和概括。[①] 根据后人对格尔茨著

---

① Clifford Geertz, *Agricultural Involution: The Process of Ecological Change in Indonesia*, Berkeley, University of California Press, 1963.

作的解读①，我们可以得出他的贡献所在及其与其他的理论和观察之间的联系。

我们先来看所谓的农业内卷化起于何种因素。无论何时何地，随着农业劳动生产率提高，通常都会产生剩余劳动力。这时如果条件成熟，也就是说已经存在着现代经济增长的因素，代表着这些新因素的其他产业能够正常地扩张，有能力吸纳转移出的剩余劳动力，并且没有制度性、政策性的劳动力转移障碍，就会发生预期的产业结构变化从而经济发展过程，或称演进（evolution）。如果由于殖民政策、政府剥夺性政策、城市偏向政策，或者其他任何扭曲性政策，阻止了农业转向非农产业就业，剩余劳动力就会积淀在农业中，从而出现农业内卷化（involution）。

从对格尔茨的文本解读可见，内卷化（involution）实际上就是演进（evolution）的反义词，所以，如果把后者理解为向外演进，则可以把前者理解为向内演进。既然农民是理性的，同时也由传统社会的社区紧密性质决定，他们显然不会真的去区分出哪些劳动力是剩余的，并任其无所事事，而是要做出至少两种调整以为应对。观察这两种调整，也就同时揭示出内卷化的两个内在含义。

① 这里主要参照的一个比较全面和系统的概述和解读文献，请见 Benjamin White, "'Agricultural Involution' and Its Critics: Twenty Years after Clifford Geertz", Working Papers Series, No. 6, Institute of Social Studies, The Hague, February, 1983。

其一，在耕作手段仍然传统的条件下，以非现代要素和手段过度精细化耕作，因而维持僵化不变的农业生产方式。从本质上说，这仍然是舒尔茨定义下的传统农业。也就是说，在农业具有了分化可能性的时候，特定的制度安排既没有去摧毁也没有去改造传统小农经济，而是通过抑制劳动力转移的方式，继续将其维持在以往的生存水平上，形成一个固化的二元经济结构。

其二，既然剩余劳动力不能转移出去，则意味着劳动者必须分享劳动机会，相应地，在刘易斯理论的意义上，每个劳动者只能得到低于边际劳动生产力水平的分享工资；而由于格尔茨强调内卷化概念本身时，包含了农民不会产生分化的意思，所以他称之为分享贫困（shared poverty）。后来的研究者由此认为，这恰恰是在那些内卷化社会，始终未能形成经济起飞条件的原因（如第三章所讨论的“高水平均衡陷阱”假说）。

有没有使一个国家摆脱这种内卷化状态的途径，如果有的话是否存在不同的类型，它们之间差别意味着什么，不意味着什么呢？回答这些问题，对于我们的讨论具有十分重要的意义。实际上，我们所看到的从传统农业社会向现代经济增长转变的各种模式，都是从这种内卷化状态出发的。[1] 差别只是停

---

① 当然，我们并不排除在某些国家、地区或者社区也存在着劳动力转移不出去，同时也没有形成精细耕种的农业模式的情形。但是，剩余劳动力的存在是关键点，无论他们在劳动生产率极其低下的农业中劳作，还是无所事事，都具有一旦条件具备向外转移的动机，劳动力剩余的任何状态皆可以成为二元经济发展的出发点。

留在内卷化状态的时间有长有短，转型过程中采取的路径有激进的也有渐进的，因而所导致的后果不尽相同。从历史来看，我们可以发现几种不同的路径和结果。

第一种情形是通过某种强制性的方式，最著名的如英国圈地运动和相关立法，把剩余劳动力从传统农业中挤压出去，聚集起庞大的产业后备军，形成大生产体系与小农经济的对立，并随着前者摧毁后者使资本主义经济得到发展。事实上，这种路径的演化过程也是多种模式的，譬如人们常常提到的英国道路、普鲁士道路、法国道路等。但是，这些“道路”所具有总的共同特征往往被忘记，即转变发生之前的农业内卷化阶段。

第二种情形是通过二元经济发展过程，现代经济增长得以不断扩大，传统农业经济在份额下降的过程中逐步现代化。这个转变持续进行，直至刘易斯转折点到来，二元经济特征最终消失。在这种路径中，人们容易看到作为起点的农业内卷化的确曾经存在。

第三种情形是长期停滞在农业内卷化状态，形成一个僵固的二元经济结构。人们一般不把这种情形说成是停滞在内卷化状态，而只是说在二元经济结构下停滞在传统农业中。例如，实际上舒尔茨所研究的“改造传统农业”，针对的对象实际上是内卷化农业。

经济史演变过程不会像一个连续函数那样，可以定义为自变量趋近于零的变化引起因变量相应的微小且连续变化。因为就人类社会发展事件来说，我们根本无法确切地认为，自变量与因变量之间应该具有何种程度的因应性，才能够把连续性与非连续性区别开来。虽然刘易斯是从对后起国家的观察，才揭示出一种特殊的二元经济类型，但是，无论就这些国家表现出来的农业内卷化来说，还是就其经济上的二元性来说，在早期工业化国家的发展过程中都是存在的，只不过由于过程过于缓慢而难以进行清晰观察而已。

五　起飞前的传统经济内卷化

传统观念把人口在较长时期内的持续增长看做是经济起飞的标志。经济学家认为，正是工业革命打破了马尔萨斯贫困陷阱，人均收入不再因人口—土地比率的硬制约而被拉回到生存水平，从而人口增长可以超越在漫长的岁月里支配人类生产的马尔萨斯均衡，并实现真正的经济起飞。

例如，库兹涅茨所概括的（早期）现代经济增长的特征化事实，第一条就是“发达国家所实现的人均产出的高增长率和人口的高增长率”[①]。人口学家的观察以及由此抽象出的人口转变理论，补充了经济学家的观点，就是说人口高速增长最初可

① Simon Kuznets, “Modern Economic Growth: Findings and Reflections, Modern Economic Growth: Findings and Reflections”, *American Economic Review*, Vol. 63, 1973, pp. 247 –58.

能作为经济起飞的条件，随后的一段时期则是经济发展进入现代阶段的结果，进一步的经济发展则导致人口增长减速。至于人口怎样成为工业革命或者经济起飞的条件和起点，其机制为何，经济增长理论和经济史文献中不乏线索，却没有明确和系统的理论概括。

然而，回答这样的问题至关重要，不仅有助于判断一个经济体是否以及何时算是实现了对马尔萨斯陷阱的突破，从而不被历史的表象所迷惑，对于构造一个认识经济发展历史的分析框架，更是一个十分重要的逻辑环节。

在笔者本人构造的长期经济发展的四个阶段（类型）框架中，作为人口转变阶段第一个转折的最初人口增长加速，对经济起飞的作用在于帮助一个国家形成了刘易斯所定义二元经济中的传统经济部门，在此基础上才会有随后的二元经济发展阶段。根据普遍接受的关于二元经济的理解，其本质特征以及存在的条件，在于农业经济中积淀了大量剩余劳动力，以致劳动的边际生产力非常之低，劳动力的报酬不能由此而决定，农村家庭只能通过制度安排对农业平均劳动生产力进行分享。[1]

在典型的马尔萨斯贫困陷阱中，农业劳动力的剩余并不是常态。诚然，在马尔萨斯式的恶性循环中有这样一个阶段，即

---

① Arthur Lewis, "Economic Development with Unlimited Supplies of Labor", *The Manchester School*, Vol. 22, No. 2, 1954, pp. 139 - 191.

某种偶然因素推动的收入提高，导致人口过快增长从而提高人口—土地比率，因此产生再次把实际人均收入拉回到生存水平的人口力量。

但是，这时形成的人口压力，更多的是指新生婴儿及至其他年龄组的未成年人口。在多数情况下，在他们尚未成长为劳动力的时候，马尔萨斯式恶性循环便再次进入了仅能维持最低生存水平的阶段，重新产生了抑制人口增长的力量。在较少的情况下，这种循环可能经历超过一代人以上的时间，随后以更惨痛的抑制方式（如大规模的灾害和战争）回归传统均衡。

与此相反，只有遵循人口转变规律发生的带有趋势性的人口迅速增长，并且持续到影响人口年龄结构的新阶段，同时稳定地产生了足以遏止周期性天灾人祸的经济社会力量，才可能造就劳动力过剩的二元经济。理解二元经济的形成，关键在于揭示农业中是如何积淀起大规模剩余劳动力的。而区分一种人口增长现象是进入人口转变崭新轨道的结果，还是仍然处于马尔萨斯陷阱的表现，最直接的是要看这个观察到的人口增长是否得以长期延续，直至一个国家进入二元经济发展乃至新古典增长时期。

对于许多经济史学家来说，农业中形成大规模严重过剩劳动力的过程，表现为农业的内卷化。关于“大分流”之前或其开始之际中国与欧洲的比较，大部分研究集中在中国的江南地区与英国之间进行。依据几乎相同的观察对象，基于对材料的不同解读，经济史学家分别得出了不尽相同的结论。

例如，黄宗智比较18世纪中国长江三角洲与英国的农业，发现前者发生了明显的内卷化，因而没有像在英国那样产生对节约劳动的技术和农业资本化的需求。[①] 在他看来，只有物质资本的增加从而导致的劳动生产率的提高，才可能产生现代意义上的“发展”，由于中国经历了农业的内卷化，因而毫无农业革命可言，更不必说任何工业革命的端倪。

虽然根据经济学理论，农业的技术变迁并非单纯表现为劳动生产率的提高，在人地比例很高的情况下，土地生产率的提高也完全可以成为农业革命的途径，但是，这倒不是争论的核心。我们所关心的争论焦点在于，是否英国也或早或迟经历过同样的农业“内卷化”；在对18世纪的农业进行比较时，争论双方所说的是否是同一件事。

黄宗智的争论对立面以彭慕兰为代表，后者认为当时无论是中国还是西欧，农业中所发生的情形有着无数令人惊异的相似之处。彭慕兰援引大量史料指出：在1500—1800年的欧洲同样普遍的情况是，农业产出的扩大是由于使用了更多的劳动投入，而不是由于任何生产力的突破。[②] 他不仅不赞成把英格兰与

---

① 黄宗智：《发展还是内卷？十八世纪英国与中国——评彭慕兰〈大分岔：欧洲，中国及现代世界经济的发展〉》，《历史研究》2002年第4期。

② 彭慕兰：《大分流：欧洲、中国及现代世界经济的发展》，江苏人民出版社2003年版，第86页。

中国江南地区作为“从发展到内卷的连续体中性质对立的两端”，也反对把劳动密集的趋势作为现代早期发展的对立面。[①]

关于这一点，克里艾特（Peter Kriedte）的说法则更加直截了当。他在描述英国原始工业化的著作中，发现英国农业出现的这种内卷化，与刘易斯所概括的“劳动力无限供给下的经济发展”毫无二致，进而得出结论，刘易斯二元经济理论对于欧洲原始工业化的适用性，甚至超过对于当代欠发达国家的适用性。[②]

彭慕兰等人的观察和分析，与经济学理论以及经济学家的观点有很多一致性，因而可以用经济学理论做出解释。例如，速水佑次郎和拉坦的研究指出，在不同的生产要素禀赋条件下，农业技术变迁的道路可以是不同的，根据土地的相对稀缺性，农业技术变迁完全可能分别是劳动使用（资本节约）型的，或者劳动节约（资本使用）型的。[③]

另外，劳动投入的高度（乃至过度）密集化，也可能发生在尚未摆脱马尔萨斯陷阱时的典型传统农业中。例如，舒尔茨指出，即使在传统农业中，贫穷的农民也能够对其有限的资源

---

① 彭慕兰：《世界经济史中的近世江南：比较与综合观察——回应黄宗智先生》，《历史研究》2003年第4期。

② Peter Kriedte, "The Origins, the Agrarian Context, and the Conditions in the World Market", in Kriedte, Peter, Hans Medick, and Jurgen Schlumbohm (eds.), *Industrialization before Industrialization*, London, New York, New Rochelle, Melbourne, Sydney: Cambridge University Press, 1981, p. 28.

③ Yujiro Hayami and Vernon Ruttan, *Agricultural Development: An International Perspective*, Baltimore and London: The John Hopkins University Press, 1980.

禀赋，做出最大限度的有效配置。[1] 也就是说，如果人地比率过高且劳动者没有任何机会成本（从事非农工作的收入），则会高度密集地投入农业中，同时劳动的边际生产力不至为零或负数。我们可以想象到，这样的劳动力投入必然会降低劳动的边际生产率，但是仍然或多或少增加产出，形成一个分享型但水平不等的生存收入。

经济史研究中这一著名争论的双方都分别与我们分享了有价值的史料，提出了有意义、有见地的结论，但是，只有在统一的理论框架下集成相关研究成果，立足于求同存异，才可能形成对经济史具有理论解释力的结论。

论战者不约而同地一方面把英国作为西欧乃至西方的缩影，另一方面把江南（长江三角洲）地区作为中国的缩影。可以说，鉴于英国对于西欧国家以及江南对于中国的代表性，虽然就解释“大分流”这样事关重大的历史谜题来说，两个地区的比较研究不是全面而充分的研究，但是，类似这样具有典型意义的地区性研究，毕竟为我们提供了对比明显和易于解释的生动信息，从而帮助我们找出相关问题的答案。

从前面图 4—1 显示的人口长期增长趋势看，西欧国家始终处在对于英国的略微滞后但紧紧追随的状态，结合西欧国家在工业革命中所处的类似地位，可以说，英国在经济发展趋势

---

① 参见［美］舒尔茨《改造传统农业》，商务印书馆 1987 年版。

上对于西方世界的代表性是毋庸置疑的。江南固然自始至终是中国相对发达的地区，但是，作为存在人口迁移和经济活动转移的大一统国家，江南的人口和经济发展并不会实际上也没有显著地成为全国水平的异常值。

例如，根据曹树基整理归纳的人口数据[①]，我们计算了清代中期至20世纪初的人口增长率，发现中国人口的年均增长率，从1776—1820年的0.47%下降到1820—1851年的0.42%，又进一步下降到1851—1910年的0.00%。同一时期，对长江三角洲地区具有代表性，在1776年占全国人口25.9%的江苏、安徽、浙江三省考察，则人口变动轨迹与全国情况大抵相同（图4—2）。

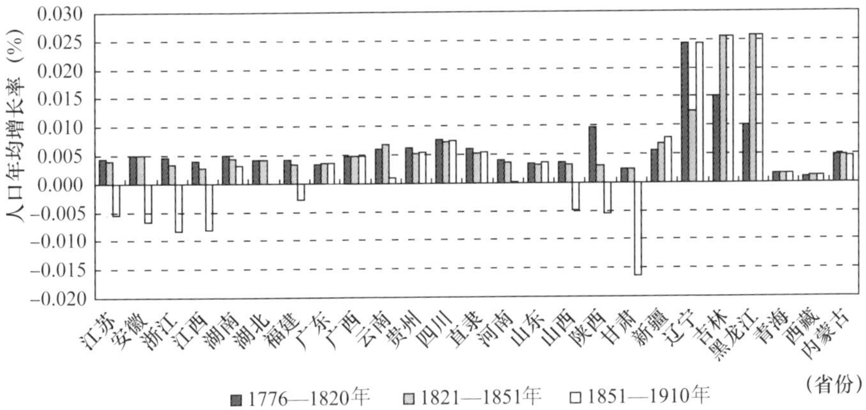

图4—2　清代中期以降的分省人口增长率

资料来源：根据曹树基《中国人口史》（第五卷·下）（复旦大学出版社2005年版，第703—704页）提供的数据计算。

① 曹树基：《中国人口史》（第五卷·下），复旦大学出版社2005年版，第703—704页。

从表面上看，18 世纪前后江南农业的内卷化倾向比英国还要明显。例如，根据艾伦（Robert Allen）的推算，在 1600 年和 1800 年，江南农业的劳动生产率既高且稳定，丝毫不逊色于 1750 年前后的英国、荷兰和比利时的水平。而说到土地生产率，1800 年江南典型农户则是英国的谷物农户的 7 倍之高。[①] 如果把江南达到的这个成绩与中国人口在 1700—1820 年期间的快速增长联系起来，似乎可以同意艾伦的结论，即将其看作是农业内卷和农业革命的双重效应。

但是，接下来的人口增长情况及经济发展命运，则否定了中国由此摆脱马尔萨斯陷阱的判断。包括江南情形在内，中国作为一个整体在随后的近两百年里，人口增长率都没有赶上英国和西欧。而同一时期，英国和西欧的人口增长得以持续加速。也就是说，以英国为代表的欧洲，伴随着人口增长而出现农业的内卷化，为随后在工业革命的推动下实现二元经济发展创造了条件。而对于中国来说，相同的条件却要迟至 20 世纪 50 年代才稳定地形成。

既然 18 世纪在英国和中国江南所发生的事情大异其趣，以及随后西欧与中国走上了大相径庭的发展道路，不分场合地泛用“内卷化”概念，便使得这个本来就缺乏理论规定性的概

① Robert Allen, “Involution, Revolution, or What? Agricultural Productivity, Income, and Chinese Economic Development”, Paper delivered at meeting of All-UC Group in Economic History on “Convergence and Divergence in Historical Perspective”, Irvine, C. A., November, 2002, pp. 8 – 10.

念的有用性进一步弱化。

仔细体会黄宗智和彭慕兰以及其他争论者对于这个概念的用法，可以发现，内卷化所指的现象实际上是变化不定的。在显性的意义上，这个概念被用来描述人地比率过高条件下传统农业的均衡状态，包括制度决定的生存水平收入的形成，以及低下的边际劳动生产率。在隐含的意义上，这个概念也被用来描述相当于二元经济发展中传统部门的形成机制，在此起点上才有随后的剩余劳动力得到释放的动态发展过程。

因此，如果我们回到内卷化最初的含义上，或许可以说，黄宗智最早用来描述 18 世纪中国农业的这个概念，背离了始创者的本意。例如，最先使用内卷化这个概念分析印度尼西亚农业的格尔茨，实际上反映的是爪哇岛与外岛之间的一个二元经济结构，而事实上在更早的时候，正是荷兰学者伯克（Julius Herman Boeke）的同样基于印度尼西亚经济的观察和论述[①]，使二元结构这个催生了刘易斯理论的概念得以诞生。

如前所述，如果人们讨论的或者是在典型的马尔萨斯时代，或者是在典型的二元经济发展中，农业劳动力过于密集投入，以致边际劳动生产率极其低下的现象，如前所述，经济增长理论已经分别有了高度概念化的理论模型，既现成又好用，

---

① Julius Herman Boeke, *Economics and Economic Policy of Dual Societies*, New York: Institute of Pacific Relations, 1953.

内卷化概念在这里纯属多余。而如果我们把内卷化阶段置于马尔萨斯增长类型与刘易斯增长类型之间的某个过渡的发展阶段，用这个概念表达二元经济中农业劳动力剩余的形成历史，则可谓物当其用。

这样，未能最终摆脱马尔萨斯陷阱的周期性人口增长，如黄宗智关注的长江三角洲农业，或者伊懋可发现的“高水平均衡陷阱”，都不是我们所关心的内卷化。而在永久进入人口转变轨道初期所显示的人口增长，以及在农业中积累起剩余劳动力的情形，才是真正意义上的内卷化。

总而言之，内卷化是形成二元经济结构的一个阶段，也是随后二元经济发展的前奏，当然也是马尔萨斯增长的谢幕阶段。不揣冒昧地，笔者甚至设想，在人类经济发展的历史长河中，或许应该给予这个经济增长阶段一席之地，譬如可以称其为格尔茨内卷化（或 G 类型增长），作为 M 类型增长向 L 类型增长过渡中的一个子类型或子阶段。

六　结语

本章梳理了从斯密、马尔萨斯到刘易斯及至索洛的经济增长思想和理论模型，尝试揭示关于经济增长过程和阶段的不同学说、观点之间的内在逻辑联系。在此分析框架下，借鉴经济史学家挖掘的（虽然是零散的）历史证据，笔者发现，如果把人类迄今为止所经历的全部经济发展划分为M类型增长、L类型增长、T类型增长以及S类型增长的话，作为一种类型或阶段的刘易斯二元经济发展（从而与之相应的刘易斯转折点或T类型增长），并不仅仅是在当代发展中国家才可以观察到的特有发展阶段，而是从早期工业化国家到当代发展中国家都经历过的一般发展阶段。

这一发现填补了经济增长历史的理论概括和模型化中的空白，使我们能够将一个更具有一致性的分析框架应用于刻画人类经济发展历史的整体脉络，得出更具有一般性的理论和经验结论。

判断在中西方经济史上，二元经济发展阶段是否存在的关键，在于证明是否存在过一个以劳动力过剩为典型特征的二元经济结构的形成过程。这里通过区分两种不同的人口增长情景，即一方面是马尔萨斯机制决定的人口增长，另一方面是人口转变规律促成的人口增长，发现农业中劳动力的过密化实际上有两种截然不同的类型，由马尔萨斯人口机制导致的劳动力过密化，与二元经济结构的形成毫不相干，只有进入人口转变轨道之后出现的劳动力过密化，才成为一个为后来的二元经济发展创造条件的必要过程。为了论述的需要，我们仅仅把后一种情形，看作是传统经济的内卷化过程。

至此，我们可以用图4—3对二元经济发展阶段形成的要点做示意说明。第一，如果仅仅是在马尔萨斯陷阱内产生一个扰动式的人口增长，固然也造成传统经济中劳动投入过密现象，然而，这种情形并非本书意义上的内卷化，因为人口增长模式终究要回到马尔萨斯均衡状态。

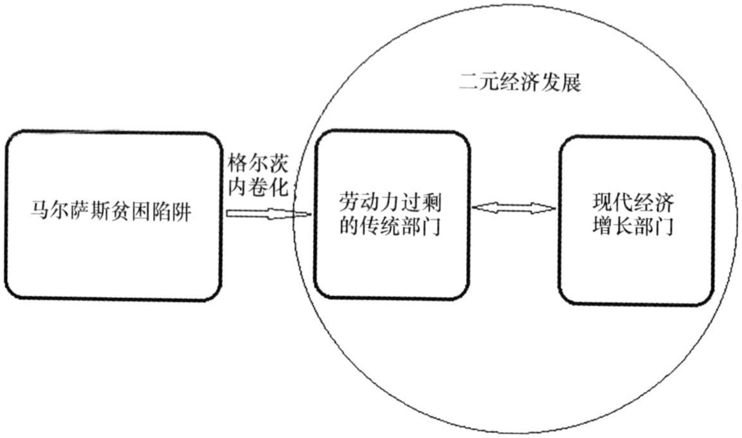

图4—3　从马尔萨斯陷阱到二元经济发展的过渡

第二，只有按照人口转变规律突破马尔萨斯陷阱的人口增长，才同时伴随着现代经济增长的出现，因而形成劳动力过剩的传统部门与吸纳剩余劳动力的现代经济增长部门的并存与互动，构成刘易斯所定义的劳动力无限供给条件下的经济发展，或二元经济发展。

第三，二元经济发展的成功，最终会导致超出图4—3所描述范围的索洛式新古典增长阶段到来，从而一国的经济发展经历从贫困到富裕的完整过程，无论是对于早期工业化国家、新兴工业化经济体，还是当代发展中国家，无论是典型还是非典型都是一样。

这样，从经济增长理论的角度，便可以对迄今为止的增长类型或发展阶段，按照历史上发生的时间顺序依次概况为：以马尔萨斯陷阱为特征的M类型增长，以格尔茨内卷化为特征的G类型增长，以刘易斯二元经济发展为特征的L类型增长，以刘易斯转折点为特征的T类型增长，以及以索洛新古典增长为特征的S类型增长。

经济增长理论的模型化能力是十分强大的，一旦增长理论家实事求是地承认，经济史上存在着上述增长类型或阶段，并且相互之间具有时间（以及空间）上的内在逻辑联系，我们可以期待一个具有一致性的分析框架或理论模型终将出现并逐渐完善。虽然仅仅做出了相当初步的研究工作，笔者仍然希望在最初确定的目标上有所突破，即从以下四个方面有所贡献。

第一，通过提出格尔茨内卷化（或G类型增长）这个经济发展子类型，并据此概括二元经济形成的历史渊源、阶段和机制，使关于经济增长类型和阶段的划分在逻辑上更加完整，为构造一个更加自洽和包容的增长理论铺设了一块必要的基石。

第二，既然刘易斯式或L类型增长的普遍存在性，在理论和历史逻辑上都获得了一定的显著性检验，二元经济理论理应在学术史上占有更重要的地位。当然，按照这个方向，随后的研究工作仍然是任重道远的。

第三，这里提出的分析框架可以作为一个基础，用以整合长期碎片化使用的经济史资料，增加在相同主题上进行研究的互补性，取得更多的学术共识，从而尽可能消除该领域的争论因长期莫衷一是、自说自话所造成的零和性质。

第四，这个分析框架的提出，归根结底是为本书对于中国经济发展的分析服务。为了把改革开放以来的经济发展成就置于更加宏大的历史视野，需要回溯更加长久的历史，也需要具有国际比较的视野。

第二篇

改革开放发展分享的叙事

第五章　从中国经验可以学到什么？

一　引言

党的十九大把习近平新时代中国特色社会主义思想确立为我们党必须长期坚持并不断发展的指导思想。在党的十九大报告中，习近平总书记指出，我们党“以全新的视野深化对共产党执政规律、社会主义建设规律、人类社会发展规律的认识，进行艰辛理论探索，取得重大理论创新成果，形成了新时代中国特色社会主义思想”。[①] 中国改革开放与促进发展和分享的实践，是这一思想形成的重要源泉。

以两个标志性的事件发生的时间点为准，我们可以认为，中国的经济改革和对外开放壮举始于1978年。

① 习近平：《决胜全面建成小康社会，夺取新时代中国特色社会主义伟大胜利——在中国共产党第十九次全国代表大会上的报告》，人民出版社2017年版，第18—19页。

第一，1978 年 12 月 18 日至 22 日，中共中央十一届三中全会召开，重新确立了解放思想、实事求是的党的思想路线，决定把全党的工作重点转移到经济建设上来，为改革开放奠定了理论基础。

第二，几乎在同一时间，安徽省凤阳县小岗村的 18 家农户，决定摒弃生产队大呼隆式的劳动方式，实行包产到户。这一形式被称作农村家庭联产承包制，随后在全国得到推行，并导致人民公社体制的废除。这是对传统计划经济体制的最初突破。而小岗村的颠覆性制度创新，也就理所当然地被认为是中国经济改革的先行实践。

中国的经济改革与对外开放也是同时发生的。1979 年 4 月，邓小平首次提出开办“出口特区”，同年 7 月中共中央、国务院决定在广东省的深圳、珠海和汕头以及福建省的厦门建立出口特区（后来称作经济特区），标志着对外开放的开始。初期的对外开放还带有实验性和地域性，先后从建立经济特区、开放沿海城市和沿海省份等入手；及至 20 世纪 90 年代，中国为加入世界贸易组织（WTO）做出努力，开始了全方位地拥抱经济全球化。

可见，中国的经济改革是开放条件下的改革，对外开放也在改革过程中得以推进，国内经济发展与融入全球经济是相互交织在一起的。

从 1978 年到 2018 年，改革开放恰好历经 40 个年头。如果把孔子的名言“四十不惑”用在这里，首先是说40年的成功实践确定无疑地证明了这条中国特色改革开放道路的正确性；进一步引申，这也是说40年是一个值得认真总结的时间点，以使我们对改革开放的认识上升到更高的理论层面，从而更好地指导未来的改革实践。

与二十弱冠和三十而立相比，四十不惑意味着我们已经积累起丰富的史料、案例和文献，有条件更深刻地对中国经济改革进行反思与前瞻。总体来说，在掌握更完整丰富材料的基础上，可以对改革过程进行更准确的记录，或者以计量方式验证理论假说。与此同时，还需要具有比较的视角，把中国故事放在一般发展和制度变迁规律视野中，为发展经济学做出中国贡献。

很多经济学家对中国经济改革过程进行了描述和总结，有些限定在特定的专业领域①，也有的试图做出全过程的叙述②，还有的是就某一类关键问题，如改革时期生产率提高与否等问题进行研究③。总体来说，外国和海外经济学家的研究在主流

---

① 例如，在一部关于中国经济转型的著作中，中外45位作者从经济学分支领域对改革成效进行了详尽的分析。参见 Loren and Thomas G. Rawski (ed.), *China's Great Economic Transformation*, Cambridge, New York: Cambridge University Press, 2008。

② 如参见 Ronald Coase and Ning Wang, *How China Became Capitalist*, Palgrave Macmillan, 2012；林毅夫、蔡昉、李周《中国的奇迹：发展战略与经济改革》，格致出版社、上海三联书店、上海人民出版社2014年；吴敬琏《当代中国经济改革》，上海远东出版社2003年版。

③ Alwyn Young, "Gold into the Base Metals: Productivity Growth in the People's Republic of China during the Reform Period", *Journal of Political Economy*, Vol. 111, No. 6, 2003, pp. 1220 - 1261.

经济学界具有统治性的影响。然而，这些研究一般而言有着一些明显的不足。除了因远离事件发生地点以及信息不充分造成对事实的误读，从而做出对趋势的误判之外，主要的缺陷是把西方主流理论套用于中国，以某种既有的圭臬比照中国实践，用新古典教条解释中国经验。

这样，要么否认中国改革的成功经验，对中国经济发展前景屡试屡败地做出悲观判断[①]，要么把中国经验视作特殊案例，否定其一般意义[②]，或者将其一般意义引申到西方主流经济学的共识（如华盛顿共识）上面。例如，许多经济学家不愿意相信社会主义可以与市场经济相结合的可行性，因此，承认中国改革开放发展的成功，必然得出这是资本主义在中国的成功这一结论。

张五常坚信中国的改革是走向资本主义，以很早就预测到中国会走向这条道路并且“成功”而自诩。[③] 黄亚生则把中国改革概括为有中国特色的资本主义。[④] 按照似乎不言自明的逻辑，与之相符的就是改革成功的原因，与之不相符的则被作为

---

① 如 Alwyn Young, “Gold into the Base Metals: Productivity Growth in the People's Republic of China during the Reform Period”, *Journal of Political Economy*, Vol. 111, No. 6, 2003, pp. 1220 - 1261; Paul Krugman, “Hitting China's Wall”, *New York Times*, July 18, 2013.

② Jeffrey Sachs, “Lessons for Brazil from China's Success”, transcript, São Paulo, November 5, 2003.

③ Steven Cheung, *The Economic System of China*, Beijing: China CITIC Press, 2009.

④ Yasheng Huang, *Capitalism with Chinese Characteristics: Entrepreneurship and the State*, Cambridge, New York: Cambridge University Press, 2008.

对改革情景做出悲观判断的依据。依据类似的框架，一部讲述中国改革的著作则干脆在推崇中国经验的同时，将其总结为“如何走向资本主义”（How China Became Capitalist）。他们认为，中国的这一经济转型是哈耶克“人类行为的意外后果”理论的一个极佳案例。[①]

哈耶克在欧洲传统上的两分法即人类社会现象包括与人类行为无关的自然结果以及作为人类设计的结果的基础上，提出了处于中间位置的现象，即人类行为的意外结果。[②] 撇开这种三分法的一般性价值不论，以此来解说中国经济改革，把千千万万当事人（城乡居民和劳动者、企业家、政府及其工作人员）具有相同目标和相同激励的制度创新活动视为无物，既是一种历史虚无主义态度，也颇为接近教条主义的方法论。因此，这种解释无疑不符合中国的实际改革取向和过程，无益于概括好具有一般意义的中国智慧和引申出可供借鉴的中国方案。

的确，中国的经济体制改革起初并没有一个蓝图，甚至直到1992年党的十四大召开之前，也并没有确定建立社会主义市场经济的方向。然而，鉴于改革开放以提高社会生产力、综合国力和人民生活水平为目标，所以，改革在每个阶段所要解

---

① Ronald Coase and Ning Wang, *How China Became Capitalist*, Palgrave Macmillan, 2012.

② Friedrich Hayek, *Studies in Philosophy, Politics and Economics*, Chapter 6, London: Routledge and Kegan Paul, 1967.

决的问题，以及改革推进顺序和过程等方面，逻辑线索是相当清晰的。因此，我们按照“历史逻辑与理论逻辑相统一”的思想方法[①]，来回顾总结改革开放历程，更容易得出既符合历史事实，又具有内在逻辑自洽性的结论。

经济发展是一个有始有终、由表及里、内外结合的完整过程，而非许多在时间上和空间上相互独立过程的简单拼接。

首先，任何一个空间单位（国家或地区）在任何一个时间点上的经济水平和结构状况，都是以往发展的结果，也是未来发展的起点。从何而来、经何而至决定了今天的面貌，对今人来说已经无可选择。但是，现状如何以及如何认识今天，却可以决定未来；懂得过去又是认识今天的必要条件。选择至关重要，而正确的选择取决于对历史和现实的正确认识。

其次，一个国家或地区的经济发展又是在特定的世界政治经济环境中发生的，不可避免与外部世界产生彼此依存和互动的关系。因此，一个国家或地区的成功经验和失败教训，既是其对外部世界认知的结果，本身也可以成为增进人类知识的公共品。

探寻对于国家兴衰和后进经济体如何赶超先行经济体的答

---

① 恩格斯在《卡尔·马克思〈政治经济学批判〉》中概括了这种思想方法：“历史从哪里开始，思想进程也应当从哪里开始，而思想进程的进一步发展不过是历史过程在抽象的、理论上前后一贯的形式上的反映；这种反映是经过修正的，然而是按照现实的历史过程本身的规律修正的，这时，每一个要素可以在它完全成熟而具有典型性的发展点上加以考察。”（《马克思恩格斯选集》第2卷，人民出版社1995年版，第43页）

案，是经济学家孜孜以求、乐此不疲的永恒课题。中国的改革开放实践，是人类历史上最大规模，也是最为成功的制度变革和制度创新，最终将以14亿人口完成由盛至衰再至盛的完整历史演变，而成就人类社会发展的最伟大奇迹。

本章立足于把握和提供一个尽可能逻辑完整的阐述和分析框架，在参考借鉴相关成果的前提下，从实际经验出发，以阐释改革之前错失赶超机遇作为背景铺垫，按照理论与历史相结合的逻辑简述改革过程，进而尝试回答：给定中国经济改革的初始条件，一旦解除体制束缚，要素积累水平、配置效率从而潜在增长率得到了怎样的提升；中国经济到达的发展阶段，如何改变其增长驱动力，通过哪些方面的改革可以取得新的增长动能，如何推进这样的改革。①

中国的改革开放，从很多方面看无疑具有一般意义上的制度变迁性质，但同时又具有鲜明的自身特色。中国作为一个经历过经济发展诸种类型和阶段，依次解决了一系列经济发展面临问题的样板，成为一个关于改革、开放、发展和分享的经验宝库。因此，从事中国研究的经济学家，也有责任成为这一成功故事的讲述者，将这些经验升华为理论，对于其他发展中国家将具有重要的借鉴意义，同时对经济学的理论创新和话语转

---

① 在以后的章节中，我们将适时地叙述在改革开放过程中，相应当事人对于变化了的激励和机会如何做出反应，从而扮演了主人公般的主体角色。

换做出应有的贡献。

二　计划经济下错失的趋同机会

在一个很低收入水平因而具有巨大赶超潜力的发展阶段上，从某种程度上说，采取计划手段实现物质资本和人力资本的积累是可行的[①]，有时甚至比采用自由市场模式，却又不能以法制手段有效规范经济活动的体制具有更高的资源动员效果。并且，主要以行政性手段推行的经济计划方式，也可以为服务于特定目标如重工业优先发展战略目标，实现一定程度的有效（但并非有效率）资源配置。

例如，1980 年中国人均国民总收入（GNI）或人均国内生产总值（GDP）排在世界上有统计数字的 100 多个国家的倒数第四位，但25 岁以上人口平均受教育年限，在有数据的107 个国家中排在第62 位；出生时预期寿命在有数据的127 个国家中排在第 56 位。[②] 虽然低下的人均收入水平代表着较低的资本要素禀赋，但由于计划经济时期的中国具有很强的资源动员能

---

① 如参见 Loren Brandt，Debin Ma，Thomas G. Rawski，"From Divergence to Convergence: Reevaluating the History behind China's Economic Boom"，*Journal of Economic Literature*，Vol. 52，No. 1，p. 93。

② 参见 Fang Cai，*Demystifying China's Economy Development*，Beijing，Berlin，Heidelberg: China Social Sciences Press and Springer-Verlag，2015；Thomas Rawski，"Human Resources and China's Long Economic Boom"，*Asia Policy*，2011，No. 12，pp. 33 – 78。

力，实现了很高的资本积累率。在1953—1978年期间，中国的积累率平均达到29.5%，显著高于世界平均水平。[①]

然而，计划经济却不能完好地解决经济增长的必要的体制条件，实现有效率的资源配置和有效激励问题。关于国家兴衰的有关增长理论和经济史证据，表明在典型的人类经济活动中，资源稀缺并非注定发展失败，资源禀赋上的得天独厚也并不能保证发展成功（如著名的“资源诅咒”假说），而经济发展成败得失无一不与资源配置体制和激励机制的选择，从而资源配置效率和激励有效性结果密切关联。

跨国经济研究和中国在计划经济时期的经历都证明，在传统经济体制模式下，排斥市场机制导致资源配置的宏观无效率，缺乏激励机制导致经济活动的微观无效率，没有奖惩制度伤害了工人、农民和管理者的工作积极性。在政府强力的资源动员下实现的包括人力资本在内的生产要素增长，很大的部分被全要素生产率的负增长所抵消，没能转化为良好的经济增长绩效。特别是，资源错配导致产业结构畸形，科技进步成果未能用于民生相关产业，人民生活水平也不能伴随着经济发展而得到改善。

中华人民共和国成立之后，在20世纪50年代，几乎在计

---

① Justin Yifu Lin, Fang Cai and Zhou Li, *The China Miracle: Development Strategy and Economic Reform* (*Revised Edition*), Hong Kong: The Chinese University Press, 2003, p. 71.

划经济体制形成的同一时期，中国经历了人口再生产模式从高出生、高死亡、低增长的阶段到高出生、低死亡、高增长的转变，也就意味着完成了经济内卷化的过程。按照逻辑，中国经济应该进入二元经济发展阶段。根据刘易斯的定义以及中国当时的现状，二元经济发展阶段的最典型特征，是农业中存在严重的过剩劳动力。

随后，从20世纪60年代后期开始，生育率开始了下降趋势，人口自然增长率则大幅度降低，意味着有利于经济增长的人口条件，即潜在的人口红利逐渐形成。一方面，伴随着资本积累和工业化进程，剩余劳动力被转化为一种廉价的生产要素，在开放条件下可以体现为一国的比较优势和竞争优势；另一方面，劳动力无限供给这个性质，还构成一系列其他有利于增长的因素，可以支撑赶超型高速增长。

然而，由于存在着急于推进工业化并赶超发达国家的强烈愿望，加之对工业化认识上的误导以及有限的选择空间，如小农经济条件下积累能力和消费能力皆不足，推行强制积累的重工业优先发展战略，进而构建一个依靠集中计划配置资源的体制模式，成为当时的选择。同时，这也就注定了这个时期中国经济的发展，不可避免地要背离其潜在的比较优势。可见，改革前实行的计划经济模式的弊端在于，一系列体制因素导致资源的错误配置，并且与无效的激励机制互相锁定，导致低下的生产率和增长表现，并形成一种恶性循环。

林毅夫等把传统经济体制概括为一个三位一体的模式，即在推行重工业优先发展战略的前提下，首先是形成违背比较优势的宏观政策环境，产品和要素价格被扭曲，以便实现尽可能快的工业化积累；继而构建起高度计划配置资源的体制，市场机制被弃之不用；进一步构建起与之相应的微观管理体制，具体表现为工业中国有企业占据绝对统治地位，农业则实现了人民公社化，劳动者报酬与努力程度和人力资本脱钩，经营者完全执行下达的计划，投资以拨款的形式，财务上统收统支，企业没有预算约束，没有竞争压力，导致激励不足和微观效率低下。[1]

斯彭斯认为，全球经济大约在1950年开启了一个大趋同的时代。[2] 虽然增长经济学家的研究和统计数据都表明，至少在20世纪90年代之前，全球经济并未表现出趋同的趋势，但是，一些曾经落后的欧洲国家、日本和亚洲四小龙的确利用这个时期实现了对发达经济体的赶超。而中国可以说错过了这个赶超机会。

由于这期间中国实际经济增长速度慢于相应的收入组别的平均水平，致使人均收入与发达国家、其他发展中国家以及世界平均水平的差距反而扩大了。根据世界银行数据，按照2010年不

---

① 参见林毅夫、蔡昉、李周《中国的奇迹：发展战略与经济改革》，格致出版社、上海三联书店、上海人民出版社2014年版。

② Michael Spence, "The Next Convergence: The Future of Economic Growth in a Multispeed World", Part One, Farrar Straus and Giroux, 2011.

变价美元计算，1960—1978 年期间中国的实际人均 GDP，起点既低，增长也慢于其他经济体，导致差距扩大（图 5—1）。

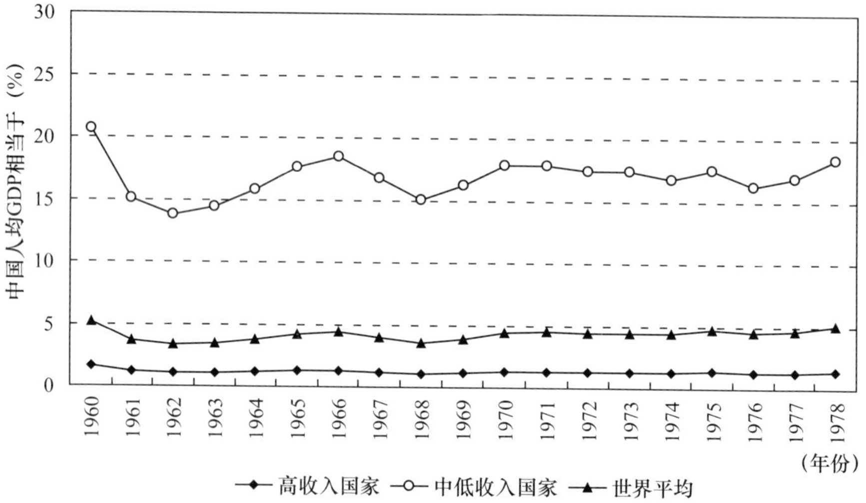

图 5—1　改革开放之前中国未能赶超

资料来源：World Bank, World Development Indicators, https://data.worldbank.org/, 2019 年 5 月 27 日下载。

无论是从人民生活改善的国内视角，还是从国家实力等角度进行的国际比较，中国这一时期的发展绩效都不尽如人意。由于人口增长较快，积累与消费比率严重失调，直到改革开放前夕，人均收入水平增长十分缓慢。这个时期中国经济严重封闭，1978 年进出口总额占 GDP 的比重仅为 9.7%，其中 47.2% 为出口，半数以上为初级产品。直到 1983 年才有关于实际利用外资和外商直接投资的数字，分别仅为 22.6 亿美元和9.2亿美元。

从经济结构和生产率变化的角度，也可说明实行计划经济模式，导致资源配置效率低下，经济发展绩效不佳。根据统计数据，1952年中国农业劳动力比重为82.5%。按照二元经济发展的逻辑，丰富的劳动力可以延迟资本报酬递减现象，保持较高的资本回报率，随着工业化推进，剩余劳动力从农业中转移出来，可以获得资源重新配置效率。

与此同时，在大约20世纪60年代中期，以少年儿童抚养比下降为主要贡献的人口抚养比开始下降，理论上形成了有利于资本积累和人力资本改善的人口红利。但是，这些有利于那个时期经济增长的因素，却因资源误配而没有得到充分利用。

我们还可以从中国人均GDP增长率的构成因素分解，看改革开放之前经济增长的特点。朱晓东估计，在1952—1978年期间年均2.97%的人均GDP增长率中，劳动参与率的贡献为3.63%，资本产出比的贡献为116.15%，平均人力资本的贡献为52.25%，而因为这一时期全要素生产率增长率为负数，其对人均GDP增长的贡献为－72.03%。[1] 同时，这个时期产业

---

① Xiaodong Zhu, "Understanding China's Growth: Past, Present, and Future", *Journal of Economic Perspectives*, Vol. 26, No. 4, pp. 103－124. 除了少数研究例外，大多数研究都支持关于改革开放之前中国全要素生产率增长率为负的结论。如分别参见 Anton Cheremukhim, Mikhail Golosov, Sergei Guriev, Aleh Tsyvinski, "The Economy of People's Republic of China From 1953", NBER Working Paper, No. 21397, 2015；杨坚白《速度、结构、效率》，《经济研究》1991年第9期，以及 Dwight Perkins, "To View China's Economic Growth from Historic and International Perspective", *Economics* (*quarterly*), the first volume of the 4th edition。

结构没有发生根本性变化，1977 年农业劳动力比重仍然高达 74.5%。

三 改革开放的逻辑与过程

根据一般规律，一个国家实现成功的经济发展，在体制上需要解决物质资本和人力资本的积累和配置问题，因此就要涉及机制、信号、效率和激励等问题。从一个不能解决上述问题的计划经济体制出发，启动最初的改革需要突破的障碍颇多，要在政治上可行和实践中可操作，至少需要满足三个条件。第一，改革给特定的劳动者、微观单位和社会群体带来收益，才能形成发动改革的基本动机。第二，这一改革不与任何其他社会群体的利益直接抵触，即它要是所谓的帕累托改进。第三，这一改革潜在地发动起一个关键的变革齿轮，由此推动逻辑链条上其他领域的改革。不过，从事前的角度看，最后这个条件往往是不可知的。

农业中实现家庭联产承包制和废除人民公社的改革，最符合上述改革的前提条件。从 20 世纪 70 年代末开始，家庭联产承包制改革就在一些地区开始悄悄试行。这种自发性改革试验并非仅限于前述安徽省的小岗村或者凤阳县，而是于党的十一届三中全会之前，已经大量出现在安徽、四川和内蒙古等省份的农村贫困地区。

在20世纪80年代初的短短几年里，中央政策对之经过了默许现状、允许边远贫困地区试验，及至在全国范围推行等几个阶段的演变，这一农业经营体制的改革迅速完成。到1984年底，全国农村的全部生产队和98%的农户都采取了家庭联产承包制的经营形式，随后人民公社体制也被正式废除。

这一改革一举解决了长期存在的农业劳动和经营激励问题，并且在农户获得剩余索取权的同时，也相应赋予和逐渐扩大了他们对生产要素的配置权和经营活动的自主权。在家庭联产承包制推行的短短几年里（1978—1984年），粮食单产提高了42.8%，总产量增加了33.6%，农业增加值实际增长52.6%。

根据计量分析，这一期间农业产出增长的46.9%来自于家庭联产承包制这一制度变革的贡献。[①] 同期，农民人均收入名义增长166%，在贫困标准从每人每年100元提高到200元的情况下，农村绝对贫困人口从2.5亿减少为1.28亿。[②] 这一变化也大幅度增加了城市农产品供给，为几年后取消粮票制度创造了条件。

以往的一些分析认为，在20世纪80年代初中国经济改革中，唯有以家庭联产承包制为核心的农村改革可圈可点，而城

---

① Justin Yifu Lin, "Rural Reforms and Agricultural Growth in China", *American Economic Review*, Vol. 82, No. 1, 1992, pp. 34 – 51.

② 蔡昉：《破解中国经济发展之谜》，中国社会科学出版社2014年版，第5页。

市经济没有发生实质性的改革。[1] 其实，这是一种观察上的失误。在方式和效果上相类似的改革同样发生在国有企业。1978年企业恢复奖金制，实际上是关于工资制度的放权和改革，解决的是职工劳动激励问题，涉及的是职工与企业的关系。与此同时，也开始了以放权让利为主要内容的企业改革，重点解决企业及其经营者的激励问题，触及的是企业与市场以及与国家的关系。

概括而言，作为城市经济改革核心的企业改革，主要沿着三条主线进行，既表现为时间上的继起关系，也表现为空间上的并存关系。

第一，从赋予并不断扩大国有企业经营自主权开始，逐步构造有活力的经营主体，最终落脚于建立现代企业制度即公司制改造。从1979年开始，就进行了扩大企业自主权的试点，并不断扩大试点范围直至全覆盖，给予企业增加工资、发放奖金、决定职工雇用和解聘、物资采购、产品销售和定价、自有资金使用等一系列自主权。

作为放权让利改革的深化和制度化探索，先后试行了厂长（经理）负责制、企业承包制、资产承包经营制、租赁制和股份制等多种形式。及至20世纪90年代末，随着抓大放小的推

① 例如 Yasheng Huang, *Capitalism with Chinese Characteristics: Entrepreneurship and the State*, Cambridge, New York: Cambridge University Press, 2008.

进，按照现代企业制度要求进行公司制改造，成为国有企业改革的基本方向。

第二，重新界定国有企业与国家的关系。最初的改革以国家向企业放权让利为特征，分别采取了利润留成、利改税、拨改贷等改革措施，增强了企业作为市场经济主体的责任，调整了国家管理国有企业的方式。国务院于 1988 年成立了国有资产管理局。2003 年 3 月 16 日成立国有资产监督管理委员会，代表国家履行出资人职责，监管范围是中央所属企业（不含金融类企业）的国有资产。地方政府也成立相应机构，管理地方所属企业的国有资产。目前正在推进的改革，方向是以管资本为主加强国有资产监管，改革国有资本授权经营体制，组建若干国有资本运营公司，支持有条件的国有企业改组为国有资本投资公司。

第三，允许和鼓励非国有经济发展，抓大放小以及引进外商直接投资，为国有企业提供了竞争压力和经营动力。在进行产权制度和治理结构改革的同时，多种所有制企业之间的竞争，以及混合所有制的形成，是国有企业成为市场主体，更加注重提高效率的关键。从统计角度看，多种所有制和混合所有制并存、竞争发展的格局已经基本形成。

截止到 2017 年，在年主营业务收入 2000 万元以上（即“规模以上”）的工业企业中，以国有工业企业性质注册的企业，仅仅创造了全部主营业务收入的 3.4%，其他部分（即

96.6%）分别为包括私营工业企业、有限责任公司工业企业、外商投资工业企业、中外合资经营工业企业等在内的二十余种注册类型企业所创造。

在农户和企业的激励机制逐渐形成的情况下，还需要有正确的市场信号，才能真正确立它们的市场主体地位，以及促进生产要素和资源的合理流动和重新配置。也就是说，符合逻辑的下一步改革任务，必然是通过发育产品和要素市场，矫正扭曲的价格信号。从产品的计划定价到市场决定价格，从产品和生产资料的计划分配到市场自由交易，从生产要素的统一配置到通过要素市场的自由流动，所有这些关键性的变化大都是通过双轨制形式，即计划轨道与市场机制的渐进式过渡，以及前者与后者之间的消长实现的。

通过上述符合计划经济向市场经济转轨逻辑的改革历程，逐步建立起物质资本和人力资本的积累激励和市场配置机制，并形成了相应的宏观政策环境。中国的经济改革是多方面和全方位的，但是，诸多其他方面的重要改革，都可以看作是围绕上述基本逻辑，随着改革进程中新问题不断暴露出来并得到应对，进而在相关的领域、通过适当的方式加以推动和完成的。

特别值得指出的是政府职能转变，或政府与企业、市场关系方面的改革。总体来说，政府逐渐退出对经济活动的直接参与，转而承担通过再分配促进社会发展的职能。不过，中国政府特别是地方政府对经济发展的高度关注，在很长时间里体现在地方政府之间推动地方 GDP 增长从而导致财政能力增长的竞争。

这种政府作用方式对于把改革形成的激励转化为增长速度，发挥了积极的作用，与此同时，也造成了政府过度介入直接资源配置，妨碍市场机制作用的负面效果。随着中国经济进入新常态，简政放权改革向纵深发展，政府职能越来越多地转向履行促进教育发展、加强社会保护、维护市场秩序、宏观经济调控等公共品供给等责任。

至于说到对外开放与上述经济改革过程的关系，我们可以通过以下四个角度来把握。第一，开放与改革具有推进逻辑上的一致性；第二，两个过程在时间上是并行不悖的；第三，从效果上看，两者之间是互为条件和相互促进的；第四，两个过程的推进方式是相同的，即采取了循序渐进的方式。

通过扩大国际贸易、引进外商直接投资、企业对外投资、参与全球经济治理，以及近年来积极实施“一带一路”建设，对外开放使中国最大限度地参与到经济全球化中，国内各经济区域也显著提高了开放程度。同时，开放对实现企业成为竞争主体、吸纳国外技术和管理经验、在经济增长中兑现人口红利、在产业发展中获得比较优势等一系列改革和发展目标，起到了促进作用。

四　在改革开放中兑现人口红利

中国的改革开放带来人类经济发展史上罕见的高速经济增长。在1978—2018年期间，中国的实际GDP年均增长9.4%，是这一时期世界上最快的增长速度。而在2012年增长速度放慢之前的33年中，年均增长率更高达9.9%。与此伴随的，是一个不同寻常即同样快速的人口转变过程。根据联合国数据，中国的总和生育率从改革开始前后的2.5—3.0，下降到20世纪90年代前期的2.0这一更替水平，自90年代后期以来，稳定在1.5左右的水平。

对于进入21世纪以来中国的生育率水平，在学者和政策研究者中存在很大争议。如果按照人口普查或1%人口抽样调查数据直接计算，生育率已经低得令人难以置信。例如，2000年第五次人口普查为1.22，2005年1%抽样调查为1.34，2010年第六次人口普查为1.19。[①] 即使按照数据存在一定误差的假设进行修正后，多数学者也认为实际生育率比前引联合国数据要低，即多年来保持在1.4甚至更低的水平上[②]，直到中国政

---

① 郭志刚、王丰、蔡泳：《中国的低生育率与人口可持续发展》，中国社会科学出版社2014年版，第21页。

② 郭志刚等在《中国的低生育率与人口可持续发展》（中国社会科学出版社2014年版）一书中做了十分详尽和令人信服的讨论。

府先后放宽生育，即第一步允许一方为独生子女的夫妇生育二孩、第二步允许所有夫妇生育二孩后，生育率才出现了小幅和短暂的上升。

然而，无论认为生育率是多少，毋庸置疑的事实是：中国进入生育率低于更替水平的人口转变阶段已长达四分之一世纪。这样一种快速的人口转变，在最终不可避免导致不利于经济增长的人口老龄化之前，会在一定时期帮助形成一个劳动年龄人口迅速增加、人口抚养比显著下降的人口转变格局，也即潜在的人口红利。

人口红利对经济发展的贡献逐渐得到经济学家的关注，研究者也观察到中国改革开放时期尽享人口红利的情况，并从经验上实际估算了人口红利对经济增长的贡献。例如，王丰和梅森（Andrew Mason）以人口抚养比作为人口红利的代理指标，估计出在1982—2000年期间，人口红利对中国经济增长的贡献为15%。[1] 蔡昉和王德文的估计显示，同一时期抚养比下降对人均GDP增长的贡献高达26.8%。[2]

在一个标准的科布－道格拉斯生产函数 $Y = A \times F(K,L) =$

① Feng Wang and Andrew Mason, "The Demographic Factor in China's Transition", in Loren Brandt and Thomas G. Rawski (eds.), *China's Great Economic Transformation*, Cambridge, New York: Cambridge University Press, 2008, p. 147.

② Fang Cai and Dewen Wang, "China's Demographic Transition: Implications for Growth", in Garnaut, Ross and Ligang Song (eds.), *The China Boom and Its Discontents*, Canberra: Asia Pacific Press, 2005.

$K^{\alpha}\times(AL)^{1-\alpha}$中，$Y$表示产出（GDP）增长，$K$为资本投入，$L$为劳动投入，又可分解为劳动力数量和人力资本，$A$为全要素生产率，可以分解为资源重新配置效率和残差。一些经济学家还形成了“右手边斗士”的传统，即在进行增长回归时，在公式的右手边增加诸多预期在理论上有意义且在统计上显著的解释变量。①

把人口抚养比作为一个代理变量，就是为了揭示人口红利贡献的此类尝试。实际上，如果从广义上认识人口红利作为增长率的贡献因素，它们几乎体现在生产函数的所有解释变量中。而把抚养比作为变量估计出的贡献率，充其量只是人口红利贡献的残差。

用东亚经济体和中国经济发展的实际经验，吸收二元经济理论等，来拓展新古典增长理论框架，我们可以对人口红利贡献做出新的假设和解释。下面，我们归纳与人口相关的经济增长因素，并借助相关文献提供的经验证据，展示更全面的人口红利效应。

中国改革开放的成功，打破了一系列按照西方主流经济学范式做出的预期。正如“华盛顿共识”的信奉者为发展中国家和转轨国家的改革设计出先验性的体制目标一样，坚信新古典

① T. N. Srinivasan and Jagdish Bhagwati, “Outward-Orientation and Development: Are Revisionists Right?”, *Economic Growth Center Discussion Papers*, No. 806, Yale University, 1999.

增长理论的学者，也以西方经济发展经验武断地设定圭臬，以此来比照中国改革和发展。这种先验论点使得许多尝试解释中国改革成就的文献，在主要和关键问题上面没能给出令人信服的答案。

例如，美国经济学家扬（Alwyn Young）和克鲁格曼（Paul Krugman）等遵循其一贯的理论出发点和经验方法，认为中国改革期间的增长类似于多年前他们所批评的东亚经济，仅仅是依靠资本和劳动的投入，而没有生产率提高的支撑，因而具有粗放性和不可持续性。[①] 这种判断完全无视中国所处的二元经济发展阶段特点，与他们对东亚经济的判断一样，其正确性已经为事实所否定。

此外，许多研究者虽然观察到了中国改革方式的不同之处，但是，却没有看到这种改革方式的选择与改革出发点是逻辑相关的，因而也忽略了中国的改革开放是以提高全体居民的生活水平为导向的特点，以及以就业扩大和劳动力重新配置为核心的发展路径，因而具有分享型经济发展的特征。[②]

中国的改革开放，是在计划经济手段下所有的资源动员潜

---

① 扬曾经直言不讳地指出：只需借助一点小小的技巧，即可把中国的发展经验化神奇为腐朽。出于这种先入之见，他否认中国经济增长中生产率的实质性提高和贡献。参见 Alwyn Young, "Gold into the Base Metals: Productivity Growth in the People's Republic of China during the Reform Period", *Journal of Political Economy*, Vol. 111, No. 6, 2003, pp. 1220 - 1261。

② 详细讨论参见 Cai Fang (ed.), *Transforming the Chinese Economy, 1978 - 2008*, Introduction, Leiden, Boston: Brill, 2010。

力用尽的背景和条件下启动的。作为一般性的增长条件，中国的二元经济发展潜力和人口红利，以及中国在计划经济时期甚至更早时期积累起的超出同等收入国家的人力资本禀赋，都只是在改革开放时期才开始得到释放，成为经济增长的源泉。

正是中国经济具备了这种潜力，因此在改革开放的条件下兑现人口红利，可以形成较高的潜在增长率，进而实现较高的实际增长率。如果不是囿于某种经济理论教条，就不应该无视中国40年所经历的改革开放促进发展及分享的过程，也没有道理否认这一实践是完全符合经济学逻辑和一般发展规律的。

首先，处在低位并且持续下降的人口抚养比有利于实现高储蓄率，而劳动力无限供给特征则延缓资本报酬递减现象的发生，从而使资本积累成为经济增长的主要引擎。世界银行早期研究发现，在1978—1995年期间的GDP增长中，物质资本积累的贡献率为37%[①]，而许多稍晚进行的其他研究估计这一贡献率更高[②]。

不了解或者不承认二元经济发展阶段，就必然得出这样的经济发展模式不可持续。然而，包括中国在内的东亚经验证明了存在着一个刘易斯二元经济发展阶段，其具有明显的劳动力

---

① World Bank, *China 2020: Development Challenges in the New Century*, Oxford University Press, 1998.

② 如Fang Cai and Wen Zhao, "When Demographic Dividend Disappears: Growth Sustainability of China", in Aoki Masahiko and Jinglian Wu (eds.), *The Chinese Economy: A New Transition*, Basingstoke: Palgrave Macmillan, 2012。

无限供给特征。而且，也有文献证明，这个劳动力无限供给特征的确在一定时期延缓了资本报酬递减现象的发生。例如，白重恩等的研究表明，在改革开放的很长时间里，中国资本回报率保持在很高的水平；而一旦劳动力无限供给特征开始消失，譬如在跨越了刘易斯转折点的情况下[①]，资本回报率则迅速地下降[②]。

其次，有利的人口因素确保了劳动力数量和质量对经济增长做出显著的贡献。大多数研究关注到劳动力数量丰富对经济增长的贡献，计量分解也证明了这一点。对于人力资本的贡献，经济学家也给予重视。例如，沃利等估计的人力资本贡献率为11.7%，而如果考虑到教育水平提高具有改善生产率的效果，这一贡献率可提高到38%。[③] 但是，人们常常忽略劳动力素质与人口结构的关联，因而未能把人力资本因素也看作是人口红利的重要组成部分。

有利的人口结构条件保障了新成长劳动力的不断进入，而

---

① 由于刘易斯式二元经济发展以无限供给从而工资不变的劳动力，源源不断从农业向非农产业转移为特征，因此，一旦劳动力短缺和工资上涨现象稳定出现，我们将这个时间点称作刘易斯转折点。关于中国到达这一转折点时间的讨论，请参见 Cai Fang, Demystifying China's E-conomy Development, Beijing, Berlin, Heidelberg: China Social Sciences Press and Springer-Verlag, 2015。

② 参见 Chong-En Bai, Chang-Tai Hsieh, and Yingyi Qian, "The Return to Capital in China", NBER Working Paper, No. 12755, 2006；白重恩、张琼：《中国的资本回报率及其影响因素分析》，《世界经济》2014 年第 10 期。

③ John Whalley and Xiliang Zhao, "The Contribution of Human Capital to China's Economic Growth", NBER Working Paper, No. 16592, 2010.

对于发展中国家来说，劳动力整体人力资本的改善，主要是靠这个增量途径实现的，中国在这方面表现尤其突出。例如，根据2010年中国城镇劳动力调查（CULS）数据[①]，虽然农民工平均受教育年限为9.5年，城镇本地劳动者为12.1年，但是，由于农民工和城镇本地劳动者的年龄中位数分别为33岁和40岁，当年轻的农民工替代了年纪偏大的城市职工时，整体就业人群的受教育程度就得到提高。

在图5—2中，我们展示两个群体的年龄分布和分年龄的受教育年限。以0点为基点，图的上部反映农民工分年龄构成及分年龄组受教育年限，图的下部反映城镇本地劳动者的分年龄构成及分年龄组受教育年限。从中可以看到，由于农民工年龄较轻，而且特定的年龄组具有较高的受教育程度，他们对逐年退出劳动力市场的城镇职工形成替代，就可以提高总体劳动力的人力资本。例如，21—25岁组农民工的受教育年限为13.3年，这个群体对55—59岁组城镇本地劳动力（受教育年限为10.1年）的替代，增加城镇劳动力整体受教育年限的效果就是显著的。[②]

---

① 该调查系2009年底到2010年初，中国社会科学院人口与劳动经济研究所在上海、武汉、沈阳、福州、西安和广州六个城市进行的劳动力调查数据。该调查根据分阶段随机抽样原则，在每个城市分别抽取了700户城市居民家庭和600户外来人口（农民工）家庭。

② 参见Cai Fang, Guo Zhenwei, Wang Meiyan, "New Urbanisation as a Driver of China's Growth", in Song Ligang, Ross Garnaut, Cai Fang, and Lauren Johnston (eds.), *China's New Sources of Economic Growth, Vol. 1: Reform, Resources, and Climate Changes*, Canberra and Beijing: Australian National University Press and Social Sciences Academic Press, 2016。

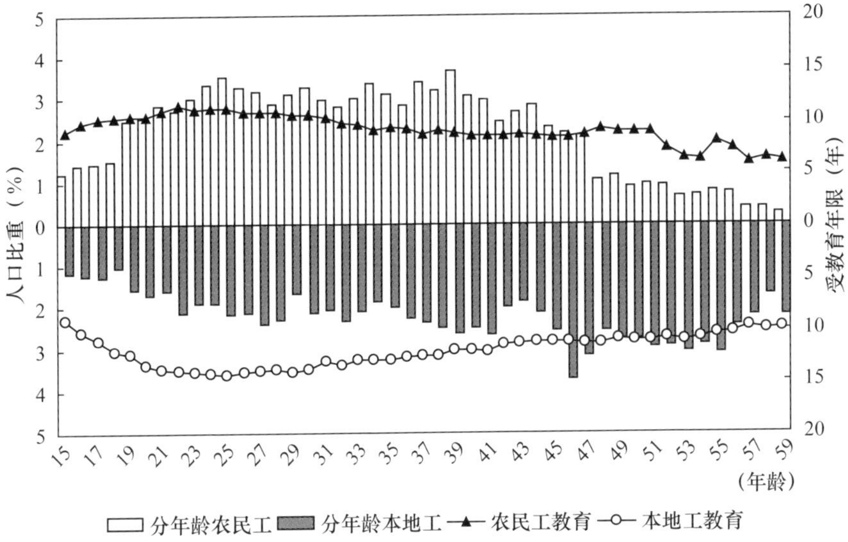

图5—2 农民工和城镇户籍劳动者：年龄和受教育年限分布

资料来源：Cai Fang, Guo Zhenwei, Wang Meiyan, "New Urbanisation as a Driver of China's Growth", in Song Ligang, Ross Garnaut, Cai Fang, and Lauren Johnston (eds.), *China's New Sources of Economic Growth*, *Vol. 1*: *Reform*, *Resources*, *and Climate Changes*, Canberra and Beijing: Australian National University Press and Social Sciences Academic Press, 2016。

再次，遵循生产率提高的路径，无论是新成长劳动力的进入领域，还是长期积淀的城乡富余劳动力在产业、行业和地区之间流动，都是一种结构性调整，创造出资源重新配置效率，成为全要素生产率以及劳动生产率的主要组成部分。

例如，在较早期的研究中，世界银行把全要素生产率进一步分解为资源重新配置效率和残差，前者即劳动力从生产率较低的部门（劳动力剩余的农业和冗员的国有企业）转向生产率更高的部门（非农产业和新创企业）所带来的生产率提高，估计表明，这个资源重新配置效率对经济增长的贡献率为16%。[①]蔡昉和王德文估计的劳动力从农业向非农产业转移，带来全要素生产率的提高，对经济增长的贡献率高达21%。[②]

可见，中国40年的高速增长绩效，是改革开放激发出特定发展阶段上要素禀赋优势的结果，也就是说，通过改善微观激励机制、矫正价格信号、发育产品市场、拆除生产要素流动的体制障碍、转变政府经济职能，以及对外开放引进技术、资金和竞争、开拓国际市场，把人口红利转化为这一发展阶段的较高潜在增长率，并实际转化为高速经济增长。从要素供给能力和资源配置效率潜力着眼，计量分析显示，中国经济的潜在增长率在1979—1995年为年平均9.7%，在1997—2010年为10.4%。[③]

最后，与全球化过程中美国等发达国家的就业趋势形成鲜明对比[④]，中国在改革开放促进高速经济增长的同时，实现了

---

① World Bank, *China 2020: Development Challenges in the New Century*, Oxford University Press, 1998.

② 蔡昉、王德文：《中国经济增长的可持续性与劳动贡献》，《经济研究》1999年第10期。

③ Fang Cai and Yang Lu, "The End of China's Demographic Dividend: the Perspective of Potential GDP Growth", in Garnaut, Ross, Fang Cai and Ligang Song (eds.), *China: A New Model for Growth and Development*, ANU E Press, Canberra, 2013, pp. 55 - 74.

④ 斯彭斯等发现，在1990—2008年期间，美国处于价值链低端的制造业大量转移到海外，与此对应的就业岗位也随之丧失，在此期间的新增就业几乎全部来自以服务业为主的非贸易部门，从而得出"产业外移毁灭了美国经济"的结论。参见Michael Spence and Sandile Hlatshwayo, "The Evolving Structure of the American Economy and the Employment Challenge", Working Paper, Maurice R. Greenberg Center for Geoeconomic Studies, Council on Foreign Relations, March, 2011。

城乡就业的整体扩大、劳动力配置结构的高度化，以及贸易部门和非贸易部门就业的平衡增长。在持续大规模就业扩大和劳动力重新配置推动了产业结构变革，提高了资源配置效率的同时，劳动者收入得以大幅度提高，实现了城乡居民对改革开放发展成果的参与和分享。

根据国家统计局的数据，在城乡就业人口总规模从1978年的4.02亿人增加到2017年的7.76亿人的同时期，农业劳动力比重从69.6%下降到27.0%。而根据实际情况进行的估算，真实的农业劳动力比重，很可能比统计数据所显示的还要再低10个百分点。[①]

虽然经历过以各种指标反映的收入差距的扩大，总体而言，中国城乡居民在不同时期，分别通过三种途径或效应，分享了改革开放和经济发展的成果，赢得了中国人民对改革开放的支持，也创造出庞大的消费内需。第一是就业数量扩大效应。发展劳动密集型产业创造了更多岗位，虽然收入差距有所扩大，但各收入组的收入都显著提高。第二是工资率和就业质量提高效应。刘易斯转折点到来后，普通劳动者工资从而低收入家庭收入加快提高。2009年以来，居民收入基尼系数和城乡收入差距都呈现持续缩小的趋势。第三是再分

① 蔡昉：《中国经济改革效应分析——劳动力重新配置的视角》，《经济研究》2017年第7期。

配政策力度增强效应。表现为中央和地方政府促进基本公共服务均等化的努力效果。这种改革开放逻辑和过程，形成了发展的良性循环。

五 结语

回顾中华人民共和国70年的经济建设历史和40年改革开放发展历程，把成功的经验甚至不尽成功的教训抽象为具有中国特色的发展和转型理论，不仅是理论创新的需要，对于判断当前所处的发展阶段、认识改革面临新任务的性质，以及展望中国经济前景也十分必要。多数经济学家承认，中国经济在改革开放40年的历程中，主要进行着两个重要的转变，即在体制模式上，从计划经济向市场经济转变；在增长类型或发展阶段上，从二元经济发展向新古典增长转变。事实上，与这两个过程贯穿在一起的，同时还发生着一个快速的人口转变，即从高生育率阶段到低生育率阶段的转变，并持续稳定在后一阶段，带来诸多新的变化。

改革开放带来的高速经济增长，可以被看作是一个改革不断为生产要素积累和有效配置创造恰当体制环境，从而兑现人口红利的过程。从逻辑上说，没有改革开放这个充分条件，中国经济不可能改变以往的增长轨迹；而如果没有人口红利这个必要条件，至少1978—2010年的增长不可能有这样高的速度。

迄今为止，激励机制、企业治理结构、价格形成机制、资源配置模式、对外开放体制和宏观政策环境的改革，都是顺应一定经济发展阶段的特殊制度需求而提出并得到推动的。审视当前和展望未来，改革的重点、难点、推进方式甚至取向，也应该随着发展阶段的变化而调整。一方面，随着中国进入从中等偏上收入向高收入国家迈进的阶段，经济增长方式需要转向生产率驱动；另一方面，越是临近社会主义市场经济体制臻于成熟、定型的阶段，改革的难度将会越大。

随着中国经济跨过以劳动力短缺和工资上涨为特征的刘易斯转折点，人口红利加速消失，以往的经济增长因素式微，潜在增长率下降，超常规增长速度不再能够维系。我们已经观察到的一系列导致中国经济潜在增长率下降的因素包括：劳动力短缺导致工资上涨速度过快，超过了劳动生产率增速的支撑能力；资本劳动比过快提高导致投资回报率的大幅度下降；新成长劳动力的减少使人力资本改善速度减慢；农村劳动力转移速度放缓，致使资源重新配置效应减弱，全要素生产率增长率下滑。

可见，中国经济进入以增长速度下行、产业结构调整和发展方式转变加速为特征的新常态。蔡昉和陆旸曾估计，中国经济潜在增长率从2010年之前大约10%下降到“十二五”期间（2011—2015）的7.6%、“十三五”期间（2016—2020）的

6.2%。[①] 此后，潜在增长率将继续下降，直至在中国完全实现现代化后，才会回归到均值。[②] 迄今为止，实际增长减速的轨迹、节奏和趋势已经印证了这个预测。这对产业结构调整提出紧迫的要求，而应对挑战需要建立在深化经济改革的基础上。

按照增长理论预期和各国发展经验，从赶超型的二元经济发展向处在技术前沿的新古典增长转变的过程中，增长速度放慢几乎是不可避免的。[③] 然而，潜在增长率以何种幅度降低从而实际经济增长以何种速度放慢，在国家之间却大相径庭，也会导致截然不同的长期后果。[④] 就中国而言，只有通过深化经济体制改革，推动发展方式转变，挖掘传统增长动能的潜力，培育新的增长动能，保持合理的潜在增长率，实现中高速实际增长，才能避免落入中等收入陷阱，实现国家现代化目标。

---

① Fang Cai and Yang Lu, "The End of China's Demographic Dividend: the Perspective of Potential GDP Growth", in Garnaut, Ross, Fang Cai and Ligang Song (eds.), *China: A New Model for Growth and Development*, ANU E Press, Canberra, 2013, pp. 55 – 74。虽然不同学者和机构的预测数字不尽相同，但是，中国潜在增长率有所下降的判断还是占主流的认识。

② 普里切特和萨默斯认为，任何超乎平均水平的增长速度都是异常的，按照规律终究要"回归到均值"。按照他们的逻辑，这里所谓的"均值"就是世界经济的平均增长率。而蔡昉和陆旸的估计表明，直到2050年，中国潜在增长率仍将高于3%。参见 Lant Pritchett and Lawrence H. Summers, "Asiaphoria Meets Regression to the Mean", NBER Working Paper, No. 20573, 2014; Fang Cai and Yang Lu, "Take-off, Persistence, and Sustainability: Demographic Factor of the Chinese Growth", *Asia & the Pacific Policy Studies*, Vol. 3, No. 2, 2016, pp. 203 – 225。

③ 如参见 Robert J. Barro, "Economic Growth and Convergence, Applied Especially To China", NBER Working Paper, No. 21872, 2016; Barry Eichengreen, Donghyun Park, and Kwanho Shin, "Growth Slowdowns Redux: New Evidence on the Middle-income Trap", NBER Working Paper, No. 18673, 2013。

④ Barry Eichengreen, Donghyun Park, and Kwanho Shin, "When Fast Growing Economies Slow Down: International Evidence and Implications for China", NBER Working Paper, No. 16919, 2011.

一般来说，面对一个长期处于激励不足从而低效率的经济体制，改革从打破这一恶性循环中微观激励不足的环节入手，容易在帕累托改进的路径中推进改革，进而改变资源配置方式，矫正资源误配格局。随着改革向纵深推进，不使任何群体受损的帕累托改进机会越来越少。这既需要坚定推进改革的政治决心，也需要发挥妥善处理矛盾的政治智慧。

中国进一步改革面临着若干难点。首先，在改革不可避免对利益格局进行深度调整的情况下，会遭遇到既得利益群体的抵制和干扰。其次，在形成优胜劣汰的创造性破坏竞争环境过程中，部分劳动者和经营者会陷入实际困境。最后，改革的成本承担主体与改革收益的获得主体并非完全对应，从而产生激励不相容的问题。面对这些难点，应该着眼于分担改革成本和分享改革红利，对建立新体制需要的财政支出责任进行重新划分，以及对受损当事人给予必要的补偿，特别是对劳动者进行社会政策托底。

很多研究表明，改革与不改革会形成截然不同的中国经济增长前景。例如，切列穆吉姆等人的研究，把 1978—2012 年期间和 1966—1975 年期间的经济增长表现，分别作为改革或不改革的参照情形，对 2050 年中国经济增长做出模拟，表明两者之间的巨大差别。[①]

---

① Anton Cheremukhim, Mikhail Golosov, Sergei Guriev, Aleh Tsyvinski, "The Economy of People's Republic of China From 1953", NBER Working Paper, No. 21397, 2015.

总体来说，改革与增长不是一种非此即彼或此消彼长的替代关系，改革具有促进经济增长的明显效果。中国改革开放的经验和逻辑表明，改革红利终究会体现在促进经济增长和改善人民生活水平上面。在以后的相应章节中，我们将会在某些方面进行更加深入的改革过程叙述，也将更加详尽地解说可以预期的改革红利。

第六章　农村改革的背景、逻辑与贡献

一　引言

众所周知，以实行家庭联产承包制为标志的农村改革是中国经济改革的起点。但是，无论是这一步改革也好，还是随后的农村经济改革也好，其效应和意义都被低估了。以往说到家庭联产承包制作为中国经济改革的起点，大多数情况下是就改革的时间顺序而言。只有结合家庭联产承包制对于人民公社体制替代的历史背景和理论逻辑来认识，才能将其对于随后农村改革的影响，进而对于中国的改革开放及其带来的发展和分享效应认识透彻。

与农业、农村、农民“三农”问题相关的改革涉及诸多领域，既是值得经济学进行研究的对象，也是经济学发展汲取养料的源泉。以往的经济学特别是发展经济学，曾经分别对租约、产业演变、二元经济结构、劳动力流动等问题进行了理论构建。但是，迄今为止，经济学家却没有机会在一个完整的经验基础上，把这诸种理论假说进行全面的检视和检验。

这就是说，中国从农村开始的改革和发展实践的完整性，不仅为发展经济学提供了前所未有的经验基础，也理所当然对其做出革命性的贡献。完整的发展历程既有前因后果，相应的经验逻辑也有来龙去脉。为了充分揭示这一改革发展经验的完整含义特别是世界意义，我们在回顾并且在理论上解释历史时，必须讲清楚为什么会有人民公社化、该体制为什么必然失败，改革必然遵循怎样的逻辑链条进行。

以家庭联产承包制为起点的农村改革，最重大的意义在于，它开启了中国的二元经济发展过程。而且，在随后 40 余年的时间里，一系列改革开放举措和进程，从逻辑上讲也都是围绕二元经济发展进行的。二元经济发展已经跨越了关键性的转折点即刘易斯转折点，但是，迄今为止尚未结束。

正如第四章所阐述，各国经济发展的一个共同阶段是农业内卷化。它具有传统农业的性质，却由于面临着转向二元经济发展的机会，而不再被看作处于马尔萨斯陷阱。不过，各国经过二元经济发展阶段的方式却不尽相同。一种可以被称作古典模式，即通过工业化大生产碾压小农经济，并造成后者的两极分化；另一种可以被称作东亚模式，即按照农业剩余劳动力转移的节奏，以渐进的方式进行的库兹涅茨过程。

由于这两种模式都以市场机制作用为前提，与计划经济格格不入，因此，从苏联、东欧国家到中国，在推进高度集中的计划经济实践中都采取了第三种模式，即农业集体化的模式。这种方式通过国家强制力量把小农经济合并成大规模的农业生产和经营。这条道路的理论依据是农业生产中有巨大的规模经济潜力，集体化不仅可以利用规模经济，还不会造成农民的市场分化，同时又符合公有制的理想模式。

然而，集体农业的一个天生缺陷是其无法解决生产劳动的激励机制问题，造成微观层面的低效率。同时，集体农庄或人民公社作为计划经济体制的组成部分，以及集体农业作为计划经济的组成部分，也无法解决宏观层面的资源有效配置问题。因此，这种农业经营体制在所有国家都失败了，付出了惨重的人力资源和物质生产要素的代价，最终成为改革的对象。

鉴于本书的第一篇各章已经为中国经济发展进行了历史和理论的铺垫，在对农村改革及其产生的持续影响进行回顾和总结时，本章尝试采取历史逻辑和现实逻辑相统一的叙事方法。为此，有必要预先对两种常见的反思方法和一种对所要采用方法的可能置疑，提前予以解释。

对于计划经济时期形成的传统体制，人们最常见的说法是接受了苏联模式。虽然社会主义计划经济模式的确有诸多的共同点和相似之处，但是，这种简单的复制说，低估了中国领导人的问题导向意识。事实上，在大多数情况下，一种体制的形成都是朝向一个特定的目标，或者服务于解决特定的问题。例如，人民公社体制与苏联集体农庄有着较大的差异，推进的方式更是天差地别。

与此相关，另一种说法则是，某种体制的形成要么是政治决策，要么是头脑发热的结果。譬如说，某些地区激进地建立起人民公社或其雏形，因其符合更高公有化程度的意识形态，并且取得莺歌燕舞的效果，而得到毛泽东的赞扬，“人民公社好”便成为动员令。这种说法经不起事实的推敲，如果充分了解事件发展前后关联性和一贯性，便可以看到，即便是一种错误的选择，付出了试错的代价，决策过程也有着内在的逻辑性，遵循着某种经济理论或理念，而非盲目、任意或随机结果。

即便是存在着推动农业集体化的内在逻辑，譬如探索一种计划经济条件下的摆脱传统农业，走向二元经济发展之路，但如何能够确信决策者真的了解这个逻辑，又是如何把一种复杂的理论模型与高度现实化的政策决策结合起来呢？

经济理论是具有规律性的现实的抽象，理论模型应该成为政策制定的逻辑基础。所以，无论理论正确与否、解释力大小，无一不是对特定现实的折射和对特定问题的反应。所以，即便决策者并不知晓或了解某种理论，其实他们面临的终究是困扰了几代人甚至十几代人的实践课题。也就是说，理论家和实践家的思考深度并无高下之差，只不过前者借助专业术语以及格式化或模型化的表述而已。

实际上，苏联在实行农业集体化之前也面对着一个内卷化的农业现实。著名农民问题专家恰亚诺夫（A. Chayanov）通过分析一项大规模调查取得的数据，详细描述了苏俄农民家庭农场的特点。他在揭示这种家庭农场与资本主义大农场的差别时，即在重要著作《农民经济组织》中，刻画了这种家庭农场规模由家庭消费需求与家庭劳动力之间关系决定的特殊性质，同时透露了若干内卷化农业的基本特征。[①]

首先，家庭农场的分化状况并不明显，反而有回归到均值的趋势。恰亚诺夫提供了1882年（起点）到1911年（终点）期间土地分布状况的变化数据（图6—1），我们总体上可以根据对数据的以下解读来认识。第一，在起点年份规模较小的农户，随后倾向于扩大规模，而起点规模较大的农户则趋于缩小规模；第二，假设在五种类型农户中，处于中间三种土地规模（3—6俄亩、6—9俄亩和9—12俄亩）的情形为“均值”的话，无论起点为何，随后农户都倾向于回归均值。

其次，恰亚诺夫描述了农民家庭劳动力的自我开发，发现其程度极大地取决于劳动者承受的来自家庭消费需求的压力。由于人口与生产资料（土地）之间的不匹配，即使仅仅维持

① 参见［俄］A. 恰亚诺夫《农民经济组织》，中央编译出版社1996年版。凯恩斯在1925年访问苏联之后，也得出人口增长过快，对生存手段造成巨大压力的结论。参见［波］伊萨克·多伊彻《被解除武装的先知：托洛茨基1921—1929》，中央编译出版社2013年版，第168页。

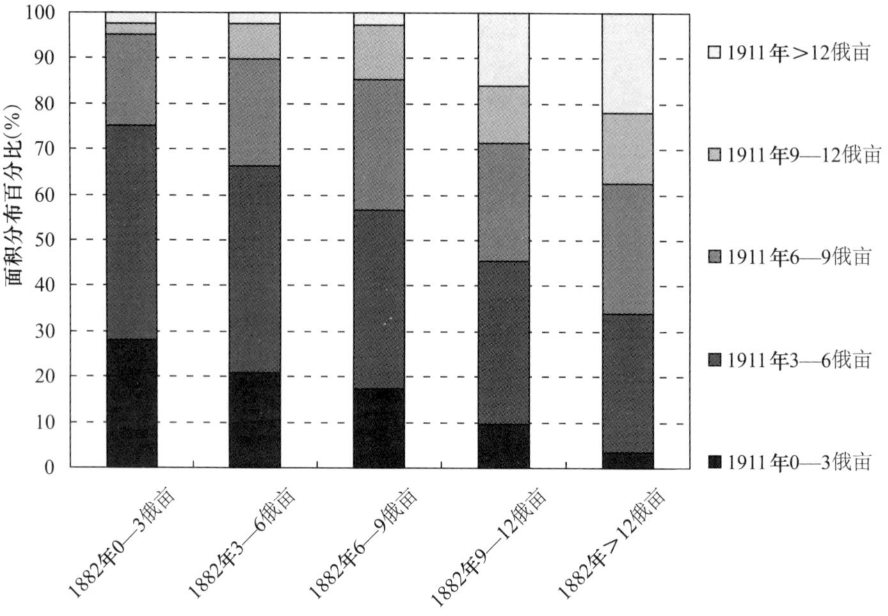

图6—1　沙俄时代农户分化状况

资料来源：A. 恰亚诺夫：《农民经济组织》，中央编译出版社1996年版，第38页。

家庭成员生存水平的消费，也迫使更多地投入劳动时间和加大劳动强度，直至劳动者的生理极限发挥制约作用为止。同时，他也发现了人口出生率内生于家庭经济规模这一马尔萨斯抑制规律。

再次，农民家庭劳动力的这种自我开发动机，同时也意味着在有限土地上进行更加集约化的耕种。也就是说，为了满足家庭消费的刚性需求，就要提高劳动力有效利用程度，因而农户会采取更多的、在资本主义农场条件下不会采取的土壤改良措施。这就是对内卷化农业做出的经典的理性反应。

在这样的小农经济基础上，为了把苏联农业引导到想象中

在这样的小农经济基础上，为了把苏联农业引导到想象中的社会化大生产道路，逻辑上的确是可以做出农业集体化这一选择的。而且，这个政策也得到了当时的一些经济理论支持。一种具有代表性的主张，来自于苏共权威经济学家普列奥布拉任斯基（Евгений Алексеевич Преображенский），主张用剥夺小农的方式进行社会主义原始积累。[①] 他阐释道，一国革命胜利之后，经济上越落后就越需要强制地从非社会主义成分获得积累；经济上越是发达则越需要依靠社会主义成分自身的剩余产品。

这个逻辑就是，当农业还处在非社会主义经济成分状态时，就强制使其成为原始积累来源。与此同时，尽快将其转变为社会主义经济成分，以转向社会主义经济成分的自我积累。普列奥布拉任斯基指出小生产（小农经济）的三种前途，分别为长期保持小生产地位、资本主义化和联合起来成为一种社会主义成分。他当然选择的是第三种途径，并且主张社会主义因素越多越好。的确如此，后来的苏联集体农庄，实际上是（土地）国家所有制与（其他生产资料）集体所有制的混合体。

另一种理论则来自于恰亚诺夫本人。从对农民内部组织方式的分析，似乎可以得出小规模农民家庭农场具有经济合理性的结论。但是，恰亚诺夫也承认，在资本主义生产方式已经存在的

---

① 参见［俄］叶·阿·普列奥布拉任斯基《新经济学：对苏维埃经济进行理论分析的尝试》，生活·读书·新知三联书店 1984 年版。

条件下，农民家庭农场与资本主义农场其实只是对于相同外部环境做出的不同反应而已。同时他也深知前者的艰难，如为了满足家庭消费刚性需求，劳动强度常常达到生理极限。何况，虽然并非典型现象，但家庭农场仍然面临着分化的可能性。

可见，恰亚诺夫并不否定规模经济。但是，在他写作《农民经济组织》这本书时，他设想的农业中规模经济利用途径，是依据农产品作为原料与其他产业的联系，通过合作社的制度形式，把农民农场纳入农业的纵向一体化过程中，把农业经济引导到计划经济的轨道。这样也就避免了造成两极分化结果的横向一体化过程。

恰亚诺夫在1922年发表《农业企业最适宜的规模》以及1925年再版《农民经济组织》的时候，还主张较小规模的农民家庭农场是最经济的单位。然而，到了苏联农业集体化开始的1929年，他摇身一变成为大规模农业经营的鼓吹者。他认为，履带拖拉机、联合收割机和载重汽车这种美国机械技术，使大规模机械化耕作具有了高于所有其他农业组织形式的压倒性优势。他甚至论证出，专门种植小麦的农场规模以十万公顷为最适宜。[1]

或许有人会认为恰亚诺夫出于政治投机，或者迫于政治压

---

① ［美］瑙姆·贾斯尼（Naum Jasny）：《苏联的社会化农业：计划和结果》（上卷），商务印书馆1965年版，第29页。

力，从崇尚农民家庭农场的代表性人物转变为大规模农业经营的论证者。虽然我们不排除这种政治因素的影响，而且在彼时彼地这种假设更符合逻辑，但是，从恰亚诺夫的理论逻辑中，原本也完全可以推导出这样的结论，即一旦有了大型农业机械，规模经济就十分地显著，农场规模便是越大越好。

上述两种理论合并在一起，突出揭示了在计划经济条件下，摆脱内卷化农业的必由之路即集体化，其关键特征已经显现出来，即后来的人民公社体制所表现出的“一大二公”。可见，无论是从农业集体化的政策选择来说，还是从人民公社这种体制的弊端以至必然失败的结局来说，中国与苏联实践中的相似性，最初来自于所要解决问题的共同性，随后遇到选择的道路与目的地之间的内在矛盾。这也就决定了最终的改革归宿。在中国，就是家庭联产承包制对人民公社体制的替代。

家庭联产承包制的实行，不是一个一次性事件，而是整个中国改革开放的开端。在后面的章节中，我们还会从劳动力退出低生产率部门，在城乡间、地区间和产业间流动，以及进入城市高生产率部门这一完整过程的角度，阐释改革如何把经济增长必要条件转化为实际高速增长。本章在后面的部分，叙述在农业份额下降的背景下，农业剩余劳动力如何“退出”低生产率农业和农村产业，观察和回顾农村相应的改革及其过程和结果，归纳其发展经济学含义，为今后进一步改革和发展提出政策建议。

二　人民公社兴衰：乌托邦实验

顺应农民“耕者有其田”的要求在全国实行土地改革之后，60%—70%的少地或无地农民无偿获得了大约7亿亩耕地。按照当时的语言来概括，在土地改革之后，农村由富农的资本主义所有制和像汪洋大海一样的个体农民的所有制构成。[①]也就是说，剥夺地主的土地，把千千万万无地农民和佃农变为个体农户，土地改革解决了地权集中、农民生活两极分化的弊端，也增加了农户的其他生产资料，调动了农业生产积极性。例如，1949—1953年期间粮食总产量提高了47.4%。

然而，土地改革却没有解决由小农经济构成的农业经济格局。这样，从本质上来说，土地改革之后的中国农业无疑延续了长期以来的内卷化特征，种植结构尽可能趋于劳动密集型，在极小规模的土地面积上密集投入劳动，最大化动员家庭辅助劳动力，因而导致劳动报酬递减。[②]根据土地改革之后的一项调查，可见当时形成的小农经济规模十分有限，在没有现代化投入要素的条件下，扩大再生产的潜力也受到局限（图6—2）。所以，从决策者的角度，这种农民个体经济是没有出路的，决

---

① 苏星：《我国农业的社会主义改造》，人民出版社1980年版，第11页。

② 参见黄宗智《发展还是内卷？十八世纪英国与中国——评彭慕兰〈大分岔：欧洲，中国及现代世界经济的发展〉》，《历史研究》2002年第4期。

定了它必然趋于灭亡的命运。[①]

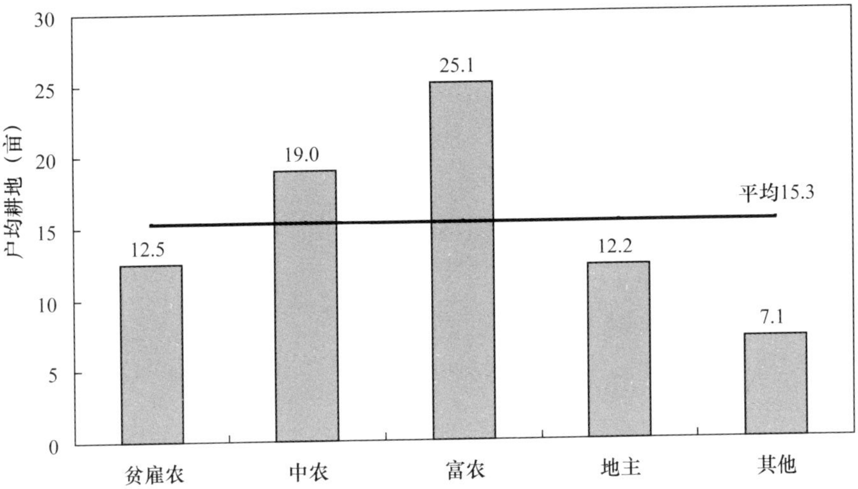

图 6—2　土改后农户平均耕地拥有状况

资料来源：苏星：《土地改革之后，我国农村社会主义和资本主义两条道路的斗争》，《经济研究》1965 年第 7 期。

从外部环境来看，也对农业经济体制提出了变化的要求。1953 年开始执行第一个五年计划，经济建设的总任务就是要使中国由落后的农业国逐步变为强大的工业国，而要实现这个目标，国家确定了重工业优先发展战略。为了加快工业化积累，需要通过压低劳动力成本即实行低工资制降低重工业发展的成本。相应地就需要既要压低农产品的价格，同时又要保障农产

---

① 这是一位研究人员学习毛泽东《关于农业合作化问题》后的体会。参见苏星《土地改革之后，我国农村社会主义和资本主义两条道路的斗争》，《经济研究》1965 年第 7 期。

品的供给。这就提出了统购统销政策、户籍制度和人民公社制度“三驾马车”的制度需求。

粮食的计划收购和计划供应制度于1953年应运而生。加上以后纳入的其他重要农产品等内容，便形成长期实行的农产品统购统销制度。如果农业生产不能得到合理收益的话，农村的生产要素特别是劳动力就有可能向外流出，而为了避免这种情况发生，以保障农业生产的正常进行，就需要对包括资金和劳动力在内的农村生产要素做出制度性的流动限制。

1953年，鉴于大量农民纷纷流向城市，一方面担心城市产生失业现象，另一方面担心对农业生产造成不良后果，中共中央做出“关于停止农民盲目流向城市的指示”，部署了六条措施以阻止农民离开农村，并劝阻盲目外出者返乡。几年以后的1958年，全国人大常委会通过了《中华人民共和国户口登记条例》，其中规定：“公民由农村迁往城市，必须持有城市劳动部门的录用证明，学校的录取证明，或者城市户口登记机关的准予迁入的证明，向常住地户口登记机关申请办理迁出手续。”[①] 这就标志着把居民按城乡居住地进行分隔管理的户籍制度正式形成。

随着土地改革在全国完成之后，农业合作化便开始了，分

---

① 当代中国研究所编：《中华人民共和国史编年》（1958年卷），当代中国出版社2011年版，第30页。

别经历了互助合作组、农业生产合作社（初级社）、高级农业生产合作社到人民公社的演变过程。其中互助组和初级社仍然是农民自愿进行的生产合作，到高级社阶段便意味着开始了农业的集体化。整个过程具有逐步加快、越来越快的趋势，生产关系的变动明显超越了生产力的要求。

在全国范围土地改革基本结束的1952年，参加农业生产互助组的农户占全国农户总数的39.9%，参加农业生产合作社（全部为初级社）的农户只占全部农户的0.1%。到1955年，参加互助组的农户比例提高到50.7%，参加初级社的比例提高到14.2%，这两种仍然是农业合作的主要形式。

然而，随后合作化和集体化的节奏便大大加快，推进速度超乎寻常。参加农业生产合作社的农户比例在1956年初便提高到80.3%，到该年年底则高达96.3%。其中，参加高级社的农户比例从年初的30.7%，骤然提高到年底的87.8%。[①] 从1958年夏季开始，只经过几个月的时间，到当年年底，全国原有的74万多个农业生产合作社被合并为2.6万多个人民公社，囊括了1.2亿多个农户，占全国农户总数的比重超过99%。

以加快工业化为目标的人民公社化，不仅步调过急过快，更由于其“一大二公”（大规模、工农商学兵结合、政社合

① 苏星：《我国农业的社会主义改造》，人民出版社1980年版，第156页。

一）的性质，以及因此而导致缺乏正常的激励机制，极大地伤害了农民的生产和劳动积极性，公共食堂试验的失败也造成群众营养不良，使农业生产遭受到灾难性的损失。

以粮食生产为例，总产量从1958年的19766万吨骤降到1961年的13651万吨，单位面积产量从1958年的每公顷1549公斤大幅度降低到1961年的每公顷1124公斤，降幅分别为31%和27%。由于当时国民经济还是以农业为主，农业增加值占GDP的比重超过1/3，因此，农业严重减产造成国民经济的大幅度下滑，实际GDP在1960年为零增长，在1961年和1962年则为显著的负增长。

从当时的特殊历史条件来说，“大跃进”既是加快推进国家工业化的现实需要，又是建立在对农业“一大二公”的理论信仰之上。这里的“大”体现了对规模经济的坚信不疑。实际上，后来之所以出现浮夸风盛行，虚报夸大宣传粮食产量，也是建立在这个信念之上。正如美国式的大型农业机械使十万公顷的农场规模成为必需一样，太阳光合作用的原理也使亩产万斤不再是天方夜谭。

例如，在1958年8月召开的中共中央政治局扩大会议（又称北戴河会议），中心议题就是钢铁生产和建立人民公社。会议认为，把规模较小的农业生产合作社合并和改变成为规模较大的人民公社，是农村生产飞跃发展的必然趋势。在此基础上，会议为当年农业生产大跃进设立的目标，是粮食总产量比上年增产 60%—90%，棉花产量则增产一倍以上。[1]

1961 年开始进行国民经济调整，压缩基本建设规模，控制工业特别是重工业发展，在一定程度上扭转了产业结构不断趋于失衡的趋势。在农村，则是把生产单位重新划小，确立了“三级所有、队为基础”的体制，即公社、生产大队、生产队三级所有制，以生产队（即生产小队）为基本核算单位，实行独立核算、自负盈亏，直接组织生产和收益分配。

这个调整的结果是，在 1958 年形成的每个公社 6700 名社员的超大规模得到调整，到 1961 年形成平均规模为 30 名社员的 600 万个生产队，成为人民公社体制的“基础”。虽然人民公社体制没有变，国家仍然保持对农业生产、农产品分配和消费的控制，但是，当时对生产单位规模的这种调整，也具有重要的意义，使农业产量在一定程度上得到了恢复。

这次调整及其效果还有重要的启发，帮助我们站在今天的角度，认识为什么“一大二公”的人民公社在理论上存在的规模经济，在现实中却不能得到实际利用。首先，当时农业生产资料的性质和实际装备水平，远远不足以与如此大规模的经营单位相匹配。其次，农业生产的特殊性质决定了劳动过程与最终成果之间联系十分不紧密，因而难以在每一个

① 当代中国研究所编：《中华人民共和国史编年》（1958 年卷），当代中国出版社 2011 年版，第 538 页。

特定的劳动阶段判断劳动者的努力程度和工作质量，并且经营单位规模越大，劳动监督和评价的难度也就越大。这种情况造成了集体劳动过程中的出工不出力或偷懒现象，在体制上无法得到有效阻止。

虽然“三级所有、队为基础”的体制得到确立和稳定，但是，人民公社体制的根本激励缺陷并未得到根本解决。特别是由于农业集体化之后，农民或社员的“退出权”被剥夺，劳动激励机制上的天然弊端便再无遏制的手段。

在人民公社（生产队）体制下，生产队为每个劳动力事先确定一个工分标准。年终时，根据全生产队的产量计算的总收入，扣除物质费用等形成净收入，按照全部记录的工分数计算出每个工分的价值。每个社员则按照自己挣得的工分值获得相应的分配。既然出工一天的工分事先确定，多出力或少出力、出力或不出力，即便影响到整个生产队的最终产量，只要生产队长无法指出是谁造成这个损失，这个损失摊在每个具体的人身上也必然与其努力程度无关。

例如，在一个由 n 个人组成的生产队中，一个人可以百分之百地偷懒，造成的产出损失却只承担 1/n；而全力以赴工作的另一个人，也只能获得其贡献的产出增量的 1/n。因此，经济学家认为这个激励机制天生鼓励偷懒。这个解释固然十分合乎经济理性的逻辑，人们多年以来也认同这个说法。但是，其假设所有人（即生产队的每个社员）天生具有斤斤计较、偷奸耍滑，乃至自私自利的品性，从一开始就制定了偷懒策略，也难以让人信服。

要做出严谨的解释，应该扔掉传统经济学那副见物不见人的过滤镜，把普遍的“出工不出力”行为，与宏观层面的资源错配、生产单位的低效率以及部分劳动者的偷懒行为结合起来观察。首先，在国民经济层面上，不顾国情以重工业为优先发展方向，在农业政策层面上，推行“以粮为纲、全面扫光”的方针，都造成宏观的资源错配。其次，生产中的瞎指挥造成微观低效率，无疑降低了总产出。最后，终究有一部分人滥用农业劳动难以监督的特点，而在集体劳动中偷懒。这都导致生产队的实际生产结果，最终远离生产可能性边界。

20 世纪 70 年代的中国，是世界上最贫穷的国家，人均国民总收入低于非洲贫穷国家的平均水平。因此，这时的农业生产可能性边界充其量也只是一个最低生存水平。当实际产出远离（低于）生产可能性边界时，剔除必须完成的征购统购任务后，生产队可供分配的产出剩余便不再能满足温饱。从整体来看，按照每人每年 100 元收入的贫困标准，1978 年全国有 2. 5 亿农村人口生活在温饱线以下。

在微观层面，如果把生产队分配结果折算成热量等营养标准，在很多情况下则无法补偿出工出力的实际消耗。如果那些天性勤劳的农民不遗余力地从事生产队劳动，却得不到必要的补偿的话，则会因热量的支出与摄入不平衡，而无法维持劳动力的再生产。当时经常发生的情况是，劳动力一年干下来没有挣足口粮钱，也就是说劳动造成的体力支出不能为挣得的“热量”所补偿。因此，在存在道德风险的情况下，固然会有人制定出工不出力的策略，但多数情况下，这是一连串重复博弈后不由已的结果。

在酝酿改革的时候，也有领导人做出非常符合实际的判断。据于光远回忆记载，在党的十一届三中全会之前的中央工作会议上，纪登奎指出当时农民口粮不到300斤，是吃不饱肚子的水平。胡耀邦的发言也指出：“文化大革命”使我们元气大伤，劳动力的体质差了，积极性也差。[①]

虽然中国传统体制下生产队的劳动方式和激励机制，最终仍可概括为出工不出力，但是，却不应该直接从人性的懒惰直接推论出这个结论。一方面，出于生存需要的博弈结果，造成了劳动积极性不足与农业产出低下之间的恶性循环。另一方面，每当生产队长不得已偶尔尝试小段包工的方式时，如规定清完一个猪圈或铲完一垅地便可以收工，人们看到工作成果与工分报酬的直接对应关系，常常以想象不到的速度完工。这也就暗示了大包干式的改革，早就在农民和基层干部中间得到不同程度的酝酿或运用。

---

① 于光远：《1978：我亲历的那次历史大转折·十一届三中全会的台前幕后》，中央编译出版社2008年版，第41、44页。

三 农村改革如何创造退出条件

20世纪80年代初开始广泛实行的家庭联产承包制，常常被称为包产到户，其实准确的说法应该是包干到户（或“大包干”）。包产到户与包干到户的共同点是集体土地按照人口和劳动力数量承包给农户，集体为承包土地规定了产出要求，不再有集体统一劳动，集体也不再干预生产过程。两者不同之处在于，包干到户后农户在缴纳农业税、完成国家统购派购任务以及上缴集体提留之后，获得全部剩余产品，因而不再由生产队统一分配。家庭联产承包制最终是以包干到户形式在全国得到普遍实行的。

如果把这一改革形式与经济学中已经具有较为成熟分析框架的概念相比照的话，可以说，包产到户更类似于一种仅有部分额外产出（按固定比例）归于承包者的“分成租”形式，而包干到户则更接近于全部额外产出归于承包者的“固定租”形式。而已有的研究表明，后者对于生产活动来说具有更为明显和直截了当的激励效果。

因此，概括家庭联产承包制能够具有如此神奇的效果，首先看到的是其以“直来直去不拐弯”的方式实现了“交够国家的、留足集体的，剩下全是自己的”，即赋予农民以剩余索取权（claimants right on residual），产生显著改善农业劳动和生产激励的效果。早期的文献对此进行了权威的解释，并且实际估算出这一改革效应的量化幅度。[①]

然而，如果这项改革仅限于激励效应，意味着只是对生产可能性边界的回归，其产生的农业增产效果从而对整体经济增长的效应只是一次性的。这大大低估了农村改革的宏观贡献，也忽略了随后的改革与初始改革之间的逻辑关系。

实际上，当农民获得剩余索取权即对额外努力获得的产出增量具有自由处置权之后，伴随着改革的进一步深入，他们也就逐步获得了自由配置生产要素的权利。土地承包之后，虽然有着关于农户和生产队“双层经营”的说法，实际上生产资料的购买和投入水平、劳动力和劳动时间的配置都完全由农户自己决定。随着劳动积极性和劳动效率的提高，从而产出的显著增长，单位土地面积上使用的劳动时间显著减少（图6—3），过去隐蔽存在的劳动力剩余现象被暴露出来。可以说，唯其具有了支配劳动要素的自主权，农民才开始了对低生产率部门的“退出”。

所以，从终极改革效果来看，如果说激励机制改变对于调动劳动积极性从而农业产出的大幅度提高，在最初阶段具有革

① 如参见 Justin Yifu Lin, “Rural Reforms and Agricultural Growth in China”, *The American Economic Review*, Vol. 82, No. 1, 1992, pp. 34 – 51; John McMillan, John Whalley, and Lijing Zhu, “The Impact of China's Economic Reforms on Agricultural Productivity Growth”, *Journal of Political Economy*, Vol. 97, No. 4, 1989, pp. 781 – 807。

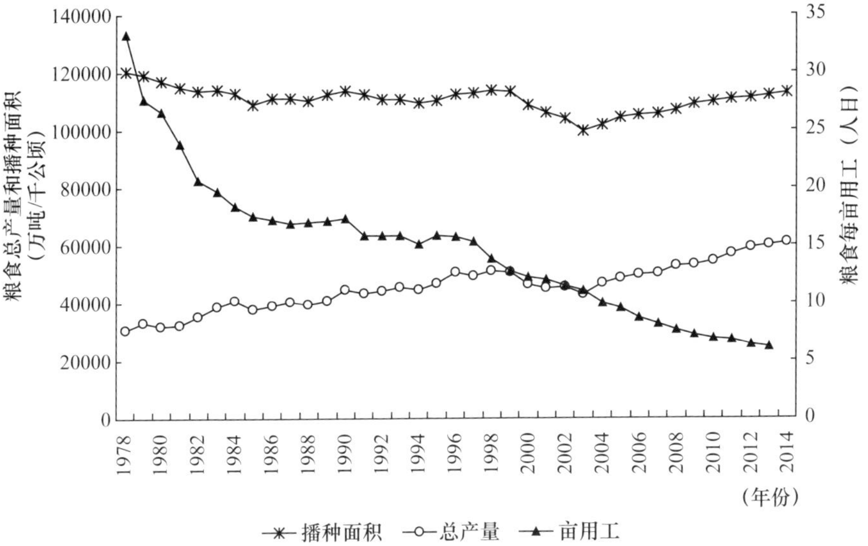

图 6—3　粮食总产量、播种面积和用工变化

资料来源：国家统计局网站：http：//data. stats. gov. cn/easyquery. htm? cn = C01。

命性的意义，农民对生产要素配置权的获得对随后整个经济发展所具有的影响，无疑更为宏大和长远。

家庭联产承包制的实行，无疑从激励机制上支持了从个人角度衡量的劳动效率，相应地把农业中劳动力过剩从而边际生产力低下的现象显性化，促进劳动力退出。然而，劳动力的退出却是一个由不同阶段构成的连续过程，从片面粮食生产到种植业多种经营，再到农林牧渔业全面发展，继而依次到乡镇企业、小城镇和各级城市，每一个步骤都是对现有的低生产率部门的退出。既然家庭联产承包制改革的效应是一次性的，劳动力从低生产率部门退出的推动力必然要有进一步的改革来支撑。

事实上，家庭联产承包制改革的一次性效应显现后，决策者和研究者都观察到农业生产和农民收入出现了徘徊。1980—1984 年，在家庭联产承包制得到迅速推广的同时，农产品收购价格前所未有地大幅度提高（如 1979 年农产品生产价格提高 22.1%）。在这种激励效果下，在用工数量和播种面积都明显减少的情况下，粮食总产量以年平均 2.2% 的速度增长。而在随后的四年里，在用工数量和播种面积都十分稳定的情况下，粮食总产量却以年平均 1.8% 的速度减少（图 6—3）。从家庭联产承包制改革显现出一次性效果前后的这种变化，可以看出这个时期改革效应的特点。

作为对这种情况的积极反应，早在 20 世纪 80 年代后期，相关研究者就提出“农村第二步改革”的命题，而实践者们则进行了各种尝试，政府也出台了诸多改革举措。由于这些探索和试验的影响力都远不如家庭联产承包制，所以在学术研究文献中并不占据显著地位，有些甚至已经被淡忘。

不过，凡此种种改革，从微观层面看，是农民为了进一步提高收入而尝试进行的局部试验；从宏观层面看，则得到了旨在保障农业稳定增长的各级政府的认同或鼓励；而从历史层面看，许多也与今日的相关改革具有一脉相承的关系。下面，我们以土地制度的改革探索为例予以说明。

家庭联产承包制划分土地的做法，是根据每个农户的人口数和劳动力数，分别赋予两者不同的权重后进行平均分配。于是，在农村人均（或劳均）土地较少的资源禀赋条件下，就形成了狭小的土地经营规模。更有甚者，由于不同的地块质量不等，出于“公平”的需要，在很多情况下分地时还要给每户尽可能相同的搭配，这样就把地块进一步细小化。

随着农业劳动力剩余现象逐渐显现出来，在劳动力转移压力渐渐增大的同时，也出现了利用规模经济的需要，相应地便形成了对土地流转的要求。实际上，这就是一种对制度的需求，要求诱致出一种促进土地流转的机制。在当时，这种制度需求与其说是为了实现一定程度的规模经营，毋宁说是为剩余劳动力的退出创造条件。

当时，相应的制度创新主要有两种形式。第一是农户之间自发地协商，对承包土地进行转包。由于转包土地实际上是把承包地的权利（剩余索取权）和责任（税收、统购征购任务和集体提留）同时转让，因此在不同地区，根据不尽相同的条件即权利与责任的相对分量，形成了土地的转包“价格”。第二是集体出面对土地承包经营权做出重新划分。典型形式叫做“两田制”，即土地被划分为口粮田和责任田两个部分，前者仍然根据人口和劳动力数量平均分配，后者则实行规模化招标经营。

可见，旨在推动土地流转的改革其实起步很早，并且，随着农业劳动力转移的持续进行，这方面的改革试验也一直没有间断。发展到今日，土地转包的制度形式更加完善，模式也趋多样化，土地转包的规模和范围显著扩大。为了更加有力地推动土地流转、促进土地资源有效配置，自“十三五”以来，农村土地所有权、承包经营权、经营权三权分置改革得到积极推进。截止到2016年6月底，在全国2.3亿农户中，发生过土地流转的农户已超过7000万，占全部农户的比例超过30%，其中沿海发达省份的这一比例更是超过50%。[①]

四　作为发展结果的农业份额下降

一段时间以来，经济学文献中讨论农业对经济发展的贡献问题颇有遇冷的趋势。早期的经典文献主要从资源转移的角度概括农业对经济发展的贡献，例如有学者在直接可以观察到的产品贡献，或者再加上农业人口众多可能做出的市场贡献之外，主要概括出劳动力贡献、资本贡献和外汇贡献。[②] 按照这一逻辑，农业生产率提高后为非农产业和城市化做出土地贡献，也

① 国务院新闻办公室：《农村土地〈“三权分置”意见〉政策解读》，国务院新闻办公室网站：http：//www.scio.gov.cn/34473/34515/Document/1515220/1515220.htm，2016年11月3日。

② Pei-kang Chang, *Agriculture and Industrialization*: *The Adjustments That Take Place As An Agricultural Country Is Industrialized*, II, Cambridge, Mass: Harvard University Press, 1949; Bruce F. Johnston and John W. Mellor, “The Role of Agriculture in Economic Development”, *The American Economic Review*, Vol. 51, No. 4, 1961, pp. 566–593.

是题中应有之义。这些既是农业对整体经济发展实际做出的要素贡献，同时又的确曾经十分显著，有些甚至至今仍然重要。

在改革开放之前，为了推行重工业优先发展战略和实施计划经济，统购统销、人民公社和户籍制度“三驾马车”把农村劳动力紧紧地束缚在农业生产中，大规模累积起来的剩余劳动力未能得到转移，因此，劳动力贡献并未实际表现出来。改革开放以来，剩余劳动力得到大规模转移。

农村外出并主要进入城市就业的劳动力，从 1997 年的 3890 万人增加到 2018 年的 1.73 亿人，目前占到城市全部就业的 1/3 以上。此外尚有超过 1 亿人的农村劳动力在本地从事非农就业。就地转移和离开本乡镇的农民工合计，2018 年高达 2.88 亿人，满足了非农产业发展的巨大劳动力需求。

早在计划经济时期，虽然农业生产力水平极低，数以亿计的农村人口未能实现温饱，国家仍通过工农业产品价格剪刀差和农业税等形式，实现了资本从农村到城市、从农业到工业的大规模转移。汇总经济学家的估算表明，在计划经济时期的几十年中，通过各种渠道国家从农业获取了总额 6000 亿—8000 亿元的工业化积累。①

即便在改革后的很长时间内，这种农业和农村资源向非农

---

① 蔡昉：《民生经济学——“三农”与就业问题的解析》，社会科学文献出版社 2005 年版，第 78 页。

产业和城市单向流动的局面也未扭转过来。有学者估计，在1980—2000年期间，以2000年不变价格计，通过各种渠道从农业吸取了1.29万亿元的剩余用于工业发展。如果从城乡关系看，同期有大约2.3万亿元资金从农村流入城市部门。[①]

类似地，农林牧渔产品在相当长的时间里在出口总额中占据重要份额。例如，剔除矿物燃料、润滑油及有关原料之外的初级产品（大体可视为农产品）出口，占国家全部出口额的比重，直到1990年之前都高达20%以上。在早期外汇短缺的条件下，这一外汇贡献的确十分显著。

以农业生产率的提高为前提，随着各地竞相推进工业化，耕地也被大量转为非农产业使用。直接观察全国耕地面积的变化，似乎看不出这个趋势。从统计数字看，2016年比1983年全国耕地面积还增加了3656万公顷，增长幅度为37.2%。实际上，这是统计误差所致。

从图6—4可以看出，第一次和第二次全国土地调查结果，分别于1996年和2009年显示耕地数据的大幅度跳跃。然而，在每个新口径的数量基础上，随后都表现出耕地面积的减少。例如，在1983—1995年期间，耕地减少了338.6万公顷，年平均减少0.29%；1996—2008年期间，耕地减少了832.3万公

---

① Jikun Huang, Keijiro Otsuka, and Scott Rozelle, "The Role of Agriculture in China's Development", presented at the workshop "China's Economic Transition: Origins, Mechanisms, and Consequences", Nov. 5 – 7, 2004, Pittsburgh.

顷，年平均减少 0.55%；2009—2016 年期间，耕地减少了 46.4 万公顷，年平均减少 0.05%。

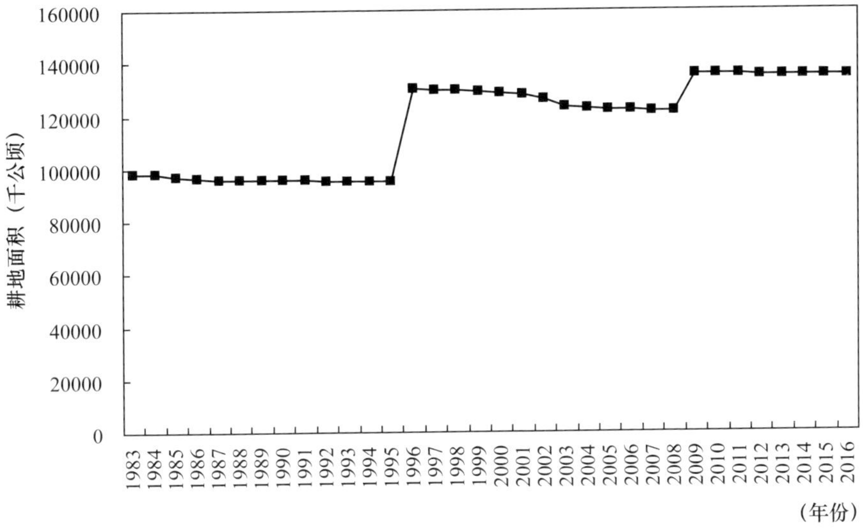

图 6—4 全国耕地数量变化

资料来源：全球经济数据库（CEIC）网址：http：//www.ceicdata.com，下载时间：2018 年 8 月 1 日。

不过，仅仅从上述以要素贡献为中心的归纳，并不能准确认识农村改革对经济增长的实际贡献。一方面，其中一些要素贡献仍然代表着发展政策中的城市偏向或工业偏向，其本身也是改革的对象；另一方面，随着农业份额相对下降规律的发生以及其他因素的作用，这些贡献必然会逐渐式微乃至消失，因而似乎农业和农村不再能够对经济发展做出显著的贡献。

首先，作为剩余劳动力转移的结果，农业劳动力的数量已经大幅度减少，比重显著降低。由于多年以来农村新成长劳动力绝大多数选择外出务工，务农劳动力也出现老龄化的现象。而作为人口转变的结果，农村新成长劳动力数量也开始减少。例如，农村16—19岁人口总量于2014年达到峰值，之后呈现负增长。由于人口转变趋势是不可逆转的，未来农业对经济增长的劳动力贡献将逐渐减弱乃至消失。

其次，由于工农业产品之间应该也事实上越来越趋于平等交换，甚至对农业的保护倾向越来越明显，加之农业增加值在国民经济中的份额日益变小，农业对经济增长的资本贡献也将消失。以2006年全面取消农业税为标志，政府对农业、农村、农民实行“多予少取”或“城市支持农村，工业反哺农业”的政策已经成为常态。同时，农牧渔业产品的出口也早已微不足道，农业的外汇贡献不再是一个值得一提的现象。

最后，作为保障粮食安全的一项有力举措，中央政府实施最严格的耕地保护政策，画出了耕地和基本农田的“红线”，至少从外延上，土地“农转非”的空间已经十分有限，农业对经济增长的土地贡献也就不再值得提倡。正如图6—4所示，2009年以后耕地减少的幅度与此前相比已明显减小。

在发展经济学文献中，刘易斯等经济学家还突出强调了，农业在对经济发展做出（资本和劳动）要素贡献的同时，更重要的是带来经济结构的变化。而库兹涅茨看到这种结构变化现象背后劳动生产率相应不断提高的本质。所以，青木昌彦把农业劳动力的转移和相对份额下降所表征的产业结构变化，称为库兹涅茨过程。[1]

这种结构变化的根本特征是农业（产值和就业）份额的长期下降趋势。在中国改革开放促进发展和分享的整个过程中，始终伴随着农业份额下降这一发展现象。例如，从图6—5可以看到三个产业对经济增长贡献率的消长趋势。符合理论预期并且在经验上显而易见的是，进入21世纪以来，农业增加值对GDP增长的贡献率都在5%或以下。

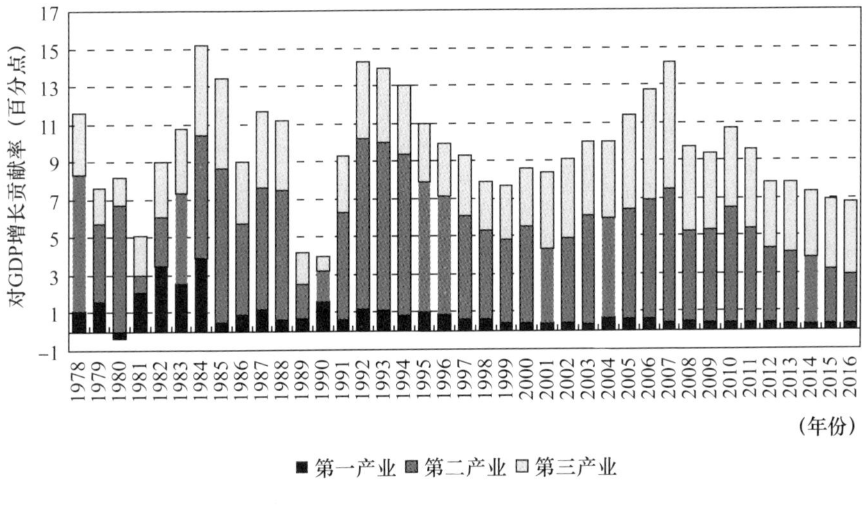

图6—5　三个产业对GDP的贡献率变化

资料来源：国家统计局网站：http：//data. stats. gov. cn/easyquery. htm? cn = C01，下载时间：2018年7月21日。

---

① Masahiko Aoki，"The Five Phases of Economic Development and Institutional Evolution in China，Japan，and Korea"，in Masahiko Aoki，Timur Kuran，and Gérard Roland（eds.），*Institutions and Comparative Economic Development*，Basingstoke：Palgrave Macmillan，2012，pp. 13 –47.

虽然严重滞后于农业产值比重的下降，农业劳动力比重的下降依然十分显著。国家统计局数据显示，农业劳动力比重，已经从1978年的70.5%降低到2018年的27.0%。而根据笔者的估计，目前农业劳动力比重很可能比这个官方数字再低10个百分点左右。[①]

而且，改革开放与发展分享作为具有因果关系的两个过程，它们之间还具有互为条件、相互促进的关系，即一方面，改革使劳动力退出低生产率部门，促进其在城乡之间、地区之间和产业之间流动，进而消除其进入城市高生产率部门的体制性障碍，使农业份额下降的过程成为一个真正的库兹涅茨过程。其中农村或涉农改革中的一系列举措，都起到了允许和推动剩余劳动力从农业和农村“退出”的作用。另一方面，正是由于农业份额下降过程把就业扩大与生产率提高融为一体，改革开放不仅导致高速增长，还使这个发展结果得到充分的分享。

人们往往认为，在农村改革的初期，农业产值或增加值增长较快，占国民经济的比重一度有所上升。其实这只是由于农产品涨价因素造成的表面现象。如果撇除价格因素的影响，实际上并没有出现农业产值比重提高的现象。这就是说，几乎是从改革伊始，农业份额下降的趋势即呈现出来。而且，这个农

---

① 参见 Fang Cai, *China's Economic Growth Prospects: From Demographic Dividend To Reform Dividend*, Cheltenham, UK: Edward Elgar, 2016。

业份额下降的过程，同时也是资源重新配置的过程。

我们在图6—6中展示了种植业、林牧渔业、第二产业和第三产业增加值的年均实际增长率，并平滑为三年移动平均增长率。其中种植业和林牧渔业增加值是以农业产值中两类部门的份额作为权重，根据第一产业增加值计算得出的近似指标。如图所示，20世纪70年代末到80年代初，在家庭联产承包制迅速推行的过程中，农业增加值一度有较快的增长，但是并没有超过第二和第三产业的增长速度。从图中所示几个产业的增长速度比较中，可以看到一些富有含义的特点，我们将其概括如下。

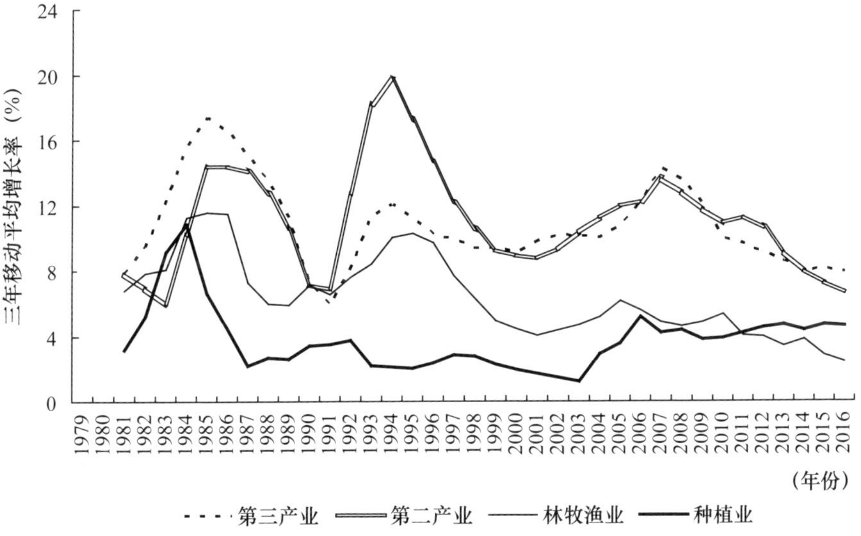

图6—6　各产业增加值的增长趋势

资料来源：国家统计局网站：http：//data. stats. gov. cn/easyquery. htm？cn = C01。

第一，种植业是最初减速的部门，而林牧渔业在加速增长后的第一轮增速下降，则比种植业来得要晚一些，第一次降到最低点的时间也滞后了两年，即种植业增速的第一个谷底出现在1985年，林牧渔业则发生在1987年。这说明，在非农产业就业机会尚未被创造出来之前，林牧渔业起到了吸收种植业剩余劳动力的作用。随着农村非农产业就业机会增长，农村中从事农林牧渔业的劳动力比重从1985年开始明显下降，从事非农产业的劳动力数量大幅度增长。而这期间恰是乡镇企业发展的高峰。

根据国家统计局数据，1978年乡镇企业产值占农村社会总产值的比重不到1/4，经过近十年的快速发展，到1987年则首次超过了农业总产值，占农村社会总产值比重达52.4%。[①] 另一数据来源表明，在1980—1985年和1985—1990年期间，以名义增长口径计，乡镇企业工业产值分别提高了2.59倍和2.31倍，而这两个时期国有企业工业总产值分别仅增加60.95%和1.07倍。到1993年，乡镇企业在全社会工业总产值中的比重已略超过国有企业。[②] 在那之后，所有制形式更加丰富，非公有经济得到进一步扩大。

---

① 国家统计局：《新中国50年系列分析报告之六——乡镇企业异军突起》，1999年，国家统计局网站：http://www.stats.gov.cn/ztjc/ztfx/xzg50nxlfxbg/200206/t20020605_35964.html。

② 蔡昉：《民生经济学——“三农”与就业问题的解析》，社会科学文献出版社2005年版，第108页。

第二，农业中的林牧渔业变化趋势有异于种植业的变化，而与第二和第三产业的增速变化更一致，说明在农业份额下降的同时，以倾斜于粮食和种植业的资源配置结构为起点，农业内部也经历了产业结构的调整。直至 2003 年之后即中国经济跨越了刘易斯转折点，由于劳动密集程度较高的林牧渔业遭遇更严重的劳动力短缺制约，其产值增长速度才明显降了下来，年度增长率水平再次与种植业趋同。

第三，自改革伊始，以农业份额下降为基本特征的产业结构调整也便开始进行，第二产业和第三产业增加值的增长速度始终快于第一产业。特别是在 1992 年邓小平南方谈话之后，非农产业的增长速度更是一路高企，把第一产业远远抛在了后面。这既体现在三个产业产值的相对增长趋势上面，也表现在三个产业就业的相对变化趋势上面。其结果便是农业产值份额和就业份额的持续下降。

这个产业结构的变化，作为库兹涅茨过程，产生了明显的资源重新配置效率，对改革开放时期的劳动生产率提高做出了巨大的贡献，而且这个资源重新配置效应迄今未出现式微的趋势。我们将在第八章进一步讨论这个问题。

五　规模经济的回归

中国农业的归宿在哪里，是一个不可回避的问题。很多发达农业大国，都具有土地丰富的资源禀赋优势，形成了大规模、高度机械化的现代化农业。而与中国的资源禀赋相类似的东亚经济体，如日本、韩国和中国台湾，则大多采取了农业保护主义政策，价格机制作用受到阻碍，农业规模相对狭小。即便从物质装备水平上可以看作是实现了农业现代化，农业竞争力始终难以提高。

在中国这样一个人口大国，人均耕地显著低于世界平均水平的国情下，农业现代化道路究竟应该怎么走，是一个十分特殊的问题。按照一般规律，农业劳动生产率提高是现代化的根本标志。然而，土地经营规模成为农业劳动生产率进一步提高的障碍。对于农业经营规模这个实践中挥之不去、理论上争论不休的问题，可以回避得掉吗？

在中国的农业经济问题讨论中，有两个理论传统十分流行，其一是以舒尔茨为理论渊源的农业中规模经济具有特殊性的观点，其二是理论和政策界普遍接受的农业具有产业弱质性的观点。虽然中国农业经济中存在的问题，究竟在多大程度受到这两种理论认识的影响，本身也是值得深入讨论的问题，但是，如下的讨论将表明，这两种认识的确对于中国农业政策方向的理论讨论和实际调整，至今发挥着不利的影响。

（一）农业生产要素“假不可分性”的神话

舒尔茨（Theodore W. Schultz）以拖拉机为例，证明作为存在规模经济的依据——生产要素不可分性，在农业中却是不存在的，即所谓“假不可分性”[①]。他指出，拖拉机可以根据土地耕作面积，按照不同规格和型号来制造，既可以非常之大，也可以如此之小。进一步，他实际上把由拖拉机推导出来的“假不可分性”扩展到其他生产要素，例如，他认为兼业这种农业劳动力配置方式甚至可以使劳动者成为“可分的”。

诚然，他关于农场规模不是决定传统农业或现代农业基本经济特征的观点是正确的，而且他也承认，在劳动力相对价格较低或较高的情况下，使用小型或大型拖拉机分别更具合理性，但是，总体而言，他还是过于把农业中规模经济的特殊性予以一般化进而绝对化了。

这种着眼于论证农业中规模经济并不突出的理论，在20世纪80年代初中国农业实行家庭联产承包制（即把大规模的生产队经营分解为细小的家庭经营）时，被用来为改革的合法性背书，在当时中国农业所处的发展阶段上，此说也的确提供了颇为重要且有力的理论依据。然而，时过境迁，在中国农业分别完成了解决食品供给问题和解决农民收入问题的阶段性任务后，过小的经营规模无疑会妨碍农业机械的使用。

我们观察一些现实中的农业经营事例，可以看到小规模农业经营是怎样提高交易费用，从而造成规模经济损失的。虽然

① Theodore W. Schultz, *Transforming Traditional Agriculture*, Chicago and London: University of Chicago Press, 1983, pp. 110 - 127.

表面来看，农业机械商业性或合作性的服务，即农民不必全靠自己购买农业机械，而是购买农业机械服务公司或农业机械合作社的社会化服务，可以继续维系农业机械的“假不可分性”假说[①]，但是，把农业经营中生产成本与交易费用结合起来考察，则会发现农业经营规模已经成为农业生产效率提高的现实制约。

首先，关于农业生产要素假不可分性的一种观点是，小规模农户不必自己拥有农业机械，而是可以购买社会化的农机服务。但是，狭小的户均规模以及地块分布的分散性，限制了对大型农业机械服务的使用。虽然理论上说可以通过相邻地块承包农户之间的协作解决农机服务的规模问题，但是，以家庭为单位的土地承包和经营，使得农户的种植作物及品种可能千差万别，一个承包农户与相邻地块承包农户之间的谈判难度无疑是很大的，这也必然显著提高购买农机服务的交易费用。

其次，农民在产前、产中和产后购买生产资料和相关服务的活动，也存在着规模经济。利用这种规模经济需要具有一定的能力和激励，以便讨价还价、收集信息、评估结果并付出相应交易费用，而土地面积从而经营规模的狭小和细碎，必然提高交易费用从而降低激励。例如，农民在种子市场上常常面临

① 中国农民大幅度增加对专业机械化服务的购买这一现象，也恰好说明大型拖拉机及其配套农具不再是无关紧要的，而已经成为现阶段农业生产的必需投入要素。

众多选项，面对着劣质甚至假种子的欺骗，如果没有足够大的经营规模，则难以想象他们愿意并能够付出时间、精力和财力进行有效的甄别和选择。

最后，与政治经济学中关于小农谈判地位孱弱的“数量悖论”所揭示的道理相类似[①]，狭小的经营规模难以形成技术变迁的有效诱致机制。生产要素相对稀缺性或者市场需求总是因时因地而发生变化的。在大规模经营的条件下，这种变化会通过生产要素相对价格变化，或者生产经营成本变化，形成引导信号，诱致技术朝着节约稀缺要素或符合市场需求的方向变迁。但是，在狭小的经营规模情况下，生产者则难以对市场信号做出有效的反应。例如，采取提高税收的办法可以减少对农药的使用，但是相应提高农业生产成本。大农场可以采取诸如灯光诱虫，集中歼灭的办法，但是，一家一户的小农户则难以就诸如把害虫诱导到谁家地块这样的问题达成一致，相当于妨碍替代技术的采用。

（二）对“农业弱势产业论”的讨论

长期以来，中国的农业经济学家大多把农业这个产业的“弱质性”，作为不辩自明的前提以及对农业进行保护的依据，却鲜有研究对之做出经验性的检验。大体来说，人们给出了三

① 这种理论指出，农民作为一个利益群体虽然人数众多，却恰恰由于与这个“数量”特征相关的一系列因素，使其难以沟通并形成集体行动。参见［美］奥尔森《集体行动的逻辑》，上海人民出版社1995年版。

个方面的理由。[①] 第一，农业是一个自然再生产与经济再生产相交织的过程，劳动力在生产期间得不到充分利用。第二，农业受到更强烈的自然因素影响，形成生产结果的不确定性。第三，一方面，农产品供给在某种程度上具有“蛛网效应”；另一方面，进入一定发展阶段后，农产品需求的收入弹性又会小于1，都造成生产者的收入缺乏稳定的保障。

显而易见，上述三点理由无非是传统观念的旧调重弹，在现代金融保险制度和更高的产品市场形态下，加上必要的政府调节职能，至少这三个方面很难成为农业产业“弱质性”的有力论据。

更有说服力的讨论，不是着眼于农业弱质性的普遍性，而是把传统类型农业的国家，特别是具有人地比率高特征的国家与土地禀赋优越的新大陆国家进行对比，给出了一个静态的理由即农业比较优势论，以及一个动态的理由即农业劳动力比重论，两个论据结合起来，在某种程度上形成了中国农业特殊论。[②]

按照这种观点，首先，农业资源禀赋无法与美国、澳大利亚这样的国家进行竞争；其次，过于庞大的农业劳动力规模难以一下子安置，因此，一般性的扩大经营规模的路径似乎走不

---

① 例如高帆《中国农业弱质性的依据、内涵和改变途径》，《云南社会科学》2006年第3期。

② 例如陈锡文《中国农业发展的焦点问题》，《农机科技推广》2015年第7期。

通，仍然需要利用国际规则或多或少对农业进行补贴和保护。

国际经济学界关于农业保护的经验研究，对这种中国农业特殊论，既有支持也有否定。例如，本间（Masayoshi Honma）和速水（Yujiro Hayami）所做的计量分析显示[①]，一国农业的比较优势越低，该国农业的保护水平就越高；同时，由于农业份额降低意味着非农业人口补贴农业的能力和意愿提高，因此，随着农业劳动力比重或产值比重下降，农业保护水平会提高。

然而，归根结底，农业保护导致效率损失是不争的事实，因此，农业保护水平不会一味提高下去。经验表明，当农业劳动力比重下降到6%—8%或农业产值比重下降到4%左右时，一个拐点就出现了，农业保护水平停止上升。这意味着，对农业的补贴或“反哺”是特定发展阶段的现象，而“农业弱势产业论”则倾向于打破阶段性界限，将补贴和保护固定化或永恒化。

例如，根据速水的划分，日本农业也经历过食品问题阶段和贫困问题阶段，但是，此后没有按照逻辑走向农业生产方式问题阶段，而是拐向了岔路口的另一边，即实施农业保护政策。[②] 即使在达到农业份额下降的临界点之后，日本农业仍然

① Masayoshi Honma and Yujiro Hayami, “The Determinants of Agricultural Protection Levels: An Econometric Analysis”, in Kym Anderson and Yujiro Hayami, *The Political Economy of Agricultural Protection*, Chapter 4, Sydney: Allen & Unwin, 1986.

② Yujiro Hayami, *Japanese Agriculture under Siege: The Political Economy of Agricultural Policies*, New York: St. Martin's Press, 1988.

沿着保护的方向前进。速水的一系列研究，就是从农业保护付出的效率代价和福利代价入手，希望把日本等经济体的农业引导到旨在提高效率的调整问题阶段。而许多曾经被认为缺乏农业比较优势的国家，最终也确实构建起更有效率和更具竞争力的农业生产方式。

如何在缺乏比较优势的国家发展农业，固然不仅仅是一个单纯的产业政策问题，还涉及社会、民生和粮食安全等问题。但是，现代化的农业生产方式终究是统筹解决上述问题的根基。特别是，是否要把农业作为弱质产业保护起来，归根结底不取决于农民的期待和政府的愿望，而受到国际农产品价格天花板、国内农产品生产成本地板、世界贸易组织规则黄线和土地资源红线等一系列不以人的意志为转移的因素制约。在探索所有可以为我所用的解决方案的同时，扩大农业经营规模，遏止资本报酬递减现象，无疑是一个不可回避的路径。

（三）中国农业经营规模现状

自20世纪80年代中期以后，作为家庭联产承包制改革的结果，农户成为中国农业的基本经营单位，原来由生产队统一耕种的土地，按照农户家庭成员数和劳动力数的一定比例，以及好地坏地搭配的原则，分配到每个农户。为了巩固这一改革成果，国家通过法律把家庭经营确定为农业基本经营制度，并将承包期延长为30年。

这不仅形成极为狭小的土地规模，而且每户的土地也往往是分散的。而这种地块的分割也因过多的道路、田埂和沟渠导致耕地利用率的降低。而且，即使随着劳动力短缺形成土地集中的内在要求，由于现行的户籍制度使农民难以改变永久居住地，土地经营规模也难有实质性的扩大，更不必说人户与土地的分离而又不能充分流转和集中造成的土地撂荒或粗放耕种了。

美国作家梭罗在《瓦尔登湖》中描绘了一种自给自足的农业生产方式：一个人如果要简单地生活，只吃他自己收获的粮食，那么他只要耕几平方杆（每平方杆约等于25.3平方米）的地就够了，而且用铲子比用牛耕又便宜得多……正如表6—1所示，中国农户的平均土地规模，不仅远远小于欧美发达国家、东欧国家、拉丁美洲和非洲国家，甚至显著小于亚洲邻国。由于中国每个农户的土地还分散在若干不同位置，每个农户的土地平均被分散为五六块甚至更多[1]，算下来与梭罗描写的情形几近没有差别。

表6—1　　平均农场（户）规模的国际比较

	普查年份	平均规模（公顷）	中国相当于（%）
中国	1997	0.67	100.0
南亚：			
巴基斯坦	2000	3.09	21.8

① Liangliang Gao, Jikun Huang, and Scott Rozelle, "Rental Markets for Cultivated Land and Agricultural Investments in China", *Agricultural Economics*, No. 43, 2012, pp. 391 – 403.

续表

	普查年份	平均规模（公顷）	中国相当于（%）
印度	2000/2001	1.33	50.6
发达国家：			
日本	2000	1.20	56.2
法国	1999/2000	45.04	1.5
美国	2002	178.35	0.4
英国	1999/2000	70.86	0.9
非洲：			
纳米比亚	1996/1997	2.89	23.3
乌干达	2002	3.25	20.7
东欧：			
匈牙利	2000	6.67	10.1
罗马尼亚	2002	2.93	23.0
拉丁美洲：			
尼加拉瓜	2000/2001	31.34	2.1
巴西	1996	72.76	0.9

资料来源：Food and Agriculture Organization of the United Nations，2000 World Census of Agriculture：Main Results and Metadata by Country（1996 – 2005），Food and Agriculture Organization of the United Nations，Rome，2010。

需要指出的是，表6—1中的中国农户土地规模系1997年第一次农业普查的结果。虽然中国于2006年进行了第二次农业普查，但由于没有发布具有可比性的相关信息，无法获得可用的关于农户平均土地规模的数字，所以表中只提供了第一次农业普查数据，便于进行比较。可以做的预期是，自第一次农业普查之后，政府努力推动了土地的流转，情况应该发生了较大变化。

例如，根据陈锡文提供的数字，近年来通过把土地承包权和经营权分离等鼓励政策，促进了土地的流转。在 13 亿亩多承包地中，现在大概有 3.8 亿亩实现了流转，有 9.4 亿亩是没有流转的，流转的部分约占 28%。从农户来看，约有 1.7 亿农户还没有流转土地，只有 6000 万农户部分或全部土地被流转，所占比重为 26%。[①] 此外，根据一项包括不同时期的抽样调查，农户耕种自己承包土地与转入土地的比率，从 1996 年的 97∶3 变化为 2008 年的 81∶19。[②] 农户耕种更大比例的转入土地，无疑意味着土地出现了集中的趋势，经营规模有所扩大。

不过，也有一些研究并不支持农户经营规模得到扩大的结论。例如，一项对于中国农村土地进行的调查，选取了江苏、四川、陕西、吉林和河北等省的农户样本，从五省全部样本的平均水平看，农户土地经营规模从 2007 年的 0.59 公顷扩大到 2013 年的 0.62 公顷，规模既小，又仅有十分微小的提高幅度。[③] 进行这项调查的研究者声称该数据具有全国代表性，无论可信度如何，该调查得出的农户平均经营规模甚至小于 1997

---

① 姚远、韩森：《陈锡文谈土地流转：避免随便瓜分，让农民自主选择》，2015 年，新华网，http://news.xinhuanet.com/fortune/2015-03/06/c_1114552132.htm。

② Liangliang Gao, Jikun Huang, and Scott Rozelle, "Rental Markets for Cultivated Land and Agricultural Investments in China", *Agricultural Economics*, No. 43, 2012, pp. 391 – 403.

③ Xianqing Ji, Scott Rozelle, Jikun Huang, Linxiu Zhang, and Tonglong Zhang, "Are China's Farms Growing?", *China & World Economy*, Vol. 24, No. 1, 2016, pp. 41 – 62.

年全国农业普查的水平。

世界银行的一项研究把拥有耕地规模小于 2 公顷的农户定义为小土地持有者[①]，那么仅拥有 0.6 公顷左右规模的农户无疑可以被称为超小土地持有者了。可见，按照国际标准，中国农业的土地规模以及由此导致的农业经营规模十分狭小，迄今仍是毋庸置疑的事实。这种状况，在微观上妨碍了农户提高农业生产效率，在整体上则构成中国农业生产方式现代化的障碍。

（四）对农业发展阶段的实证检验

一些研究者尝试估计农业生产函数，从实证角度刻画中国农业发展阶段发生的变化。但是，由于计量模型中使用的农业劳动力投入数据与实际情况出入颇大，往往低估了变化的程度，导致对农业发展阶段判断的不准确，其结论倾向于掩盖中国经济面临的严峻问题和新挑战。[②]

由于全国农产品成本收益调查中的物质与服务费用以及用工数量，都是反映实际发生投入的数据，因此，蔡昉和王美艳利用

---

① 转引自 Xianqing Ji, Scott Rozelle, Jikun Huang, Linxiu Zhang, and Tonglong Zhang, "Are China's Farms Growing?", *China & World Economy*, Vol. 24, No. 1, 2016, pp. 41–62。

② 例如，南亮进和马欣欣使用官方统计公布的农业劳动力数量估计农业生产函数，就得出中国尚未到达刘易斯转折点的结论。参见 Ryoshi Minami and Xinxin Ma, "The Turning Point of Chinese Economy: Compared with Japanese Experience", *Asian Economics*, Vol. 50, No. 12, 2009, pp. 2–20。弄不清农业劳动力数量变化，从而得出类似结论的观察者至今大有人在。鉴于此，蔡昉就农业中劳动力使用的实际情况进行了介绍和讨论，并结合已有研究做出了重新估计。参见 Fang Cai, *China's Economic Growth Prospects: From Demographic Dividend To Reform Dividend*, UK, USA: Edward Elgar Publishing Limited, 2016。

这种数据进行计量分析，尝试解决以往估计中的问题，避免形成相应的误判。[1] 通过以粳稻、玉米和小麦三种粮食作物为代表，估计中国农业生产函数，并根据估算结果计算三种作物的资本和劳动边际生产力（表6—2），从中可以得出一些结论。

表6—2　资本和劳动的边际生产力（千克）

	1978—1984 年	1978—1990 年	1991—2006 年	2007—2013 年
粳稻				
资本边际生产力	9. 461	8. 422	6. 732	6. 186
劳动边际生产力	-1. 369	0. 219	4. 306	11. 261
玉米				
资本边际生产力	10. 177	9. 351	8. 273	6. 672
劳动边际生产力	0. 589	2. 378	6. 005	19. 206
小麦				
资本边际生产力	6. 537	6. 126	5. 624	4. 983
劳动边际生产力	-0. 366	0. 361	2. 322	20. 070

资料来源：蔡昉、王美艳：《从穷人经济到规模经济——发展阶段变化对中国农业提出的挑战》，《经济研究》2016 年第 5 期。

首先，直到 1984 年改革效应显现之前，中国农业处在解决食品问题的阶段，呈现典型的二元经济特征，表现为劳动的边际生产力十分低下，1978—1984 年粳稻和小麦的劳动边际生产力均为负数，玉米的边际劳动生产力也低到接近于零，与刘

① 蔡昉、王美艳：《从穷人经济到规模经济——发展阶段变化对中国农业提出的挑战》，《经济研究》2016 年第 5 期。

易斯“零值劳动”假说是相符的。与缺乏现代生产要素的较低级发展阶段相对应，这时资本的边际生产力较高也符合理论预期。

其次，以1978—1990年为基点，三种粮食作物资本边际生产力递减趋势与劳动边际生产力递增趋势均非常明显。特别是到2007—2013年期间，粳稻的资本边际生产力降低了27%；同期玉米和小麦的资本边际生产力分别下降了29%和19%。与之相对应，粳稻的劳动边际生产力同期增长了50倍；玉米和小麦的劳动边际生产力则分别增长了7倍和55倍。三种粮食作物劳动边际生产力的提高幅度，远远高于资本边际生产力的下降幅度。

最后，我们观察到，在迎来刘易斯转折点之后，中国农业的资本边际生产力呈现继续下降的趋势，由此可以说明，在生产要素相对稀缺性从而相对价格发生变化的条件下，农业经营规模狭小已经构成一种制约因素，导致资本报酬递减和投资回报率下降。按照舒尔茨的理论及其政策含义，改造传统农业的关键是引进现代化的生产要素，但是，这类新型生产要素终究需要一个临界最小经营规模，才可能实现有效率的配置。

六　结语

在过去70年里，伴随着人民公社试验的失败和农村经济改革的成功，中国在曲折中经历了一般经济发展的主要阶段，已经越来越接近完整演绎了二元经济发展的全过程，同时验证了合理的经济体制和机制，对于生产动力、劳动激励、规模经济利用以及资源配置的不可或缺作用。

中国农业的现状仍然是小规模的农户经营。这种生产方式虽然不是改革开放之前那种内卷化农业的简单重现，但它距离现代化农业尚有颇大的差距。从一个方面来看，劳动力的自由流动和农业极低的比较收益，使得农业不能指望以集约化内卷化的方式提高生产率。从另一个方面来看，现行土地制度和户籍制度仍然阻碍着土地流转，无法使其集中在最富生产性的经营者手中，以便充分利用规模经济。要突破农业这种稳定均衡状态，以扩大经营规模为中心提高劳动生产率，是实现农业农村现代化，打破农业生产方式轮回的必由之路。

伴随着改革开放时期高速经济增长的一个突出现象，是农业份额的显著下降。这一现象也导致传统意义上的农业对经济发展贡献的方式发生了重要变化，要素贡献相对重要性下降，以劳动力转移为特征的资源重新配置效应成为最显著的贡献方式。

这一库兹涅茨过程及其相关的改革，正是围绕劳动力退出低生产率的部门，在城乡之间、地区之间和产业之间流动以及进入高生产率的城市部门和非农产业发生的。其间农村改革的主线则是为剩余劳动力退出低生产率的农业和农村产业创造动力和机制条件。

根据一般规律和国际发展经验，中国农村劳动力转移的潜力仍然是巨大的，相应地，旨在释放剩余劳动力的农村改革也远未完成。我们可以从中国经济所处的发展阶段，根据国际比较看一看农业劳动力比重是否仍然很高。如果把中国的农业劳动力比重与人均 GDP 高于中国的其他中等偏上收入国家进行比较，可以看到中国的农业劳动力比重比这些国家算术平均值仍然高出很多。[①] 这也就是说，中国如果要在不久的将来跨入高收入国家行列，必须在就业分布这一产业结构特征上显著缩小与这些国家的差距。

虽然未竟的改革应该是系统性和全方位的，但是，无论是从本章逻辑着眼，还是从问题导向原则出发，以促进劳动力退出为内涵界定农村改革，有助于更加聚焦当前紧迫的任务，更明确阐明进一步改革的紧迫任务。

历史具有相似性，常常也具有循环性。经济发展中利用农业规模经济的方式上，也表现为不断回到起点上。不过，不论是从农业生产方式本身，还是从所处的外部环境看，每个起点又都是崭新的。在从中等偏上收入国家向高收入国家过渡的发展阶段上，中国当前面临着如何实现农业规模经济的全新挑战，需要在遵循一般规律的前提下，走出一条符合国情的特殊

---

① 蔡昉：《农业劳动力转移潜力耗尽了吗？》，《中国农村经济》2018 年第 9 期。

道路。

党的十九大报告提出的乡村振兴战略，全面部署了以改革为动力、以城乡一体化为特征、以实现农业农村现代化为目标的政策要求和实施策略。这个战略的高屋建瓴之处，在于把“三农”问题的根本解决与整个中国经济的长期可持续发展密切结合。因此，通过扩大经营规模提高农业劳动生产率，进一步为农业劳动力创造退出低生产率就业的条件，无疑是实施这一战略的题中应有之义。

第七章　改革开放发展中的城市化

一　引言

中国的改革开放带来史无前例的高速经济增长。在1978—2018年期间，中国的实际GDP年平均增长9.4%，是这一时期世界上最快、持续时间最长的增长速度。不容忽略的是，同一时期中国的城市化速度也是世界上最快的。

这一期间，中国城市化率从17.9%提高到59.6%，每年以3.1%的速度提高，不仅远快于高收入国家平均水平（0.33%）和低收入国家平均水平（1.39%），也明显快于更具有可比意义的处于相同人口转变阶段的"晚期人口红利国家"平均水平（1.75%）[①]，以

① 对"晚期人口红利"（late-dividend countries）这个国家类别，世界银行的界定标准是：1985年生育率处于或高于更替水平，同时劳动年龄人口（15—64岁）比重在2015—2030年期间下降或保持不变。请见The World Bank Group and the International Monetary Fund, "Global Monitoring Report 2015/2016: Development Goals in an Era of Demographic Change", International Bank for Reconstruction and Development / The World Bank, 1818 H Street NW, Washington, DC 20433, 2016, p. 268。

及处于相同经济发展阶段的中等偏上收入国家平均水平（1.65%）。这个时期世界城市人口的增量，25.6%的贡献来自于中国。而中国这个时期的城市化与经济增长是紧密相关的，在相当大的程度上，前者是后者的实现方式，把人口红利这一必要条件兑现为现实的经济增长。因此两个“奇迹”其实是同一个事物。

一些关于中国高速增长的研究，或者无视这一增长的必要条件[①]，降低了自身对于中国经济长达40年高速增长的解释力；或者干脆否认存在这样的必要条件[②]，致使不顾一次次判断失误，乐此不疲继续唱衰中国经济[③]。不仅如此，不能恰当地找出中国经济增长的必要条件，还导致过度强调经济增长的需求视角，而忽略供给视角，至少从两个方面造成对中国经济的误读和错判。

第一，不能准确认识中国在二元经济发展阶段所具有的劳动力无限供给特征，以及这种禀赋被转化为比较优势的中国特色方式，在面对中国劳动密集型制造业获得的国际竞争力时，国际上一些经济学家不惜质疑甚至尝试修正信仰了200年的比

① 例如 Loren Brandt and Thomas G. Rawski, “China's Great Economic Transformation”, in Brandt, Loren and Thomas G. Rawski (eds.), *China's Great Economic Transformation*, Cambridge, New York: Cambridge University Press, 2008。

② Alwyn Young, “Gold into the Base Metals: Productivity Growth in the People's Republic of China during the Reform Period”, *Journal of Political Economy*, Vol. 111, No. 6, 2003, pp. 1220 - 1261.

③ Paul Krugman, “Hitting China's Wall”, *New York Times*, July 18, 2013.

较优势原理[1]，或者干脆放弃自己不言自明“坚信自由贸易”的誓言。由此，把世界经济不平衡或者西方国家特别是美国社会的两极化归咎于中国的发展模式，在民粹主义政治和保护主义政策倾向日趋增强的情况下，形成针对中国的经济贸易摩擦。

第二，不能准确认识中国高速增长的供给侧驱动力及其伴随发展阶段发生的变化，在面对中国经济增长减速的情况下，一些中外经济学家倾向于从需求侧寻找答案，或者得出需要把经济增长拉动力从出口转向消费这样道理不偏，却不直接对症的建议；或者得出需要政府加大对投资的刺激力度这样的结论，冀图靠需求回归以前的增长速度。基于这类有意无意忽略经济增长供给侧因素，无视发展条件及其变化的认识，所提出的政策建议无异于缘木求鱼。

了解改革开放时期与人口转变这一特殊阶段的高度重合，可以更好地认识中国经济增长的必要条件。在1980—2010年期间，中国的15—59岁劳动年龄人口以年平均1.8%的速度增长，而该年龄之外的依赖型人口则基本处于零增长状态（-0.2%）。两类人口增长形成的这种剪刀差态势，同时也表现为人口抚养比的持续下降，创造了这个时期独有的人口机会

---

① 例如Paul Samuelson，“Where Ricardo and Mill Rebut and Confirm Arguments of Mainstream Economists Supporting Globalization”，*Journal of Economic Perspectives*，Vol. 18，No. 3，2004，pp. 135-146。

窗口。

中国这一得天独厚且机不可失的人口红利，并不只是表现为劳动力的充足供给，而是体现在描述经济增长的总体生产函数等式右边的几乎所有解释变量中。首先，较低且持续下降的抚养比有利于实现高储蓄率，而劳动力无限供给特征则延缓资本报酬递减现象的发生，从而使资本积累成为经济增长的主要引擎。其次，有利的人口因素确保了劳动力数量充足和质量改善对经济增长做出显著的贡献。最后，剩余劳动力和冗员按照生产率从低到高的顺序，在产业、行业和地区之间流动，带来资源重新配置效率，成为全要素生产率的主要组成部分。

经济学家在分解中国经济增长的因素时，看上去是对常规生产要素和生产率贡献的分解，但是，一旦懂得人口因素对这些常规变量的含义，所有相关研究不啻分别实际检验了前述假说，证明人口红利是中国高速增长的必要条件。

然而，无论是改革开放之前的中国，还是其他具有类似人口转变特征，却未取得任何突出增长绩效的国家，都提供了现实的证据，表明仅仅具有发展的必要条件，对于高速增长还是不够的，还需要有效的生产要素积累的激励机制和生产要素配置的经济体制，以便把有利的人口结构特征转化为相应的经济增长。

换句话说，经济改革才是中国实现符合自身潜力的充分条件。同时认识到必要条件和充分条件[①]，以此对中国经济增长的解说才是符合科学的，使我们能够更好认识过去40年的增长历程，正确判断当前经济形势，对未来做出准确展望，并揭示出相关的政策含义。

过去40年中国快速城市化所体现的人口从农村向城市迁移，以及劳动力从农业到非农产业的重新配置，全面刻画了相关改革如何消除阻碍生产要素流动和重新配置的体制障碍，把有利的人口特征转化为高速经济增长、显著结构调整和深刻社会变迁。因此，城市化推进的过程及其揭示的体制变革、结构转变、增长贡献和分享效应，可以成为改革开放发展分享全过程的一个全方位缩影。

本章从劳动力从低生产率农业及农村产业中“退出”（exit），在农业和非农产业之间、城乡之间、地域之间的“流动”（mobility），以及在居住、就业、社会身份等方面“进入”（entry）城市及其部门和社会三个角度，叙述同时作为改革过程和发展过程的中国特色城市化。这里选取最具有代表性的三个历史瞬间（事件）来折射恢弘的改革开放发展历史画面，并尝试从经济学角度概括相关的特征化事实，作为把中国经验提升为中国智慧的阶段性努力。

① 鉴于有的读者可能拘泥形式逻辑甚于关心中国经济，笔者这里加重强调一下，有了改革开放就必然会发生符合潜在增长能力的经济增长，所以说改革开放是充分条件；但是，如果没有人口红利，潜在增长率则不会这么高，所以不会出现我们所看到的过去几十年高速经济增长。

在任何存在过潜在人口红利的经济体，即便得到充分的利用，这一有利的发展条件终将随时间变化而式微乃至消失。中国也正处于这样的发展阶段上。相应地，经济增长各种因素的作用必然发生变化——不仅在相对程度的意义上，甚至是方向性的逆转。

例如，在劳动年龄人口负增长条件下，劳动力数量对经济增长的贡献可能变为负面，就是最为显而易见的情形，而其他增长因素如物质资本、人力资本、全要素生产率的贡献变化则更为复杂。无论怎样，传统增长源泉终究要转向新的、更可持续的增长源泉。鉴于此，本章也对概括的特征化事实进行拓展，由此入手提出通过改革塑造城市化新内涵，以获得新增长动力的政策建议。

二　关于改革的三个历史瞬间

历史进程固然是按照内在的发展逻辑连续发生的，然而，其中的一些重要历史事件常常会独立地显现出来，形成承前启后的标志性节点，在整个历史进程中具有里程碑的意义。在中国改革开放过程中，具有这样标志性意义的时间节点不胜枚举。

本章讨论的重点是改革开放时期的城市化，因此，我们着眼于选择可以大体反映城市化出发点、推进过程和引爆点的三个事件，也就是说选择那些既具有重要转折意义，又具有较强叙事特点，并且易于以经济学概念表达的历史事件，以便按照整个改革的内在逻辑，以这些经典瞬间把各个时期、不同领域和独立板块串连起来，在叙述改革过程时体现历史逻辑与理论逻辑的统一。

（一）改革历史瞬间之一

安徽省凤阳县位于中国南北方自然分界的淮河之畔。凤阳是明太祖朱元璋的家乡，凤阳花鼓更是远近闻名。自明清时起，凤阳即以“三年恶水三年旱、三年蝗虫灾不断”的常年灾害和极度贫困著称。由于成群结队的灾民身背花鼓逃荒要饭，凤阳花鼓也成为贫困的凤阳县的一个文化符号。不过，到了20世纪70年代末，凤阳只是人民公社体制造成的贫困恶果的一个缩影。1978年，全国农村全年人均收入不足100元的绝对贫困人口，足有2.5亿人。

1978年12月的一天，小岗村的农民按照多年的习惯，准备外出讨饭自救。然而，1978年注定是一个不同寻常的年份。12月18日至22日，一千余公里之外，中共中央十一届三中全会在北京召开，重新确立了党的解放思想、实事求是的思想路线，决定把全党的工作重点转移到经济建设上来，为改革开放奠定了理论基础。

小岗村的村民未必知道这个会议的召开以及会上讨论了哪些问题，并且，事实上当时会上通过的文件也没有明确肯定任何一种改革做法。但是，政治气氛毕竟已经不同。这一次，村民们觉得有一种与逃荒要饭不同的选择，开始酝酿摒弃生产队大呼隆式的劳动方式。在那个时代，这仍然是一个冒天下之大不韪的举动。于是就有了18家农户写下字据，各家的户主纸上有名，并以红印泥摁下手印，一致决定实行包产到户并承担可能的政治后果。

包产到户或其更彻底的形式包干到户，被统称为农村家庭联产承包制。其实，在小岗村18户农民分田到户的同时，全国各地特别是四川、安徽和内蒙古的很多地方都悄无声息地开始了这类试验。随后的几年在全国得到推行，并导致人民公社体制的废除。

1980年初，全国实行家庭承包制的生产队仅占1.1%，同年年底即增加到20%，而到1984年底，这一经营形式便覆盖了100%的生产队和97.9%的农户。农村这项改革是对传统计划经济体制的最初突破。而小岗村的颠覆性制度创新，也就理所当然地被认为是中国经济改革的先行实践。

实行家庭承包制的直接目的，是改进对农业生产和劳动的激励机制，给予农户经营自主权和对剩余产品的索取权。进而，这一激励机制的改善及其刺激农业增长的显著效果显现出来之后，按照改革的内在逻辑以及从随后实际发生的情形看，这一改革的核心更是赋予了农户配置生产要素的自主权。也就是说，随着农业中劳动力剩余状况的显性化，劳动力开始退出低生产率的农业，转向非农产业和农村之外，转移规模则一步步从小到大。

（二）改革历史瞬间之二

早在改革之初的1979年，在邓小平提议下，中国的决策层就决定在广东省的深圳、珠海和汕头以及福建省的厦门建立出口特区（后来称作经济特区）；随后于1984年开始又陆续确立了一批沿海开放城市；1988年成立海南省并作为经济特区。若干年后，这些经济特区和沿海开放城市发展效果如何，产生了哪些值得总结和推广的经验，对整个中国的改革开放有什么样的启示呢？

1992年1月17日，年届88岁、已经退出领导岗位的邓小平登上南行的列车，开始了他为期逾一个月的南方之行。从1月18日到2月21日，邓小平先后视察了武昌、深圳、珠海、上海等地，其中深圳和珠海就属于最早建立的经济特区，上海则是最大的沿海开放城市。载入中国改革开放史册的，是邓小平在南行途中发表的一系列重要谈话。

概括南方谈话中最振聋发聩、对当时的中国最具有针对性、后来也成为改革指导思想的内容，可以说邓小平回答了以下关键问题。[①] 第一，改革是什么，为了什么。改革就是建立

---

① 邓小平：《在武昌、深圳、珠海、上海等地的谈话要点》，载《邓小平文选》（第三卷），人民出版社1993年版，第370—383页。

起充满生机和活力的社会主义经济体制，发展和解放生产力。第二，如何评判改革成败得失。就是看是否有利于发展社会主义社会的生产力，是否有利于增强社会主义国家的综合国力，是否有利于提高人民的生活水平。第三，如何加快改革步伐。不争论姓“资”还是姓“社”，市场是一种经济手段，社会主义也有市场。这些讲话传递了一个重要信息，也是邓小平的一贯要求：改革开放的步子要加快，发展是硬道理。

邓小平讲话产生的震动效果是惊人的，在最高领导层也得到了积极的回应，改革开放发展的步伐从此大幅度加快。无论是观察经济增长速度指标，还是观察外商直接投资增长、出口增长等反映经济外向型水平的指标，都可以看到邓小平南方谈话的显著发动作用。沿海地区外向型劳动密集型制造业的快速发展，创造了大量就业岗位，对农村劳动力产生巨大的需求。

正是从这时开始，农业劳动力转移不再仅仅是剩余推动型，而是被添加了新的需求拉力。在同一时间，阻碍农业劳动力转移的体制障碍得到大幅度清除，如粮票等票证制度被取消，劳动力流动的范围和规模都明显加大，尤其表现在进入各级城镇居住和就业不再存在有形的障碍。

（三）改革历史瞬间之三

1958 年开始实施的户籍制度，旨在把人口的居住和就业纳入国家计划之中，限制人口和劳动力在地区之间特别是城乡之间的自由迁移和流动。研究者和观察家对于这个制度的理解，一度（如果不是迄今仍然如此的话）也存在着简单化的倾向，主要是以为这个单一的人口登记制度即可包打天下，足以把人口迁移和流动限制在政府意欲达到的程度。

这导致两个误导。一是看不到诸多与户籍制度配套的政策和制度形式，都在外围发挥着同样的限制流动的作用；二是看不到相关政策改革逐渐地掏空户籍制度的内涵，弱化其功能，因而本身也是户籍制度改革的过程。

2003 年 3 月 17 日，大学毕业后在广州担任平面设计师、年仅 27 岁的孙志刚，在街头受到警察盘问，因没有办理暂住证被收容，羁押在广州收容人员救治站，其间遭到护工和部分收容人员的殴打，三天后非正常死亡。

这一事件被曝光后震惊全国，事后有 12 个当事人被判刑（包括一项死刑），20 个公务人员受到行政处罚和处分。中央政府高度重视这个案件，深刻认识到问题产生的制度弊端，于三个月后废除了收容孙志刚所依据的、实行了 20 年的国务院《城市流浪乞讨人员收容遣送办法》，代之以《城市生活无着的流浪乞讨人员救助管理办法》。

政府法规的实施目标和内涵从“收容遣送”到“救助”的变化，标志着劳动力从退出、流动到进入的制度环境的重大突破。户籍制度在地域上把农村人口限制在乡村，在就业类型上把农村劳动力限制在务农，在劳动场所上把农民限制在土地，是通过诸如人民公社体制和票证制度等一系列配套体制实现的。人民公社的废除首先赋予了农民转向其他产业就业的权利，票证制度的取消则扩大了农村劳动力转移的地域范围。因此，以孙志刚事件为代表的这一轮制度变革，实际上包括一系列诸如此类的突破，是城市化的一个重要转折点。

在与发生孙志刚事件同年发表的一篇文章中，笔者以1978年农村改革起始时的城乡收入差距作为基准，预测下一步关乎城乡关系的根本性制度变革，将发生于城乡收入差距回归到该基点水平——该文发表后一两年的时候。[①] 事后，笔者把2004年判定为中国经济到达刘易斯转折点的年份，并指出这个转折点不仅仅以劳动力短缺和普通劳动者工资上涨为标志，还伴随着一系列制度变革和政策调整。[②] 毋庸置疑，城市化进入壁垒的拆除，是这些变化中最具有历史意义的一系列举措。

三　中国特色城市化的特征化事实

从过去40年改革开放历程中选取的上述三个历史事件，分别代表着改革如何解除劳动力退出、流动和进入的体制障碍。讲述和回顾这三个事件，虽然只能观察和认识改革过程诸

① 蔡昉：《城乡收入差距与制度变革的临界点》，《中国社会科学》2003年第5期。

② Fang Cai, *China's Economic Growth Prospects: From Demographic Dividend To Reform Dividend*, Cheltenham, UK: Edward Elgar, 2016.

多视角中的一部分，却不会导致对改革做出“以偏概全”的误读。

经济发展是由总量增长和结构变化构成的，增长的一个重要源泉是生产率，而生产率的核心是配置效率，结构变化更是直接以库兹涅茨过程为内涵。所以，促进生产要素特别是劳动力的流动，是发展的关键，也是城市化的核心。改革是为了改变抑制发展的激励机制，以及消除阻碍资源合理配置的体制障碍，而这些制度性障碍则集中表现在对退出、流动和进入的阻碍上。下面，我们围绕这些方面概括中国特色城市化（在很大程度上也是中国改革过程）的三个特征化事实。

（一）事实一：农业中激励从而生产率的改善是劳动力退出的前提

可以说，人民公社体制集计划经济下所有体制弊端于一身。正如第六章已经指出的那样，由于推进重工业优先发展战略导致资源配置偏离当时的比较优势[①]，在农业方针上片面“以粮为纲”，也造成农业经济中的资源错配。农业中集体劳动形式造成微观生产环节的低效率，也造成总产出的极大效率损失。由于人民公社化造成体制的不可逆转，也就是剥夺了农民

---

① 林毅夫等揭示，人民公社体制是推行重工业优先发展战略的一项必然选择的制度安排。参见 Justin Lin, Fang Cai and Zhou Li, *The China Miracle: Development Strategy and Economic Reform*, Chapter 2, Hong Kong: Chinese University Press, 2003。

对低效率组织形式的退出权，部分社员滥用农业劳动难以监督的特点，在集体劳动中偷懒。

这都导致人民公社体制下的农业经济，一方面具有极其低下的生产可能性边界，另一方面进一步严重偏离生产可能性边界。这就意味着，劳动者出工出力不能获得温饱所需的报偿，即劳动造成的热量支出，与分配获得的热量摄入产生不平衡，无法维持劳动力的简单再生产，更不用说扩大再生产了。以致搭便车必然成为普遍现象，低下的激励必然导致极低的生产率。

家庭联产承包制的迅速普及，不仅是政府允许和政策推动的结果，更是广大农民见到实实在在的产量和劳动生产率提高效果而主动选择的结果。最彻底的家庭承包制是包干到户，即按照每户人口和劳动力数量把集体土地分到户，承包合同规定必须完成的农业税、统购数量和集体提留，这之外增加的产量完全归农户所有并自由支配。

这种激励机制的变化打破了集体劳动的搭便车悖论，极大提高了农业的劳动生产率，与长期以来生产率停滞甚至倒退的情况形成鲜明对比。例如，农业增加值和粮食单位面积产量的年平均增长率，分别从 1975—1980 年期间的 0.9% 和 3.1%，提高到 1980—1984 年期间的 9.9% 和 7.2%。相应地，农村贫困发生率大幅度降低。

早期的研究多数侧重于从激励改善的角度，观察家庭承包制对农业增产的显著效果。如果从这一步改革与后来发展过程之间的联系来看，可以看到一个更重要的事实：激励改善导致农业劳动生产率提高，创造了劳动力向非农产业和农村以外地区转移的必要条件；而实行家庭承包制所必然引致的人民公社的彻底废除，是劳动力转移的第一个体制突破。

由于中国的改革与发展是互相促进的，市场导向的经济体制转型与刘易斯式的二元经济发展交织在一起，这个劳动力转移不仅是突破体制束缚的表现，还是消化农业剩余劳动力的现象，从而是库兹涅茨过程的开端，农业劳动生产率显著低于非农产业，则是其发展经济学所说托达罗式的“推力”。

赫希曼（Albert Hirschman）所讲的“退出”，重点在于强调当事人对于组织的不满因而采取的一种行动选择。[①] 这里仅在一半的意义上使用这个概念，即的确需要在体制上实现突破，农业劳动力才能获得退出的权利。以此为前提，在另外一半意义上，本章重点在于描述这样的事实，即农业劳动和生产激励的改善，使劳动力剩余显性化，从而开始实际上对低生产率的农业的退出。在后一个意义上，“退出”过程具有更一般的发展经济学含义，两个意义都考虑到，便有了一个改革与发展相统一、具有中国特色的退出过程。

---

① Albert Hirschman, *Exit*, *Voice*, *and Loyalty*: *Responses to Decline in Firms*, *Organizations*, *and States*, Cambridge, MA: Harvard University Press, 1970.

（二）事实二：经济增长和非农就业扩大促进劳动力流动

中国经济在改革时期的高速增长，并不仅仅是对一个旧的增长常态（或生产可能性边界）的回归。事实上，这个时期形成的人口机会窗口，从要素积累和配置以及生产率提高等方面帮助中国经济形成了更高的潜在增长率。

在体制改革释放出这个潜在增长能力，并且在需求因素（城乡就业扩大和收入提高保持不断增长的消费需求、经济增长引致的巨大投资需求，以及对外开放获得的外部需求）的配合下，潜在增长率得以实现为实际高速增长。因此，把劳动力重新配置到生产率更高的就业领域，或促进劳动力流动，是兑现人口红利的关键。

在计划经济条件下，人民公社体制、户籍制度和票证制度“三驾马车”，把农村劳动力严格限制在生产队集体劳动中，不允许进行产业转移和地域流动。随着微观激励的改善，劳动力剩余迅速显性化。20 世纪 80 年代中期，中国农村有 30%—40% 的劳动力是剩余的，绝对人数高达 1 亿—1.5 亿人。[①] 剩余劳动力转移的压力促进了一系列体制性障碍的逐步拆除，并最终使劳动力得以重新配置。

以托达罗为代表的许多研究都指出，农村推力和城市拉力

---

① J. R. Taylor, “Rural Employment Trends and the Legacy of Surplus Labor, 1978 - 1989”, in Y. Y. Kueh and R. F. Ash (eds.), *Economic Trends in Chinese Agriculture: The Impact of Post-Mao Reforms*, New York: Oxford University Press, 1993.

形成合力，塑造了劳动力流动过程及其特点。特定时期农业劳动力的剩余状况和非农产业创造的对劳动力的需求，决定了中国劳动力流动的动力和方向。农业剩余劳动力的转移，先后经历了从“以粮为纲”到多种经营，从单一的种植业到农林牧副渔全面发展，从农业到乡镇企业，从“离土不离乡”到进入小城镇直至大中城市非农产业的重新配置。

然而，中国特殊的任务是在经历劳动力重新配置过程的同时，还进行着从计划向市场的体制转型。虽然以往的研究也注意到了劳动力迁移过程中的各种制度因素，但是，作为一个经济体制全面转型的案例，中国面临的改革任务更加艰巨，改革过程更为复杂，因而从事后的眼光来看，中国经验也更具启发性。

以下几个关键改革对于促进劳动力流动具有突破性意义。首先，由于农产品产量大幅度增长，农民于 1983 年被允许从事农产品的长途贩运和自销，第一次突破了就业的地域限制。其次，1988 年开始政府又允许农民自带口粮到邻近城镇就业，第一次突破了城乡就业藩篱。最后，随着 20 世纪 90 年代初粮票等票证制度被取消，农村劳动力进入各级城镇居住，就业也就不再遭遇有形的障碍。

根据国家统计局数据，离开本乡镇 6 个月及以上的农村劳动力 2018 年已达 1.73 亿人，其中 78.2% 进入城镇居住和就业。把这个数据与城乡就业结构变化结合起来，可以看到库兹涅菸过程的效果。根据不同于官方数据的估算[①]，农业劳动力比重从1978年的70.5%下降到2015年的18.3%。这个人类和平历史上最大规模的劳动力流动，以及与之相伴的资源重新配置，对中国经济高速增长、劳动生产率的大幅度提高，都做出了显著的贡献。

（三）事实三：拆除制度障碍推动劳动力进入城市部门

在计划经济时期，城乡之间不存在劳动力的自由流动，主要表现为农村人口和劳动力不能自由迁移到城市。因此，以农业劳动力比重居高不下为标志，产业结构长期僵固不变。与此同时，城镇居民就业得到全面保障，几乎全部为国有经济和集体经济所吸纳。

例如，1978年国有经济雇员占全部城镇就业人员的78.3%，如果加上集体经济雇员，两种公有制经济的就业比重高达99.8%。当农村劳动力转移到城镇就业时，很长时间里只是进入新兴的非公有经济企业。只有城市劳动力市场发育和国有企业用工制度改革，才拆除了城市部门的进入障碍，劳动力得以跨越城乡和地域界限，在不同产业和企业之间进行重新配置。

如果说传统体制为农业劳动力设置退出障碍的初始意图，

---

① Fang Cai, "How has the Chinese Economy Capitalised on the Demographic Dividend During the Reform Period?", in Ross Garnaut, Ligang Song, and Fang Cai (eds.), *China's Forty Years of Reform and Development: 1978 - 2018*, Canberra: Australian National University E Press, 2018.

在于确保农业在不平等交换条件下对工业化积累做出产品贡献和资本贡献的话，该体制在城市及其部门为农民工设置的进入障碍，则是为了实施城市基本公共服务的排他性供给和就业的全面保障。相应地，两种障碍得到逐渐破除的顺序，也是由各项改革之间的互相促动关系以及经济发展阶段要求所决定的。

在20世纪80年代，乡镇企业仍是农业转移劳动力的主要吸纳部门。1992年以后沿海地区的劳动密集型制造业，特别是非公有经济得到迅速发展，开始吸纳大规模的跨地区迁移劳动力，形成了最初的民工潮。直到20世纪90年代后期，国有企业在严峻经营困难的推动下，大刀阔斧地进行了用工制度改革，从此打破了存续几十年的就业“铁饭碗”。随着下岗职工在获得一定社会保障的条件下，需要通过劳动力市场实现再就业，同时新成长劳动力也需通过自主择业，市场配置劳动力资源的机制逐渐形成。

这产生了一个未曾预料的结果，即农民工也相应获得了日益均等的竞争就业的机会。不过，劳动力市场发育至此，也造成城市内部的劳动力市场准入与基本公共服务权益之间的分离。

2018年，在全部实现就业转移的2.88亿农民工中，40%在本乡镇，60%离开本乡镇（其中78.2%进入各级城市，44.0%跨省流动），27.9%在制造业就业，18.6%在建筑业就业，50.0%在第三产业就业。近年来，从农村转移的劳动力占城镇全部就业的比重已经超过1/3。农民工以其规模和年龄优势（超过半数在40岁以下）保证了城市经济的劳动力供给。因此，改革时期中国特色的城市化，既是高速经济增长的实现方式，也足以享有与这个增长奇迹同样的声誉，在经济史上留下应有的笔墨。

在中国经济总量超过日本，成为世界第二大经济体的2010年，中国的人口转变也跨过一个转折点：劳动年龄人口的增长到达峰值，随后进入负增量阶段；人口抚养比的下降触到谷底，此后转向加速提高。

这个人口结构的变化趋势，不仅从劳动力供给、人力资本改善、资本回报率，以及资源重新配置等方面产生对潜在增长率从而实际增长率的不利影响[①]，还倾向于导致城市化速度减慢。2010—2017年期间，城市化率虽然仍在提高，但提高速度则以每年6.7%的比例递减，城市化率的年度增长率从3.33%下降到2.04%。

从人口趋势看，农村16—19岁人口在2014年达到峰值后，迄今已经处于负增长。由于这个年龄段的人口相当于农村初中和高中毕业生，是每年进城农民工增量的主要源泉，因此，这

① Fang Cai and Yang Lu, "The End of China's Demographic Dividend: The Perspective of Potential GDP Growth", in Fang Cai, R. Garnaut and L. G. Song (eds.), *China: A New Model for Growth and Development*, Australian National University EPress and Social Sciences Academic Press (China), 2013, pp. 55 - 74.

部分人口总规模减少必然相应地缩小每年农民工的增量。可见，城市化放缓纯粹是人口因素导致的。

根据一般发展规律，随着人均收入水平的提高，城市化率也相应提高。所以，中国在迈向高收入国家行列的过程中，提高城市化率仍然任重道远。从城市化率指标来看，中国要达到自己所处收入组别（世界银行划分的中等偏上收入国家）的平均水平65%，尚有数个百分点的差距，而高收入国家的城市化率平均水平更高达84%。

过去40年中，以拆除制度性障碍促进劳动力从低生产率部门退出，在城乡之间、地区之间和产业之间流动，实现对高生产率部门的进入为特征的中国特色城市化道路，是二元经济发展阶段有效的经验。随着人口转变和经济发展阶段的变化，这些经验应该按照其内在的逻辑予以更新，以推动城市化从高速扩张到高质量提升的转变。下面，我们从三个方面概述中国特色城市化道路应有的新内涵。

四　如何提高农业劳动生产率

当我们回顾改革开放过程的时候，我们主要是从激励相关的生产率提高角度，讨论农业劳动力退出的动力。在当前的阶段上，则是要从改变农业生产方式的角度讨论如何提高农业劳动生产率。

以前章节讨论的农村改革对国民经济的贡献，终究都离不开农业劳动生产率的提高。在 1978—2017 年期间，按照不变价计算的每个劳动力平均生产的农业增加值，即农业劳动生产率，提高了 6.26 倍，年平均增长率为 5.2%。从不同时期观察到的农业劳动生产率的增长特点，也折射了改革和发展的阶段性特征（图 7—1）。

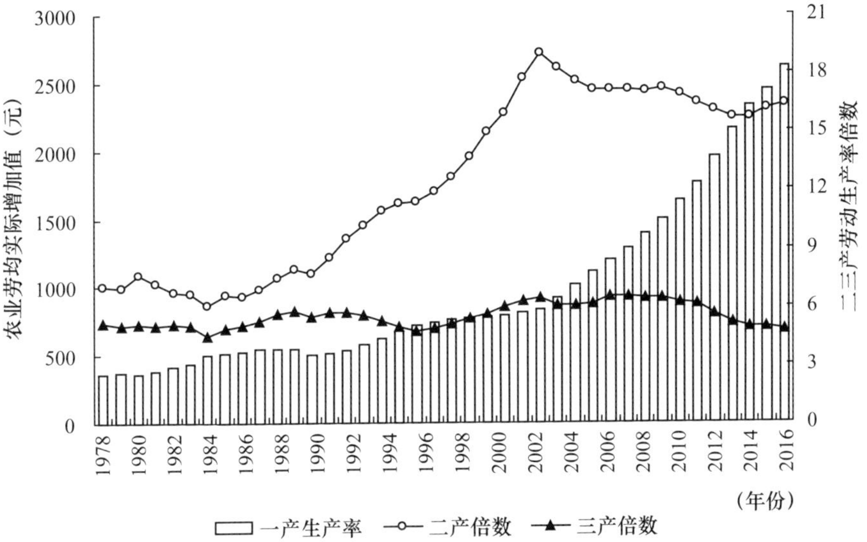

图 7—1　农业劳动生产率及其与非农产业关系

资料来源：根据国家统计局数据计算，国家统计局网站：http：//www. stats. gov. cn/。

在家庭联产承包制得到迅速普及的年份即 1980—1984 年期间，农业劳动生产率提高较快。但是，由于这个改革只具有一次性效应，80 年代中期以后农业劳动生产率提高就缓慢下来。直到1992年邓小平南方谈话之后，沿海地区制造业发展产生对劳动力的大量需求，剩余劳动力转移速度较快，农业劳动生产率提高形成一个高峰，随后因城市国有企业实行减员增效改革，就业压力加大导致农业劳动力转移速度放慢，生产率提高速度也再次减缓。

2001年中国加入世界贸易组织后，外向型制造业对劳动力需求再次膨胀，并且在2004年中国经济迎来了刘易斯转折点，劳动力短缺和非熟练职工的工资上涨从此成为常态，又一次加快了农业劳动生产率的提高速度。这样的速度迄今已经保持多年，尚未有减缓的趋势。

农业劳动生产率的大幅度提高，为劳动力转移出农业以及加快常住人口城镇化奠定了基础，事实上也是整个改革开放时期中国经济高速增长的基础性保障。在此基础上，人口红利才得以兑现，分别表现为劳动力数量供给充足、劳动力质量（人力资本）加快改善、低人口抚养比有利于高储蓄率从而资本积累、劳动力充分供给有助于延缓资本报酬递减现象，保障投资高回报率，以及转移剩余劳动力带来资源重新配置效率，使全要素生产率得到提高。

虽然农业劳动生产率提高很快，并且在一些年份，特别是刘易斯转折点之后甚至快于第二产业和第三产业，但是，其间起伏徘徊使得这个速度整体上没有跑赢非农产业劳动生产率的提高速度，未能显著缩小农业与非农产业劳动生产率的差距。

例如，在1978—2017年期间，第二产业劳均增加值年平均实际增长7.5%，大大快于农业劳动生产率提高速度；第三产业劳均增加值年平均实际增长5.0%，虽然慢于农业劳动生产率提高速度，但是，并没有慢到使农业赶超的程度，以致农业相对于非农产业的劳动生产率差距得到保持。

例如，1978年第二产业和第三产业劳动生产率分别是第一产业的7.0倍和5.1倍，随后曾经有过缩小到较低水平的时候，但是也曾经达到过很高的水平，如2003年第二产业和第三产业的劳均增加值，分别达到农业的19.0倍和6.4倍。2017年，这两个产业劳动生产率仍然分别为农业的16.4倍和4.8倍。这种状况对于城乡协调发展和保持中国经济增长持续健康构成一个阻碍因素，亟待实现重大的突破。

进入21世纪以来，中国政府实施了一系列惠农政策，对农业的财政投入和对生产者的直接补贴显著增加，土地所有权、承包权和经营权的分置改革也为土地流转创造了体制条件。

然而，很长时间以来，三农政策导向主要还是着眼于从多取少予向多予少取的转变，而对改造农业生产方式、实现其现代化的聚焦不够。农业生产方式的现代化，一方面有赖于这个产业的自身发展能力以及竞争力的提升，另一方面也是劳动力流动从而资源重新配置效率提高的基础，因此，三农政策应该更加聚焦于生产方式本身，政府的各项投入应以扩大土地规模为导向。

笔者在提出、争辩和研究刘易斯转折点时，主要的工作是做出刘易斯第一个转折点到来的判断，当时面对的主要变化是劳动力短缺和工资上涨问题。由于部分学者误以为刘易斯转折点是以农业与非农产业的劳动边际生产力达到相等为标志的，因而否定刘易斯转折点的到来，因此，为了避免概念的混淆，在一定程度上，在之前的讨论中，笔者还有意回避了第二个转折点的问题。

劳动生产率趋同悖论现象在第一个转折点之后愈显突出，因为此前关注点尚在于解决劳动力过剩从而农业劳动的边际生产力极低问题，此后则越来越在于在既定劳动力投入下，农业产出的增长问题。这就提出了一个值得讨论的重要话题，即农业劳动生产率与劳动力转移的关系问题，而这在理论上与第二个转折点密切相关。虽然这里未必要得出第二个转折点到来的判断，但对之进行讨论的时机似乎已经成熟。

我们用图 7—2 显示二元经济发展从剩余劳动力转移到劳动力无限供给特征消失的全过程。其中 OYX 为农业总产出曲线。这个发展过程的起点是存在过剩劳动力，以 OL 表示最初使用的全部劳动力。劳动力转移即从 L 向左移动，直至 L_0 点之前，劳动的边际生产力都是零。从总产出曲线看，从 Y 点左边开始，劳动边际生产力开始为正数，即曲线上每个点的斜率均大于零。所以 L_0 或 Y 点代表着第一个刘易斯转折点。该点之后，随着劳动力继续转移，劳动边际生产力逐步提高，并向OX曲线的斜率所代表的劳动平均生产力趋近，直至到达劳动力转移的 L_1 点（对应着产出曲线上的Z点）即第二个刘易斯转折点，此时劳动边际生产力与劳动平均生产力相等，即Z点的斜率与OX平行。这就是所谓的第二个刘易斯转折点（或商业化点），标志着二元经济发展的结束。此后，如果劳动力继续转移，劳动边际生产力开始大于劳动平均生产力，农业中的工资便不再是由制度决定的对劳动力平均生产力的分享，而是在劳动力市场上由边际生产力决定。

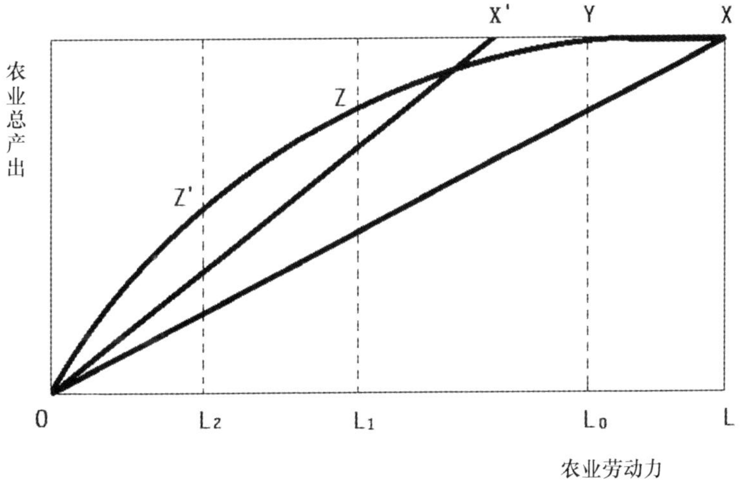

图7—2　农业劳动力转移的几个阶段及其特征

问题在于，从第一个刘易斯转折点开始，既然劳动力的边际生产力不再为零，进一步的转移要求（平均）劳动生产率的提高，否则这个转折点便会被拉尼斯和费景汉所不幸言中①，而成为食品短缺点。可见，这个转折点十分重要，此前是劳动力转移提高劳动生产率，而此后则要求由生产方式现代化导致劳动生产率提高，以支撑劳动力的继续转移。

足见，农业劳动生产率提高的要求，是随着劳动力转移的进程而不断增强的。由于到达第二个刘易斯转折点之后，二元经济发展变为索洛式的新古典增长，已经不再是刘易斯等发展经济学家讨论的关注点。然而，农业劳动生产率的问题如此重要，以致真正关心经济发展本身而不是满足于构造理论模型的经济学家，必须要给予足够的重视，在从第一个转折点到第二个转折点乃至其后，无论在哪个阶段，都必须高度重视劳动生产率问题。

所以，笔者在图 7—2 中增加了一条曲线 OX′，表示农业劳动的平均生产力在 OX 基础上的提高。这样的话，劳动生产率提高支撑的农业劳动力转移，就可以继续进行下去。从图中则可以看到，劳动力可以从 L_1 进一步转移至 L_2 这一点，与之对应的则是总产出曲线上的 Z′，该点的切线与新的劳动平均生产力曲线 OX′平行。也就是说，农业就业份额的下降是无止境的。目前，世界银行定义的人均国民总收入在 12300 美元以上的高

① Gustav Ranis and John C. H. Fei, "A Theory of Economic Development", *American Economic Review*, Vol. 51, No. 4, 1961, pp. 533 – 565.

收入国家，平均农业劳动力比重仅为4%。而农业劳动生产率的不断主动提高，便是这个持续的劳动力转移或农业就业份额下降的支撑。

在以往的研究中，笔者论证了中国已经于2004年迎来刘易斯转折点。[①] 因这个转折点以普通劳动者的供给短缺及工资上涨为特点，而并不意味着以农业与非农产业劳动的边际生产力相等为条件，因此，这里所说的刘易斯转折点，实际上是发展经济学所谓的第一个转折点。从那之后，劳动力短缺和工资上涨的趋势愈演愈烈，特别是在劳动年龄人口于2010年之后进入负增长，劳动力无限供给的特征正在加快消失。

这是否意味着中国经济已经迎来了第二个转折点呢？从经济学的角度说，这当然是一个必须由经验研究回答的问题。然而，这个问题从操作层面看是难以回答的。

从本质上说，以农业劳动的边际生产力是否为零作为判断第一个转折点的依据，以及以农业劳动的边际生产力是否与非农产业相等作为第二个转折点的依据，都是理论意义上的界定，而在统计意义上并没有如此简单的确定性。毕竟，估计一个生产函数并不意味着完美刻画经济活动本身，各种制度安排

---

① Fang Cai, *China's Economic Growth Prospects: From Demographic Dividend to Reform Dividend*, Chapter 10, UK, MA, USA: Edward Elgar Publishing, 2016.

和其他干扰因素，会使统计表征与经济现实产生偏离。

另外，就经济现实而言，以估算劳动边际生产力的方式做出转折点是否来临的判断也并非必要，毕竟，经济现实特别是劳动力市场的真实表现，比经济学家估算的生产函数中的系数更为可靠。

首先，第一个转折点会以此前从未发生过的劳动力普遍短缺，特别是由此导致的普通劳动者工资的上涨证明自身。之所以需要识别这个转折点是否到来，在于它标志着二元经济发展的一个截然不同的阶段，或者更准确地说，标志着二元经济发展作为一个重要发展阶段的结束，因而对于经济和社会政策具有全新的含义。

其次，第二个转折点到来，最终也将表现为农业不再是向外输出劳动力的产业，就业者的进入和退出不再是趋势性的，而是一个常态的职业选择，与非农产业之间随时随地发生双向流动。

而且，转折点其实只是经济学家对经济发展事实的一种特征化概括，其政策含义在于从中认识特定发展时期最突出的问题，找到打破制约的途径。因此，讨论第二个刘易斯转折点，并不意味着需要做出是否到来的判断，这本书也无意于估算农业与非农产业的劳动边际生产力，而是把农业就业份额下降作为一个持续的过程予以观察，着眼于揭示不同阶段的理论和现实要点以及相应的政策含义。

一般发展规律显示，提高劳动生产率有三种途径。第一是推动资本深化。通过扩大资本投入提高资本劳动比率，由于每个工人装备的机器设备更多，可以达到劳均产出增长的效果。第二是提高人力资本。劳动者受教育程度提高或技能改善，都可以在其他因素不变的条件下增加劳均产出。第三是提高全要素生产率。要义是在生产要素投入水平不变的条件下，通过更加有效率地使用投入品以增加劳动者的产出。

农业劳动生产率的提高无疑也遵循这几个途径，同时也要受到这个产业的特点影响，并且受制于当前体制中存在的问题。

首先，在刘易斯转折点之后，农业机械化水平大幅度提高，成为农业劳动生产率提高的重要推动力量。例如，在1978—2017年期间，农业机械总动力以年平均5.6%的速度增长。随着农村出现劳动力不足的现象，提高劳动生产率的要求日益迫切，在2003—2017年期间，具有劳动节约功能的农用大中型拖拉机及其配套农具的数量，年平均增长率均超过14%。这既是一个典型的劳动力短缺诱致劳动节约型技术变迁的过程，也符合资本深化的一般规律。

然而，对农业物质投入的大幅度增加，也带来投资回报率下降的问题。在经济学中，资本报酬递减是一种具有规律性的现象，通常是由于其他生产要素的瓶颈制约。农业生产主要由资本、劳动和土地这三种生产要素投入决定。虽然劳动力无限供给的特征正在逐步消失，但是，高达27%的农业劳动力仅生产占GDP份额7.6%的农业增加值，说明劳动要素尚未构成农业发展约束。

土地在中国的确是一种有限、稀缺的生产要素，不过，在这里倒不是说耕地资源的总量，具有意义的是土地的经营规模。由于土地流转尚不畅通，经营集中度不够高，中国每个农户经营的土地规模既小且分散。第六章我们已经详尽讨论过土地经营规模狭小导致投入回报率显著降低的问题。

其次，随着中国劳动年龄人口受教育水平的提高，人力资本得到显著的改善。但是，由于农村劳动力配置的扭曲，农业劳动力的人力资本反而有弱化的倾向。在目前的户籍制度和劳动力流动状况下，户籍注册地在农村的劳动力被分成两个群体，一部分留在农村，大多数可以被看作是农业劳动力，另一部分则外出打工，成为在本乡镇内和离开本乡镇的农民工。

总体来说，转移出农业的劳动力既年轻且具有较高的受教育水平，例如，2018年在全部农民工中，年龄在40岁以下的占52%，拥有初中以上受教育水平的占83%。其中，离开本乡镇的外出农民工具有更富生产性的人口特征。相反，留在农村务农的劳动力则具有年龄偏大并且受教育水平低的特点。正是由于户籍制度的存在，把农户的家庭成员按照各自的生产性特征，在经济活动和就业地域上分割开来，因而成为农村劳动力配置这种扭曲状况的体制原因。

最后，提高全要素生产率的途径包括体制改革、技术创新和资源重新配置。过去 40 年的改革，奠定了有活力的农业生产经营激励机制，农业科学研究和技术推广应用也取得很大的进步。而当前的最大制约因素，则是由于土地资源不能在经营者之间实现充分流动，没有集中到最有能力的经营者手中以实现更有效配置。

实际上，早在 20 世纪 80 年代后期，随着农业劳动力剩余现象逐渐显现出来，在劳动力转移压力渐渐增大的同时，也出现了利用规模经济的需要，相应地便形成了对土地流转的要求。这就是一种对制度的需求，要求诱致出一种土地流转的机制。

通过多年的探索，农民、自治组织和地方政府也获得很多的经验积累。党的十九大报告提出完善承包地“三权”（所有权、承包权和经营权）分置制度作为农村土地制度改革方向，就是这些制度创新实践经验的结晶。此外，土地经营规模扩大的程度，也与农业劳动力转移的速度和稳定性互为条件、相互制约。

可见，土地经营规模狭小，是资本报酬递减规律在制约农业劳动生产率的提高；而劳动力转移不彻底，从人力资本积累和全要素生产率方面制约农业劳动生产率的提高。

从上述两个方向上推动问题解决的政策，充分反映在中共中央、国务院于2019年4月15日颁布的《关于建立健全城乡融合发展体制机制和政策体系的意见》中，即第一，有力有序有效深化户籍制度改革，放开放宽除个别超大城市外的城市落户限制；第二，完善农村承包地“三权分置”制度，在依法保护集体所有权和农户承包权前提下，平等保护并进一步放活土地经营权。只有真正落实好这两项要求，才能保持农业劳动生产率的持续提高，有力支撑城乡融合发展。

五　横向流动到纵向流动

中国经济发展已经到了这样的阶段，即劳动力流动的目标应该从横向为主转到横向流动引致的纵向流动轨道上。在城乡劳动力市场日益发育成熟的条件下，农民工已经在更大的地域范围内流动，总体方向是从中西部地区流向沿海地区，从农村进入各级城市。

例如，在2018年离开本乡镇6个月及以上的1.73亿农民工中，44%流动范围是跨越省界的，而其中中部地区外出农民工的跨省流动比例高达60.6%，西部地区该比例为49.6%。实际上这一比例在前些年还要更高一些，随着制造业从沿海地区向中西部地区的转移，中西部地区有了更多的就业机会，加上劳动力短缺导致农民工年龄老化，远离家乡的机会成本和心理成本均提高，省内劳动力流动比例有所上升。

劳动力转移和流动越来越充分，以及流动范围的扩大，不仅开始缩小城乡收入差距，也显著地缩小了地区之间的工资差距。城镇居民收入与农村居民收入之比，从2009年最高水平2.67下降到2018年的2.32。2018年中部地区和西部地区农民工平均工资，分别相当于东部地区平均工资水平的90.2%和89.1%，工资趋同的趋势进一步增强。

然而，这只能说明劳动力横向流动的效果。当讲到社会流动时，完整的过程应该是通过横向流动的扩大，使处于社会分层不同位置的个人和家庭，有更多的机会沿着分层结构中的阶梯上升，即社会身份变化所表征的纵向流动。

一般来说，横向流动固然是纵向流动的前提条件，但是却并不必然导致纵向流动。我们可以把一个社会群体实现纵向流动的概率，看作是以下几个因素的函数。首先是包括人力资本在内的群体人口特征，如人口特征、受教育年限、技能等。其次是他们就业的性质和状况。再次是他们能够获得的上升机会。最后是他们所处的状态是否具有稳定性或动态性。

总体来说，农民工在这些因素方面获得了很大的改善，但是，由于户籍制度阻止其成为城市市民，因而在城市的就业和生活具有诸多与城市户籍人口相比的弱势特征，使其在社会融入、机会获得、上升概率等方面面临更大的障碍，从而在社会纵向流动方面仍然处于不利地位。通过对一项抽样调查结果进行描述性统计分析[①]，我们可以从几个方面进行观察。

首先，从就业性质来看。在现行体制和社会环境下，就业的部门类别、单位类型、所有制性质和行业特点，都可以在一定程度上揭示特定劳动者群体在社会阶梯的位置和上升预期。从这方面看，农民工比六年前（2016 年与 2010 年相比）有了较大的改善。但是，随着时间推移农民工得到改善的幅度，尚不如农民工与城市户籍居民之间的差距那么显著。

如果把进入行政和事业单位、公有制企业和较大规模企业的情况作为一种纵向流动指示器，农民工在这些方面得到改善的同时，仍然保持着与城镇户籍人口的差别。例如，在行政和事业单位就业的比例，农民工仅为 2.5%，而城市户籍居民这一比例高达 17.8%。在国有企业或集体企业就业的比例，农民工为 7.4%，而城市户籍居民为 24.5%。在 20 人以上规模企业的就业比重，农民工为 45.7%，本地居民为 73.5%。

其次，从劳动报酬、社会保障以及其他待遇看。农民工平均工资水平与六年前相比有显著的提高，从 2010 年的 2855 元提高到 2016 年的 4965 元，提高幅度达 73.9%。与此同时，农民工与具有城镇户籍的职工之间的工资差距也有所缩小，2016

---

① 2016 年，中国社会科学院人口与劳动经济研究所在上海、武汉、沈阳、福州、西安和广州六个城市进行了劳动力调查（简称 CULS）。在上海和广州，目标样本量包括本地户籍家庭 700 户、外来人口家庭 500 户；在沈阳、福州、武汉和西安，目标样本量包括本地户籍家庭 600 户、外来人口家庭 400 户。

年城镇户籍职工平均工资为5528元。如果从工资中位数来看，农民工六年提高了一倍，已经与城镇户籍职工的水平持平。

然而，正如可以想象的那样，农民工就业的稳定性仍然不尽如人意。签有劳动合同的农民工比例从24.1%提高到39.0%，但是仍然比城镇户籍职工低31.4个百分点。农民工加入社会保险的比例大幅度提高，但是，仍然显著低于城镇户籍职工。由于从未获得过分配住房，没有均等机会得到补贴性住房，没有能力且没有预期购买商品房，农民工住房的自租比例非常高（表7—1）。

表7—1　　农民工与城市本地职工的社会保险参与率（%）

	农民工		本地职工
	2010	2016	
社会养老保险	10.84	32.52	74.02
医疗保险	9.43	31.48	70.69
失业保险	7.17	25.76	54.32
工伤保险	8.55	27.53	52.96
房屋自租比例	79.61	76.09	12.01

资料来源：根据2017年CULS数据计算。

最后，从人力资本禀赋来看。如同其他人口特征一样，农民工平均受教育程度也有所改善，同时与城市本地职工有一定差距（表7—2）。从粗略估算的人均受教育年限上面可以清晰看到这一点。但是，特别关注的或许是，农民工的受教育分布有轻微的两极化趋势，即小学及以下的部分没有降低，初中和高中的部分有所减少，而大专及以上的部分显著增加。这实际上反映了农民工年龄构成的变化趋势，即随着农村高中和初中新毕业生人数减少，农民工的年龄更替速度放慢，有年龄老化的倾向。所以，一方面年轻人受教育程度越来越高，另一方面年龄偏大且受教育程度偏低的农民工比重有所提高，形成当前这种人力资本分布。

表 7—2　　农民工与城市本地职工的教育构成（%）

	农民工	城市本地	
	2010	2016	
小学及以下	14.0	14.5	2.4
初中	52.3	43.2	19.6
高中或中技	25.0	22.3	33.4
大专及以上	8.8	19.9	44.6
受教育年限（年）	9.9	10.5	13.9

注：受教育年限系作者按照以下假设进行估算："小学及以下"为 6 年，"初中"为 9 年，"高中或中技"为 12 年，"大专及以上"对农民工和城市居民的受教育年限权数分别为 15.5 年和 18 年（原因是假设农民工在这个组别中有更多专科生，而城市居民在整个组别中有更多研究生）。

资料来源：根据 2017 年 CULS 数据计算。

此外，我们把服务业区分为低技能、中等技能和高技能，可以看到农民工与六年前（2016 年和 2010 年相比）相比有更大的比例在中等技能和高技能行业就业。但是，与城镇户籍职工的就业相比，农民工仍然更集中于较低技能行业。例如，农民工在高技能行业就业比例，从 2010 年的 9.6% 提高到 2016 年的 15.0%，但是仍然比城镇户籍职工低 23.6 个百分点。

从更宏观的层面来看，以下事实也表明，大规模进城的农民工没有获得充分的纵向流动机会。2018 年，农民工月平均工资为 3721 元，其中离开本乡镇的外出农民工平均工资为 4107 元。即便考虑到他们的家庭赡养系数，按照某些定义，这个收入也达到了通常意义上的中等收入群体的标准。[①] 但是，由于户籍制度的限制，他们尚不能均等地享受城市基本公共服务，存在后顾之忧使其消费倾向未能开发出来，所以还不能算是真正意义上的中等收入群体。

同样由于户籍制度，外出农民工的子女要么留在家乡成为留守儿童，要么随父母迁移成为流动儿童，获得的义务教育机会和质量都不足，容易产生代际职业固化从而社会分层固化的结果。另外，外出农民工居住和就业预期不稳定，接受培训的机会既少意愿也低，因而职业发展的空间被大大压缩。

为了更充分发挥城市化增强社会流动的功能，需要在劳动力横向流动的基础上，推进人口和家庭的纵向流动。作为反映

---

① 蔡昉：《如何培养中等收入群体》，载蔡昉《中国故事到中国智慧》，四川人民出版社 2019 年版，第 219—230 页。

社会公平程度的社会（纵向）流动性，是一整套社会政策的综合结果，也是政策调整的重要依据。为实现明显改善收入分配状况，以及缩小乃至消除基本公共服务差别的社会政策目标，最关键的环节和预期效果最明显的着力点，就是从满足基本公共服务需求、消除人口流动的体制机制弊端入手，把农民工及其家庭培育为真正意义上的中等收入群体。

六　推动农民工落户的体制改革

在2018年全部1.73亿外出农民工中，78.2%进入各级城镇，总数为1.35亿人。现在的问题是，他们对城镇的进入主要还是以暂居劳动者的身份，而不是以永久居民的身份。从中国当前需要解决的问题看，实现这种进入身份的转变具有越来越突出的紧迫性。

在当下的中国，增强劳动力纵向流动的关键，是在更高层次和更深程度上为农民工群体开启进入城市就业部门和融入社会生活的大门。一般来说，在一定经济发展阶段上，劳动力市场本身可以带来发展成果的共享。例如，在二元经济发展时期，伴随工业化进程就业不断扩大，可以大幅度提高劳动者对非农产业的参与程度，通过成为工资劳动者而增加家庭收入。及至经济发展跨过刘易斯转折点之后，普通劳动者和低收入家庭则可以从工资上涨中获益。

然而，随着经济发展越来越具有新古典增长特征，也就是说，这时生产要素积累受到更加严格的制约，生产要素重新配置的空间也明显缩小，相应地，体制改革也不再具有帕累托改进的性质。一般来说，在这个时候，无论是提高生产率所必需经由的创造性破坏过程，还是改革不可避免产生受损者的性质，都决定了收入分配的改善和机会均等化越来越需要依靠再分配政策。

在中国的特殊国情下，一方面仍然存在着改善收入分享机会的空间，另一方面也要逐渐加大社会政策的保护水平，两方面均有赖于在进一步疏通劳动力横向流动渠道的同时，搭建社会纵向流动的阶梯。破除阻碍这两种流动方向的体制机制障碍的关键举措，就是户籍制度改革。因为这个制度不仅其存在本身就意味着进入还不是充分的，同时它还是一系列其他导致基本公共服务不均等的制度依据。

户籍制度改革并不是铁板一块，也非自始至终没有可圈可点的重大突破。如果把户籍制度看作由“内核”与“外围”两个部分组成的话，事实上，这项改革一直在外围上得到积极推进。例如，正是由于对人民公社体制、票证制度、城镇就业制度等方面的成功改革，才实现了农民工在城市的长期就业和居住，大幅度提高了常住人口的城市化率。

迄今为止，户籍制度仍在发挥阻碍转移劳动力在城市稳定定居和就业的功能。城市化速度是史无前例的，而户籍制度改革却采取了渐进的推进方式，两者的节奏并没有实现完全同步。常年外出农民工及其随迁家属被统计为常住城镇人口，却没有获得城镇户口，使这个城市化过程在微观层面上，呈现出农民工个人的终身就业周期的“有来有去”模式。只有推进并完成以农民工市民化为核心的户籍制度改革，才能保持劳动力转移持续进行并使农民工及其家庭在城市沉淀下来。

然而，农民工不能成为完全意义上的城市居民这一事实，说明户籍制度的核心迄今为止尚未根本触及。因此，农民工进入城市只是以就业者的身份，以户籍居民进入的途径终究没有开启。在统计上的表现，就是在常住人口城市化率与户籍人口城市化率之间一直存在一个缺口，2017 年前者为58.5%，后者为42.4%。

如果说，过去40 年促进了城市化的户籍制度改革是遵循了一个从“外围”到“内核”的路径，现在则需要集中攻关，实现这个“内核”部分的突破。户籍制度最关键一步改革即农民工的市民化之所以举步维艰，在于改革收益与改革成本之间的关系不对称。研究表明，户籍制度改革可以通过提高对非农产业的劳动参与和资源重新配置效率，显著提高中国经济潜在增长率。[①] 这意味着户籍制度改革可以产生显而易见的改革红利。

---

① Fang Cai and Yang Lu, “The End of China’s Demographic Dividend: The Perspective of Potential GDP Growth”, in Fang Cai, R. Garnaut and L. G. Song (eds.), *China: A New Model for Growth and Development*, Australian National University E Press and Social Sciences Academic Press, 2013, pp. 55 – 74.

但是，这个实实在在的改革红利，却不能被负有改革成本直接支付责任的地方政府以排他的方式获得，导致中央政府与地方政府在推进改革问题上的激励不相容。因此，推进户籍制度改革，实现农民工及其家庭以市民身份进入城市的关键，在于中央政府对改革进行顶层设计，创新性地安排改革成本的分担和改革收益的分享，形成激励相容。

鉴于由户籍制度改革获得的潜在收益，对中国经济可持续增长和中国社会公平正义提高有着巨大的正外部效应，这项改革事实上具有全国范围和最高层面的公共品性质。因此，中央政府承担更大的支出责任为必要的改革成本埋单，可以成为真正推动改革并取得成效的引爆点。

七　结语

起步于20世纪70年代末的中国经济改革，逐步破除生产要素积累和配置的体制障碍，创造出中国经济高速增长的充分条件；特定的人口转变阶段与改革时期高度重合，为高速增长提供了必要条件；中国特色城市化则是把改革、发展和分享融为同一过程，把潜在增长率转化为经济发展奇迹的过程载体。

农业剩余劳动力从低生产率农业中退出，在城乡之间、地区之间、产业之间流动，进而进入高生产率的城市部门，构成了中国特色城市化的过程和内涵，也是讲解中国经济发展成功故事，提升其发展经济学一般意义，以及揭示进一步改革和发展逻辑的一个有益角度。

首先来看这些经验对中国自身持续发展的含义。中国特色城市化的经验表明，中国的经济发展是在对传统体制的改革中实现的，既创造出微观激励又获得了宏观效率，符合几乎所有的经济增长、结构调整和社会变迁规律，却又密切结合了中国国情，与中国特定时期所处的经济发展阶段、人口转变阶段，以及面临的体制遗产相对应。遵循相同的逻辑，已经获得成功的经验可以得到发扬光大。

与此同时，中国经济发展阶段毕竟发生了重大的变化，客观上要求中国顺应变化了的情形，更新已有经验的内涵，以便完成未竟的改革、城市化从而经济发展任务。

其次来看这些经验具有哪些更为一般化的含义。各国都存在自身发展的必要条件，并且常常是独特的。本章强调经济增长的必要条件而不是比较优势，是因为与比较优势这个概念相比，必要条件从概念上讲内涵更丰富，外延更周延；而从实践上讲，必要条件只需从供给侧因素考虑即可，无需考虑需求侧和周期性的因素，因而是具体可把握的。

由此出发，中国以城市化为代表的改革和发展经验，可以回答下列问题从而解决一般的发展问题。第一，通过改革解决生产要素积累的激励问题和生产要素重新配置机制问题，把必要条件转化为实际经济增长。第二，立足于劳动力重新配置从而促进更加充分就业，把改革、开放、发展和分享融为一体，由此获得全社会对改革的共识和支持，使之得以持续推进。第三，随着发展阶段变化而不断调整改革的重点和发展方式，以保持和挖掘经济增长的新的条件。

不过，说城市化是一个有益的事物，更在于这个作为发展一般规律体现的过程，自身应该具有与时俱进的品质，即在不同的发展阶段，面对相异的发展任务，均可以发挥独特的作用，把经济社会发展的目标融为一体。在完成了作为资源重新配置载体、帮助中国在高速增长时期兑现人口红利的任务之后，更高发展阶段的城市化需要执行经济一体化和社会融合的功能，推动中国跨越中等收入陷阱，克服成长中的烦恼。然而，无论任务重点如何变化，下一个阶段的城市化仍然要以资源重新配置为红线，以提高劳动生产率为目标。

第八章　改革的资源重新配置效应

一　引言

以1978年中国共产党第十一届三中全会召开为起始标志，中国改革开放已经走过了40年的历程。把孔子所说“四十不惑”用在这里，表明在40年之际对改革开放进行总结，应该与在20年和30年时不一样，更加完整的历程和更加确切的事实，应该有助于我们的认识更加清晰和深刻。特别是，日趋丰富的经验证据，不仅可以帮助回答改革与经济增长之间的关系，还帮助解释改革内容及方式与增长绩效及其程度之间的关系。

前一章叙述的城市化过程，固然有鲜明的中国特色，然而，我们仍然需要提炼出更加一般性的内涵。例如，究竟中国特色城市化过程从哪些方面、以多大程度为改革时期的高速增长提供动能，这就需要拥有足够丰富的经验素材和足够深厚的历史眼光，才能分析透彻，得出更具一般意义的结论。

迄今为止，经济学中已经积累起丰富的文献探讨中国经济改革。总体来说，国内学者具有掌握第一手资料的优势，着眼于对改革过程进行描述，或者以计量方式进行经验总结的文献居多。而国外除了计量研究之外，也有一些颇有影响的研究通过比较的视角，尝试把中国改革与一般发展和制度变迁规律建立关联，因而得到更多的关注。

城市化作为改革促进发展和分享的核心过程，在于其具有的资源重新配置效应。在这方面，迄今为止很多具有影响力的研究，正是由于没有充分揭示出改革的资源重新配置效应，导致其解释力不足。与此同时，我们也可以把这些相关的研究范式作为基准点，看一看一旦加入资源重新配置的内核，经济学对于中国改革开放发展分享的解释力是否更加强大。

对于中国的改革，“华盛顿共识”的信奉者给出了一些先验性的体制目标模式，简单套用新古典增长理论的学者，也以西方经济发展经验武断地设定圭臬，以此来比照中国改革是否彻底、是否成功，中国的增长算不算得上是“奇迹”、有没有可持续性。

例如，扬和克鲁格曼等遵循其一贯的理论出发点和经验方法，认为中国改革期间的增长类似于多年前他们所批评的东亚经济，具有粗放性和不可持续性。[①] 这种判断完全无视中国所

① Alwyn Young, “Gold into the Base Metals: Productivity Growth in the People’s Republic of China during the Reform Period”, *Journal of Political Economy*, Vol. 111, No. 6, 2003, pp. 1220 – 1261; Paul Krugman, Hitting China’s Wall, *New York Times*, July 18, 2013.

处的二元经济发展阶段特点，与他们对东亚经济的判断一样，其正确性已经为事实所否定。这些研究者不仅未能理解劳动力无限供给可以阻止资本报酬递减规律的作用，也忽略了资源重新配置带来全要素生产率提高的效应。

这类研究还有一个缺陷，就是没有充分揭示中国改革所遵循的自身逻辑和采取的独特方式。虽然一些研究者尝试阐释中国改革方式[①]，或者在事实和国际比较结果面前承认中国改革方式的成功[②]，但也往往不能解释中国改革开放时期，人民生活得到显著改善的同时却形成了巨大收入差距的矛盾现象。他们任由这种解释上的不彻底性存在，往往以“但书”的方式把取得的成就和存在的问题并列。

只有讲清楚资源重新配置过程，才可能同时解释经济增长奇迹和改善民生的事实。虽然影响收入分配的因素众多，但资源重新配置产生的要素价格均等化效应却终究会发挥作用。此外，渐进式改革成功的要点在于，它可以在不产生对相关当事人剧烈冲击的情况下，把低效率的存量随时随地进行重新配置，转化为经济增长源泉，反过来支撑改革的持续推进，并增进改革和开放的政治共识。

---

① Justin Lin, Fang Cai and Zhou Li, *The China Miracle: Development Strategy and Economic Reform*, Hong Kong: Chinese University Press, 2003; Barry Naughton, *Growing Out of the Plan: Chinese Economic Reform, 1978 – 1993*, Cambridge University Press, 1996.

② Jeffrey Sachs, “Lessons for Brazil from China's Success”, transcript, São Paulo, November 5, 2003.

长期为新古典增长理论辩护的巴罗等人，把包括制度因素在内的一系列变量纳入增长回归，作为条件趋同的因素之一。[①]然而，他们模型中选取的制度变量未必与作为中国经济改革对象的体制因素相一致。例如，关于体制因素，他们在模型中往往把政府支出比重作为不恰当干预的代理变量。这或许对某些发展中国家是一个负面因素，但是，中国改革开放时期高速增长的一个重要特点则是政府发挥积极的作用。因此，简单套用所谓的趋同铁律，对中国经济做出了错误的预测。[②]即使在这些模型中对中国具有解释力的部分，也仅仅看到了趋同性增长的部分必要条件，而看不到背后最关键的内核——资源重新配置效应，从而无从解释中国高速增长的源泉。

一些经济学家看到了中国具有的有利人口条件，揭示出人口红利在增长中的作用[③]，却终究没有讲透中国式二元经济发展的机理，未能把有利的人口结构是通过何种途径被兑现为人口红利，进而转化为高速经济增长的问题说明白。

这类研究缺乏的是经济发展阶段的视角。从新古典增长理论出发，不懂得具有劳动力无限供给特征的二元经济发展阶段

---

① Robert J. Barro and Xavier Sala-i-Martin, *Economic Growth* (*Second Edition*), Cambridge, London: The MIT Press, 2004.

② Robert J. Barro, "Economic Growth and Convergence, Applied Especially To China", NBER Working Paper, No. 21872, 2016.

③ Feng Wang and Andrew Mason, "The Demographic Factor in China's Transition", in Loren Brandt and Thomas G. Rawski (ed.), *China's Great Economic Transformation*, Cambridge, New York: Cambridge University Press, 2008.

下具有的特殊增长源泉——人口红利，特别是不了解中国人口红利及其兑现为增长源泉的途径，因而不能把要素投入驱动的经济增长绩效与看似不可持续的增长方式之间的矛盾，做出理论上一致的说明。

发展经济学的一个传统是结构演进规律论。库兹涅茨和钱纳里等人开创了这个传统，揭示了以生产率提高为引导的产业结构变革对于经济发展的意义①，青木昌彦也将其应用于对包括中国在内的东亚经济研究，认同中国经济经历的库兹涅茨过程②。这类研究更加注重经验，较少囿于先验结论和固有成见。但是，即便这种结构演进规律被广为接受，现实中也存在着巨大的国家差异③，对中国的全面研究从而对独特演进道路的认识仍嫌不足。

本章着眼于弥补既有研究的不足，立足于中国在改革时期所处的经济发展阶段及其变化，从劳动力资源重新配置角度解释相关改革过程，从经验上揭示其带来的经济增长和结构调整效果。特别是尝试回答关于中国经济发展奇迹的充分条件、机制机理、结构视角和阶段变化，及其对进一步改革和发展的含义。

---

① ［美］西蒙·库兹涅茨：《各国的经济增长：总产值和生产结构》，商务印书馆 1985 年版；［美］霍利斯·钱纳里、［美］莫伊思·赛尔昆：《发展的型式 1950—1970》，经济科学出版社 1988 年版。

② Masahiko Aoki, "The Five Phases of Economic Development and Institutional Evolution in China, Japan, and Korea", in Aoki, Masahiko, Timur Kuran, and Gérard Roland (eds.), *Institutions and Comparative Economic Development*, Basingstoke: Palgrave Macmillan, 2012, pp. 13-47.

③ ［美］霍利斯·钱纳里、［美］莫伊思·赛尔昆：《发展的型式 1950—1970》，经济科学出版社 1988 年版，第 14 页。

二　资源重新配置为什么重要？

研究者对于中国改革开放及其带来的经济增长绩效进行了大量的研究，相关的经济学文献通常主要集中于回答中国的高速经济增长为什么会发生，改革是如何推进的，以及统计意义上的经济增长绩效从何而来这样三个问题。第三个即“从何而来”的问题，在第五章已经进行了详尽的讨论，这里主要回答“为什么”和“如何”的问题，即从高速增长的发生和推进机理出发，认识资源重新配置的意义。

回答“为什么”的问题，就是要阐释中国经济何以在改革期间取得史无前例的高速增长，即改革与增长绩效的关系。发展经济学、制度经济学和增长理论文献都揭示，有利于保护产权和促进竞争的体制环境及恰当的界定政府职能，都有利于经济增长，有助于处在较低发展水平上的国家向发达国家的生活水平趋同。因此，旨在找到阻碍发展的关键因素并矫正之的经济体制改革，因其消除或削弱了传统体制弊端，提升增长速度的效应是可以预期的。[①]

绝大多数研究认同，这个增长绩效是改革开放的结果，即

---

① Loren Brandt and Thomas G. Rawski, “China's Great Economic Transformation”, in Loren Brandt and Thomas G. Rawski (ed.), *China's Great Economic Transformation*, Cambridge, New York: Cambridge University Press, 2008, p. 9.

通过改善微观环节的激励机制、矫正价格信号、发育产品市场、拆除生产要素流动的体制障碍，以及通过对外开放引进技术、资金和竞争，提高了中国在这一发展阶段的潜在增长能力并予以实现为实际增长。例如，在一部关于中国经济转型的著作中，中外45 位作者达成共识，中国经济取得的显著成就，应该归结于从计划经济向市场机制、从单一公有制到多种所有制并存、从封闭到参与经济全球化的重大转变。①

改革前中国实行的计划经济模式的弊端在于，一系列体制因素既损害了对经营者和劳动者的激励机制，也导致资源的低效、无效乃至错误配置。传统体制形成之初，中国总体上已经完成经济内卷化过程，即在农业中积淀了大量剩余劳动力，形成二元结构社会和不均衡的资源配置格局，本应开始以劳动力转移为特征的二元经济发展。

然而，急于赶超工业化国家的强烈愿望，加之对工业化认识上的偏差以及有限的选择空间，导致了对计划经济体制的选择，阻碍了生产要素的流动从而库兹涅茨式的产业结构演变。这种体制下资源误配的格局反过来锁定了无效的激励机制，导致低下的生产率和增长表现，并形成一种恶性循环。

一般来说，面对一个长期缺乏激励机制从而抑制资源配置

---

① Loren Brandt and Thomas G. Rawski, "China's Great Economic Transformation", in Loren Brandt and Thomas G. Rawski (ed.), *China's Great Economic Transformation*, Cambridge, New York: Cambridge University Press, 2008, p. 9.

效率的经济体制，从打破这一恶性循环中微观激励不足的环节入手，容易以帕累托改进的方式推进改革，进而改变资源配置方式，矫正资源误配格局。过去40年的中国经济改革基本上是沿着这一路径进行的，由此兑现了人口红利，改变了中国经济的潜在增长率，实现了人类历史上罕见的高速增长。这就是改革解放生产力、促进增长的经济学道理。

回答“如何”的问题，就是在比较中揭示中国的改革方式有何独特之处。早期的观察强调了这种改革路径注重新旧衔接，如诺顿（Barry Naughton）著名的新体制“从计划中生长出来”的表述[①]，以及研究者普遍观察到的改革的渐进性质和着眼于增量改革的特点[②]，以此区别于其他前计划经济国家的转轨，如俄罗斯和波兰采取的是同时推进放开价格和把国有企业私有化的“休克疗法”。进一步，研究者也观察到，中国的改革不仅因其未导致经济增长衰退而始终保障了基本民生，改革本身也具有以提高全体居民的生活水平为导向的特点。[③]

与此相关的，有一个重要的问题即关于中国发展的包容性问题，则往往为研究者所忽略，或者得出不尽符合逻辑的

---

① Barry Naughton, *Growing Out of the Plan: Chinese Economic Reform, 1978 - 1993*, Cambridge University Press, 1996.

② Justin Lin, Fang Cai and Zhou Li, *The China Miracle: Development Strategy and Economic Reform*, Hong Kong: Chinese University Press, 2003.

③ Fang Cai (ed.), *Transforming the Chinese Economy, 1978 - 2008*, Introduction, Leiden, Boston: Brill, 2010.

结论。多数学者注意到中国在居民收入整体提高的同时，收入分配的不均等程度呈现提高的趋势，并迄今仍处在很高的水平。

按照国家统计局发布的数据，2018 年中国的居民收入基尼系数为 0.474。一些学者通过自己的研究结果，认为中国居民之间的实际收入差距要大得多。例如，试图更完整地获取收入分布的贫富两端数据，王小鲁揭示了大规模未被统计数据捕捉到的灰色收入[①]，而甘犁等计算得出 2010 年的基尼系数更高达 0.61[②]。

根据各类反映收入不均等程度的指标，我们固然应该承认，改革开放时期收入差距的确趋于扩大，并且按照国际标准来说中国具有较高的收入差距水平。然而，总体而言，中国城乡居民在不同时期，分别或同时通过几种不尽相同，却符合发展阶段的形式，分享了经济增长的成果。

要获得关于中国改革开放过程中分享性的正确认识，以下几个事实不容忽略。[③] 首先，在收入差距扩大的趋势中，各收入组的居民群体均经历了收入的快速增长。其次，那些发掘收入分组高低两个尾部极端值的做法及得出的结果，尽

① 王小鲁：《国民收入分配战略》，学习出版社、海南出版社 2013 年版。

② 甘犁、尹志超、贾男、徐舒：《中国家庭金融调查报告 2012》，西南财经大学出版社 2012 年版，第 153 页。

③ 参见 Fang Cai, *China's Economic Growth Prospects: From Demographic Dividend to Reform Dividend*, Chapter 10, UK, MA, USA: Edward Elgar Publishing, 2016。

管对于认识和分析问题也有助益，但是并不适宜进行国际比较，因为各国收入统计均存在遗漏两端信息的问题。其实，在中国收入调查中也存在着另一面的技术性问题，造成对农户收入的低估和对城市常住人口收入的高估，从而夸大城乡收入差距的问题。最后，中国包容性发展的不容辩驳的证据更在于，数亿人口摆脱了绝对贫困状态，创造了世界公认的扶贫成就。

在典型的二元经济发展阶段上，劳动力无限供给特征虽然阻碍了工资水平的提高，却保持并强化了劳动密集型产业的比较优势和国际竞争力，创造了更多的就业岗位，非农产业就业的参与程度显著提升，由此提高了城乡居民收入，使各个组别的家庭获益。

国际上的学者普遍观察到，在过去数十年中美国乃至许多其他发达国家，就业扩大的经验乏善可陈。奥托尔（David Autor）等观察到美国劳动力市场的两极化趋势，即高技能型岗位和低端部门非熟练岗位增长较快，中间层次岗位相对减少，原来处于中间层次岗位而没有高等教育学历的劳动者则“降级”到低端岗位。[①] 斯彭斯（Michael Spence）等得出结论，认为在1990—2008 年期间，美国的新增就业增长缓慢且几乎无一来自

---

① David H. Autor, Lawrence F. Katz, and Melissa S. Kearney, “The Polarization of the U. S. Labor Market”, NBER Working Paper, No. 11986, 2006; David H. Autor, “Work of the Past, Work of the Future”, *AEA Papers and Proceedings*, Vol. 109, 2019, pp. 1 – 32.

制造业等可贸易部门。[①]

与这些观察形成鲜明对比的是，中国的非农就业不仅大幅扩大，且在可贸易部门与非贸易部门保持平衡，在2004—2013年期间分别年均增长6.9%和4.7%。如果考虑到这个增长速度是按照被低估了20%左右的2013年非农就业数字计算的，实际就业增长则会更加突出。[②]

以2004年中国经济迎来以劳动力短缺和工资上涨为特征的刘易斯转折点为分界，此前，虽然收入差距有明显扩大，但没有产生两极化趋势，各个收入组的收入水平都在提高；此后，普通劳动者工资从而低收入家庭收入加快提高，自2008年以来各种指标都显示了收入差距的缩小趋势。

与到达刘易斯转折点的时间相吻合，中央和地方政府都明显加大了再分配政策力度，特别突出的做法是建立了农村居民的最低生活保障制度和基本养老保险制度等，基本公共服务供给更加充分，城乡、区域和社会群体之间享受基本公共服务更加均等，劳动力市场制度加快建设，都明显提高了经济发展的共享程度。[③] 与户籍制度相关的改革加快推进，劳动力流动的

---

① Michael Spence and Sandile Hlatshwayo, "The Evolving Structure of the American Economy and the Employment Challenge", Working Paper, Maurice R. Greenberg Center for Geoeconomic Studies, Council on Foreign Relations, March, 2011.

② 在第十二章我们将进行更加详尽的比较和数据说明。

③ 参见 Fang Cai, *China's Economic Growth Prospects: From Demographic Dividend to Reform Dividend*, Chapter 11, UK, MA, USA: Edward Elgar Publishing, 2016。

政策环境也明显改善。

三 劳动力转移与配置

有利于生产要素特别是劳动力流动并获得重新配置的改革，涉及微观环节和宏观层面的诸多领域。简单按照时间顺序叙述这些改革，难以在理论逻辑上突出某项改革在资源重新配置方面的意义。我们不妨直接观察结果，即在改革期间，通过体制改革和政策调整拆除一系列制度障碍，劳动者得以依据就业机会和相对收入的市场信号，离开原来所在低生产率的就业领域，在地域上和产业间流动，并进入新的、生产率更高的就业领域。

青木昌彦根据东亚（主要是中国、日本和韩国）经验做出发展阶段划分时，提出了一个以产业结构变化为特征的库兹涅茨阶段（或简称 K 阶段）。[①] 其他学者也承认，劳动力转移形成资源重新配置效率，是亚洲经济体产业结构变化的一个典型特征[②]，也构成中国改革开放时期全要素生产率从而劳动生产率提高的重要组成部分[③]，并对这一时期的经济增长做出显著

① Masahiko Aoki, "The Five Phases of Economic Development and Institutional Evolution in China, Japan, and Korea", in Aoki Masahiko, Timur Kuran, and Gérard Roland (eds.), *Institutions and Comparative Economic Development*, Basingstoke: Palgrave Macmillan, 2012, pp. 13 –47.

② Margaret S. McMillan and Dani Rodrik, "Globalization, Structural Change and Productivity Growth", NBER Working Paper, No. 17143, 2011.

③ Barry Bosworth and Susan Collins, "Accounting for Growth: Comparing China and India", NBER Working Paper, 12943, 2007.

贡献。[1]

相关领域的改革解除了一系列制度障碍，促进了劳动力在产业和地区之间，遵循生产率提高的方向进行重新配置。这使得改革以来的中国经济增长经历了一个库兹涅茨过程，即资源配置效率不断提高，构成全要素生产率的重要组成部分，支撑了这一时期的高速增长。从这个意义上，可以说40年的经济改革成果，是经济总量增长和产业结构调整的有机结合。

下面，我们依据此前发表的研究成果，从经验上观察这种改革带来的劳动力转移情况及其带来的资源重新配置效应。[2]

按照经济发展的一般规律，农业产值和就业份额随人均收入水平提高而下降。经过30多年的经济发展、人口转变以及相伴随的就业扩大，中国城乡就业人口总规模从1978年的4.02亿人增加到2015年的7.75亿人。

与此同时，作为大规模农业劳动力转移的结果，第一产业就业比重从70.5%下降到28.3%，第二产业和第三产业就业比重从17. 3%和12.2%分别提高到29.3%和42.4%。在GDP总量高速增长、非农产业增加值更快增长以及劳动力重新配置条件下，虽然三个产业生产率及其提高速度不同，总体劳动生

① 都阳：《劳动力市场变化与经济增长新源泉》，《开放导报》2014年第3期。

② 蔡昉：《中国经济改革效应分析——劳动力重新配置的视角》，《经济研究》2017年第7期。

产率却得以大幅度提高。

不过，在使用数据进一步展示这个过程和结果之前，我们需要对官方统计数据进行一定程度的修订，并形成一套与官方数据对照的数据系列。

首先，对1990年以前的城乡就业总规模进行一定的平滑化处理。官方统计数据显示，就业人口总数在1990年有一个异常的跳跃，从1989年的5.53亿人一下子提高到1990年的6.47亿人，提高幅度为17%。这个陡增的就业数并非一年里实际发生，而是根据1990年第四次人口普查数据调整的结果。

既然没有充分的依据解释和恰当处理这个异常值，我们将其进行平滑处理，即把该年度就业数的一次性陡增，恰当地分摊到1978—1989年各年之中，而在1990年之后各年仍然采用官方统计数据。

其次，按照更加接近真实情况的假设，把农业劳动力数量和比重做了调低处理。有几个考虑使我们倾向于认为，官方数据显示的农业劳动力比重过高。其一，农业中仍然存在大量剩余劳动力的判断，不能与改革开放期间劳动力大规模流动的事实相互一致。其二，中国在其高速增长和产业结构剧烈变化期间，农业劳动力比重每年下降的速度，还不到日本和韩国相应时期的一半，也难以在逻辑上说得通。其三，以往的研究提供了诸多证据，或者发现中国农业劳动力比重异常地高于理论预期[①]，或者认为统计数据中显示的农业劳动力比重，从早年起就被高估了[②]。

此前的一项研究通过合理修正国家统计局关于农业劳动力的定义，重新估算了2009年的实际农业劳动力，表明官方数字把农业劳动力比重高估了约13.4个百分点。[③] 这一结果与布兰德和朱小东使用其他数据来源所做的估计高度一致。[④]

本章利用这种结果，把2009年官方数据高估的幅度平均分摊到之前和之后的各年之中。具体来说，我们以2009年为基准，把认为高估的农业劳动力均等地分摊到之前各年份中，同时按照认为高估的程度重新调整之后各年份数据。由此得出，2015年实际务农劳动力比重为18.3%，至少比官方数字低10个百分点。[⑤] 统计数据与调整过数据之间的差额，则按照对应的权重分别摊入第二产业和第三产业各年数据中。

这样，我们可以把官方统计数据和调整过的数据，分别与世界平均水平以及各类收入分组国家平均水平进行比较（表8—1）。从发布的统计数据看，中国三个产业间的就业分布仍然

① International Monetary Fund, "Asia Rising: Patterns of Economic Development and Growth", Chapter 3, World Economic Outlook, September 2006, pp. 1 - 30.

② 如 Thomas Rawski and Robert Mead, "On the Trail of China's Phantom Farmers", *World Development*, Vol. 26, No. 5, 1998, pp. 767 - 781。

③ Fang Cai, Yang Du and Meiyan Wang, "Demystify the Labor Statistics in China", *China Economic Journal*, Vol. 6, No. 2 - 3, 2013, pp. 123 - 133.

④ Loren Brandt and Xiaodong Zhu, "Accounting for China's Growth", Working Paper, No. 395, 2010, Department of Economics of University of Toronto.

⑤ 随着国家统计局数据的更新，总体上我们仍然可以按照最新数据认为，实际农业劳动力比重比统计数据显示的要低10个百分点。

具有非典型化结构特征，特别表现为农业劳动力比重过高和第三产业劳动力比重偏低。相比而言，调整过的数据结果则更加符合对体制改革和结构调整效果的预期，但与高收入国家和地区相比，农业劳动力比重仍然过高，第三产业就业比重尚低。

表 8—1　　三个产业劳动力分布的国际比较（%）

国家和地区	第一产业	第二产业	第三产业
中国（统计数据）	28.3	29.3	42.4
中国（调整数据）	18.3	33.4	48.3
中国（ILO）	28.9	23.7	47.3
世界平均	29.5	21.5	48.9
低收入国家	68.5	8.3	23.2
中等偏下收入国家	40.4	21.3	38.3
中等偏上收入国家	23.9	24.0	52.1
高收入国家	3.1	22.5	74.3
东亚高收入经济体	4.1	35.3	60.3

注：前两行系分别按统计数据和调整数据口径的数值，其他则是国际劳工组织通过模型估算的数值。

资料来源：ILO（2017）、国家统计局（历年）及笔者估计。

四　劳动生产率增长及其源泉

在考察了劳动力重新配置过程及效果之后，为了计算总体和分产业的劳动生产率，我们利用分产业的增加值缩减指数，计算出三个产业各年度的实际增加值。由于进行缩减之后的各产业增加值之和大于实际 GDP，我们用前者作为各年度实际 GDP 的代理数据。这样，我们就有了两套关于就业总数、三个产业分别的就业数、三个产业分别的实际增加值及其加总而成的 GDP 时间系列数据，并以此分别计算出总体劳动生产率和三个产业的劳动生产率。

如图 8—1 所示，按照统计数据口径，在 1978—2015 年期间，中国的劳动生产率（劳均 GDP）实际提高了 16.7 倍，其中第一产业提高了 5.5 倍，第二产业提高了 13.5 倍，第三产业提高了 5.2 倍。根据调整过的数据计算结果，总体变化与此一致，只是显示出第一产业有更大的劳动生产率提高幅度。

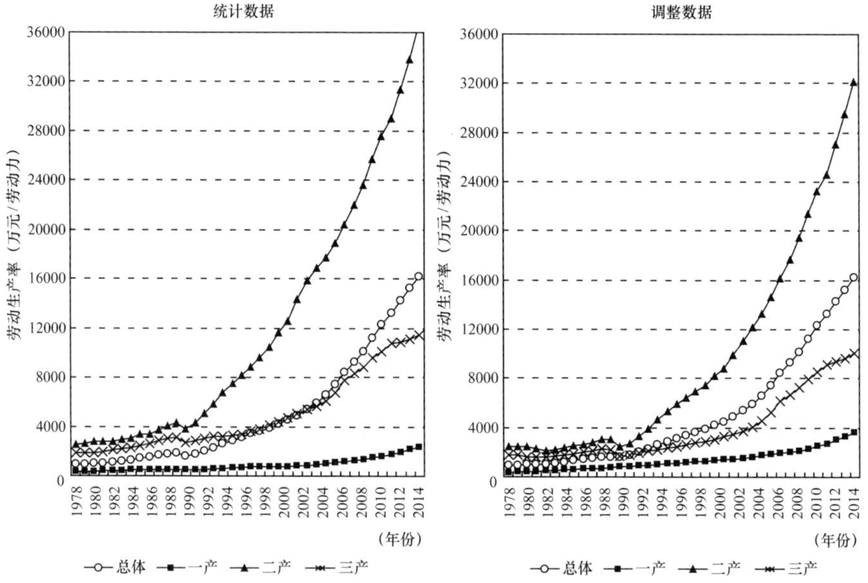

图 8—1　总体和分产业劳动生产率

资料来源：根据国家统计局（历年）数据和笔者的估算。

值得指出的是，经历了近40年产业结构调整和总体劳动生产率提高，三个产业之间，特别是第一产业与第二产业之间的劳动生产率差距却没有缩小。从统计数据看，1978—2015年，第一产业劳动生产率相当于第二产业百分比从14%减小为6%，相当于第三产业的百分比从19%提高到28%。第三产业劳动生产率相当于第二产业百分比从73%缩小为31%。即使从调整过的数据看，这个生产率差距变化也大体相当。

分解劳动生产率源泉，观察其各个构成因素及其相对贡献，通常有两种方法，分别对应不同的关注重点。

第一种是按照功能性分解为全要素生产率、资本劳动比和人力资本等因素贡献。例如，高路易（Louis Kuijs）的估计显示[①]，1978—1994年期间，中国劳动生产率年均增长6.4%，上述三种因素贡献分别为46.9%、45.3%和7.8%，而到1995—2009年期间，劳动生产率年均增长8.6%，三种因素贡献分别为31.4%、64.0%和3.5%。

第二种是按照结构性分解为不同产业或行业的贡献，如第一、二、三产业的贡献。后一种计算要求的数据比较易得，估算方法比较简单，结论直观、简洁，使用得当的话，其解释力在某种程度上可以涵盖前者。

---

① Louis Kuijs, "China Through 2020-a Macroeconomic Scenario", World Bank China Research Working Paper, No. 9, 2010.

在梯莫尔（Marcel Timmer）和吉尔迈（Adam Szirmai）对亚洲一些经济体的制造业劳动生产率增长表现进行比较研究时，提供了一个分解劳动生产率提高因素的计算公式①，可供我们借用来分解三个产业对总体劳动生产率的贡献，以及劳动力在三个产业间转移对总体劳动生产率的贡献，即重新配置效应。公式如下：

$$LP^t - LP^o = \sum_{i=1}^{3}(LP_i^t - LP_i^o)S_i^o + \sum_{i=1}^{3}(S_i^t - S_i^o)LP_i^o + \sum_{i=1}^{3}(S_i^t - S_i^o)(LP_i^t - LP_i^o) \text{ ,}$$

其中 LP 为劳动生产率，下标 i 为 1、2、3，分别代表三个产业，S_i 代表某个产业的劳动力比重，o 和 t 分别代表考察的起始年份和终止年份。

该公式等号左边表示总体劳动生产率的增长，等式右边的第一项表示各产业劳动生产率提高对总体的贡献，第二项和第三项代表产业结构变化对总体劳动生产率的贡献，其中第二项表示静态转移效应，即劳动力向初始年份劳动生产率较高产业转移的贡献，第三项表示动态转移效应，即劳动力向劳动生产率提高速度较快的产业转移的贡献。

我们按照统计数据进行整个时期和分时期计算，而鉴于调

---

① Marcel P. Timmer and Adam Szirmai, "Productivity Growth in Asian Manufacturing: The Structural Bonus Hypothesis Examined", *Structural Change and Economic Dynamics*, No. 11, 2000, pp. 371 – 392.

整过的数据已经进行过平滑化处理，这里仅用来进行这个时期的计算，不再用来进行分期计算（表8—2）。根据前述已知，在三个产业中，第二产业和第三产业的劳动生产率在改革之初皆显著高于第一产业，而且在整个改革期间提高幅度大于第一产业，其中第二产业表现更为突出。

计算结果显示，在1978—2015年期间总体劳动生产率提高中，各产业劳动生产率提高的贡献大于结构变化对劳动生产率提高的贡献。在结构变化效应中，动态效应是主要的贡献因素，静态效应贡献作用较小。

表8—2 中国劳动生产率提高及其贡献分解（%）

年份	劳动生产率总增长	产业内贡献率	结构变化贡献率	其中：静态效应率	动态效应率
1978—2015	1671.3 (38.6)	55.1 (1671.3)	44.9 (56.0)	4.6 (44.0)	40.2 (5.5)
1978—1990	77.5	60.8	39.2	25.8	13.4
1991—2003	205.2	86.2	13.8	7.0	6.8
2004—2015	173.5	66.9	33.1	15.9	17.2

注：括弧内数字系根据调整数据估算的结果。

资料来源：国家统计局《中国统计年鉴2016》及笔者计算。

在对1978—1990年、1991—2003年和2004—2015年三个时期分别进行计算时，我们可以看到，第一个时期和第三个时期，结构变化效应比较显著，其中在第一个时期的结构变化因素（39.2%）中，静态效应贡献突出，为25.8个百分点。而在中间那个时期，产业贡献居于绝对优势地位。在第三个时期，结构变化贡献率再次回到较高水平上。

为了进一步观察三个产业分别对整体劳动生产率提高做出的贡献，我们可以借鉴博斯沃思（Barry Bosworth）和科林斯（Susan Collins）的分解方法[①]。这一方法能够单独显示各产业的贡献，并且可以把三个产业对总体劳动生产率贡献之外的残差，作为资源重新配置效应的一种度量。其计算公式可以表述为：

$$G_o^t = \sum_{i-1}^{3} G_{i,t}^o S_i^o + R$$

其中 G_o^t 为考察期间劳动生产率的增长率，下标 i 为1、2、3，分别代表三个产业，S_i 代表某个产业的增加值比重，o 和 t 分别代表考察的起始年份和终止年份。R 是一个残差项，相当于总体劳动生产率增长未被产业劳动生产率增长解释的部分。

利用这种稍显粗略的方法，我们估算第一、第二和第三产业劳动生产率（劳均增加值）分别提高以及残差项对总体劳动生产率（劳均GDP）增长率的贡献百分点（表8—3）。我们仍然把改革以来分为三个时期，分别代表改革释放出资源配置改进潜力时期、经济增长和结构调整稳步推进时期，以及刘易斯

---

① Barry Bosworth and Susan Collins, "Accounting for Growth: Comparing China and India", NBER Working Paper, No. 12943, 2007.

转折点以后的时期。同样，我们主要使用官方统计数据进行计算，调整过的数据仅用于观察整个时期的情况，而不用来进行分期计算。

表 8—3　　三个产业及重新配置对劳动生产率的贡献（%）

年份	年均增长率	一产贡献率	二产贡献率	三产贡献率	配置贡献率
1978—2015	8.08	17.73	44.22	15.39	22.66
	(8.08)	(21.86)	(42.53)	(14.53)	(21.08)
1978—1990	4.90	15.65	34.46	16.57	33.32
1991—2003	9.75	7.44	61.30	16.71	14.55
2004—2015	9.58	6.68	48.69	20.27	24.36

注：括弧内数字系根据调整数据估算的结果。

资料来源：国家统计局《中国统计年鉴 2016》及笔者计算。

从表 8—3 的计算结果可见，1978—2015 年期间总体劳动生产率年均增长率为 8.1%，而从分期看，第一个时期增长较慢，在随后的两个时期速度明显提高。其中第一产业的贡献稳定下降，各个时期皆不到一个百分点；第二产业的贡献大幅度提高，成为各时期劳动生产率提高的最大贡献部门；第三产业贡献率也有所提高，但贡献率显著低于第二产业；资源重新配置的贡献也很显著，但是在中间的那个时期表现较差。使用调整过的数据对整个时期进行计算的结果，没有发现显著的不同。

五　防止逆库兹涅茨过程

在尽享人口红利实现高速增长以后，从21世纪初开始，中国经济分别经历了若干个具有标志性的转折点。第一，2004年在珠江三角洲地区首现民工荒，并由此导致延续至今的全国性劳动力短缺和工资上涨过快现象。由于这种现象符合二元经济发展理论的经典定义，我们称之为刘易斯转折点。第二，2010年15—59岁劳动年龄人口增长到峰值，随后进入负增长阶段，人口老龄化随之加速，这可以被称为人口红利消失转折点。第三，农村16—19岁的人口，作为向城镇转移的主要组成部分，于2014年达到峰值并随后进入负增长，我们称之为劳动力转移减速转折点。

这三个转折点实际上是从同一个过程的三个不同观察角度归纳得出，也反映了这个过程不断增强的三个阶段，其结果是人口红利的加快消失。相应地，所有与人口因素相关的有利于经济增长的变量都发生了逆转性的变化，必然导致经济增长减速。这种现象并不意外，反映出经济发展阶段变化的必然性。研究者和决策者也都认识到，传统经济增长因素的弱化，要求尽快转换经济增长动能，即从生产要素驱动型转向劳动生产率驱动型。

不过，有两个问题值得给予关注。第一，当我们观察二元经济发展阶段时，应该认识到两个重要因素，分别从存量和增量角度保持着劳动力无限供给特征：一是农业中积累下了大量剩余劳动力，二是劳动年龄人口的迅速增长。劳动力短缺的出现，实际上主要是人口因素作用的结果，而剩余劳动力并未吸纳殆尽。第二，在中国经济跨越了一系列转折点之后，能否实现增长动能的转换，有赖于一系列相关因素的调整。其中，一个十分重要却常常被我们所忽略的方面，则是如何提高农业劳动生产率。为了强调这一点，需要我们增强对农业劳动生产率作用的认识。

我们习惯于说改革开放期间至少有30多年的高速增长，来自于人口红利这一必要条件。笔者也反复用计量估计结果证明这一结论。不过，我们也应该看到，与人口特征相关的有利于生产要素供给和配置因而促进高速经济增长的诸种因素，归根结底是通过农业劳动生产率的不断提高，才得以转化为增长动能的。劳动力大规模跨地区跨产业转移，带来的劳动供给增加也好，资源重新配置效率也好，都必须建立在农业劳动生产率提高的基础上。

在二元经济发展过程中居于主导地位的农业劳动生产率，有两个不尽相同的提高机制。在刘易斯转折点和其他一系列转折点之前，农业劳动生产率具有被动提高的性质。在计划经济时期，人民公社体制和户籍制度阻碍劳动力流动，因此长期以来在农业中积淀了大量剩余劳动力，从此出发，非农产业发展和城市化能够吸纳多少剩余劳动力，农业劳动生产率就能够在多大程度上得到提高。

而在经历了前述诸种转折点之后，农业劳动生产率的提高就必须更加依靠自身发力，靠农业生产方式的提升。换句话说，农业劳动生产率能够在多大程度上得到进一步提高，不仅决定着中国人饭碗的安全保障问题，还决定着劳动力转移能够走多快、走多久以及走多远。

虽然经历了数十年农业劳动力转移，我们并不能够肯定地说农业中剩余劳动力已经转移殆尽，因为按照农业装备水平和物质投入水平看，农业劳动生产率的潜力远未得到充分发挥。挖掘出这些劳动生产率提高潜力，农业劳动力仍有巨大的转移潜力。从表8—1根据中国经济所处发展阶段进行的国际比较来看，可以证明中国的农业劳动力比重仍然很高。

让我们以更加问题导向的方式，回答农业劳动力是不是需要继续转移这样一个问题。近年来，农业劳动力转移速度已经明显放慢，例如，离开本乡镇外出农民工的年均增长率，从2000—2009年期间的7.1%大幅度降低到2009—2018年期间的1.9%，劳动力短缺和工资上涨过快的问题十分突出，显著地削弱了长期以来以劳动力丰富这一资源禀赋取胜的制造业比较优势和竞争力。

这就意味着，已有的制造业生产能力和投资的增量，不可避免地会出现向外转移趋势。在一部分制造业从沿海地区转移到中西部地区的同时，还有一个不可忽视的部分是转移到了劳动力成本低的国家。

一个直接的后果就是制造业增长速度放慢，从而导致制造业比重下降。虽然制造业比重未必能够完全反映一个国家的工业化程度和产业水平，但是，制造业比重变化可以从方向上揭示工业化趋势。从各国经验看，国家工业化并不是遵循一个直线式的轨迹推进，而是按照一个不那么规则的倒 U 字型曲线变化。

例如，制造业增加值占 GDP 的比重，通常会首先经历一个逐渐上升的过程，到达一定发展阶段后，该比重达到峰值后便转而缓慢下降（图 8—2）。[①] 中国制造业比重在 1996 年便在 36.8% 的水平上达到了峰值，不过，在随后的十年中并没有明显下降，而是保持相对稳定。在 2006 年之后，该比重才从 36.2% 的水平上一路下降。

中国制造业比重下降，是一个瓜熟蒂落的自然现象，还是具有早熟的性质呢？制造业比重的下降现象，既可能是在较高工业化阶段产业结构自然演进的结果，也可能是条件尚未成熟时的过早“去工业化”。许多曾经取得制造业发展重要地位的国家，已经经历过制造业比重下降的过程，其经验和教训值得引以为鉴。我们可以把中国的情形与两组国家进行比较。

---

① 这个部分进行的相关计算，数据来源主要是世界银行数据库以及 M. P. Timmer, G. J. de Vries, and K. de Vries, “Patterns of Structural Change in Developing Countries”, in J. Weiss and M. Tribe (eds.), *Routledge Handbook of Industry and Development*, Routledge, pp. 65 – 83。

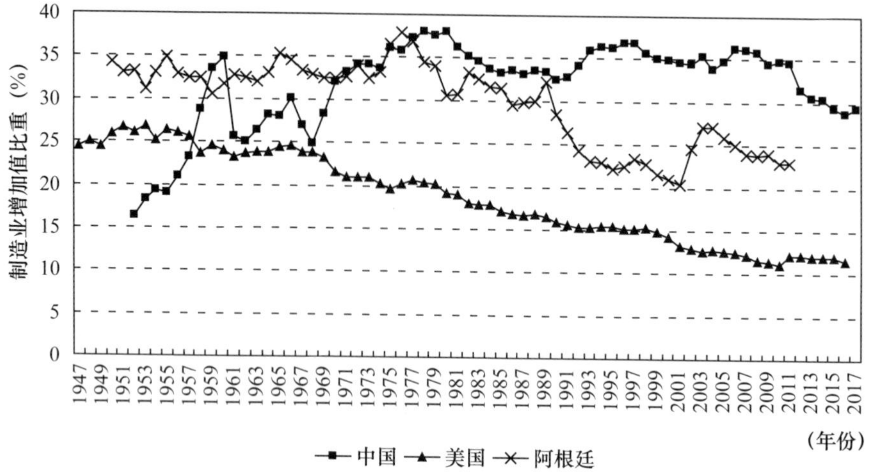

图8—2　制造业比重下降的国际比较

资料来源：M. P. Timmer, G. J. de Vries, and K. de Vries, "Patterns of Structural Change in Developing Countries", in J. Weiss and M. Tribe (eds.), *Routledge Handbook of Industry and Development*, Routledge, pp. 65 – 83。

第一组参照是作为发达国家的美国和日本。早在1953年，美国制造业增加值在占GDP比重达到26.8%的时候就开始下降，按照2010年不变价，当年美国的人均GDP为16443美元，农业劳动力占全部劳动力的比重已经降到7%。日本的制造业比重是在1970年34.1%的水平上开始下降的，人均GDP达到18700美元，农业劳动力比重为19%。这两个国家在制造业比重下降转折点上，都进入了高收入国家行列，农业产值和劳动力比重都较低。

第二组可供比较的是拉丁美洲国家阿根廷和巴西。阿根廷制造业比重是在1976年37.9%的水平上开始下降的，其时人均 GDP 为 7292 美元，农业劳动力比重为 15%。巴西的制造业比重于 1980 年在 30.3% 的水平上开始降低，人均 GDP 为 8317 美元，农业劳动力比重高达 38%。也就是说，两个国家都是在中等偏上收入水平时制造业比重就开始下降。

前述第一类国家的制造业比重下降可谓水到渠成。在 GDP 中的比重下降之后，制造业在全球价值链中的位置反而加快提升，整个经济的劳动生产率持续提高，迄今仍然保持发达的制造业大国地位。第二类国家的制造业比重下降具有不成熟的性质。制造业比重下降之后，制造业升级并不成功，国际竞争力下降，劳动生产率的提高速度不足以支撑经济持续健康增长。以人均 GDP 标准来判断，许多此类国家迄今没有进入高收入国家的行列。

由此可以归纳几点经验和教训。首先，人均 GDP 作为一个标志性指标，揭示出在一定发展阶段上，高速工业化的传统源泉逐渐式微，在转向以创新和升级为内涵的工业化阶段时，制造业比重下降具有必然性。其次，农业比重下降到较低水平时，意味着不再存在农业剩余劳动力转移压力，同时第三产业也处于较高端位置，因此，制造业比重下降不会导致逆库兹涅茨过程，即劳动生产率的降低。再次，制造业比重下降，绝不意味着该产业的重要性便降低了，相反，新的工业化阶段是制造业攀升价值链阶梯的关键时期。

比照国际经验，中国制造业比重的下降来得过早。在 1996

年制造业比重达到最高点时，按照2010年不变价计算，中国的人均GDP仅为1335美元，刚刚跨过中等偏下收入国家的门槛，农业劳动力比重高达51%；2006年制造业比重开始下降时，人均GDP也只有3069美元，仍处中等偏下收入国家行列，农业劳动力比重仍然高达43%。

2017年中国在人均GDP达到7329美元时，制造业比重降到了29.3%，农业劳动力比重为27%。从发展阶段和产业结构特征指标来看，与美国和日本制造业比重下降时的差距较大，与阿根廷和巴西制造业比重开始下降时的水平较为接近。这就是说，即便考虑到中国的制造业比重过高，需要一定程度的调整，目前达到的水平仍然应该作为一个警戒线，需要遏止继续下降的趋势。

防止过早的去工业化现象，一方面是为了给制造业向技术密集型高端升级、农业剩余劳动力转移、服务业发展和劳动生产率提高留出足够的时间，另一方面是为了给创新核心技术、提升核心竞争力，在产业更高端获得新的全球价值链位置留出充分的空间。没有这个必需的“时间”和“空间”，逆库兹涅茨现象就可能发生。

六　劳动力转移未完成的阶段

固然，一个国家的经济发展不可能永远享受人口红利，劳动力无限供给特征终究也会消失。相应地，经济增长的长期可持续源泉在于全要素生产率的提高。问题在于，中国劳动力转移的潜力真的耗尽了吗，是否还存在改善劳动力供给和重新配置的空间呢？下面，我们把中国放在一个更加具有针对性的国际比较视野，通过数据来回答这个经验性的问题。

根据数据的可得性，我们在图 8—3 中标出了 89 个国家和地区人均 GDP 与农业劳动力比重之间的关系。图 8—3—a 和图 8—3—b都是尝试揭示同一个事实。第一，图 8—3—a 显示了随着人均收入水平的提高，农业劳动力比重降低。这来自于发展经济学的一般规律（对其作用经济学家如此斩钉截铁，因此该规律也被称为铁律），即在经济发展水平提高的同时农业份额下降。第二，我们把同一数据绘制的图形做局部放大，即得到图 8—3—b，以便把中国所处的位置突出出来。

从图 8—3 中可以看出，相对于所处的发展阶段，中国的农业劳动力比重仍然是偏高的。即便按照笔者重新估计的数字，例如农业劳动力数量和比重比这里显示的数字低大约 10 个百分点，也仍然处在偏高的水平上。再进一步看，中国农业劳动力比重继续下降具有十分的紧迫性。

中国正处在从中等偏上收入国家的行列向高收入国家行列过渡的阶段。在图 8—3—b 中，笔者把 2015 年人均 GDP 处于中国水平之上至 13000 美元（当时大约 12600 美元被世界银行定义为中等收入到高收入的分界线）之下这个区间的国家标识

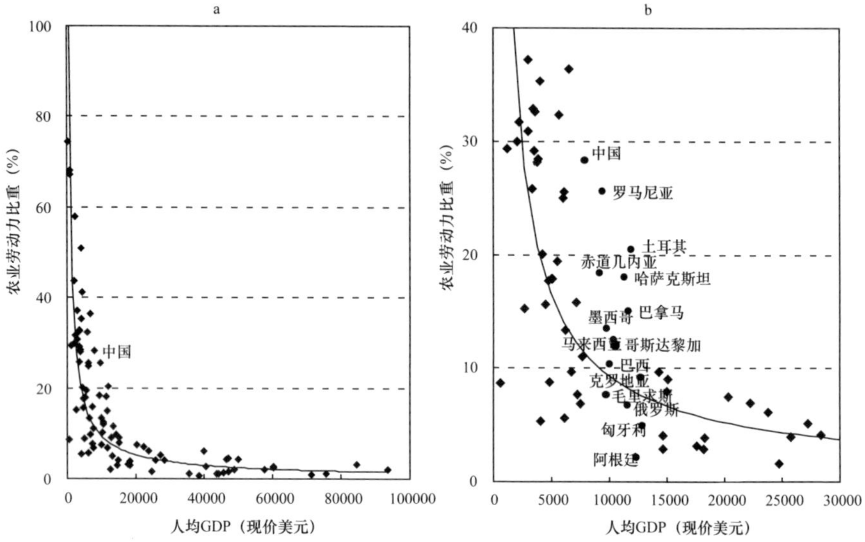

图 8—3　经济发展水平与农业劳动力比重

资料来源：世界银行数据库：https：//databank. worldbank. org/data/home. aspx。

出来。其中所有国家的农业劳动力比重都显著低于中国，计算中国之外 14 个国家的算术平均值可见，跨入高收入国家行列的入场券，是农业劳动力比重下降到 12. 6% 左右。也就是说，中国要赶超这个水平的话，需要再降低 15. 7 个百分点。即便按照笔者估算的农业劳动力比重，中国也还有约 6 个百分点的距离需要缩小。

如果把这些国家作为未来若干年内人均收入赶超的对象，它们也应该作为就业结构转变的直接参照。也就是说，中国在迈向高收入国家行列的过程中，一个不容回避的任务，就是把农业劳动力比重进一步降低。

问题在于，为什么在农业劳动力比重仍然较高的时候，中国劳动力转移速度便放慢了。表面看，这个劳动力转移速度的减慢，似乎成为随着经济发展水平提高农业份额下降规律的一种例外情形。土地经营规模过小导致农业劳动生产率提高速度放慢，制约农业劳动力比重下降，就是对这个“例外”的解释，由此可以找到中国经济特别是农业领域的制约因素，以便打破劳动力进一步转移的瓶颈。

在发展经济学文献中，有三个堪称经典的劳动力转移（流动）模型，分别由刘易斯（Arthur Lewis）、托达罗（Michael Todaro）以及拉尼斯（Gustav Ranis）和费景汉（John Fei）独创地提出，相互之间既具一致性又有互补性。[①] 需要指出的是，这三个模型就其本身的目的而言，都是对劳动力迁移进行全过程的理论阐述，而并非各自对应着不同的发展时期或迁移阶段。

但是，每个模型最突出的贡献点却不尽相同，例如，刘易斯模型强调了农业劳动的边际生产力为零，因而工业在扩张的过程中，能够以不变工资水平获得充足的劳动力供给；托达罗模型强调了劳动力迁移（来自农村的）推力和（来自城市的）

---

① 请分别参见 Arthur Lewis，“Economic Development with Unlimited Supply of Labor”，*Manchester School*，Vol. 22，No. 2，1954，pp. 139 – 191；Gustav Ranis and John C. H. Fei，“A Theory of Economic Development”，*American Economic Review*，Vol. 51，No. 4，1961，pp. 533 – 565；M. P. Todaro，“A Model of Labor Migration and Urban Unemployment in Less Developed Countries”，*American Economic Review*，Vol. 59，No. 1，March，1969，pp. 138 – 148。

拉力，以及各种力量的均衡对迁移过程的影响；费－拉尼斯模型则强调了第一个转折点（或如他们所称“食品短缺点”）之后农业劳动生产率提高的重要性。

仅仅在这样的意义上，即抓住每个模型最突出的贡献点，为了更好概括和刻画中国劳动力转移过程中的一些特征化事实和对应的挑战，我们把劳动力转移或迁移过程划分为不同的阶段，分别称之为“刘易斯转移”“托达罗转移”和“费－拉尼斯转移”。[①]

第一是刘易斯转移阶段。这个阶段的特征是农业劳动的边际生产力为零，因此，转移劳动力的工资水平始终保持不变，减少劳动力对农业生产不会产生不利影响。所以，这个时期的劳动力转移是“无条件的”。在中国，这个转移过程始于20世纪80年代初，即家庭联产承包制从局部探索到全国范围推广的时期；终止于2004年，这时，以劳动力短缺和工资上涨为特征的刘易斯第一个转折点或食品短缺点就到来了。

在口径上具有一致性的外出（或离开本乡镇）农民工数量调查可以追溯到1997年。[②] 我们对其进行一定修正后与2001年以来国家统计局公布的连续数据相衔接（图8—4）；我们也可以获得2001年以后的农民工月工资数据。虽然此前没有可

① 为了理解的方便，读者可以参照第七章中的图7—2，这里降低的每个阶段在该图中皆有对应的区间及标识重要阶段变化的转折点。

② 蔡昉：《科学发展观与增长可持续性》，中华书局2009年版，第147页。

得的工资数据，按照国家统计局负责人介绍2004年一项调查时的说法，此前20年间农民工工资没有实质性增长，仅为600元左右。[①] 按照这个思路我们假设了一个1997年农民工平均工资水平，按照每年1%的增长率与2001年实际调查数据相衔接。这样，我们可以观察到，以2004年为转折点，此前的劳动力无限供给和工资不变特征，以及之后劳动力供给弹性减小和工资迅速上涨的趋势。

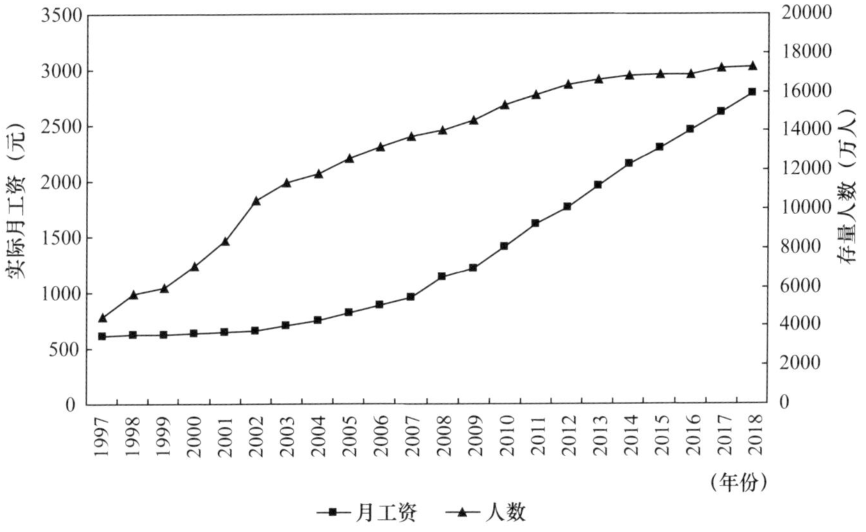

图8—4　农民工人数和实际工资变化

资料来源：2001年之后的数据取自国家统计局《农民工监测调查报告》（历年）；1997—2000年外出劳动力平均工资根据“中国城市劳动力调查”调整得到；1997—2000年迁移人数请参见蔡昉《科学发展观与增长可持续性》，中华书局2009年版，第147页。

---

① 《工资20年几乎不变，李德水解读民工荒经济原因》，2005年，人民网，http：//politics. people. com. cn/GB/1027/3149315. html。

第二是托达罗转移阶段。即跨越刘易斯第一个转折点之后，农业劳动的边际生产力开始为正数，但仍然小于平均劳动生产力。由于非农产业对转移劳动力的需求保持强劲，劳动力短缺与工资上涨持续存在。自 2004 年跨过刘易斯第一个转折点之后，中国的劳动力转移即一直处于这个阶段。图 8—4 中以农民工为代表的非熟练劳动力供给增长的减慢和工资的加速上涨，恰当地刻画了这个劳动力转移阶段的特点。

由于此时农业中已经出现资本替代劳动的现象，形成了农业劳动生产率提高的推力与非农产业工资提高的拉力同时并存的局面。此外，劳动力流动的推力和拉力还来自一系列体制因素，并且往往不是期望的方向。例如，以户籍制度为依据的城市对外来劳动力的排斥政策，就产生不利于劳动力流动的反推力。因此，在这个阶段，要推进改革才能畅通劳动力流动。

第三是费－拉尼斯转移阶段。即跨越刘易斯第二个转折点之后，农业劳动的边际生产力已经大于平均劳动生产力。按照理论假设，到了这个阶段，农业与非农产业的劳动边际生产力已经相等，似乎劳动力流动已经不再是系统性、单向性的从农业到非农产业，相应的资源重新配置空间也不再存在，而应该只是有来有去的双向流动，因而本来没有必要再划分出一个特殊的劳动力转移阶段。

但是，有两个理由使得我们仍然要关注这个阶段，甚至需要超前关注这个阶段。首先，为了实现不同发展阶段之间的无缝衔接，要求把理论上做出的发展阶段划分，在现实中予以突破，模糊其边界。其次，实际上在高收入国家，农业劳动力比重的下降几乎不存在下限，甚至各产业劳动的边际生产力相等也只具有理论意义。

因此，我们仍然可以预期农业劳动力的持续且大幅度转移。而之所以把这个阶段冠名为“费－拉尼斯转移”，重在强调必须靠农业生产方式的现代化，以劳动生产率的提高来支撑和驱动劳动力转移。因此，为了实现农业生产方式现代化，以及打破农业劳动生产率未能与非农产业相趋同的局面，我们虽然以这个阶段为落脚点进行讨论，却旨在强调这个任务是贯穿所有阶段的。

七 结语

自 1978 年以来，中国经济改革在诸多领域取得实质性进展，逐渐清除了阻碍劳动力流动的体制障碍，使二元经济条件下的剩余劳动力，以循序渐进的方式获得了对原有配置格局的退出权、遵循生产率原则重新配置的流动权，以及在生产率及其增长速度更高部门的进入权。在物质资本和人力资本得到最大化积累的同时，劳动力重新配置明显改善了生产率，成为高速经济增长的重要贡献因素。

本章从劳动力重新配置的角度，总结了相关领域的改革过程，也从定量的角度分析了改革期间劳动生产率提高的源泉，揭示出三个产业的总贡献、分别贡献以及劳动力在其间进行重新配置的贡献。虽然这个分析路径只是对改革效应进行研究的方法之一，不能替代在其他框架下所进行的研究，但是，一方面，资源重新配置视角是经济发展研究不可或缺的，另一方面，本章的研究也从自身角度印证了其他研究的一些基本结论。更重要的是，资源重新配置视角的研究，有助于在资源禀赋发生变化的条件下，认识中国经济未来的增长源泉。

随着中国进入并长期处于低生育率的人口转变阶段，劳动力供求关系从量变转变为质变。继 2004 年跨越了刘易斯转折点之后，以 2010 年劳动年龄人口到达峰值、人口抚养比下降趋势触底为标志，中国经济增长的供给侧条件发生了变化，高增长赖以实现的人口红利开始加速消失，依靠资本积累和劳动力投入支撑的增长模式不再具有可持续性，经济增长越来越需要依靠劳动生产率的提高来驱动。

与此同时，作为可供转移劳动力总数减少的结果，以往那种显而易见的资源重新配置效应，已经呈现出弱化的趋势，提高生产率的难度明显增大。本章分解得到的劳动生产率提高因素，可以为探寻未来的生产率提高潜力提供有益的启示。

三个产业之间，特别表现在农业与非农产业之间的生产率差距仍然巨大这一事实，意味着农业劳动生产率具有极大的提高潜力，资源重新配置效率也依然可期。随着农村 16—19 岁年龄段人口于2014年以后进入负增长，劳动力从农村到城市转移的速度明显放慢。但是，既然存在产业间的生产率差异，通过进一步改善劳动力转移的政策环境，防止制造业比重过早下降，克服第二产业劳动生产率提高中的不可持续因素，如过度依赖资本劳动比的提高等，可以保持整体劳动生产率的继续提高。

首先，通过户籍制度改革加大农业劳动力转移的激励力度。比较显示，目前中国农业劳动力比重已经低于中等偏上收入国家平均水平，但是与高收入国家平均水平和东亚高收入经济体平均水平相比，仍有相当大的差距。意味着中国仍然具有进一步降低农业劳动力比重的必要性和紧迫性，同时昭示今后一个时期的结构变化目标和任务。

其次，突破超小农业经营规模的制约。土地不能流转形成超小农业规模经营的原因之一，是户籍制度阻碍劳动力彻底转移。我们从农民工的构成，可以看到不彻底的转移造成对土地流转的障碍。在2017年2.87亿农民工中，40.0%只是在本乡镇内转移到非农产业就业，他们还会兼顾农业生产；46.6%为离开本乡镇就业的家庭成员，其前提是家庭成员仍然在农村务农；只有13.3%为举家外迁[①]，可能具有转出土

---

① 国家统计局《全国农民工监测调查报告》（国家统计局网站：http：//www.stats.gov.cn/）在较早的版本中提供了2010—2014年举家外迁数据，之后未再提供该信息。笔者根据当时的比例及其年平均提高速度，估算出2017年这类迁移人口约为3825万人。

地的意愿。

再次，依靠全要素生产率保持工业劳动生产率提高的可持续性。在劳动力短缺和工资上涨的情况下，企业更多通过资本替代劳动的方式提高劳动生产率。但是，如果这个进程不能与工人素质等因素保持协调的话，资本劳动比提高过快则会导致资本报酬递减。

在这方面，日本提供了值得汲取的教训。在丧失人口红利支撑之后，日本经济过度依靠资本深化而不是全要素生产率来保持劳动生产率的提高，资本劳动比对劳动生产率的贡献从1985—1991年期间的51%提高到1991—2000年期间的94%，而全要素生产率的贡献则从37%降低到-15%，造成潜在增长能力的下降。[①]

在农业劳动力向非农产业转移速度明显减慢的情况下，第二产业内各行业之间以及一个工业行业内部企业之间的劳动力重新配置，是推动创新发展的动力，也是全要素生产率提高的重要源泉。只要同一行业企业间存在着生产率差异，则意味着生产要素尚未达到最优配置。因此，在二元经济发展阶段结束之后，生产率的提高更多是通过企业的进入、退出或新生、死亡，即创造性破坏的过程，按照把生产要素向更有效率企业流

---

① Asian Productivity Organization, "APO Productivity Databook 2008", Tokyo: Asian Productivity Organization, 2008.

转的方式推动。研究表明，在美国这样的发达国家，此类源泉对生产率提高的贡献高达1/3—1/2[①]，而中国在这方面的潜力仍然巨大[②]。

最后，坚持资源重新配置的生产率原则。现实中，三个产业之间的劳动生产率高低，并非按照第一、第二和第三这样的排号顺序。总体来说，第三产业劳动生产率虽然高于第一产业，却大大低于第二产业。例如，以劳动力平均生产的增加值计算，以第二产业为1的话，2018年第一产业和第三产业的劳动生产率分别仅为0.19和0.76。

因此，劳动力从农业转移到服务业无疑导致生产率提高，但是，劳动力从制造业转移到服务业，却未必带来生产率的总体改进。近年来在制造业比重下降的情况下，第三产业在就业比重提高的同时，劳动生产率却出现徘徊的局面。因此，提倡发展服务业并提高其比重，需要遵循生产率提高原则推进，重点放在那些具有高生产率且增长迅速的现代服务业上面。

---

① Lucia Foster, John Haltiwanger, and Chad Syverson, Reallocation, Firm Turnover, and Efficiency, "Selection on Productivity or Profitability?", *American Economic Review*, Vol. 98, 2008, pp. 394 – 425.

② Chang-Tai Tsieh and Peter J. Klenow, "Misallocation and Manufacturing TFP in China and India", *The Quarterly Journal of Economics*, Vol. 124, No. 4, 2009, pp. 1403 – 1448.

第九章　中国扶贫理念、实践及其全球贡献

一　引言

1978年邓小平访问日本期间乘坐了著名的新干线列车。当记者问起他的感受时，他简洁并诚恳地说："快，真快!"[①] 那之后的40年里，由邓小平亲自开启的中国改革开放事业，在发展经济、摆脱贫困、提升国力和提高人民生活水平方面，创造了世界经济史上罕见的奇迹。对此进行评价时，就像面对中国高铁的行驶速度一样，任何外部观察者都会乐于使用邓小平当年的这个简洁表述。

无论是专业的研究者还是更广泛的观察者，对于中国的经济发展成就都给予了一致的赞誉。特别是说到中国经济增长的

---

① ［美］傅高义：《邓小平时代》，生活·读书·新知三联书店2013年版，第303页。

速度时，置疑之声十分鲜见。然而，在解释中国经济增长的原因、过程和结果时，往往却莫衷一是，有些学者的观察或有偏颇之处，有的观点甚至存在着误解。

例如，许多经济学家未能准确把握中国经济改革的整体性质，甚至低估某些经济增长基本条件的重要性，因而对经济增长可持续性做出误判。对于中国经济发展是否具有充分的包容性或共享性，也存在不同的看法。有的研究者以收入分配不均等指标变化为依据，否定存在这种充分的包容性或共享性。

由于前述两种误解，一些研究者对于中国经济增长需求侧因素做出似是而非的判断，即否认国内需求特别是居民消费需求所发挥的重要作用，甚至由此得出不尽合理的推论和政策含义。如此，即便那些由衷赞叹中国减贫成就的观察者，也不能以逻辑上的一致性，把减贫效果与经济发展成就看成是同一过程，把扶贫经验与增长模式结合起来理解。

梅纳德·凯恩斯有句名言：实践者声称自己不受任何知识思潮的影响，其实他们往往是某位已故经济学家的思想俘虏。现实中，的确有两位已故经济学家，被当代研究者所引用，并对于如何评价中国经济发展经验仍然产生着不小的影响。然而，从过去40年改革开放过程及其带来的发展和共享结果看，无论这些已故经济学家的思想本源是否正确，将其应用在解释中国经验上面，常常造成对事实的扭曲认识。不过，这种影响也不乏学术价值，因为其可以意外激发更深入的讨论。

我们先来看弗里德里希·哈耶克的影响。据说这位奥地利裔经济学家的一个贡献，是对于思想方法的一个拓展。在把社会现象分为完全不受人类行为干预的自然结果和人类有意为之的产物这种传统两分法的基础上，他识别出第三种类型即人类无意识行为的意外结果。[①]

无论是明文援引哈耶克的论述，还是不自觉地受到这个观念的影响，黄亚生、张五常、罗纳德·科斯和王宁这些高度赞赏中国改革开放及其带来的发展成就的经济学家，实际上都把中国经验作为这种“人类行为的意外后果”理论的一个极佳案例。[②] 也就是说，无论是由于身为局外人而看不到，还是因为囿于成见而不愿意看到，他们都缺乏对于中国改革开放根本出发点的了解。

在邓小平赞叹日本新干线列车“真快”的那一刻，他已经得出了一个重要的结论：贫穷不是社会主义。很显然，让中国人民摆脱贫困、生活水平不断改善这个初衷，从一开始就成为改革开放的基因并被贯穿始终。以后在他著名的南方谈话中，

---

① Friedrich Hayek, *Studies in Philosophy, Politics and Economics*, Chapter 6, London: Routledge and Kegan Paul, 1967.

② 例如，参见 Yasheng Huang, *Capitalism with Chinese Characteristics: Entrepreneurship and the State*, Cambridge, New York: Cambridge University Press, 2008; Steven Cheung, *The Economic System of China*, Beijing: China CITIC Press, 2009; Ronald Coase and Ning Wang, *How China Became Capitalist*, Palgrave Macmillan, 2012。

邓小平提出“三个有利于”标准——发展生产力、增强国力和提高人民生活水平作为改革遵循的原则，以后始终得到坚持和贯彻。党的十八大以来，中国特色社会主义进入新时代。坚持以人民为中心的发展思想作为习近平新时代中国特色社会主义经济思想的基石，把人民群众作为改革和发展的主体，也是共享的主体以及最终极的受益者。很显然，中国40年的改革开放过程决不是“无意行为”，其创造的经济增长和减贫奇迹也非“意外后果”。

很多经济学家研究中国改革时期的收入分配问题，发现诸如基尼系数这样一些收入不均等指标的上升趋势，由此认为这一时期中国的发展缺乏共享性。这不仅从理论上具有不一致性，而且在统计意义上也存在误读和误解。此外，不能正确认识中国发展的共享性，也就难以对减贫的成就做出一致性的解释。更重要的是，这方面的事实及其背后的逻辑，无疑是改革实践具有目的性和自觉性的最有力证据。本章将对此予以澄清和说明。

再来看霍利斯·钱纳里的影响。这位世界银行前首席经济学家认为，某些发展条件可以在其他条件尚不具备的条件下，在短期内单独发挥作用，促进经济发展。[①] 受此影响会产生一

① Hollis B. Chenery and Alan M. Strout, "Foreign Assistance and Economic Development", *The American Economic Review*, Vol. LVI, No. 4, Part 1, September 1966, pp. 679 – 733.

种研究倾向，即把中国经济发展的基本条件罗列出来，认为每种发展条件就其促进经济增长而言重要性不尽相同，因而创造不同发展条件的改革也具有不同的显著性。[①]

有的研究者甚至据此认为，在20世纪80年代初中国经济改革中，唯有以家庭承包制为核心的农村改革可圈可点，进而对其他方面的改革评价失之公允。[②] 即便正确地观察到改革解决了可以刺激经济增长的诸如激励这样的问题，由于看不到改革的整体逻辑及其内在联系，不了解这一时期经济增长的必要条件，也极易把改革产生的增长效应看作是一次性回归生产可能性边界，从而否定经济增长的长期可持续性。[③]

实际上，不了解改革开放时期与一个特定的人口机会窗口的重合，而使用新古典增长理论假说解释中国的二元经济发展过程，不仅从供给侧导致低估中国经济的潜在增长率及其可持续性，也容易忽略消费需求的重要作用，或者无法对需求侧因素做出一致性的解释。

国内外学者和观察家普遍认同中国在改革开放期间实现的

---

① 如 Loren Brandt and Thomas G. Rawski, "China's Great Economic Transformation", in Loren Brandt and Thomas G. Rawski (eds.), *China's Great Economic Transformation*, Cambridge, New York: Cambridge University Press, 2008, p. 9。

② 例如 Yasheng Huang, *Capitalism with Chinese Characteristics: Entrepreneurship and the State*, Cambridge, New York: Cambridge University Press, 2008.

③ 克鲁格曼和扬是这一观点的代表性人物。参见 Alwyn Young, "Gold into the Base Metals: Productivity Growth in the People's Republic of China during the Reform Period", *Journal of Political Economy*, Vol. 111, No. 6, 2003, pp. 1220 – 1261; Paul Krugman, "Hitting China's Wall", *New York Times*, July 18, 2013。

高速经济增长，也看到了以改善激励机制为目标的改革在其中发挥的作用。中国这个时期的减贫成就也获得国际社会的高度赞赏和重视。但是，由于对其他领域改革特别是促进资源重新配置的各项改革的研究略显薄弱，使得研究者不能从理论逻辑上把改革、发展与共享建立起一致性的内在联系，在解释为什么中国的减贫实践如此成功时，理论家会显现出捉襟见肘的尴尬。这也就是为什么从研究文献的角度，经济转型、经济增长以及减贫与发展等领域形成彼此割裂的局面。

经济学家或者不知道，或者忘记的是另一位已故经济学家卡尔·马克思的一段话。他说："最蹩脚的建筑师从一开始就比最灵巧的蜜蜂高明的地方，是他在用蜂蜡建筑蜂房之前，已经在自己的头脑中把它建成了。"[①] 从每一个改革开放步骤到每一项发展共享成就，都是这段话的最好印证，也在"三个有利于"和以人民为中心的发展思想中得到最充分的体现。

本章简述中国经济改革如何把就业不足的历史遗产和人口转变特征转化为经济增长源泉，在保持长达40余年高速增长的同时，体现了发展的共享性，取得世人瞩目的减贫成就。

我们首先揭示以劳动力重新配置为特征的经济发展，因其

① 马克思：《资本论》（第一卷），人民出版社1975年版，第202页。当然，并非经济学家都忽略了马克思的这个论断。事实上，吴敬琏在一本书的序言中恰是引用这段话，说明改革开放过程的内在逻辑。参见樊纲、易纲、吴晓灵、许善达、蔡昉主编《50人的二十年》，中信出版社2018年版。

促进就业和增加劳动者收入的表现，本身就具有了共享的性质；进而阐述坚持以提高人民生活水平为出发点的改革和以人民为中心的发展思想，中国政府持续不断地实施了面向农村贫困人口的扶贫攻坚战略，并随着阶段特征的变化使该战略不断创新升级，打破了扶贫效果边际递减的迷思；最后，本章尝试揭示中国减贫理念和实践的世界意义，并对今后减贫格局做出展望，提出政策建议。

二 广泛共享的高速增长

在 1978—2018 年长达 40 年的时间里，中国 GDP 以年均 9.4% 的速度增长，同期城乡居民消费水平提高超过 16 倍，并且得到劳动生产率 17 倍提高的支撑。这样的经济发展成绩显然不是无源之水、无米之炊，既符合人们熟知的经济发展一般规律，又十分鲜明地体现了中国经验的独特性。尽管从理论上和经验上都不能说经济增长必然导致贫困的减少，但是，做大蛋糕终究是分好蛋糕不可或缺的前提。

例如，我们可以从国际比较中清晰地看到，一方面，中国的高速经济增长对应着显著的减贫成效，另一方面，中等偏上收入国家（不含中国）较为温和的经济增长则对应着相对平庸的减贫效果（图 9—1）。

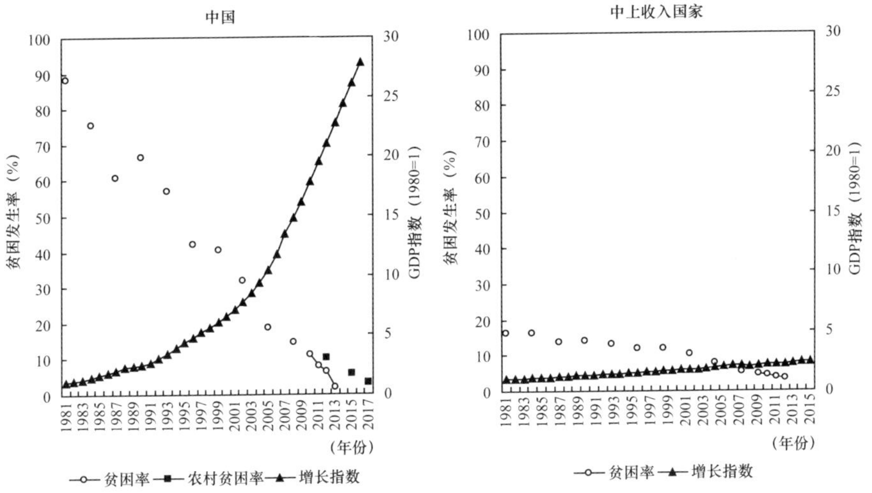

图 9—1 国际比较中看经济增长与减贫成效的关系

资料来源：世界银行数据库：https：//datacatalog. worldbank. org/dataset/poverty-and-equity-database；国家统计局：《中国统计年鉴》，中国统计出版社历年；李克强：《政府工作报告》，2018 年。

中国在过去 40 年的改革发展期间，至少有 30 年的时间（1980—2010 年）经历着一个十分独特的人口转变过程，表现为 15—59 岁劳动年龄人口持续高速增长（年均增加 1. 68%），而这个年龄之外的依赖性人口则徘徊不增（以年均 0. 01% 的速度减少）。与发达国家平均状况，即劳动年龄人口年均增长 0. 44%，依赖性人口年均增长 0. 47%，以及不包括中国在内的发展中国家平均状况，即劳动年龄人口年均增长 2. 44%，依赖性人口年均增长 1. 43%，形成了鲜明的对照，意味着中国此时具备了“生之者众、食之者寡”的人口结构特征，因而处于一个有利于经济增长的人口机会窗口期。

在改革初期甚至更久的时间里，显然没有人认识到这种潜在的人口红利，研究者和政策制定者反而视人口众多和劳动力富余为历史包袱，作为当时面临的巨大挑战。事实上，独生子女政策正是在改革开放刚刚起步的时候，即 1980 年开始严格实施的。虽然事后看来，这种认识具有不可避免的历史局限性，但是采取相应的政策措施和改革举措，却未必没有针对性和积极效果。

严格的计划生育政策无论在控制人口问题上的功过及效果如何，毕竟在一定程度上加快了人口转变从高出生率、低死亡率的高增长率阶段到低出生率、低死亡率的低增长率阶段的转变，使中国的人口红利得以较早释放出来。不过，我们讨论的重点不在于此，而是考察改革推动劳动力转移从而促进经济增长和就业扩大的效果。

面对初始时期农村普遍存在的贫困现象，以及家庭联产承包制实行以后显现出来的劳动力剩余现象，随后进行的农村改革最主要的效果，便是促进以劳动力为核心的农村生产要素退出低生产率从而低回报率的产业，并从体制和机制上创造生产要素充分流动，并向生产率及收入更高的产业转移。按照这个逻辑主线进行的改革从未停止，延续至今。

首先，最为彻底的一项农村重大改革，是废除了延续 20 余年的人民公社体制。随着家庭联产承包制在全国迅速推行，1982

年底修订后的《中华人民共和国宪法》正式把村民委员会定性为村民自治组织；1983 年，中共中央、国务院发出《关于实行政社分开，建立乡政府的通知》，要求实行政社分开，建立乡政府。相应地，在原生产大队一级建立了行政村，以生产队为基础成立了村民小组。农村村民自治制度，连同以家庭联产承包制为核心的农村基本经营制度，从根本上确立了在土地集体所有前提下农户自主配置生产要素的权利，改革成果惠及全局和长远。

其次，限制劳动力配置的政策逐步松动，劳动力在生产活动之间、三个产业之间和城乡之间的转移障碍先后得到拆除。农村劳动力先是从单纯种植粮食作物转到多种经营，从单一的种植业转到农林牧副渔全面发展，从农业转到“离土不离乡”的乡镇企业，随后进入小城镇直至大中城市从事非农就业。

正如在家庭联产承包制的推行过程中，党中央文件中“可以”这个用语起到了关键作用（如“可以包产到户”），解除体制对劳动力流动的阻碍，也表现在政策的一系列“允许”上面。例如，1983 年起允许农民从事农产品的长途贩运和自销，第一次突破了就业的地域限制；1988 年开始允许农民自带口粮到邻近城镇就业，第一次突破了城乡就业藩篱；到 20 世纪 90 年代初期，随着粮票等票证制度被取消，农村转移劳动力事实上被“允许”进入各级城镇居住和就业。

再次，户籍制度及围绕其形成的一系列相关体制改革渐进展开，使劳动力转移和流动的范围越来越广。这类改革主要表现在两个方面：一是国有企业和城市就业制度改革推动劳动力市场发育，二是基于居民户籍身份建立的城乡分割社会保障体系逐渐走向一体化、均等化。

20世纪90年代后期旨在打破国有企业“铁饭碗”的就业体制改革，虽然一度导致较大规模失业下岗以及严重的城市贫困现象，但在应对过程中，实现了劳动力配置从计划体制到市场机制的转变，同时在城市建立起社会保障体系。这些改革进而产生连锁效应，一方面，农村转移劳动力获得了更加公平的竞争就业机会，另一方面，社会保障制度建设逐步扩展到农村，城乡统筹水平得到大幅度提高。

事后来看，前述相关改革的推进过程具有一条鲜明的逻辑主线，即通过使农村剩余劳动力和城市企业冗员能够从低效率配置中退出，分别在城乡之间、地区之间、产业之间和企业之间流动并进行重新配置，从而进入生产率更高的领域，通过要素积累和资源重新配置，把人口红利转化为高速经济增长。一项研究表明，在1978—2015年16.7倍的劳动生产率（劳均GDP）增长中，44%来自于这种劳动力资源的重新配置。[1]

回顾这个改革过程及其促进经济增长的效应，我们可以看到改革如何通过逐步消除阻碍生产要素流动的制度性障碍，把

① 蔡昉：《中国经济改革效应分析——劳动力重新配置的视角》，《经济研究》2017年第7期。

作为计划经济遗产的农村剩余劳动力和城市企业冗员转化为有利的增长要素，更一般而言，则是把特殊人口转变阶段的有利人口因素转化为人口红利，进而兑现为高速经济增长。

从这个视角观察体制改革及其带来的经济发展还可以发现，包容和共享是其内在性质。也就是说，这个经济增长的整个过程伴随着非农产业劳动参与率的提高以及就业的扩大，并分别通过这种重新配置效应和数量效应，使劳动者及其家庭从经济增长中提高了收入，从而改善了生活水平。

毋庸讳言，中国社会确曾经历过收入差距的扩大。我们同时应该承认，有关指数显示出的收入差距扩大，存在着与统计因素相关的高估成分。并且，我们这里关心的是改革开放中经济增长的整体共享性质，因此需要把阶段性问题与趋势性问题分别进行分析。这样才能既不低估成就，也不粉饰太平。

一些研究根据收入法 GDP 中劳动报酬占比下降，得出收入分配状况恶化的结论。从这个指标来看，从 2003 年开始确实呈现出下降趋势，并于 2011 年降到最低点（45.8%）。然而，随后该比重逐年提高，2015 年回归到 51.1%。也有学者解释说，该比重的下降，至少部分原因是劳动报酬占比高的农业份额的下降，因而并不完全意味着收入分配的恶化。[①] 这一观察

① 白重恩、钱震杰：《谁在挤占居民的收入：中国国民收入分配格局分析》，《中国社会科学》2009 年第 5 期。

启示我们，应该把农业份额下降这个规律性变化因素考虑在内，重新认识改革和发展过程的共享性质。[①]

在经济发展过程中，农业产值和就业份额不可逆转地下降，是一个公认的规律甚至“铁律”。而在这个农业份额下降过程中，无论是发达国家的早期经验还是发展中国家的现实，都显示出农业就业份额下降滞后于产值份额下降的特点。[②] 由于户籍制度等体制因素的存在，中国的这个特点更为突出。即便如此，农业劳动力比重终究显著降低。

国家统计局数据显示，农业劳动力比重已经从 1978 年的 70.5%降低到 2018 年的 27%。而根据笔者研究的结论，目前农业劳动力比重很可能比官方数字再低 10 个百分点左右。[③] 显而易见，这是农村劳动力大规模向城市非农产业转移的结果。

在相对短的时间里实现的这种大规模劳动力转移，帮助形成了一个典型的刘易斯式二元经济发展过程，由此，农民工获得高于务农所得的工资性就业岗位，整体上降低农村的贫困水平，从而产生缩小城乡收入差距的效应。一方面，即使工资率不变，劳动力流动规模的扩大也足以显著增加农民家庭的收

---

① 例如，从经济增长主要需求构成来看，由于农业产值比重、农业劳动力比重和农村人口都大幅度下降，农村居民消费的贡献比例下降是合理的结果。

② Christopher B. Barrett, Michael R. Carter, and C. Peter Timmer, “A Century-Long Perspective on Agricultural Development”, *American Journal of Agricultural Economics*, Vol. 92, No. 2, 2010, pp. 447 – 468.

③ 参见 Fang Cai, *China's Economic Growth Prospects: From Demographic Dividend To Reform Dividend*, Cheltenham, UK: Edward Elgar, 2016。

入。另一方面，贫困农户通过劳动力外出途径，可以显著提高家庭人均纯收入。例如一项研究表明，外出务工提高农村贫困家庭人均纯收入的幅度可达 8.5%—13.1%。[①] 下面，我们概括通过劳动力流动实现减贫的若干重要事实。

首先，在 2013 年以前，由于官方统计系统内的住户调查是分城乡独立进行的，因此，举家迁移的农村家庭和外出打工的农户成员，一方面，常常因不能进入抽样范围而被显著排除在城市样本外，另一方面，又由于长期外出不再作为农村常住人口，而被大幅度排除在农村样本住户的调查覆盖之外。一些研究者基于局部地区的调查，实际估算了被城市和农村住户调查遗漏的农民工收入。结果表明，官方统计系统的住户调查抽样和定义中存在的问题，导致城镇居民可支配收入平均被高估 13.6%，农村居民纯收入平均被低估 13.3%，因而城乡收入差距平均被高估了 31.2%。[②]

我们知道，收入差距往往由各种因素构成，相应地，描述收入不均等程度的指数在统计上也是可分解的。有的研究在尝试分解收入不平等指数的贡献因素时发现，在以泰尔指数（Theil index）衡量的整体收入差距中，城乡收入差距的贡献率

---

① Yang Du, Albert Park, and Sangui Wang, "Migration and Rural Poverty in China", *Journal of Comparative Economics*, Vol. 33, No. 4, 2005, pp. 688 - 709.

② 高文书、赵文、程杰：《农村劳动力流动对城乡居民收入差距统计的影响》，载蔡昉主编《中国人口与劳动问题报告 No. 12——"十二五"时期挑战：人口、就业和收入分配》，社会科学文献出版社 2011 年版，第 228—242 页。

在40%—60%。[①] 因此，一旦在统计上能够对城乡收入差距的高估情况做出纠正的话，整体收入不均等程度（例如体现在基尼系数上）也会相应缩小。

此外，有一些研究估算的收入不平等指标数值极高，引起舆论对这一问题的关注。[②] 这种研究虽然有自己特殊的价值，但是，由于使用的方法是着眼于挖掘极端统计数值，得出的结论则要大打折扣。一般来说，收入分配状况遵循的是正态分布，而在观察样本的两个尾端即最富裕人群和最贫困人群时，统计调查往往难以收集到准确的信息。这个调查统计难题是各国统计系统共有的。显然，用这种特别估算方法得到的中国数值，并不能简单地与别国公布的统计数进行比较，也不能由此做出一般性推论。

其次，虽然在一定时期内转移劳动力的工资并没有显著上涨，却由于非农产业劳动参与率的提高，以及农村劳动力的就业更加充分，使得农户收入中工资性收入总量显著增加，比重也相应提高。例如，在1997—2004年农民工的工资没有实质增长的情况下，由于劳动力外出规模从不到4000万人增加到

---

① 例如请参见 Ravi Kanbur and Xiaobo Zhang，"Fifty Years of Regional Inequality in China：A Journey through Central Planning，Reform，and Openness"，United Nations University WIDER Discussion Paper，No. 50，2004；Guanghua Wan，"Understanding Regional Poverty and Inequality Trends in China：Methodological Issues and Empirical Findings"，*Review of Income and Wealth*，Serries 53，No. 1，March，2007。

② 如王小鲁着眼于发现未被统计包括在内的高收入人群的巨额隐性收入，而甘黎则估算出高达0.61的基尼系数。参见王小鲁《灰色收入与国民收入分配：2013年报告》，《比较》2013年第5辑；甘犁等《中国家庭金融调查报告2012》，西南财经大学出版社2012年版。

超过1亿人，农民工挣得的工资总额实现了年平均14.9%的增长速度，因而农户的工资性收入，即使在被低估的情况下，占农户纯收入的比重也从24.6%显著提高到34.0%。[①]

再次，在2004年中国经济迎来刘易斯转折点之后，随着二元经济的一些特征逐渐消失，劳动力短缺成为常态，显著提高了劳动者在就业市场上的谈判地位，普通劳动者工资和低收入家庭收入加快提高。

例如，农民工实际工资，在2003—2018年期间以9.6%的速度增长。普通劳动者工资上涨这一刘易斯转折点特征，相应推动了收入差距峰值的到来，如果这个趋势可以持续下去，或可成为收入分配的库兹涅茨转折点。

但是，这个趋势能否延续是一个值得观察和思考的问题。按不变价计算的城乡居民收入差距（城镇居民收入与农村居民收入的比率），从2009年最高点的2.67持续下降到2018年的2.32，共降低了13.1%；而全国居民收入的基尼系数从2008年最高点的0.491下降到2015年的近年最低点0.462，但随后又有所回升，2018年为0.474。

农村居民收入以快于城镇居民收入的速度增长，因而城乡收入差距保持缩小的趋势，而基尼系数却有所反弹。这一

① 蔡昉、都阳、高文书、王美艳：《劳动经济学——理论与中国现实》，北京师范大学出版社2009年版，第220页。

事实说明，其一，城乡收入差距在基尼系数中的贡献份额有所降低，值得进一步观察和研究，以便寻找相应的缩小收入差距对策；其二，仅仅依靠劳动力市场的作用，未必能够迎来库兹涅茨转折点，各种具有再分配性质的社会政策越来越不可或缺。

最后，与刘易斯转折点到来的时间相契合，中央政府和地方政府的确明显加大了再分配政策的实施力度，通过推进基本公共服务供给的充分化和均等化，使经济发展的共享程度得到进一步提高。不仅城市职工和居民的社会保障覆盖水平大幅度提高，2004 年以后政府把社会保障制度建设的重点延伸到农村，城市的社会保护政策也越来越多地覆盖到农民工及其随迁家庭成员，以及未就业人群。劳动力市场制度和社会保障体系加快建设，经济发展与社会发展更加协调，更加凸显了中国经验中内含的广泛包容性。

三　改革时期减贫实践及其效果

改革开放促进农村经济发展和整体国民经济高速增长，带动就业扩大和劳动报酬增加，无疑是解决贫困问题的关键一招。然而，经济发展是收入分配改善的必要条件却不是充分条件。正如经济学家在全球范围所观察到的，经济发展固然可以导致贫困的减少，却并不自然而然产生“涓流效应”。

因此，实施专门的扶贫战略，对于实现共享和达到减贫目标是不可或缺的。中国的减贫成就与同时实施的专门扶贫战略及其成效密不可分。以 40 年来的改革开放为背景，中国农村减贫历程可以分三个阶段来观察，包括未予宣布的实际减贫过程和明确宣示的扶贫战略实施过程。

20 世纪 80 年代初期到 80 年代中期的一段时间是减贫的第一阶段。这个时期尚没有明确宣布的扶贫战略。对农村经济体制的全面改革，成为这一时期促进农村经济和国民经济快速发展的主要动力，农村居民整体收入增长，成为这一时期减贫的主要因素。农村基本经营制度改革极大地调动了农民生产积极性，与提高农产品价格、加速农业结构调整以及乡村工业化等一道，全面增强了农村经济的活力，也为一批人力资本禀赋较高的农村劳动力拓展就业渠道、实现脱贫致富，创造了更多的机会。

1978—1985 年期间，全国农业增加值增长了 55.4%，农业劳动生产率提高了 40.3%，农产品综合收购价格指数提高了 66.8%。同期，伴随着各种农产品产量的迅速增长，农民人均纯收入增长了 2.6 倍，农民人均摄取热量从 1978 年的每人每天 2300 千卡，增加到 1985 年的 2454 千卡。同一时期，在贫困标准提高一倍的情况下，生活在绝对贫困线以下的农村人口，从 2.5 亿人下降到 1.25 亿人，占农村人口的比例下降到 14.8%；贫困人口平均每年减少 1786 万人。

20 世纪 80 年代中期到 20 世纪末这个时期，可以看作是实施减贫的第二阶段，也是正式宣示的扶贫战略的开始阶段。政府成立了专门扶贫工作机构，多渠道安排了专项资金，制定了相应的优惠政策，对传统的救济式扶贫进行彻底改革并确定了开发式扶贫方针。通过一系列政策和措施，开展有计划、有组织、大规模的开发式扶贫。这一阶段扶贫工作可以看作是针对农村特定人群的政府扶贫努力，有两个特殊经验值得特别指出来。

第一，在确定了区域开发式扶贫的总体思路后，为了集中使用扶贫资金，有效地扶持贫困人口，中央政府通过制定统一标准，确定了一批国家重点扶持贫困县。按照该标准即以县为单位1985年农民年人均纯收入低于1150元，政府于1986年确立了592个国家重点扶持贫困县，占全国县级行政单位的近1/5。此后，随着经济发展特别是贫困地区经济状况的改善，贫困县的标准也及时进行了调整。

第二，1993年国家制定并颁布实施《国家八七扶贫攻坚计划（1994—2000年）》。这个计划力争在20世纪最后七年，集中力量基本解决当时全国农村8000万贫困人口的温饱问题。这个规划以一种特殊努力的方式，利用中国社会较强的动员力和较高的共识度，期冀在较短的时间里达到最大的扶贫效果。在1997—1999年三年中，每年有800万贫困人口解决了温饱问题，达到进入20世纪90年代后农村减贫的最快速度，也将这一轮扶贫推向高潮。

计划实施结果显示，在七年时间里农村贫困人口减少了

5000 万人，农村贫困发生率从 8.7% 降低到 3.4%。1986—2000 年，国家重点扶持贫困县的农民人均纯收入从 206 元增加到 1338 元，全国贫困人口从 1.31 亿人减少到 3209 万人。贫困集中地区各项社会事业的发展都得到改善。例如，通过这一时期的努力，贫困地区的基础设施如交通、通信、电力、学校等拥有率指标已接近非贫困地区。

随着《国家八七扶贫攻坚计划（1994—2000 年）》完成，基本实现了预期目标，政府的扶贫战略从 2001 年开始进入第三阶段。通过前一阶段的政府扶贫努力，农村贫困的总体分布发生了明显的变化，区域特征更加明显。在东部经济发达地区，贫困发生率已经显著降低，贫困更加集中于一些自然条件恶劣的中西部地区。根据这种分布新特点，中央政府在中西部地区确定了 592 个国家扶贫开发工作重点县。2002 年，重点县的绝对贫困人口占全国总数的 62.1%，低收入人口占全国总数的 52.8%。

从 2000 年开始，农村地区的贫困发生率基本维持在同一水平，随后的 10 年总共减少贫困人口 521 万人。考虑到国家每年投入的扶贫资金在不断增加，意味着区域开发计划已经不像以前那样具有明显的扶贫效果。由于地理、气候等自然条件以及家庭和个人能力所导致的长期贫困，成为了农村贫困的主要特征——边缘化贫困。

这种新情况呼唤着贫困治理手段的大调整，即通过区域开发、促进贫困地方产业发展的办法，已经很难惠及这一部分边缘化的贫困人口。即便在贫困县内，贫困人群和非贫困人口的空间分化也越来越明显。区域经济的增长能否真正惠及贫困群体，扶贫资金的使用是否瞄准真正的穷人，越来越成为需要严肃回答的问题。鉴于此，扶贫政策措施需要更加增强聚焦度，扶贫资金使用效率亟待提高，才能使扶贫资源真正到达穷人手中。

2001 年，党中央、国务院制定并颁布实施了《中国农村扶贫开发纲要（2001—2010 年）》（以下简称《纲要》）。这个《纲要》的一个显著特点是扶贫到村，一个相应的实施方法被称为“整村推进扶贫战略”。从 2001 年开始，实施以县为基本单元、以贫困乡村为基础的工作方针，按照受生产、生活和地理环境影响的经济社会状况各项指标，在贫困县之外也确定了重点贫困村，全国共识别出 14.8 万个重点贫困村。这样，既瞄准了贫困的区域，又对贫困群体进行更细致的甄别，提高了精准扶贫的效率。

这一时期扶贫的整村推进效果十分显著。在实施该《纲要》的过程中，扶贫重点村的农户收入增长速度明显高于贫困县平均水平，也高于全国平均水平。在所有贫困村中，实施整村推进的农户收入增长比没有实施整村推进的农户收入增长高 8%—9%。这期间贫困地区的各项社会事业也有了长足进步。贫困村在生产性基础设施和生活服务设施方面的改善同样显著，相关指标的提高幅度大大高于贫困县的平均水平。

随着到 2010 年底全国贫困人口进一步下降，并且率先实现了联合国千年发展目标中贫困人口减半的目标，国家随即开始实施《中国农村扶贫开发纲要（2011—2020年）》，将集中连片的特殊困难地区确定为扶贫攻坚的重点，为这些地区的扶贫工作提供更加有力的政策保障和资金支持。

《纲要》确立了连片特困地区。六盘山区、秦巴山区、武陵山区、乌蒙山区、滇桂黔石漠化区、滇西边境山区、大兴安岭南麓山区、燕山—太行山区、吕梁山区、大别山区、罗霄山区等区域的连片特困地区和已明确实施特殊政策的西藏、四川藏区、新疆南疆三地州是扶贫攻坚主战场。

同时，国家把扶贫标准提高到国际通行标准之上，也表明政府加强了自身的扶贫责任，把更多的农村低收入人口纳入扶贫范围，对贫困地区和贫困人口给予更大的扶持力度，加大对连片特困地区的投入和支持力度，中央财政专项扶贫资金的新增部分主要用于连片特困地区。

中国共产党召开第十八次代表大会以来，中国以打一场新的攻坚战的姿态，加大力度实施脱贫攻坚工程，实施精准扶贫、精准脱贫，分类扶持贫困家庭，取得了扶贫脱贫的新成就。在更高的贫困标准下，农村贫困人口从2012年的9899万人减少到2018年的1660万人，平均每年减少1373万，打破了这个领域的边际扶贫效果递减“规律”。

2016年开始实施的第十三个五年规划确立了更为宏大的扶贫脱贫目标，即按照现行扶贫标准（经物价指数等因素进行调整，预计2020年为人均年收入不足4000元)，2020年实现农村贫困人口全部脱贫[①]，贫困县全部摘帽，消除区域性贫困现象。实际上，2016年当年即有28个贫困县经过合法程序摘帽，实现了贫困县退出的零的突破，也是完成2020年脱贫目标的良好开端。

四　中国减贫成效的世界意义

改革开放以来，中国不仅实现了世界上最快速的经济增长，最大限度地改善了人民生活水平，也实现了世界上规模最大的扶贫、减贫。1978年，按当时中国政府确定的贫困标准即每人每年100元统计，不足温饱的农村贫困人口为2.5亿人，占农村总人口的30.7%。1984年，扶贫标准提高到每人每年200元，贫困人口下降到1.28亿人，贫困发生率降低到15.1%。

此后，国家开始实施扶贫开发战略，在贫困标准不断提高的同时，贫困人口持续减少。按照2010年的扶贫标准1274元/每人每年统计，农村贫困人口从2000年的9422万人，减少到2010年的2688万人，相应地，贫困发生率从10.2%下降到2.8%（图9—2）。

---

① 实际上，除了货币形态的“现行标准”外，扶贫目标还包括更加具体的物质标准——“两不愁三保障”，即不愁吃、不愁穿，以及义务教育、基本医疗、住房安全有保障。

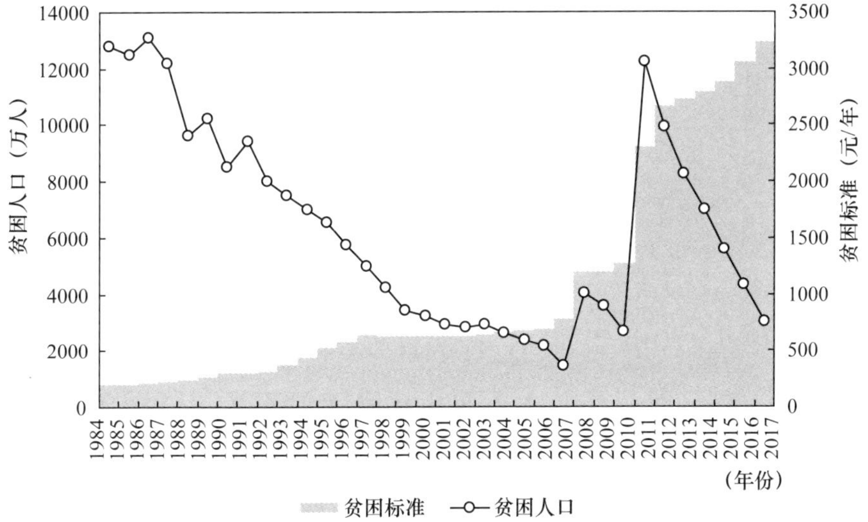

图 9—2　贫困标准与贫困人口数变化

资料来源：国家统计局：《中国统计年鉴》，中国统计出版社历年；李克强：《政府工作报告》，2018 年、2019 年。

2011 年中央政府把国家扶贫标准大幅度提高到以 2010 年不变价为基准的 2300 元，比 2009 年提高了 92%。这一新标准的出台，使得全国贫困人口数量或覆盖面由 2010 年的 2688 万人扩大到了 1.28 亿人。按照国际可比的购买力平价法，这一新的扶贫标准相当于人均每天 1.8 美元，超过了世界银行 2008 年制定的每天 1.25 美元的国际贫困标准。在这个新标准下，农村贫困人口继续大幅度减少（如图 9—2 所示）。2012—2018 年的六年中，共有 8239 万农村贫困人口脱贫，按照新标准计算的贫困率从 10.2% 下降到 1.7%。

中国扶贫开发以及在整体上提前完成千年发展目标的巨大成就，得到了国际社会的一致赞誉，普遍认为中国扶贫所取得的成就深刻地影响着国际社会，既直接对全球减贫做出数量贡献，也为发展中国家甚至整个世界提供了一种可资借鉴的经验模式。

在1981—2015年期间，按照世界银行标准界定的全世界绝对贫困人口，即每天收入不足1.9国际美元（2011年不变价）的人口，从18.93亿人减少为7.53亿人，同期中国绝对贫困人口从8.78亿人减少为959.9万人（图9—3），这就是说，中国对全球扶贫的直接贡献率为76.2%。这是中国对国际扶贫和发展事业的巨大贡献，也是对人类文明和进步事业的巨大贡献。

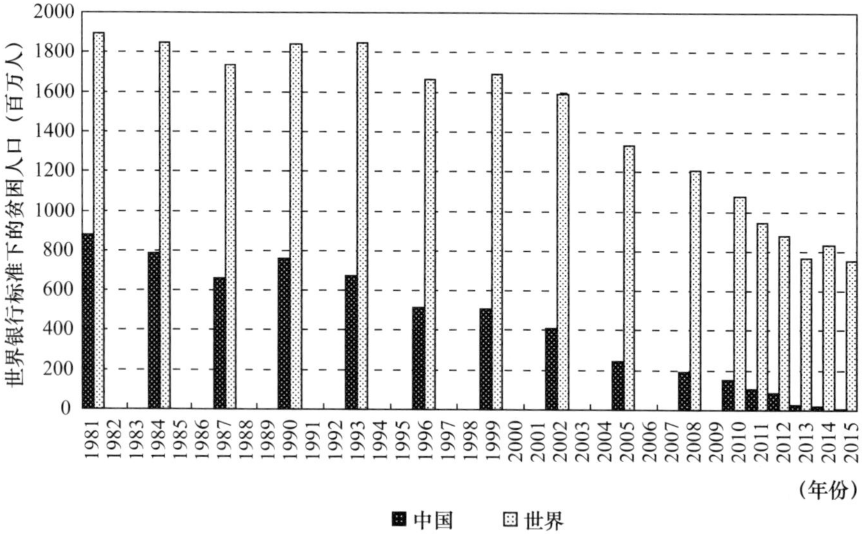

图9—3　世界贫困人口的减少及中国贡献

资料来源：世界银行数据库，https：//data.worldbank.org/。

被实践证明过的有益知识和理念，是特定类型的公共品。因此，把中国成功的实践经验或中国故事上升为中国智慧，以中国方案的形式提供给发展中国家，作为一种可能的发展道路选择，无疑应该是中国为人类做出更大贡献的主要方式。显然，最不容置疑的中国智慧体现在中国成功的减贫经验之中。

从邓小平遵循“三个有利于”改革标准，到习近平坚持以人民为中心的发展思想，从根本上保证了改革开放发展共享成为一个整体，相互之间具有内在的逻辑，形成必然的因果关系。在这个整体关系中，实施扶贫战略是实现共享理念和改善民生努力的重要组成部分，是中国人民的有意识行动而非无意之举，是政府和社会的主动作为而不仅仅是市场的涓流效应。

下面，我们以打破扶贫效果边际递减律为例，说明以人民为中心的发展思想，当之无愧居于中国智慧和中国方案的核心位置。

在世界各国的扶贫实践中，研究者和实践者普遍观察到一个边际效果递减的现象，甚至有人称之为“规律”，也就是说随着扶贫行动的推进从而贫困人数的减少，最后那个较小规模的贫困人口，由于在地理上集中居住于生态、生产和生活条件恶劣的地区，并且具有残疾、疾病、年老、受教育程度低等劳动能力不足等人口特征，其脱贫的难度显著增大。因此，扶贫脱贫走完最后一公里的步履十分艰难，以致绝大多数发展中国家甚至很多发达国家，都未能攻克这个顽固的贫困堡垒。

从改革开放以来的扶贫实践看，在中国农村贫困人口的持续减少过程中，也不断遭遇到这个边际效果递减现象。如图 9—2 显示，扶贫标准不断在提高。然而，在迄今为止的每个阶段，虽然扶贫努力没有丝毫减弱，最后那个较小数量农村贫困人群的脱贫问题却一直没有得到彻底解决。

我们可以以近年来的中央财政专项扶贫资金增长及其减贫效果为例，认识这种边际减贫效果递减现象。每亿元中央财政扶贫资金所减少的农村贫困人口数，从 2011 年的 87. 8 万人下降到 2014 年的 31. 7 万人，进而下降到 2017 年的 6. 8 万人。①

在物质生产领域，投资活动一旦遭遇到边际报酬递减现象，通常就会停止并转向其他领域。然而，扶贫是对人的投资而不同于一般投资活动，显然不应该遵循物质投资领域的规律。但是，能够实际中做到这一点，无疑是这个领域的最显著中国特色。在 2010—2017 年期间，中央财政扶贫资金规模仍然稳定地以年均 21. 3% 的速度增长。

只有从以人民为中心发展这个根本认识论，才会做出如此持续不懈的扶贫努力和彻底脱贫的庄严承诺。从此出发，贫困

---

① 朱玲、何伟：《工业化城市化过程中的乡村减贫 40 年》，《劳动经济研究》2018 年第 4 期。

的减少就是扶贫这个对人进行投资事业的回报率，扶贫边际效果递减“规律”在中国并不适用。也正是随着2020年全面建成小康社会目标的临近，“一个不能少”的任务越来越艰巨和现实，党中央做出现行标准下农村贫困人口全部脱贫的庄严承诺以及战略与战术部署。

在以人民为中心的发展思想指导下，在改革开放发展共享过程中，中国实施专门的农村扶贫战略，所取得的扶贫减贫成就及其主要经验，可以从以下方面进行概括。

首先，充分发挥举国体制优势，最大限度地动员社会力量，实现全方位和全社会扶贫。早在20世纪80年代中期，在中央政府层面就成立了常设的扶贫工作领导机构。扶贫不仅成为既定战略，得到持之以恒的实施，而且以“八七”攻坚计划以及十年农村扶贫开发纲要的形式，在每个阶段都有独特的重点任务和目标。专门的扶贫资金被纳入中央和省级政府预算，总规模不断提高。

此外，城乡最低生活保障制度、社会救助等其他社会保护机制的建立，以及慈善事业的发展和对口扶贫机制的完善，与扶贫战略形成了互补关系和工作合力。改革开放以来特别是党的十八大以来，动员全党全国全社会力量，坚持精准扶贫、精准脱贫，成为一项举世瞩目的社会干预实验。

其次，随着经济发展阶段的变化，不断调整扶贫工作重心，政策和措施更加聚焦贫困人口。随着贫困人口从广泛分布到日益集中到脆弱区域和弱势家庭，扶贫战略也实现了相应的转变，从最初实施区域性开发扶贫战略，到识别国家级重点扶持贫困县，再到确立重点扶持贫困村并实施整村推进扶贫战略，直至为每一个贫困家庭建档立卡，帮扶措施直接精准到人。针对不同情况的边缘化贫困人口，政府分别通过扶持生产和就业、移民搬迁安置、低保政策兜底、医疗救助扶持等政策手段帮助脱贫。

此外，从2000年开始实施的西部大开发战略和中部崛起战略等区域协调发展战略，在更加宏观的区域发展层面，从人力资本、基础设施、体制机制等方面消除农村贫困人口的脱贫障碍。在这种区域发展战略下，扶贫片区、扶贫重点县、扶贫重点村到贫困户，从宏观到微观层层瞄准、精准施策。

最后，把每个阶段取得的经验和教训吸收到新阶段扶贫战略中，形成并不断完善工作机制。从整体上和最终目标看，中国政府的扶贫工作历尽艰辛，成绩斐然，在探索的过程中既有成功经验也有值得汲取的教训。这些经验和教训得到充分反思被吸纳到新一轮战略思路之中，逐步形成了一套行之有效的工作机制，自党的十八大以来被确立为坚持中央统筹、省负总责、市县抓落实的工作机制，强化党政一把手负总责的责任制，坚持大扶贫格局，注重扶贫同扶志、扶智相结合，深入实施东西部扶贫协作，重点攻克深度贫困地区脱贫任务等。

五　结论

在改革开放大背景下，通过具有共享性质的经济发展和实施专门的扶贫战略，中国在40年的时间里实现了人类历史上最大规模的减贫，也对世界贫困人口的减少做出了巨大的贡献。习近平主席在世界经济论坛2017年年会开幕式上的主旨演讲中，引用国际红十字会创始人杜楠的一句话："真正的敌人不是我们的邻国，而是饥饿、贫穷、无知、迷信和偏见。"对于今天的世界，这句话仍然具有显而易见的针对性。

根据世界银行数据，2015年全世界仍有7.53亿人每天收入不到1.9美元（2011年购买力平价），而这些穷人中的36.4%生活于人口在全球占比仅为8.4%的低收入国家中。鉴于此，2015年发布的《2030年可持续发展议程》仍然把"在全世界消除一切形式的贫困"列为17项可持续发展目标之首。因此，中国的扶贫脱贫实践无疑是对人类社会发展规律的成功探索，由此形成的中国故事、中国智慧和中国方案，应该成为中国和广大发展中国家的共同精神财富。

实践没有终点，探索永无止境。我们坚信，只要坚持正确的指导思想和既定的工作方法，2020年之前，必然能够使最后的农村贫困人口稳定脱贫，实现全面小康"一个也不能少"的目标。然而，保障和改善民生没有终点，只有连续不断的新起点。扶贫脱贫也是如此，应该从以下几个方面入手，未雨绸缪探讨扶贫脱贫战略的“后 2020 升级版”。

首先，保持政策稳定和可持续，巩固脱贫成果。在实现农村贫困人口全部脱贫的最后阶段，所做的工作无疑具有全力冲刺的特点。达到目标之后，要巩固取得的结果，防止出现大幅度返贫，仍然有艰巨的工作要做。达到脱贫目标与形成稳定脱贫的能力不是一回事。因为对于收入水平接近贫困线的农户来说，有较大的返贫概率也是正常的。

例如，2017 年最低 20% 收入组农户的人均可支配收入为 3302 元，仅略高于当年贫困标准（3242 元）。无论是长期因素，如农村人口变化导致外出劳动力增速减慢，还是周期性因素，如农产品价格波动，都会导致这个收入组农户返贫。因此，政策关键是要把握好脱贫与返贫的动态平衡，让脱贫率始终大于返贫率。

其次，密切关注和积极应对新的致贫因素。随着人口老龄化程度加深，老年人口和残疾人口规模的扩大，将导致失能人群增加，形成新的贫困人口来源。老龄化本身及其派生的失能问题都导致劳动能力丧失或弱化。由于青壮年劳动力外出，老龄化的程度在农村比在城市更显严重。

例如，2015 年 1% 人口抽样调查数据表明，65 岁及以上人口占全部人口的比重（老龄化率），在城镇为 7.7%，而农村高达 10.1%。这相应构成对巩固脱贫成果的严峻挑战，既需要在应对人口老龄化战略中予以考虑，也要求我们已有的扶贫经验和工作机制能够与时俱进。

再次，应对风险冲击型贫困现象。一般来说，诸如金融危机等周期性冲击是躲不开的，由此造成的贫困现象仍会反复出现，反贫困不容有丝毫的懈怠。而农户面对着各种风险的脆弱性尤其突出。在 2017 年农户可支配收入中，工资性收入和经营净收入占比高达 78.4%，而这两个部分收入受市场风险影响都很明显。特别是收入水平接近贫困线的低收入农户，更易受到各种外部冲击的影响。例如，除了宏观经济周期现象之外，贫困农户特别容易受到的影响，还来自农业的自然风险、与农产品市场相关的风险、劳动力外出环境，以及劳动力供求关系变化等等。

最后，探索长期可持续减贫战略。即便不是永远，至少可以说，贫困现象将长期存在。围绕贫困的绝对性或相对性，理论界存在着旷日持久的争论。一种观点把贫困现象区分为绝对类型与相对类型。对于中国“后 2020 年时期”而言，相对贫困现象将会长期存在，而其应对机制与消除绝对贫困的机制不尽相同，需要通过创新实现体制机制的转变。另一种观点主张根据发展阶段或收入水平设立不同的绝对贫困标准。例如，世界银行从 2017 年 10 月开始，为低收入国家、中等偏下收入国家、中等偏上收入国家和高收入国家，按 2011 年不变价确立了不同的购买力平价收入标准，作为绝对贫困线，分别为每天

1.9 美元、3.2 美元、5.5 美元和 21.7 美元。[①]

值得指出的是，为中等收入国家和高收入国家确立另外的贫困标准，并非更高的脱贫水平，是由于在不同发展阶段的人均收入水平上，达到同样的脱贫效果需要付出的成本更高。根据世界银行数据，2018 年中国人均 GNI 为 9470 现价美元，属于中等偏上收入国家中接近上线的水平。

如果适用 5.5 购买力平价美元这个贫困标准的话，即便按照“我国现行标准”（1.9—3.2 美元，2020 年为 4000 元）实现农村贫困人口全部脱贫之后，仍面临着艰巨的减贫任务。如果在 2020 年或之后，中国人均 GNI 超过中等收入国家与高收入国家的分界水平（如 12235 美元）[②]，我们显然需要迎接更艰巨的挑战。

---

① Francisco Ferreira and Carolina Sanchez, “A Richer Array of International Poverty Lines, *Let's Talk Development*”, October 13, 2017. http://blogs.worldbank.org/developmenttalk.

② 关于这个新的贫困线划分标准，请参见 World Bank Data Team, “New country classifications by income level: 2018 - 2019”, July 1, 2018, http://blogs.worldbank.org/opendata/new-country-classifications-income-level-2018-2019。

第十章　认识中国经济增长减速

一　引言

自20世纪70年代末实施改革开放政策以来，中国经济实现了长达30余年的高速增长，在1978—2011年期间年平均增长率为9.9%。虽然其间有过多次经济波动，增长速度降到较低水平的情况也出现过数次，例如，在1982年经济增长速度超过9%以后，分别有1989年和1990年低于8%，但是，绝大多数年份以及总体来看，这个时期属于史无前例的高速经济增长时期。

鉴于中国政府长期以来一直把“保八”（保证经济增长速度不低于8%）作为实际的增长目标底线[1]，因此，我们把持续

---

① 在五年规划和年度计划中，经济增长率目标往往都低于8%，如“十二五”和“十三五”规划确定的作为预期指标的增长率分别为7.5%和7%。但是在执行中，实际上把“保八”作为底线，如20世纪90年代末的亚洲金融危机和2008—2009年世界范围金融危机发生时，中央政府都提出要确保8%的增长率。

低于8% 的起始年份即2012年作为经济显著减速的转折点。在2012年和2013年增长率降到7.7%之后，2014年和2015年分别进一步下降到7.3%和6.9%，2016年、2017年和2018年分别为6.7%、6.8%和6.6%。

从中国经济增长减速以来，如何认识这个增长速度新常态，成为国内外经济学家的一个争论焦点。在争论中，人们也尝试运用经济学理论储备中的“十八般武器”，形成众说纷纭、莫衷一是的局面。总体来说，这些不同观点反映了三种经济学范式的影响。下面，我们以一些最具有影响力的经济学家的观点为例，加以简单介绍和评论，同时为本章其他部分的正面阐述铺垫一个学术争论背景。

第一种范式是“菲利普斯取舍”（Phillips trade-off）。经济学界众所周知的“菲利普斯曲线”，被美国经济学家曼昆（Gregory Mankiw）列为经济学十大原理之一，认为至少在短期内通货膨胀率与失业率之间存在着替代取舍关系。以此作为认识中国经济减速的分析框架，意味着把这种减速看作是一个周期问题。

林毅夫就是从金融危机后净出口大幅度缩减的需求侧原因（因而也是周期性原因），解释中国经济增长减速的。[①] 在通常

① Justin Yifu Lin, “China and the Global Economy”, *China Economic Journal*, Vol. 4, No. 1, 2011, pp. 1 - 14.

关于需求侧因素造成周期问题的分析中，借助宏观经济学家习惯使用的国民经济恒等式即 $Y = C + I + G + (E - M)$，或所谓"三驾马车"分析方法[①]，便可以从中寻找到应对的政策路径和政策工具。按照这种逻辑，一旦可以打破需求瓶颈，如林毅夫所建议的进一步加强投资刺激，周期就可以被破解，中国经济仍可以回到原有的轨道，实现诸如8%的较高增长速度。

通过把一个经济体的人均GDP相当于美国水平的百分比作为发展阶段的判断标准，林毅夫当时发现，中国人均GDP相当于美国的20%，因此，这个发展阶段相当于日本的1951年、新加坡的1967年、中国台湾地区的1975年和韩国的1977年。数据表明，这些经济体在到达这一节点之后的20年中，分别实现了9.2%、8.6%、8.3%和7.6%的经济增长率。由此得出结论则是，中国经济仍有高速增长的潜力。

但是，这种比较经济发展阶段的方法，忽略了人口因素对经济增长的作用以及中国的"未富先老"特征。经济史表明，当人口转变处在劳动年龄人口持续增长、人口抚养比相应降低的阶段时，人口因素有利于实现较快经济增长速度，因而形成足够高的潜在增长率。这就是所谓的人口红利。中国在2010年之前正是处于收获人口红利的时期，因而潜在增长率和实际

---

① 即从居民消费需求（C）、投资（I）、政府消费（G）和净出口（E－M）分解GDP构成。

增长率都可以达到很高；而此后随着人口红利的加速消失，潜在增长率下降导致实际增长率下降。

也就是说，相应于人均GDP水平来说，中国人口转变的速度格外快，人口红利丧失的转折点更是提早到来。考虑到减速之前30多年高速经济增长对人口红利的高度依赖性，以及人口红利既早且快地消失这些因素，中国经济的潜在增长率需要从供给侧视角来认识，从而与林毅夫的研究相比，必然得出不尽一致的预测结果，进而引出大相径庭的政策含义。这同时也否定了中国经济减速的周期因素解释。

第二种范式是“卡尼曼回归”（Kahneman regression）。作为一位行为经济学家，卡尼曼提出一个认识经济现象不无裨益的“回归到均值”现象[①]，也被一些经济学家用来解释中国经济增长的减速。例如，普里切特（Lant Pritchett）和萨默斯（Lawrence H. Summers）认为，任何超乎平均水平的增长速度都是异常的，其按照规律终究要回归到均值水平。[②]

按照作者的逻辑，这里所谓的“均值”就是世界经济的平均增长率。该认识还有一个渊源，即著名的“高尔顿谬误”（Galton’s Fallacy）：正如一个扩展家庭的平均身高不可能长期

① 参见Daniel Kahneman, *Thinking, Fast and Slow*, Chapter 17: Regression to the Mean, London/New York: Penguin Books, 2012。

② Lant Pritchett and Lawrence H. Summers, “Asiaphoria Meets Regression to the Mean”, NBER Working Paper, No. 20573, 2014.

维持异于寻常的状况，而倾向于回归到总体人口的平均水平一样，经济增长率似乎也遵循这个统计规律。据此他们预测的中国经济增长率，在2013—2023年期间将有零有整地下降为5.01%，2023—2033年期间则进一步下降到3.28%——其所谓的“均值”。

萨默斯曾经斩钉截铁地说，发达国家面临问题的原因在于需求侧而非供给侧。具体来说，他本人提出了“长期停滞”的说法，把问题归咎为过低的“中性”实际利率，因此传统货币政策无法予以解套。[①] 我们很倾向于如同萨默斯的这种判断，但是，他与合作者关于中国经济“回归到均值”的说法，不啻为这种“长期停滞”的过度且不恰当的推论。

像这两位学者这样，宣称一种表面化的统计规律无论何时何地都不容回避，不啻于把众多国家旷日持久且丰富多彩的增长实践，淹没在一组面板数据之中，特别是忽略了发展中国家具有的赶超特点。既然该逻辑未能回答以往的赶超经济体如日本和亚洲四小龙，以及中国在过去30多年何以实现高速经济增长，并且没有能够提供关于中国经济减速的合理解说，“回归到均值”的预言也就无法令人信服。

进一步，一旦以这种研究方式，为中国经济未来20年预

① Lawrence H. Summers, “The Age of Secular Stagnation: What It Is and What to Do About It”, *Foreign Affaires*, Vol. 95, No. 2, 2016, pp. 2-9.

测出的增长百分点，就如同按照世界上成千上万男女老少的尺码做出一个被称为“均值”的鞋子，并宣称这是应用于任何一个活生生的个人的均码一样，显然是犯了“宁信度，无自信也”式的方法论错误，因而无法预期其提供有针对性的政策含义。

第三种范式是“索洛趋同”（Solow convergence）。因为中国过去几十年里处在一个经济增长趋同的过程中，所以这种范式具有针对性，也很自然会由此得出关于经济增长减速的相关解释。例如，巴罗（Robert Barro）在 2016 年之前便得出与萨默斯相似的预测结论，即中国经济增长率很快将显著下降到 3%—4% 的水平，从而不可能实现官方在“十三五”时期（2016—2020 年）预期的 6%—7% 的增长率目标。①

巴罗的依据来自于“条件趋同”假说及其分析框架。在他的增长回归模型中，决定经济增长率的因素被分为两类，一类是趋同效应，用（对数形式的）初始人均 GDP 作为自变量，另一类是一组决定增长稳态的解释变量（或称 X 变量）。经过无数次增长回归，他十分确信自己得出了一个“趋同铁律”，即一个国家不可能以长期异于 2% 的速度与更发达经济

① Robert J. Barro, “Economic Growth and Convergence, Applied Especially To China”, NBER Working Paper, No. 21872, 2016.

体或自身稳态趋同。既然以往中国经济取得了明显快于模型所预测的增长速度，按照这个铁律，今后不太可能维持以往的增长势头。

随着人均收入水平的提高从而趋同空间的缩小，经济增长速度减慢无疑是符合一般规律的。但是，即使认同巴罗的趋同分析框架，在“趋同铁律”之外，也仍然存在着诸多X变量，影响经济增长速度。巴罗也承认，具体到某一单个的经济体，可能存在独特的X变量或国别意义上的特质性因素，可以使其异于所谓的“铁律”或“均值”。极而言之，巴罗及其合作者曾经在其增长回归模型中，先后加入过超过100种解释变量并发现均具有显著性。[①]

中国经济增长的故事既有一般意义，更是独特的，忽略或者无视其特有的因素，就会导致低估中国经济的增长潜力，误判其减速的时间和幅度。例如，由于对解释变量及其取值的错误选择，巴罗预测的2015年中国人均GDP增长率为3.5%，大大低于当年实际6.9%的增长率。实际上，把他所预测的各时期中国人均GDP增长率与实际情况相比，可以看到始终存在着巨大的差异。

艾肯格林（Barry Eichengreen）及其合作者也以趋同范式为分析框架，但是，他们并不认同存在着某种经济增长放缓的

---

① Robert Barro, and Xavier Sala-i-Martin, *Economic Growth*, New York: McGraw-Hill, 1995.

铁律。[1] 在识别经济增长和全要素生产率减速的国别因素方面，他们做了特别的努力。这些作者发现，按 2005 年购买力平价计算的人均 GDP，平均而言，在 10000—11000 美元以及 15000—16000 美元两个区间上，一个经济体通常会分别遭遇两次减速。[2]

在 2013 年的论文中，这些作者识别出若干与减速相关的普遍性因素，如与趋同相关的“回归到均值”效应、人口老龄化导致人口红利消失、过高的投资率导致回报率下降、汇率低估阻碍产业结构向更高的技术阶梯攀登等，也指出了一些可以降低减速概率及幅度的因素，如更好的人力资本储备等。虽然他们没有能够把其中一些因素与减速本身之间的因果关系说清楚，没有把周期性因素与增长性因素完全区分开，但是，在 2011 年的论文中，他们得出的一个重要结论具有启发性，即全要素生产率的下降可以解释 85% 的经济增长减速。

上述这些基于传统范式的观点，无论就其误判中国经济减速原因来说，还是就其未能充分讲清中国未来经济增长潜力来说，都与对于中国经济以往增长源泉阐释不够，以及中国经济所处发展阶段缺乏准确判断有关。之前的章节已经对以往经济增长

---

① Barry Eichengreen, Donghyun Park, and Kwanho Shin, “When Fast Growing Economies Slow Down: International Evidence and Implications for China”, NBER Working Paper, No. 16919, 2011.

② Barry Eichengreen, Donghyun Park, and Kwanho Shin, “Growth Slowdowns Redux: New Evidence on the Middle-income Trap”, NBER Working Paper, No. 18673, 2013.

源泉做了阐述，本章的以下部分将尝试跳出上述范式，根据历史逻辑对中国经济当前的增长减速做出解释，并进而展望未来。

二　为什么经济学家固执于周期视角？

经济生活中遇到的问题，有些表现为局部的、偶发的短期扰动现象，通常是经济周期理论研究的对象；也有一些则是全局性的、按照一定规律必然发生的长期性趋势，是经济增长理论或经济史的研究对象。认识后一种情形，需要在思维上具有历史纵深感，才能在判断上保持清醒认识和战略定力，进而在行动上选择并采取正确的应对策略。

由于研究范式受到西方主流经济学的主导，而后者又是以不发生经济发展阶段变化，因而长期处于增长稳态的发达经济体为研究对象，从周期的角度解释经济增长减速，通常是经济学家最习以为常的思维方式。宏观经济学从经验上概括出经济周期的各种表现和形态，从理论上提供了五花八门的分析框架用来观察经济周期现象，在政策工具箱中则收藏着“十八般兵器”可以用来实施反周期举措。

在经济学说史上，人们根据各自的观察发现，在不同的时期分别出现过历时 3 年到 4 年，被称作基钦周期的短周期；为时 9 年到 10 年，被称作朱格拉周期的中周期；历时 20 年到 25 年，被称作库兹涅茨周期的中长周期，以及为期长达 50 年到 60 年，被称作康德拉基耶夫周期的长周期。[①] 在资本主义国家的经济发展过程中，各种类型的经济周期伴随着经济危机交替、重合发生，可谓躲也躲不开。正因为如此，危机或周期问题成为宏观经济学诞生的催化剂以及学科发展中旷日持久的课题。

如果我们把潜在增长率看作是在既定经济发展阶段上，生产要素禀赋和全要素生产率提高潜力可以支撑的经济增长稳态，负增长率缺口通常意味着需求侧出现周期性扰动，从而使得实际增长率不能达到潜在增长率，生产要素未能得到充分利用，这时往往出现产能利用不充分，譬如周期性失业现象。与此同理却表现相反的情况则是，实际增长率超过潜在增长率造成的正增长率缺口，对应的则是经济过热的情形，通常表现为出现通货膨胀或经济泡沫。

在多数情况下，经济周期是由需求侧的冲击造成的。无论是来自外部还是来自内部，扰动性冲击造成总需求的不足一旦严重到这样的程度，以致使得实际增长速度显著低于潜在增长率，就会形成增长率缺口。大多数宏观经济学家认为，在这种情况下，旨在刺激总需求的宏观经济政策，即或者宽松的货币政策或者扩张性的财政政策，以及与其配合使用的其他政策，如产业政策甚至区域政策，因其具有反周期的功能，可以加以采用以刺激经济增长，达到消除增长率缺口的效果。

---

① 参见［挪威］拉斯·特维德《逃不开的经济周期》，中信出版社2008年版。

中国经济在改革开放时期的史无前例的高速增长期间，也经历过若干次周期性减速，相应地形成了增长率缺口。我们的估算表明，在1979—1994年期间和1995—2010年期间，中国的潜在增长率分别为9.66%和10.34%。[①] 以这一期间历年实际增长率减去对应的平均潜在增长率，就可以得到各年度的增长率缺口。

计算表明，在2010年之前的30余年中，中国经济增长大体上有三个波动周期，分别形成了四个波谷即最大幅度的增长率缺口，即1981年为-4.42%、1990年-5.82%、1999年-2.72%和2009年-1.13%。有意思的是，每两个波谷之间的长度大体是9年到10年，恰好符合一般认为的朱格拉周期特征（图10—1）。

回顾改革开放时期的经济发展历程，我们可以看到，在其间几次经济增长减速发生的时候，都符合逻辑地出现了生产要素利用不足的现象，例如多次表现为较严重的就业冲击。同样地，虽然每一次的具体形式和力度不尽相同，总体而言，宏观经济政策都是以刺激经济增长的方式进行干预，最终达到抚平周期，使实际增长速度回归潜在增长率。[②]

---

① Fang Cai and Yang Lu, "The End of China's Demographic Dividend: the Perspective of Potential GDP Growth", in Garnaut, Ross, Fang Cai and Ligang Song (eds.), *China: A New Model for Growth and Development*, ANU E Press, Canberra, 2013, pp. 55-74.

② 蔡昉：《宏观经济政策如何促进更多更好就业？——问题、证据和政策选择》，《劳动经济研究》2015年第3期。

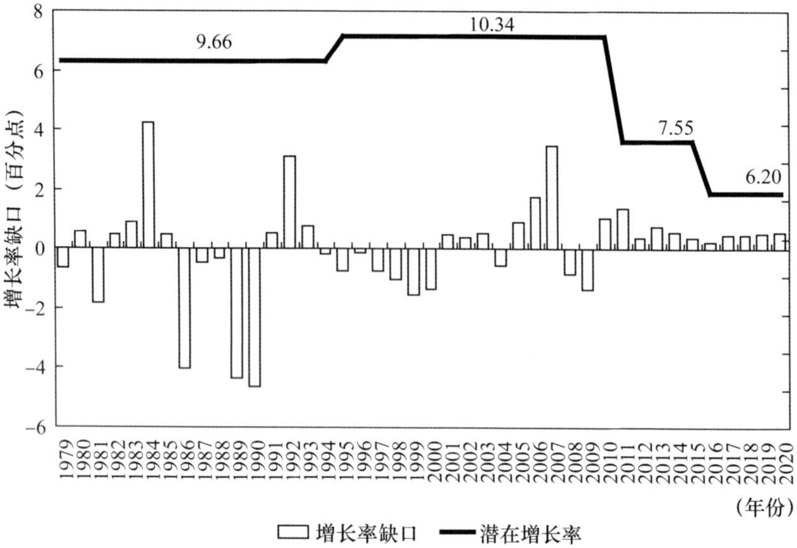

图 10—1 中国经济潜在增长率和增长率缺口

资料来源：Fang Cai and Yang Lu，“The End of China's Demographic Dividend：the Perspective of Potential GDP Growth”，in Garnaut，Ross，Fang Cai and Ligang Song（eds.），*China：A New Model for Growth and Development*，ANU E Press，Canberra，2013，pp. 55 – 74；国家统计局网站：http：//www. stats. gov. cn/。

这次显然不一样。中国经济自 2012 年明显减速以来，GDP 增长率处于不断下行的趋势。如果按照以往的经验，即假设潜在增长率仍然是 10% 的话，在 2012—2018 年期间实际增长率逐年下降的情况下，则会形成逐渐加大的增长率缺口，为 2—3 个百分点。然而，我们的估算和预测表明，中国潜在增长率已经下降到“十二五”时期的平均 7. 55% 和“十三五”时期的 6. 20%。如果以此与实际增长率相比，就不存在增长率缺口了。那么，中国经济潜在增长率为什么会发生这样一个陡峭的下降呢？

林毅夫列举了金融危机之后诸多国家的经济增长都显著减速，由此反问道：如果中国经济增长减速不是周期性因素，何以出现这种诸多国家一起减速的现象？[①] 的确，正如历史上每一次危机之后一样，经济增长减速必然发生，甚至在绝大多数情况下，危机之后的经济增长并不会像拨动琴弦一样自然而然地迅速反弹回来。[②]

2008 年国际金融危机导致多国经济从而整个世界经济迅即出现负增长，之后仅回弹一年便再次陷入长期复苏乏力的状态。然而，正如一场流行性感冒导致同一病症患者众多，却不能否认仍有就医者得的是不同的病一样，大量国家受金融危机影响，陷入周期性减速状态，并不能证明所有遭遇减速的国家面临的都是周期性、需求侧冲击。[③]

正是在各国经历国际金融危机冲击的同时，中国发生了人口转变阶段的变化，长期支撑高速增长的人口红利迅速消失，而从人口转变阶段变化来看，在 2010 年之前 30 年及之后，中

① 针对林毅夫教授相关论点和论据的讨论，请参见蔡昉《如何认识中国经济增长潜力：回应林毅夫对人口红利解释的批评》，《比较》2019 年第 2 辑。

② Carmen Reinhart and Vincent Reinhart, "The Crisis Next Time: What We Should Have Learned From 2008", *Foreign Affairs*, Vol. 97, No. 6, 2018, pp. 84 - 96.

③ 实际上，许多其他国家在遭受周期性冲击之后，也暴露出长期存在的结构性痼疾，因而长期可持续增长的问题也不能仅指望刺激政策一种工具。

国与世界上绝大多数经济体呈现截然不同的趋势。作为人口转变特定阶段中生育率显著下降的结果，1980—2010 年期间，中国的 15—59 岁劳动年龄人口以年平均 1.8% 的速度增长，而该年龄之外的依赖型人口则基本处于零增长状态（-0.2%）。

在同一时期里，无论是发达国家作为总体，还是不包括中国在内的发展中国家作为总体，劳动年龄人口和依赖性人口的相对增长态势，都远远不如中国来得有利。例如，在同一时期（1980—2010 年），从发达国家平均来看，劳动年龄人口与被抚养人口的增长速度几乎相同；而从不包括中国在内的发展中国家平均来看，虽然劳动年龄人口增速更快，但是被抚养人口的增长率也是显著的。及至 2010 年之后，中国的劳动年龄人口增长由正转负，人口抚养比由降转升，而在其他国家特别是发展中国家，则并没有这样明显的转折发生。因此，同为经济增长减速，需要从不同的人口转变特征上去理解。

林毅夫在评论中还做了另一个设问：如果中国经济增长速度高于潜在增长率，则应该出现通货膨胀，但是，我们并没有看到通货膨胀。的确，根据观察及估算发现，2008 年之后中国经济的实际增长确实有略高于潜在增长率的倾向，这在图 10—1 中表现为正的增长缺口。那么，为什么通货膨胀率仍然能够保持在较低的水平呢？

要解释这个疑问，我们这里应该先把增长缺口与通货膨胀的关系澄清一下。运用已有的经济学原理，我们可以理解经济增长速度从而生产要素利用的充分程度，至少在一定程度上（譬如说短期内）与通货膨胀水平有着某种替代关系。也就是说，正如在存在负增长缺口的情况下会出现失业现象一样，如果实际增长率高于潜在增长率，即在存在正增长缺口的情况下，则会出现通货膨胀。

由于经济学家一般认为通货膨胀归根结底是因为流通中的货币超过了实际需求，所以经济过热或正增长缺口也意味着货币的过度发行。然而，在较为成熟的现代经济中，货币超发行或流动性过剩所产生的后果，远比由消费者物价指数所表示的一般通货膨胀现象要复杂得多。

中外经济发展实践显示，如果一个经济体的政府或宏观经济调控当局采取过度刺激的政策手段，则会出现货币供给过度和流动性过剩，在此情况下可以观察到通货膨胀现象发生。这也就是为什么我们会看到，美联储要采用通货膨胀目标制，并在经济增长表现改善并且失业率降至低位的情况下义无反顾地加息缩表，更加积极地退出量化宽松政策。

然而，货币发行过度并非只表现为通货膨胀率提高，而更经常表现为资产价格的膨胀。归根结底，增发的过量货币总要找到出处，在一般产品制造的实体经济没有强烈需求的情况下（通常意味着实际增长率与潜在增长率保持一致），这些过量的流动性就必然会转向房地产、股市和理财等领域，不仅助长了资产价格膨胀，还成为金融不稳定和系统性风险的诱因。例如，美国最近发生的两次经济衰退，都是在传统通货膨胀率相对稳定的情况下，资产市场价格出现破坏性上涨之后发生的。[①]

在经济发展阶段从而比较优势发生变化的情况下，更容易发生这种现象。例如，日本在20世纪80年代后期开始，人口机会窗口渐渐关闭，制造业的比较优势快速消失。然而，政府不承认也不愿意接受潜在增长率下降的现实，故而实施了持续刺激的政策，导致货币量超发、流动性过剩。在制造业领域缺乏投资积极性和借贷意愿，并且基础设施建设作为派生性需求也表现疲软的情况下，宽松政策造成的过剩流动性便进入房地产、股市、海外资产甚至艺术品市场等非实体经济，最终积累起巨大的经济泡沫，直至1990年前后泡沫最终破灭，日本经济从此陷入“失去的”10年、20年甚至30年。

中国自20世纪90年代中期出现过明显的通货膨胀之后，消费者物价指数的变动总体稳定，近年来处在较低水平。然而，从各种经济表象人们都可以看到货币政策偏宽松的倾向。例如，广义货币（M_2）供应量与名义GDP的比值（也称马歇尔K值），从1990年的0.81分别提高到2000年的1.34、2010年的1.76和2017年的2.04。

这就是说，目前的宏观经济态势特征，是以越来越大规模

---

① Joseph Carson, "Inflation Indices Should Add House Prices to Prevent Bubbles", *Financial Times*, December, 2018.

的货币量推动同样的经济增长。在劳动力成本上涨、制造业比较优势加快丧失的情形下，超过需求的货币更倾向于流向与比较优势以及竞争力无关的投资领域。结果则是整体经济的脱实向虚，金融业自我服务、自我循环，甚至造成过度负债和各种金融乱象，积累起经济泡沫乃至酝酿系统性金融风险。

三　发展阶段变化的标识性转折点

综上所述，认识中国经济增长减速，固然应该关注可能产生的需求冲击，但是，针对当前所发生的情况来说，总体而言应该放弃从“三驾马车”分析框架中寻找答案的做法。相反，应该从生产函数（$Y = A \times F(K,L) = K^{\alpha} \times (AL)^{1-\alpha}$）入手进行分析。[①] 在中国的特殊语境中，这种分析需要充分考虑人口红利及其消失的因素以及其作为经济增长变量变化的具体表现。

具体来说，我们以15—59岁劳动年龄人口到达峰值（从而随后就进入负增长）的时间作为比较的基准，2010年中国的发展阶段，实际上相当于日本的1990—1995年、韩国的2010—2015年，以及新加坡的2015—2020年。如果把人口抚养比（14岁及以下和60岁及以上人口与15—59岁人口的比

① 在这个公式中，Y 代表产出或GDP，K 和 L 分别代表资本和劳动要素（还可以把其他生产要素如人力资本等包括进去），A 则代表技术进步或全要素生产率。

率）作为人口红利的一个代理指标，日本、韩国和新加坡的抚养比显著上升的时间点，也远远迟于按照人均收入水平定义的时间点（图 10—2）。

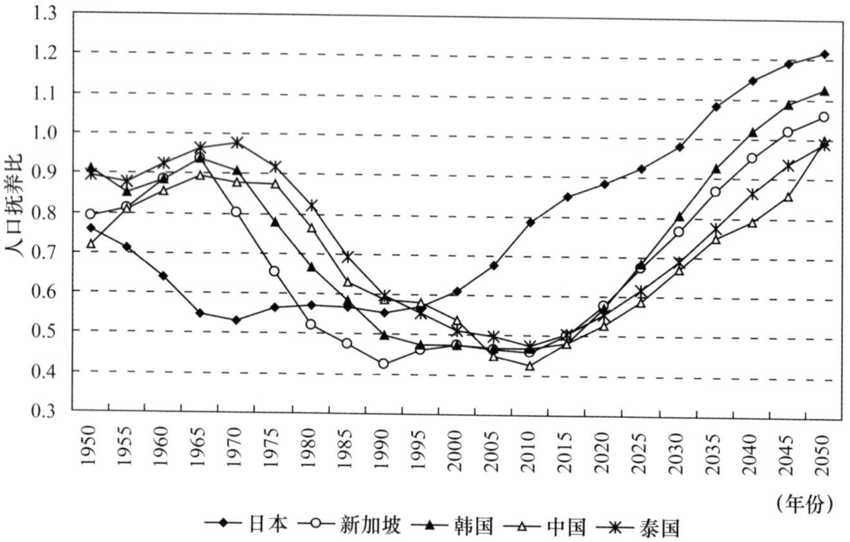

图 10—2　东亚国家人口抚养比的转折点

资料来源：United Nations，Department of Economic and Social Affairs，Population Division (2015)，*World Population Prospects*：*The* 2015 *Revision*，CD-ROM Edition。

从图 10—2 中可见，日本的人口抚养比虽然于 1970 年前后已经降到了最低点，但是，抚养比真正开始显著上升发生在 20 世纪 90 年代。而韩国和新加坡的抚养比到达谷底的时间也大大早于中国，也在低点上稳定了较长时间，因此，这两个国家抚养比的上升，在时间上大体与中国和泰国相同。与日本等东亚发达国家的这种比较，充分揭示了中国未富先老特征。

在人口转变阶段发生变化的过程中，或者说作为前者的结果，经济现实中也表现出相应的转折征象。具体来说，中国经济发展在这个阶段上经历了两个最重要的转折点，从而把人口转变过程的变化，转化成为对应的经济发展阶段变化。

首先，一旦劳动力需求增长超过劳动力供给能力所及，则意味着中国经济长期具有的劳动力无限供给特征不再具有突出特点，刘易斯式的二元经济发展进入后期阶段。因此，我们把这个转折点称作刘易斯转折点。根据发展经济学文献和经济发展经验，这个转折点并不需要运用计量经济学方法，通过估算劳动的边际生产力来验证，而只需观察是否劳动力短缺和工资上涨成为了常态。据此，2004 年可以作为这个转折点的代表性年份。

其次，随着劳动年龄人口转入负增长，人口抚养比从下降转为上升，人口转变过程到达了一个从量变到质变的跳跃。也就是说，所有与人口特征相关而有助于高速增长的变量，从此具有不利于经济增长的效果，导致人口红利迅速消失。我们把这个变化称为人口红利消失转折点，发生于 2010 年。

随着中国经济跨过以劳动力短缺和工资上涨为特征的刘易斯转折点，以及以劳动年龄人口负增长、人口抚养比提高为特征的人口红利消失转折点之后，以往推动经济增长的因素不再具有显著的作用，潜在增长率因此下降，超常规增长速度也不再能够维系了。

我们根据经济理论能够预期到的，以及迄今已经观察到的一系列因素，已经导致中国经济潜在增长率的下降。一是劳动力短缺导致工资上涨速度过快，超过了劳动生产率增速的支撑能力；二是资本劳动比过快提高导致投资回报率的大幅度下降；三是新成长劳动力的减少使人力资本改善速度减慢；四是农村劳动力转移速度放缓，致使资源重新配置效应减弱，全要素生产率增长率下滑。中国经济进入以增长速度下行、产业结构调整和发展方式转变加速为特征的新常态。

我们的估计显示，中国经济潜在增长率逐渐下降，直至在中国完全实现现代化后即2050年前后，届时将会回归到萨默斯所谓的“均值”。[①] 迄今为止，实际增长减速的轨迹、节奏和趋势已经印证了这个预测。这对产业结构调整提出紧迫的要求，而应对挑战需要建立在深化经济改革的基础上。

许多人相信，人口是个慢变量，而观察到的经济增长减速却是短期内发生的，由此认为用人口因素解释经济增长减速是不合逻辑的。譬如说，人们会争辩道，就算劳动年龄人口进入

① 普里切特和萨默斯认为，任何超乎平均水平的增长速度都是异常的，按照规律终究要“回归到均值”。按照他们的逻辑，这里所谓的“均值”就是世界经济的平均增长率。而蔡昉和陆旸的估计表明，直到2050年，中国潜在增长率仍将高于3%。参见 Lant Pritchett and Lawrence H. Summers, “Asiaphoria Meets Regression to the Mean”, NBER Working Paper, No. 20573, 2014；Fang Cai and Yang Lu, “Take-off, Persistence, and Sustainability: Demographic Factor of the Chinese Growth”, *Asia & the Pacific Policy Studies*, Vol. 3, No. 2, 2016, pp. 203 - 225。

负增长，这个人口群体的总规模仍然巨大；而人口抚养比即便处在上升的态势，也会在一段时间里保持较低的水平。类似这样的疑问以及背后的思维逻辑具有代表性，反映了对于人口红利作用机制缺乏透彻的理解。

说到人口红利，不应该将其看作是一个人口学概念，而需要将其放在长期经济增长的框架中，作为经济学概念进行讨论。经济增长是指 GDP 每年增量与总量的关系，是总经济规模的一个即期变率。虽然特定年份的人口总量变率未必直接改变经济增长率，但是，人口转变阶段导致的生产要素供给和生产率提高趋势，标志着经济发展阶段的变化，必然会改变潜在增长率。

正如图 10—2 中所显示的，中国的人口抚养比在 2010 年之前一直是下降的，到达谷底之后则迅速提高，相应的劳动年龄人口变化也类似，在 2010 年达到峰值之前是迅速增长，之后则进入负增长。这种人口结构方向性的变化或正负符号之间的转换，根本改变了劳动力数量和质量的供给能力、储蓄率和资本回报率水平，以及全要素生产率的提高难度。

退一步说，经济史上屡见不鲜的案例表明，长期趋势的必然性往往不是缓慢表现出来的，而总是在某种特殊的短期诱因作用下而一下子显现出来，而这个短期诱因的形成，却常常与未能对长期必然性做出正确判断有关。

例如，20 世纪 70 年代之后，日本的人口红利逐渐消失，经济增长也开始缓慢减速。然而，正是由于日本的经济学家和经济政策制定者几乎一致认为减速是需求侧因素所致，因而宏观经济政策转向刺激性。特别是到了80年代，政府采取了五花八门的刺激政策，从各个领域催生出经济泡沫，直至泡沫破灭导致陡峭的经济跌落及长期的增长停滞。

相反，新加坡在其人口红利消失的迹象初现时，就有意无意地从供给侧施策，意在保持经济增长的可持续性。例如，从放松对雇用外籍劳工的管制以延长人口红利期，并赢得了时间，使推动全要素生产率提高的努力取得成效，从而稳定了增长速度，避免了剧烈的减速，最终也赢得了新的增长源泉，成为世界上最具竞争力和创新力的国家之一。

四　从人口红利到改革红利

经济学是一门经世济民的学问，所以，关于经济现象解释的分歧，固然属于经济学术界的常态，同时也必然在政策含义及至政策实施后果中表现出来。从需求侧认识中国经济减速，政策结论便是着眼于实施刺激性的宏观经济政策和产业政策。一旦认识到中国经济减速的主因在于供给侧，便不难推论出，上述做法只能把实际增长率提高到潜在增长率之上，产生的结果与政策初衷并不一致。相反，由供给侧出发的政策努力则是着眼于提高潜在增长率。

按照增长理论预期和各国发展经验，从赶超型的二元经济发展向处在技术前沿的新古典增长转变的过程中，增长速度放慢是不可避免的。[1] 然而，潜在增长率以何种幅度降低从而实际经济增长以何种速度放慢，在国家之间却大相径庭，因而会导致截然不同的长期后果。[2] 对于面临这个阶段变化的中国而言，只有通过深化经济体制改革，推动发展方式转变，挖掘传统增长动能的潜力，培育新的增长动能，保持合理的潜在增长率，实现中高速实际增长，才能避免长期停滞在中等收入阶段，如期实现国家现代化目标。

很多研究表明，改革与不改革会形成截然不同的中国经济增长前景。例如，切列穆吉姆（Anton Cheremukhim）等人的研究，把 1978—2012 年期间和 1966—1975 年期间的经济增长表现，分别作为改革或不改革的参照情形，据此对 2050 年中国经济增长做出模拟，表明两者之间的巨大差别。[3] 更重要的信息是，改革与增长之间并不存在一种非此即彼或此消彼长的替代关系，改革具有促进经济增长的明显效果。中国改革开放的经验和逻辑表明，改革红利终究会体现在促进经济增长和改善人民生活水平上面。

---

① 如参见 Robert J. Barro, "Economic Growth and Convergence, Applied Especially To China", *NBER Working Paper*, *No.* 21872, 2016; *Barry Eichengreen*, *Donghyun Park*, *and Kwanho Shin*, "*Growth Slowdowns Redux*: *New Evidence on the Middle-income Trap*", *NBER Working Paper*, *No.* 18673, 2013。

② Barry Eichengreen, Donghyun Park, and Kwanho Shin, "When Fast Growing Economies Slow Down: International Evidence and Implications for China", NBER Working Paper, No. 16919, 2011.

③ Anton Cheremukhim, Mikhail Golosov, Sergei Guriev, Aleh Tsyvinski, "The Economy of People's Republic of China From 1953", NBER Working Paper, No. 21397, 2015.

前面的分析已经显示，提高中国经济潜在增长率有两个源泉。第一是保持传统增长动力。这不意味着维持传统的要素投入驱动型的经济发展方式，而是着眼于挖掘生产要素特别是劳动力供给潜力，延长人口红利期。第二是启动新的增长动力。这主要在于加大人力资本积累的力度，以及提高全要素生产率增长率及对经济增长的贡献率。这两个经济增长源泉，具体体现在以下几个方面，都需要从供给侧推进结构性改革予以开发。

首先，提高劳动者在高生产率部门的参与率。由于几乎所有导致中国经济潜在增长率下降的因素，归根结底都与劳动力无限供给特征的消失有关，因此，增加劳动力供给可以显著延缓潜在增长率的下降。作为人口年龄结构变化的结果，不仅15—59岁劳动年龄人口已经处于负增长之中，即使考虑到现行的劳动参与率，15—59岁经济活动人口也在2017年以后进入负增长。因此，劳动力总量已经不再具有增长的潜力，挖掘劳动力供给潜力的唯一出路在于提高劳动参与率。

由于中国劳动年龄人口总量巨大，1个百分点的劳动参与率在2015年就对应着900余万经济活动人口。在中国情景下，提高劳动参与率有一个独特且潜力巨大的源泉，即继续把农业劳动力转化为非农产业劳动力，以及把已经在非农产业就业的农民工转化为城市居民。模拟表明，在2011—2022年期间，如果非农产业的劳动参与率每年提高1个百分点，可以获得

0.88个百分点的额外潜在增长率。[1]而提高非农产业劳动参与率的最大推力，在于进行户籍制度改革，提高户籍人口城镇化率，从而稳定农民工在城市经济和非农产业的就业。

其次，提高总和生育率（total fertility rate，或简称TFR），均衡未来的人口年龄结构。根据中国和国际经验，生育率下降是经济社会发展的结果，生育政策本身所能发挥的作用其实是有限的。不过，鉴于中国自1980年起实施了长达35年以"一个孩子"为主的计划生育政策，因此，允许生育二孩的改革可以预期在一定时间里产生提高生育率的效果。

一般认为，目前中国的总和生育率为1.5，生育政策调整将在或大或小的程度上使生育率向2.1的替代水平靠近。政策模拟表明，如果总和生育率提高到接近1.8的水平，与总和生育率1.6的情形相比，可在2036—2040年期间把潜在增长率提高0.2个百分点。[2]特别值得指出的是，正如生育率下降不仅仅是政策的结果一样，旨在均衡人口发展的改革，也不应该仅限于生育政策调整（我们当然期待生育政策尽快过渡到自主生育阶段），更应该包括其他公共服务供给体系的完善，通过降低家庭养育孩子的成本，特别是解除年轻夫妇的后顾之忧，让

① Fang Cai and Yang Lu, "The End of China's Demographic Dividend: the Perspective of Potential GDP Growth", in Garnaut, Ross, Fang Cai and Ligang Song (eds.), *China: A New Model for Growth and Development*, ANU E Press, Canberra, 2013, pp. 55 - 74.

② Fang Cai and Yang Lu, "Take-off, Persistence, and Sustainability: Demographic Factor of the Chinese Growth", *Asia & the Pacific Policy Studies*, Vol. 3, No. 2, 2016, pp. 203 - 225.

人们能够在政策允许的限度内，按照个人意愿决定家庭孩子的数量。

再次，保持人力资本积累速度。青木昌彦从东亚经济发展的经验中发现，任何国家和地区，在经历了一个以库兹涅茨式的结构调整为特征的经济发展阶段之后，在进入后人口转变阶段之前，都需要经历一个由人力资本驱动的经济发展阶段。[①] 对中国来说，这个阶段转换的时机，就应该是我们已经观察到的刘易斯转折点。这样就意味着，就发展阶段而言，中国已经进入需要更加倚仗人力资本获得增长源泉的时代。

在前述2016年的文章中，蔡昉和陆旸通过对教育和培训发展做出合理假设后，预期整体人力资本水平可以得到特定程度的提高，因而在未来可以将GDP潜在增长率提高约0.1个百分点。这个改革红利对于旨在维持合理的经济增长速度，如维持中国语境中的中高速增长，避免过早陷入中速甚至中低速增长的中国经济发展新常态来说，是一个不容忽视的数字。

其实，我们的上述模拟仅仅考虑了人力资本数量的直接贡献。正如其他许多研究所表明的那样，第一，作为人力资本代理变量的教育水平，除了直接对经济增长做出贡献之外，还因

---

① M. Aoki, Five Phases of Economic Development and Institutional Evolution in China, Japan and Korea, Part I, in Aoki, M., T. Kuran and G. R. Roland (eds.), *Institutions and Comparative Economic Development*, Basingstoke: Palgrave Macmillan, 2012.

其提高具有改善生产率的效果，总贡献率可大幅度提高[1]；第二，在考虑到教育质量的情况下，人力资本对经济增长的作用会进一步显著提高，甚至比生产率的贡献还要突出。[2]

最后，提高全要素生产率，获得更可持续的增长源泉。理论上可以预期，已有的计量分析也发现（如前述蔡昉和陆旸的2016年文章），尽管提高非农产业劳动参与率有助于提升潜在增长率，但是，随着时间的推移，这种效果呈现逐渐减弱的趋势；而全要素生产率提高对潜在增长率的推动作用，首先会显现出立竿见影的效果，随后则会显示经久不衰的特性。

随着日益转向一个新古典增长阶段，一方面，中国经济越来越依靠科学发展、技术创新保持经济增长可持续性；另一方面，通过清除体制性障碍获得资源重新配置效率的空间仍然巨大。在2013年的文章中，蔡昉和陆旸的模拟显示，在2011—2022年期间，如果全要素生产率年平均增长率提高1个百分点，潜在增长率可以对应提高0.99个百分点。

蔡昉和陆旸在2016年的文章中，在对户籍制度改革、教育和培训制度改革、国有企业改革等可能产生的对于非农产业劳动参

---

① 沃利等人对中国人力资本对经济增长的贡献估计结果显示，考虑到教育水平提高具有改善生产率的效果，人力资本总贡献可以从直接贡献率11.7%提高到38%。参见John Whalley and Xiliang Zhao, "The Contribution of Human Capital to China's Economic Growth", NBER Working Paper, No. 16592, 2010。

② Rodolfo Manuelli and Ananth Seshadri, "Human Capital and the Wealth of Nations", *The American Economic Review*, Vol. 104, No. 9, 2014, pp. 2736 - 2762.

与率、人力资本和全要素生产率的贡献效果做出假设后，再与不同力度的生育政策调整（从而不同的生育率情景）相组合，模拟了未来可能获得改革红利的不同情景，发现改革或是不改革以及改革力度大或小，会在近期和未来产生明显的潜在增长率差别。

也应该承认，遭遇周期性发生的需求侧冲击现象，对于任何发展阶段的任何类型经济体总是难免的。例如，在经济全球化遭遇逆风，贸易保护主义抬头并加剧采取贸易摩擦措施，甚至美国发起针对中国的贸易摩擦的情况下，中国经济增长的出口就会受阻，外需会显著下降，自然会产生对宏观经济的需求侧冲击。

不过，这里需要区分两种情形。第一，在受到冲击的情况下，外需下降的幅度与潜在增长率降低的幅度是对应的，这时，仍然不需要采取过强过急的刺激性宏观经济政策。第二，在外需的下降幅度达到足以造成实际经济增长低于潜在增长率，因而不能实现充分就业的情况下，旨在刺激需求以保证经济增长速度能够回归潜在增长率的宏观经济政策调控则是必要的。鉴于经济发展阶段的变化改变了潜在增长率，以及对于新的潜在增长率究竟是多少个百分点，何况潜在增长率预期仍然降低，我们很难再根据年度增长速度变化判断宏观经济形势。这时，直接观察反映就业状况的指标如调查失业率，看是否发生超出自然失业率之外的周期性失业，是更加科学可靠的判断经济形势从而决定宏观经济政策方向的依据。

国家统计局发布两种失业率指标，分别为城镇登记失业率和城镇调查失业率，后者在稍晚的时期才开始公布。根据笔者的估算，城镇调查失业率在2000年达到最高点即大约为7.6%之后逐年降低。2008年以来，在经济增长没有发生周期性变化的同时，调查失业率始终保持在5%左右。自国家统计局发布该指标以来，在2018年1月至2019年3月之间，调查失业率仅在4.9%与5.3%之间浮动，平均值为4.98%。所以总体来说，中国城镇调查失业率近年来基本稳定在5%左右，登记失业率则在4%以下（图10—3）。那么，这个失业率水平反映出什么样的劳动力市场状况？其背后蕴含的政策含义是什么呢？

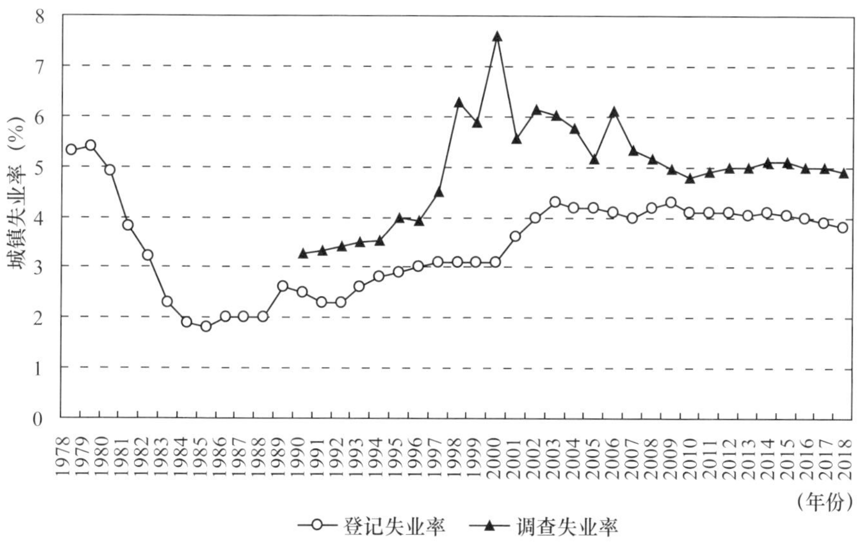

图10—3　城镇失业率变化

资料来源：城镇登记失业率数据来自国家统计局《中国统计年鉴》历年；城镇调查失业率较早数据系笔者估计，近年来数据系根据新闻报道和国家统计局发布汇集。

根据自然失业率（即不受周期性因素影响的失业率）的定义，可以得出的分析结论是，中国当前的自然失业率就处在调查失业率在5%左右、登记失业率在4%左右的水平上。因此，只要城镇调查失业率不超过5%，就意味着没有周期性失业，也说明增长速度符合潜在增长率，经济处于充分就业状态。也就是说，中国宏观经济迄今为止没有出现明显的周期性问题。由此可见，即便经济学家和政策决策者没有就中国当前潜在增长率达成共识，也可以从城镇失业率处于自然失业水平这个现象，得出经济增长速度并未降至潜在增长率之下的判断。

归根结底，短期的需求侧冲击不会改变中国经济所处的发展阶段，后者具有更加长期和稳定的性质。因此，应对冲击的宏观经济政策既不能替代以改革为中心的长期解决办法，对经济增长的刺激也只能以变化了的潜在增长率为参照。并且，即便在实施宽松型和扩张性的宏观经济政策时，也要防止投资不当造成过度负债和降低生产率的现象。[①]

五　高收入俱乐部的“门槛陷阱”

2018年中国的人均GDP已经达到9771美元。以相同的增

① 有研究者在回顾2008年以来刺激政策实施效果时，发现其造成过度负债的不利结果，还发现在投资率和全要素生产率表现之间存在着负相关关系。白重恩、张琼：《中国生产率估计及其波动分解》，《世界经济》2015年第12期。

长速度推算，2020年预计达到12158美元。按照世界银行的分组标准，人均GDP超过12235美元就进入了高收入国家的行列。那么，近年来为研究者和决策者所热心讨论的“中等收入陷阱”这个命题，是不是对中国不再具有针对性了呢？

对国际经验的深入观察，不仅可以得出这个命题仍然有意义的结论，而且为我们提出更加具有针对性的新命题。纯粹为了讨论的便利，这里姑且将其称为“门槛陷阱”。这种概括既谈不上揭示某种与中等收入陷阱截然不同的现象，因而也不算是提出一个崭新的概念，只是为了把中等收入陷阱这个概念通常所关注的问题，特别地聚焦到中等偏上收入国家范围内。具体来说，我们拟从统计意义上进行一番刻画，看一个国家在临近跨入或者刚刚跨入高收入国家行列之际，能否一劳永逸地享受这种新位次。

如果说这里有什么特别着重点的话，那就是尝试揭示出，以人均GDP达到12235美元作为一个评判标准，虽然把一个国家从中等偏上收入组提升归类到高收入组，但是，这个划分归根结底具有人为的随意性，如很难说出人均收入12234美元与12236美元会有什么实质性的差别。随后的分析则显示，这个标准仅仅是个门槛而已，而绝非可以保证这个国家从此进入某种稳定地位的“阙值”或临界点。

我们观察所使用的数据很简单，那就是世界银行公布的1960—2018年各国以2010年不变价美元计算的人均GDP。这里关心的问题是：第一，已经进入中等偏上收入组的国家，有多大的机会在几十年之后居于高收入国家行列；第二，那些新近进入高收入国家组的国家，随后的经济增长表现会如何。

我们首先观察“门槛外”国家的情形。我们在所有具备数据的国家中，挑选出那些在1960年尚未进入高收入组（按2010年价格计算12000美元），但是截至1980年至少已经进入中等偏上收入组（按2010年价格计算4000美元）的国家。在符合这个范围条件的29个国家中，有14个国家在2018年已经属于高收入国家。

也就是说，在几十年的时间里（具体来说是38—58年期间），得以跨越或者未能跨越中等偏上收入国家到高收入国家门槛的概率，大约是一半对一半。换句话说，使1960—1980年期间的中等偏上收入国家，以50%的概率陷入门槛陷阱的关键，在于这些国家至少在38年的时间里，人均GDP未能实现年平均2.93%的实际增长率（即在1980—2018年期间人均GDP从4000美元提高到12000美元所必需的收入提高速度）。

我们进而观察“门槛内”国家的情形。在1980年已经进入高收入阶段的37个国家中，有14个可以被看作“新晋成员”，即当年人均GDP低于高收入国家的平均水平（按2010年价格计算23096美元）。其中，只有新加坡和爱尔兰这两个曾经被誉为增长奇迹的国家，在随后的时间里赶超最为成功，到2018年已经成为高收入国家中的高收入国家，即人均GDP

超过该组平均水平，分别达到按2010年价格计算的58248美元和78765美元。而其他1980年的新晋成员，直到2018年，人均收入仍然处于高收入国家的平均值以下。

进一步，我们可以从趋同的角度观察一下1980年的新晋成员，在以后时期的经济增长表现如何。趋同的统计学含义是，一个国家在初始期的人均收入水平，与其随后的经济增长速度呈现反比关系。在图10—4中，我们描述了高收入国家组初始期人均收入与观察期增长速度的关系。从两者之间的斜率为负这一点来看，至少在描述性统计意义上我们可以认为，自1980年以来即已跻身高收入组的国家之间，存在着或多或少的赶超关系，从而产生不算十分显著的趋同效应。

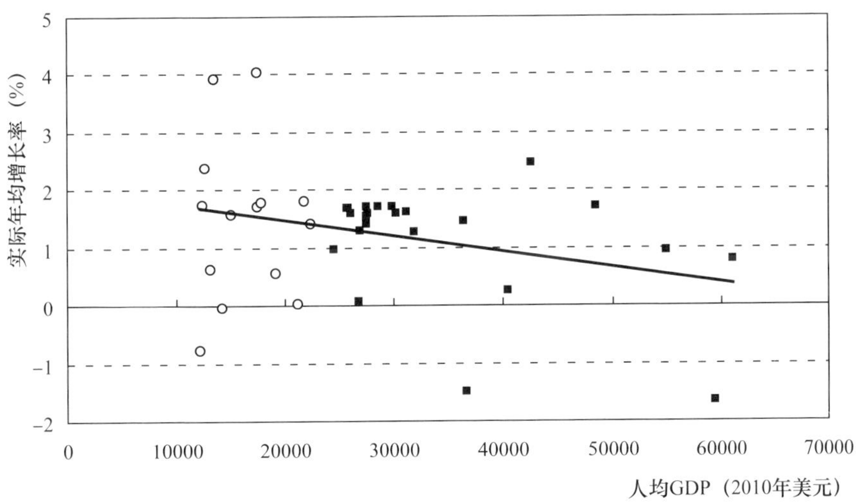

图10—4 高收入国家的增长率

资料来源：世界银行数据库：https：//data. worldbank. org/。

与此同时，我们从图中也可以观察到，在发达国家整体上显示微弱趋同趋势的同时，无论是单独观察老牌高收入国家，还是单独观察新晋成员，两组国家内部都呈现一定程度的分化倾向，而其中新晋成员之间的趋异倾向更为明显。也就是说，如果单独观察 1980 年人均收入低于高收入国家平均水平的国家，其初始收入水平与随后的增长速度之间完全没有负相关关系，即没有赶超和趋同现象发生。

值得指出的是，在所观察的所有国家中，有四个国家在 1980—2018 年期间处于负增长状态，其中新晋成员（加蓬和委内瑞拉）和老牌高收入国家（文莱和沙特阿拉伯）各占一半。很显然，经济学家会对这些国家在经济体制和政策方面的弊端有话可说，更不会放过以之作为典型的“资源诅咒”案例的绝佳机会。

当经济学家做出一种警示性的预测时，并不意味着他们期待自己的预言得以实现。同样地，当他们将一种不尽如人意的情形予以概念化时，目的也只是警示政策制定者，以避免这种情形的发生。中等收入陷阱也好，作为其特殊表现的“门槛陷阱”也好，都是这种出发点的概念性产物。也就是说，即将进入或刚刚进入高收入国家行列这个状态，与稳定处在高收入国家行列的状态相比较，具有更加不确定的增长前景。

中国改革开放带来的高速经济增长，可以被看作是一个改革不断为生产要素积累和有效配置创造恰当体制环境，从而兑现人口红利的过程。迄今为止，激励机制、企业治理结构、价格形成机制、资源配置模式、对外开放体制和宏观政策环境的改革，都是顺应一定经济发展阶段的特殊制度需求而提出并得到推动的。

然而，审视当前和展望未来，保持改革、发展和分享的重点、难点、推进方式甚至取向，也应该随着发展阶段的变化而调整。虽然这些方面的任务并不注定成为过不去的坎，但是，其难度较之以往的确是大大地增强了。从发展经验来看，这些困难的出现，在一定程度上是带有必然性的发展规律。新的发展阶段任务难度的增强及其必然性，分别表现在以下三个方面。

第一，随着中国进入从中等偏上收入向高收入国家迈进的阶段，保持可持续增长的难度加大，经济增长方式需要转向生产率驱动。根据一项估算①，在中国经济增长受益于人口红利的1979—2010年期间，在年平均9.9%的实际增长率中，与人口红利相关的变量做出了高达84%的贡献。在这些因素之外，全要素生产率贡献率为16%。虽然我们需要接受人口红利消失和潜在增长率下降的现实，并不预期未来仍将保持原来的增长速度，但是，如何加快全要素生产率的提高速度和贡献水平，

① Fang Cai and Wen Zhao, "When Demographic Dividend Disappears: Growth Sustainability of China", in Aoki Masahiko and Jinglian Wu (eds.), *The Chinese Economy: A New Transition*, Basingstoke: Palgrave Macmillan, 2012.

关乎中国在进入高收入国家行列之前和之后能否保持经济的可持续增长。这个任务之艰巨，非有更大的改革开放决心和创新力度才能完成。

第二，越是临近社会主义市场经济体制臻于成熟、定型的阶段，推进改革的难度将会越大。一般来说，面对一个长期处于激励不足从而低效率的经济体制，改革从打破这一恶性循环中微观激励不足的环节入手，容易在帕累托改进的路径中推进改革，进而改变资源配置方式，矫正资源误配格局。随着改革向纵深推进，不使任何群体受损的帕累托改进机会越来越少。也就是说，在改革不可避免对利益格局进行深度调整的情况下，会出现改革激励不足的局面，甚至会遭遇既得利益群体的抵制和干扰。

特别是当改革的成本承担主体与改革收益的获得主体并非完全对应的情况下，推进改革会面临激励不相容的问题。面对这些难点，应该着眼于分担改革成本和分享改革红利，对建立新体制需要的财政支出责任进行重新划分，以及对受损当事人做出必要的补偿，特别是对可能受到冲击的劳动者予以社会政策托底。这既需要坚定推进改革的政治决心，也需要发挥妥善处理矛盾的政治智慧。

第三，在更高的发展阶段上以及在更深入的改革过程中，中国进一步改革和发展都会遇到更多成长中的烦恼。在形成优胜劣汰的创造性破坏竞争环境过程中，部分劳动者和经营者会陷入实际困境。市场机制本身的收入分配改善效应将会减弱；生产率提高的源泉也从产业之间的资源重新配置转向经营主体之间的优胜劣汰，创造性破坏机制的作用将增强；在更高的发展阶段参与全球价值链分工，与发达国家之间的竞争效应会大于互补效应。这就要求在以人民为中心的发展思想统领下，把包容性体现在进一步改革开放发展的全过程，加大政府再分配力度，发挥社会政策托底功能。

克服成长中的烦恼，不能采取止步不前的方式。例如，在这个发展阶段上，竞争加剧会不时对就业产生冲击。一方面，如果立足于保护就业岗位，就必然会延伸到对企业的保护，难以让没有竞争力的行业和企业退出；另一方面，如果听任市场自发破坏就业岗位，的确会使一部分劳动者及其家庭处于困难境地。突破这种两难的关键是把保护岗位的做法改变为保护劳动者本身，立足于筑牢社会保护网。越是社会政策托底有力，越能做到退出无虞和无阻。

六　结语

始自2012年的中国增长减速，是与人口转变阶段从而经济发展阶段的变化相伴形成的新常态，无论是其主要成因还是表现形式，与以往主要由需求侧冲击造成的周期现象都是截然相异的。相应地，无论是应对政策的着眼点还是优先序，以及具体政策工具的选择，都应该大不相同。据说，美国经济学家托宾（James Tobin）曾经讲过这样一句话：需要一堆“哈伯格三角”才能填满一个“奥肯缺口”。他讲到的两个经济学概念，前者指因垄断、价格扭曲等体制因素造成的福利损失，后者指实际经济增长低于潜在增长能力的缺口，都表现为社会总产出（GDP）一个特定幅度的减少。

由于研究资源和政策资源都是稀缺的，将其配置到哪个领域无疑应该遵循收益最大化原则。所以，托宾这句话的意思显然是提醒人们，从功利主义的角度出发，关注宏观经济问题比关注体制问题更加有意义，政策资源应该配置到缩小由需求侧因素导致的“奥肯缺口”的努力上面。这种说法明显语焉不详，因为它没有区分一个经济体面临的究竟是什么类型的问题。如果把这种说法当作一个一般性的原则，很显然，它不仅纵容宏观经济学家的过于功利性追求，往往还鼓励政策制定者产生思想懒惰的倾向，寄希望于刺激性政策可以短期见效。

问题在于，中国经济减速的原因是潜在增长率的下降，而不是实际增长速度低于潜在增长率，从而不存在明显的“奥肯缺口”。执迷于采用宏观经济政策刺激经济增长，只是一种“托宾幻觉”而已，不可能保持长期效果，反而带来延误改革和积累负债等诸多副作用。从日本的教训来看，在这种幻觉下制定宏观经济政策并将其长期化，是其陷入“高收入陷阱”的原因。按照与日本案例相同的逻辑来判断，对于即将进入高收入国家行列的国家或者这个行列中的新晋成员来说，一旦陷入这种幻觉之中，则意味着落入“门槛陷阱”危险的加大。

因此，反其道而行之，中国经济寻求长期可持续增长的关键，不在于运用宏观经济学司空见惯的需求侧刺激手段，而应该从供给侧着眼，瞄准妨碍生产要素充分供给和有效配置的体制性障碍，推进结构性改革，释放体制潜力，达到提高潜在增长率的目标。鉴此，凡是从供给侧增加生产要素供给数量和质量以降低生产成本从而保持产业比较优势、通过转变政府职能以降低交易费用，以及依靠提高全要素生产率保持产业和企业的政策调整和体制改革，都属于结构性改革的范畴，应该按照有利于提高潜在增长率的预期效果，安排其出台的优先顺序和推进力度。

第三篇

新科技革命和高版本全球化

第十一章　全球化、趋同与中国经济发展

一　引言

有近半个世纪历史的世界经济论坛，或因在瑞士滑雪胜地举办而得名的达沃斯论坛，以其议题设置具有最为广泛的关注度而著称。2019 年新年伊始召开的这次年会，则以“全球化 4.0：打造第四次工业革命时代的全球架构”为主题。也就是说，会议主题的设计者主张把工业革命与全球化联系起来认识和讨论。在相当大的程度上，这个话题与当今世界的几乎所有焦点问题都有关，因而包含着诸多政治家、企业家、学术研究者和智库学者孜孜以求的疑问。

达沃斯论坛的创始人和现任执行主席克劳斯·施瓦布（Klaus Schwab）博士在其最近出版的著作中，从采用生产技术特征的角度区分了历史上四次工业革命，并给出大致的历史时

段：第一次工业革命大约发生在1760—1840年，以使用水和蒸汽动力进行机械生产为特征；第二次工业革命始于19世纪末并延续到20世纪初，以使用电力进行大规模生产为特征；第三次工业革命始于20世纪60年代，以电子信息技术促进自动化生产为特征；正在发生的第四次工业革命，则是打破物理、数字和生物边界的革命，表现为互联网无处不在，移动性大幅提高；传感器体积越来越小，性能却越来越强大，成本日益低廉；人工智能和机器学习方兴未艾；以及内涵更为广泛的方面。[①]

在施瓦布看来，全球化是技术变革引致的现象，是创意、人员和货物在全球范围的运动，因而也是工业革命的一种全球框架。[②] 不过，他并没有像对待第四次工业革命与全球化4.0的关系那样，明确而完整地给出全球化4.0之前各版本全球化的时间区段。事实上，那样做的难度也相当大。因此，我们首先只需在思维方式上，把握住工业革命与全球化两种现象之间具有内在的联系即可。而且，这样做至少有助于我们表达上的方便。

不过，我们仍然可以尝试采用倒推的方法和逻辑，大体上

---

① ［瑞士］克劳斯·施瓦布：《第四次工业革命：转型的力量》，中信出版集团2016年版，第4页。

② 参见Klaus Schwab，“Globalization 4.0-What Does It Mean?”，World Economic Forum Official Website：https：//www.weforum.org/agenda/2018/11/globalization-4-what-does-it-mean-how-it-will-benefit-everyone/。

给出此前全球化的大概时间范围。迄今为止的这一轮经济全球化即全球化 3.0，可以从 20 世纪 90 年代算起，表现为中国、印度和中东欧国家开始参与全球价值链分工。而此前的一个时期，即追溯到第二次世界大战结束，并且形成以布雷顿森林体系为主导的全球经济体系为止，可以算作全球化 2.0。或许，从 15 世纪地理大发现到 20 世纪初期，可以作为全球化 1.0 的典型时期。从这个年代划分，也不难看出其间全球化经历了时间跨度颇大的起起落落乃至中断。

其实，无论在正在打造的全球化 4.0 之前是否存在定义明确且具有共识的 3.0、2.0 和 1.0 诸版本，也无论这些不同版本全球化的时间区段如何界定，我们皆可以得出一个不容否认的结论，即中国经济发展错过了第一次工业革命和第二次工业革命，以及全球化 1.0 和全球化 2.0 的赶超机会，却在第三次工业革命和全球化 3.0 中抓住了机遇，脱颖而出一跃成为全球领先者和最大的获益者。

中国改革开放以来的成功经济发展已经走过了 40 年的历程，其间中外经济学家从诸多方面进行了热切的探讨，给出了各种理论说明，相关文献可谓汗牛充栋。多数学者也得出了中国经济改革和发展成功得益于参与全球分工体系这样的一般性结论，然而，把中国经济发展置于同一时期的全球化以及工业革命视野中的深入研究，总体而言仍嫌不足。在面对变化了的全球化趋势及其带来严峻挑战的情况下，这种现状可能导致认识新情况的理论准备不充分，应对新情况的政策储备不足。

既然在工业革命与经济全球化之间，存在着虽然时间上并不严格对应却在逻辑上紧密相关的特点，为了简便起见，我们以下讨论中虽然会对两个历史过程都有涉及，但是，叙述中更多从经济全球化入手，虽然这并不意味着对工业革命的忽略。同时，既然我们讨论的重点是在工业革命和全球化背景下的中国经济发展，这里将重点分别放在揭示上一轮经济全球化的若干特点，以及中国经济如何抓住全球化机会，实现了对更为发达经济体的赶超。

二 回归李嘉图：全球化特点变化

大卫·李嘉图当之无愧应该被尊为国际贸易理论之父，或者说现代贸易理论的基础是以李嘉图比较优势原理为本源，加入一代又一代杰出经济学家贡献而形成的“赫克歇尔—俄林—萨缪尔森”模型。该理论认为，国家之间进行贸易并均从中获益的决定性因素，是各国具有不同的生产要素禀赋。换句话说，由于不同产品中凝结的要素强度不尽相同，国际贸易无异于国家之间以自身丰裕的生产要素交换相对稀缺的生产要素，并通过由此导致的要素价格均等化结果而分别获益。

由于不同产业倾向于使用不同性质的生产要素，如传统重工业凝结更多的物质资本，传统轻工业更多属于劳动密集型，而现代信息产业则更为密集地凝结了技术和人力资本，又由于各国在不同要素上具有不尽相同的禀赋，我们预期看到依据比较优势原理进行的国际贸易应该属于产业间贸易（inter-industry trade）。

但是，在很多情况下我们观察到的却是产业内贸易（intra-industry trade），即国家之间交换同一种类型的产品，特别是具有要素禀赋同质性的发达国家之间进行同类型产品的贸易。例如，同属高收入国家的日本和德国都生产汽车，而且相互进行汽车贸易。这种情形，至少在20世纪90年代之前那一轮全球化中比较普遍。因此，经济学家也从那时开始，纷纷构造理论模型，尝试对此违背比较优势原理的现象给出新的解释。

第二次世界大战之后，世界经济体系同时处于两种分隔状态，分别表现为东西方之间和南北方之间的分隔。

首先，以美苏之间的冷战状态为标志，发达资本主义国家与实行计划经济的社会主义国家之间处于分隔状态，前一类型国家之间进行分工与贸易，后一阵营国家之间也进行局部性合作，如苏联主导的经济互助委员会国家之间的分工与贸易。

其次，第二次世界大战后获得独立的一些发展中国家，一方面出于对殖民地时代贸易的惨痛记忆，另一方面在诸如“依附理论”和“中心—外围理论”等激进发展经济学思潮的影响下，也排斥与发达国家进行自由贸易，并且在中低收入国家之间也无贸易可言。所以，那个时期的国际贸易，主要发生在发达资本主义国家之间。例如，根据世界银行数据，1960 年高收入国家的货物出口占全球货物贸易总额的 95.4%，其中 70.6% 的贸易发生在高收入国家自身内部。

那么，在具有相同或相近生产要素禀赋的发达国家之间，进行贸易的理论依据是什么呢？符合人们对现实的观察因而广为接受的理论是所谓“新贸易理论”。这种理论认为，各国进行专业化生产，不在于发挥各自相对充裕的生产要素禀赋优势，而在于利用各不相同的报酬递增效应和网络（network）效应。虽然发达国家具有相同的资本要素丰裕特征，但是，不同的规模经济和产业配套水平，产生类似于比较优势的效应，仍然可以使其获得贸易的收益。因此，产业内贸易既可以存在，也有其存在的道理。

20 世纪 90 年代以来，中国通过扩大开放，逐步加大恢复关税和贸易总协定创始国地位，以及随后成为世界贸易组织（WTO）缔约成员国的努力，苏联和东欧国家以及越南等国家的经济转型也扩大了对外开放，印度等新兴经济体也积极参与国际产业链分工。一个标志性的事件就是，1995 年代替关税和贸易总协定的 WTO 正式运行，包括从关贸总协定转为成员的国家以及很多低收入国家在内，当年成员国总数就已经达到 112 个。

这些国家具有庞大的经济规模和劳动力总量，多数又分别为中等收入或低收入国家。仅以从计划经济到市场经济转轨国家的人口为例，中国、越南、蒙古国、苏联及欧洲原计划经济国家，

1990 年总人口规模大约为 16.3 亿人，占全世界的比重高达 30.8%，而 15—59 岁劳动年龄人口为 10.1 亿人，占全世界的比重更高达 32.8%。如果再加上印度和拉丁美洲国家，可以想象逐渐加入全球分工的总劳动力规模该有多大。因此不难判断，从那以后的世界贸易便逐渐回归李嘉图模式，更加符合比较优势原理的预期，越来越多地表现为交换生产要素的产业间贸易。

杰弗瑞·萨克斯（Jeffrey D. Sachs）等做过一项研究，直接估算了生活在开放经济体的人口比重变化。他们发现，第二次世界大战结束后的世界经济总体上是封闭的，直到 1960 年，大约也只有 20% 的世界人口生活在开放经济体中，1993 年这个人口比重刚刚超过 50%，到 1995 年，随着中国和俄罗斯成为开放经济体，生活在开放经济国家的人口便达到了 87%。如果用 GDP 衡量这个开放经济体的扩张过程，可见的变化趋势也是一致的。[①] 实际上，1995 年之后的经济全球化趋势更快，不仅表现为参与世界经济分工国家数量的增加，如 WTO 超过半数的成员国系在 1995 年 1 月 1 日以后缔约，更表现为它们参与全球分工的程度加深。

把高收入国家作为基准，观察其作为整体的进出口方向变化，可以更直接、清晰地观察前述趋势对全球贸易结构特

① Jeffrey D. Sachs and Andrew Warner, "Economic Reform and the Process of Global Integration", *Brookings Papers on Economic Activity*, Vol. 1995, No. 1, 1995, pp. 12 - 13.

征的影响（图 11—1）。分别从出口和进口两个方向看（即图 11—1—1 和图 11—1—2），高收入国家之间进行的贸易占全球比重，在 20 世纪 80 年代末期之前始终是缓慢上升的，从那以后则开始进入稳中有降的时期，而在大约世纪之交的时候，开始以更快的速度降低，从峰值到最晚近的数据点（2017 年），总的下降幅度超过 10 个百分点。从高收入国家对中低收入国家的进出口结构，可以看到相同因素造成的反方向对应变化。

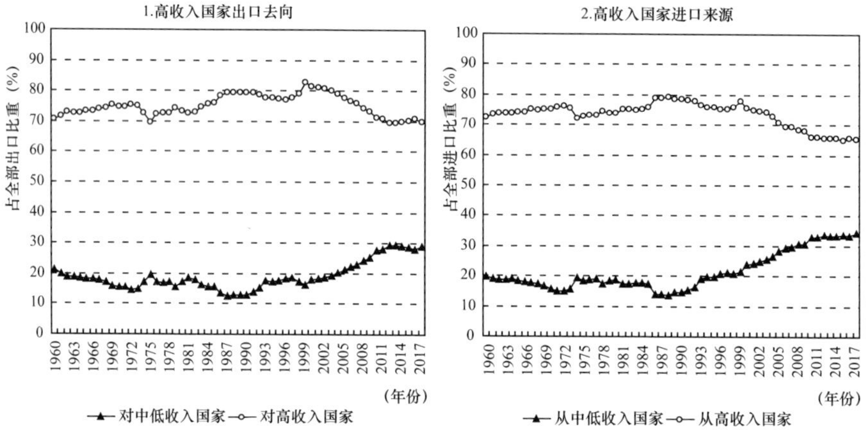

图 11—1　高收入国家进出口方向的变化

资料来源：世界银行数据库，世界银行官方网站：https：//data. worldbank. org/。

按照经济学中“雁阵模型”的道理[①]，外商直接投资的发展，同样体现的是国际贸易所遵循的比较优势原则，因此，可

① 如 Kiyoshi Kojima，“The ‘Flying Geese’ Model of Asian Economic Development：Origin，Theoretical Extensions，and Regional Policy Implications”，*Journal of Asian Economics*，No. 11，2000，pp. 375 - 401。

以预期的全球外商直接投资总量扩大和地区流向变化，也必然与全球贸易规模扩大及模式的变化相一致。例如，世界银行数据显示，以现价美元计算的低收入和中等收入国家的外商直接投资净流入总量，在1970—1990年期间的年均名义增长率为13.5%，1990—2008年期间大幅度提高到21.4%，而在2008年国际金融危机爆发以来，在较大波动中呈现负增长的趋势。

不同的经济全球化类型，带给世界经济整体和参与国家的结果大相径庭。具体来说，仅局限于发达市场经济国家之间进行的、以产业内贸易为特征的全球化，与包括更广泛国家类型、以产业间贸易为特征的全球化，造成不尽相同的生产要素价格均等化效应，因而对参与贸易的国家以及世界各国，也产生截然不同的收入分配结果。

简单来说，产业内贸易主要不是参与国之间进行生产要素的交换，因而不改变各国国内生产要素的相对报酬；产业间贸易本质上则是具有不同要素禀赋的参与国之间相互交换生产要素，相应地，各国国内的生产要素的相对报酬也就变化了。

在依据比较优势进行国际分工的情形下，劳动力丰富的发展中国家与资本丰裕的发达国家进行贸易，必然会提高发展中国家劳动力的相对稀缺性，从而劳动者得到更高回报，同时提高发达国家资本的相对稀缺性，从而资本所有者得到更高回报。这意味着，如果说在劳动力丰富的发展中国家，劳动力市场的自发力量即可产生有利于劳动者的收入分配效应，在发达国家，虽然资本所有者特别是跨国公司从这一轮全球化中挣得盆满钵满，但如果缺乏必要的再分配政策，这些国家中的劳动者会感觉受到损害。

在发达国家普遍可以观察到的收入不平等程度提高因素中，在相当大的程度上是由于最富裕的人群收入份额提高。而越富裕的人群，其收入总额中劳动报酬所占比重越低。例如，一般来说，处在收入最高10%位置的人群，非劳动收入占其总收入比重约30%，而处在最富有的1%地位的人群，非劳动收入占其全部收入的比重大约仅为50%。[①]

这就不难理解，为什么在以美国为代表的一些发达国家，在政治上民族主义和民粹主义兴起的同时，不约而同地转向贸易保护主义，产生反经济全球化的政策倾向。相应地，不仅这一轮全球化正在遭遇其逆风，而且反全球化的力量也发生了根本性的变化，即从主要来自后起国家转向以美国为代表的发达国家。

约瑟夫·斯蒂格利茨一部饱受争议的著作[②]，就是站在不发达国家立场上正确地质疑这轮全球化的代表作。有趣的是，这位诺贝尔经济学奖获得者，再现了一种笔者所称的“马尔萨

---

① Era Dabla-Norris, Kalpana Kochhar, Nujin Suphaphiphat, Frantisek Ricka, and Evridiki Tsounta, “Causes and Consequences of Income Inequality: A Global Perspective”, IMF Staff Discussion Note, SDN/15/13, June, 2015, p. 11.

② ［美］约瑟夫·斯蒂格利茨：《全球化及其不满》，机械工业出版社2004年版。

斯式滞后反应”现象[①]，即在剧情已经变化甚至发生逆转的情况下，基于自己和他人长期思考的结果，依据以往长期积累的经验观察，做出了对隔代历史的滞后反思。这种研究固然从学术积累以及吸取教训角度看都是既必要且正确的，却不再那么具有时效性和针对性。这就是说，我们研究这一轮全球化，思考全球化4.0的命运，应该立足于新的趋势来进行。

三 从俱乐部趋同到新一轮大趋同

以索洛（Robert Solow）为代表的新古典增长理论，从资本报酬递减规律出发，可以预期经济落后的国家一旦获得发展所需的资金，便可以实现比发达国家更快的经济增长，而这一赶超的结果便是各国经济发展水平的趋同。其他经济发展理论也可以为这个判断提供支持，譬如说，人们认为由于落后国家可以从发达国家那里获得援助、投资和现成的技术，就意味着具有一种发展的“后发优势”，以实现自身的经济赶超。

第二次世界大战之后，许多发展中经济体实现国家独立后，大都有着强烈的发展愿望，也通过提高积累率和接受资金

① 马尔萨斯的一生（1766—1834）正处在第一次工业革命初起并渐入佳境的时代，然而，受其所能获得的资料从而据此进行思考的局限，他没有揭示人类社会从未有过的美好前景，却提炼出（长期延续的）工业革命前时代的重要特征化事实。当然，这一反应滞后的学术乌龙现象恰恰成就了不朽的马尔萨斯。参见蔡昉《马尔萨斯何以成为最“长寿”的经济学家?》，载蔡昉《“卑贱者”最聪明》，社会科学文献出版社2017年版，第188—196页。

援助创造了一定程度的投资条件。但是，与理论的预期和善良的愿望相反，在战后直到20世纪后期长达几十年的时间里，绝大多数贫穷国家仍然深陷贫困陷阱，世界经济没有出现大趋同，南北之间的贫富差距也并没有缩小。

巴罗（Robert J. Barro）等经济学家为了拯救受到内生增长理论挑战的新古典增长理论，提出了“条件趋同”（conditional convergence）假说，即在初始人均收入这种趋同因素之外，还有一系列与经济增长相关的因素会影响实际的赶超效果。从计量意义上，如果控制了一系列经济发展必需条件的变量，便可以看到趋同的结果。而从现实来解释，就是说如果一个发展中国家具备了那些变量所代表的必要发展条件，就可以取得比发达国家更快的增长速度，从而实现赶超的目标。[①] 这些“必要的发展条件”中，当然包括诸如一个经济体的开放度这样的变量。

在增进人们对经济增长以及趋同或趋异问题的认识方面，这些研究固然不无助益。不过，至少从两个方面看，从中得出的相关解释尚不能完全满足我们的好奇心，在政策含义上也嫌语焉不详。第一，这些研究者尝试提出了上百个解释变量，并且发现其在回归中表现出显著性[②]，却使人们无法从如此多的

---

① 如参见 Robert J. Barro and Xavier Sala-i-Martin, *Economic Growth*, New York: McGraw-Hill, 1995。

② Xavier Sala-i-Martin, “I Just Ran Two Million Regressions”, *American Economic Review*, Vol. 87, No. 2, 1997, pp. 178 – 183.

因素中找到可以打破发展瓶颈，进而获得实现经济赶超的政策建议。第二，这些研究试图解释的是为什么没有出现世界范围的趋同现象，这就与那种认为 1950 年以来世界经历了一轮“大趋同”的判断产生了矛盾[①]，使人们无从辨明孰是孰非。

经济学家在进行关于趋同或趋异问题研究的时候，发现了一个有趣的现象，即虽然世界经济没有发生整体趋同的现象，在按照一些同质特点进行分类的国家组别内部，的确发现了趋同的趋势，即人均收入水平起点低的国家在随后的时间里能够增长更快。这种组别内国家之间的趋同，通常被称为“俱乐部趋同”。下面，我们根据相关的研究结果[②]，分别进行考察和解释。

首先，是俱乐部内趋同的情况。对 1950—1980 年期间的数据进行回归发现，以高人均收入为起点的工业化国家之间发生了明显的趋同，结果是差距显著缩小；在包括苏联在内的计划经济国家之间也发生了趋同现象，虽然不如前一组那么显著，差距也相应缩小。很显然，在这两个组别内，国家之间在发展条件上具有较大的同质性。而且，组内或多或少都进行国际贸易，譬如说工业化国家之间依据自由贸易原则进行产业内贸

---

① 如参见 Michael Spence，*The Next Convergence: The Future of Economic Growth in a Multi-speed World*，Part One，Farrar Straus and Giroux，2011。

② 除非特别说明，以下三个自然段所概括的俱乐部趋同或趋异情形，经验观察皆依据 William J. Baumol，“Productivity Growth，Convergence，and Welfare：What the Long-Run Data Show，*The American Economic Review*”，Vol. 76，No. 5，1986，pp. 1072 – 1085。

易，计划经济国家之间以经互会为框架进行产业分工和产业间贸易。

其次，是起点为低收入国家的情形。同一时期，低收入国家组别之内没有显示任何趋同的迹象，也就是说，人均收入水平的低起点并没有为这些经济体提供后起赶超的优势。结果是，这个组别内部的差距在30年之后反而有所扩大。一般来说，低收入国家生产的产品都处于价值链的低端，难以诱致出技术创新。又由于这些国家大多保持经济封闭，没有或很少参加世界经济分工，既无法从更发达国家那里分享技术变革的溢出效应，也不能获得贸易和外商直接投资可以带来的要素价格均等化效应。

最后，是一些异常观察值（outliers）的情况。我们知道，正是在这个时期，日本和亚洲四小龙以高速增长赶超了发达经济体，创造出著名的东亚奇迹。[①] 这些经济体没有表现出与任何一个趋同俱乐部相同的趋同增长特点，但是，却实实在在实现了对工业化国家的赶超。不过，在一个模型中表现为异常观察值，在其他模型设定情况下却是可以预期得到合理解释的。而且，正是由于存在着依据特定条件实现了成功赶超的国家样本，检验条件趋同的回归模型才得出了预期的结果。

---

① The World Bank, *The East Asian Miracle: Economic Growth and Public Policy* (*A World Bank Policy Research Report*), Oxford, New York: Oxford University Press, 1993.

例如，萨克斯等专门以开放经济体为样本进行回归，就发现了趋同的证据。[①] 在一定程度上，这种研究思路与秉持条件趋同假说的经济学家有异曲同工之妙。也就是说，既然对外开放本身与利用后发优势是密切相连的，与进行国内经济体制改革是相互促进的，因此，把开放经济体放在一起进行比较，无异于把对外开放作为一个趋同的制度条件，在计量过程则类似于将其作为解释变量或控制变量处理。

实际上，迈克尔·斯宾塞（Michael Spence）所称1950年后发生的世界性大趋同，是由于工业化国家之间的俱乐部趋同，以及日本和亚洲四小龙等经济体实现了对发达国家赶超的结果。这个结论既不排除俱乐部趋同的结论，也可以包容很多低收入国家拉大了与发达国家差距的情形。不过，从统计来看，上述作为异常值的案例尚不足以改变全球格局，这一时期在世界范围没有发生趋同现象，譬如以基尼系数表示的总体发展差距也没有缩小。

了解了那个时期世界经济趋同或趋异的原因和机理，也就不难看到，20世纪90年代以来的情形有了诸多的不同。以人口分布衡量，如果说在20世纪50年代，在少数工业化国家重建了市场经济的同时，世界上大多数人口生活在拒绝利用市场

---

① Jeffrey D. Sachs and Andrew Warner, "Economic Reform and the Process of Global Integration", *Brookings Papers on Economic Activity*, Vol. 1995, No. 1, 1995, pp. 12 – 13.

机制发展经济的国家，即大约1/3人口在计划经济国家，半数以上选择了政府主导的工业化道路的话，20世纪90年代以来，随着更多经济体的扩大开放，以及与此具有相互促进关系的国内经济体制改革，越来越多的国家转向市场经济的轨道。[①] 改革与开放的结果表现在经济增长绩效上，就导致各国经济增长的趋同。

我们可以从时间变化的角度，来观察世界经济如何经历了一个差距缩小的过程。世界银行按照人均国民总收入（GNI）或人均GDP把各国分别归入四个收入组：高收入国家、中等偏上收入国家、中等偏下收入国家、低收入国家。我们使用2010年不变价人均GDP数据，以世界平均水平作为比较的基准，即以相应组别的人均GDP与世界平均水平相比，来看这几个组别国家之间的人均收入相对变化（图11—2）。

图11—2中的第1图显示，直到2001年到达峰值之前，高收入国家的相对收入持续提高，但是，在20世纪90年代，提高幅度就变得比较平缓了，并且在21世纪开始迅速地下降。中等偏上收入国家的相对收入在20世纪90年代趋于稳定，随后一度有所提高，但是于21世纪第二个十年开始呈现向下的走势。

---

① Jeffrey D. Sachs and Andrew Warner, "Economic Reform and the Process of Global Integration", *Brookings Papers on Economic Activity*, Vol. 1995, No. 1, 1995, pp. 12 - 13.

图 11—2 中的第 2 图则显示，中等偏下收入国家的相对收入在长期保持稳定后，从 21 世纪开始迅速提高。至于低收入国家的相对收入，其在 20 世纪 90 年代期间便具有了下降速度减缓的趋势，从 21 世纪开始则停止了持续向下的走势，并且不那么显著地趋于提高。

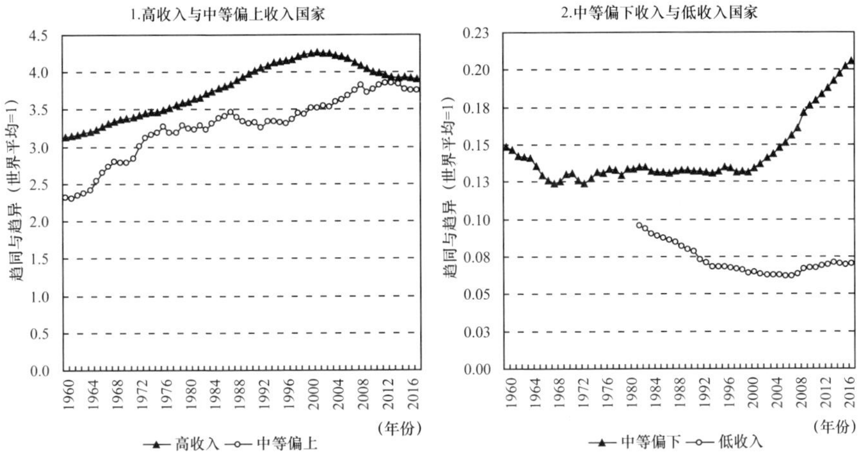

图 11—2　全球经济的趋同与趋异

资料来源：World Bank，*World Development Indicators*，世界银行官方网站：https：//data. worldbank. org/。

为了更直接地观察不同时期分别显示出的趋异和趋同特征，借助分时期跨国数据，我们可以对这里所关注的 β 类型趋同进行一个描述性的统计检验。增长理论一般把趋同分为两种，分别为 σ 趋同和 β 趋同，前者是由国家之间收入水平离散程度的缩小趋势所致，后者是由于在起点上收入水平更低的国家，实现了更快的增长速度所致。

在图 11—3 中，我们把各国起点上（分别为 1960 年和 1990 年）的人均 GDP 水平与随后一个特定时期的人均 GDP 年平均增长率对应起来，即分别观察 1960—1990 年期间的情形（第 1 图）和 1990—2017 年期间的情形（第 2 图）。显然，这种图示法表达的是 β 趋同，即观察起点上的人均收入水平如何影响随后的增长速度。此外，由于没有加入其他解释变量或控制变量并进行回归，这里表达的更接近于是绝对趋同或无条件趋同。

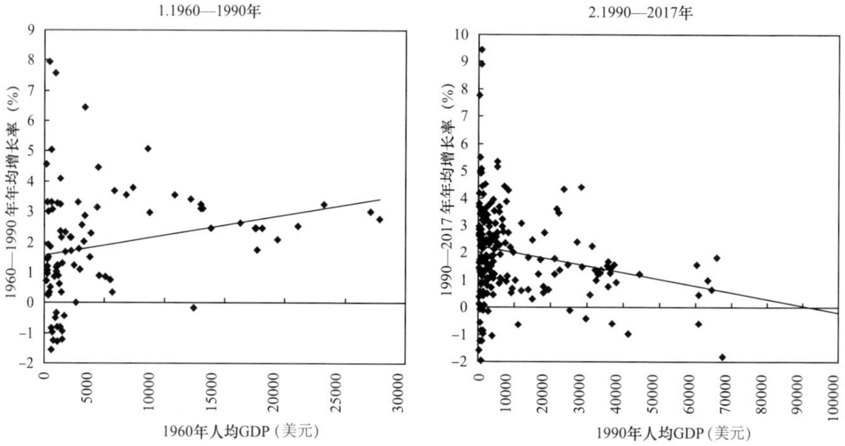

图 11—3　全球经济在不同时期的趋同表现

资料来源：World Bank，*World Development Indicators*，世界银行官方网站：https：//data. worldbank. org/。

图 11—3 中的人均 GDP 为 2010 年不变价美元。对于由第 1 图表示的 1960—1990 年期间，我们得到了 91 个国家和地区样

本，在这个时期，我们没有观察到起点上人均收入水平与随后增长速度的负相关关系，即没有发生β趋同。不仅如此，两者之间反而显现出不显著的正相关关系。对于由第2图表示的1990—2017年期间，我们得到了190个国家和地区样本，从中观察到了起点人均收入水平与随后年均增长率的负相关关系。至少在描述性统计的程度上，我们可以说在这个时期发生了β趋同现象。

一个更直截了当的事实是，自20世纪80年代初以来，世界贫困人口下降的速度逐渐加快，越往后越是显现令人瞩目的效果。根据世界银行的数据，在1981—1993年期间，全球贫困人口共减少了4417万人，年平均减贫速度为0.2%；而在1993—2005年期间，全球贫困人口减少5.16亿人，年均减贫速度为2.7%；进而到了2005—2015年期间，全球贫困人口减少5.79亿人，年均减贫速度高达5.5%。20世纪90年代以来的全球减贫速度，无疑是世界经济史上未曾有过的成就。减贫效果作为全球范围趋同的佐证和结果，同时也表明了全球化模式的重要性——不同的世界分工类型导致不同的趋同结果。

四　全球化背景下的中国经济发展

如果说中国是第一次工业革命和第二次工业革命，以及全球化1.0和全球化2.0的落伍者，那么中国通过20世纪80年代以来持续推进和不断深化的改革开放，充分利用了全球化3.0提供的机遇，实现了经济增长的赶超，也在第三次工业革命中获得了重要的地位。

根据世界银行数据，1978年，中国的人口占世界比重为22.3%，GDP总量占世界比重为1.1%。2017年，中国人口比重下降到18.4%，而按照不变价美元计算，GDP比重提高到12.7%。在1981—2015年期间，按照每人每日购买力平价（2011年美元）基准计算的绝对贫困人口，全世界从18.9亿人减少到7.5亿人，中国从8.8亿人减少到960万人，中国对世界减贫的贡献为76.2%。可以说，20世纪90年代以来的这一轮世界经济大趋同，中国经济的赶超做出了巨大的贡献。

当经济学家针对一个成功的案例提出“究竟做对了什么”这样的问题时，他们其实从两个层面上寻求该成功背后具备的“基本条件”。第一个层面，尝试找出对于经济增长具有显著促进作用的因素，也就是增长经济学家所谓的X变量。如前所述，巴罗等人发现上百个这样的变量。第二个层面，尝试找出基本条件中的基本条件，即对于经济增长最关键、最具决定性，以致可以将其他变量暂且忽略掉的因素。

已故世界银行前首席经济学家霍利斯·钱纳里（Hollis B. Chenery）等认为，在发展中国家，某些发展条件可以在其他条件尚不具备的条件下，在短期内单独发挥作用，随后又促成其他条件的形成，从而促进经济可持续发展。[①]

如果不将其做“其他条件不重要”来理解的话，这个论断可以作为一个参照，据此探讨什么样的发展条件具有这种“牵一发而动全身”的作用，或找出这种“钱纳里条件”，使一个国家的经济增长获得最初的推动，进而能够按照自身逻辑创造继续增长的其他条件，及至形成经济发展的良性循环。回答这样的问题，我们需要把中国经济发展放在一个具有普遍性的发展经济学框架中来认识。

钱纳里本人认为，外资和外援的使用具有成为这种关键发展条件的特质。从相当早期的经验中，他发现有效利用外资和外援，可以引起技术和技能的改进，逐步减弱一个国家对外部资源的依赖性，使本国经济增长走上可持续的轨道。萨克斯更加一般地强调对外开放和实行贸易自由化，由此建立本国经济与世界体系的有力连接，这样，不仅获得诸如后发优势和分工效应等开放红利，还可以在国际竞争压力下有效推动国内的改革。[②] 著名财经评论人马丁·沃尔夫（Martin Wolf）则把答案集中在知识的全球范围流动上，并且用事实证明，越是更多引进外部知识的国家，越能够更快地成为以专利拥有量为标志的

① Hollis B. Chenery and Alan M. Strout, “Foreign Assistance and Economic Development”, *The American Economic Review*, Vol. LVI, No. 4, Part 1, September 1966, pp. 679 – 733.

② Jeffrey D. Sachs and Andrew Warner, “Economic Reform and the Process of Global Integration”, *Brookings Papers on Economic Activity*, Vol. 1995, No. 1, 1995, pp. 12 – 13.

知识大国。[1]

这些对经济发展关键条件的探寻，最终都集中到开放这个重要的因素上，同时表明这种发展条件不是一个独立的事物，而是具有相互推进关系的一组条件及其协同发挥作用带来的一连串事件。在某种程度上说，这些研究者或评论家的发现，显然比那些构造上百个解释变量、做出400万次回归的增长经济学家要高明许多。

但是，要把这些讨论及其结论与中国40年来的发展成就挂起钩来，则首先需要讲述一个把国内改革与对外开放有机结合的完整故事，然后再回过头来看其中扮演“钱纳里条件”的因素究竟是什么。为此，我们先来回顾一下，20世纪70年代末和80年代初改革起步之前中国最突出的资源禀赋特点，以及面临的最大体制弊端。

改革开放之前的中国，从经济体制特征来看是高度集中的计划经济国家，激励机制的缺乏严重压抑劳动积极性，资源错配导致效率低下。所以，虽然具有劳动力无限供给特征，却未能启动二元经济发展，以致从发展水平上说是世界上最贫穷的国家之一。1978年，82.1%的中国人口生活在极度贫穷的农村，当年农村居民家庭每人平均纯收入仅为133.6元。全国70.5%的劳动力从事农业生产，而无论是绝对水平还是相对水

---

① Martin Wolf, “Let Knowledge Spread around the World”, *Financial Times*, 25 April 2018.

平，农业劳动生产率都极低。

我们可以把一个产业增加值份额与就业份额之间的比率，作为该产业的比较劳动生产率，计算出农业比较劳动生产率，1978 年仅为 0.39，相当于第二产业比较劳动生产率的 14.2% 和第三产业比较劳动生产率的 19.4%。

因此，形成一种可以调动劳动者积极性、实现过剩生产要素即劳动力的充分就业、增加稀缺生产要素即资本的供给和利用率，从而提高整体资源配置效率的体制环境和推动机制，既是改革的出发点也是改革的目的地。虽然中国的改革在起步初期并没有预先决定的蓝图，但是，随后表现出来的改革过程也全然不是事非所愿（not designed by human），改革最终取得的成就更不是“无意结果”（unintended consequence）。[①] 正确的出发点决定了后来的改革推进逻辑、路径从而结果。

家庭联产承包制的实施，一举解决了两个根本的问题。第一是通过把集体劳动转化为家庭经营，解决了农业生产中的激励问题，加上大幅减少粮食征购和统购的数量，让农民休养生息，以及提高农产品收购价格等政策措施的作用，在极短的时间内便大幅度增加了农产品产量，提高了农民收入，成倍降低了农村贫困发生率。第二是通过赋予农户配置生产要素特别是

---

① 这两种说法来自哈耶克并且为许多经济学家引用来解释中国的改革和发展。参见 Friedrich Hayek, *Studies in Philosophy*, *Politics and Economics*, Chapter 6, London: Routledge and Kegan Paul, 1967。

劳动力的自主权，推动了农业剩余劳动力的转移，按照增加劳动者收入和提高劳动生产率的阶梯，实现了资源的重新配置。

早期改革的这两条线索，实际上奠定了随后在各个领域进行的一系列改革，以及逐步走向对外开放的体制基础，因此可以被看作是发展基本条件的创造过程，其逻辑也在后来的演进过程中被贯穿始终。

一系列以问题导向原则展开的体制改革和政策调整，逐步解除了对生产要素流动的制度障碍，推动了劳动力从农业到非农产业的大规模转移，以及劳动力从农村和中西部到城市和沿海的大规模迁移。这个被称为人类历史和平时期最大规模人口流动的现象，首先，因应了城市经济扩张和沿海地区外向型发展对劳动力的巨大需求；其次，由于相关领域改革的逐步深入，以吸纳劳动力增量带动的经济增长，实现了更高效率的资源重新配置；最后，由于是以人口为中心发生的经济过程和社会事件，在提高效率和促进增长的同时，也就天然具有了分享的性质。

这个改革、开放、发展和分享过程所达到的效果，从国内角度看，使资源得到重新配置，相应提高了全要素生产率和劳动生产率；从国际角度看，把最丰富的生产要素转化为产业比较优势，使劳动密集型产品在国际市场上获得竞争力；从国内与国际相互连接的角度看，最大限度地利用劳动力这种丰裕要素，并通过引进外资和进行贸易，以之交换相对稀缺的资本要素；而从目的论的角度看，分享性被内生于开放和发展的全过程中。

可见，按照自身内在的逻辑和合理适度的节奏逐步扩大对外开放，其实是改革开放发展分享整体逻辑链条所预先决定的。换句话说，在上一轮经济全球化过程中，中国成为最出色的经济赶超者，也是世界经济趋同的直接获益者。理所当然，在一些发达国家出手破坏全球供应链，试图逆转经济全球化的时候，中国应该立足于成为全球化的捍卫者。

五　结语

本章对全球化历史的简述和分析表明，经济全球化并不必然意味着全球性的开放与参与。迄今为止，我们所观察到的全球化 1.0 和全球化 2.0 主要是殖民主义的历史，是以单一或少数殖民主义国家或世界霸权国家主导的全球化；无论是参与其中还是被排斥其外，也无论是被动进入还是主动参与，最广大的殖民地半殖民地国家、“外围”国家和发展中国家并没有从中获益。

直到全球化 3.0 时代，才形成了发展中国家分享红利、世界范围贫困大幅度减少的格局。与此同时，因没有在国内解决好收入分配问题，许多发达国家的老百姓感觉没有从全球化获益，政治家则因势利导，把矛盾引向新兴经济体贸易伙伴，一些国家领导人甚至充当了反全球化逆流的始作俑者，在国际政治中做出激进的保护主义行径，在国内政治中凸显民粹主义色彩。

可见，要想使全球化真正成为全球经济繁荣和各国共享的推进器，无论是在发达国家还是在发展中国家，以及在全球治理和国际关系层面，都必须创造两个必要的条件：第一是开放和包容，使各国普遍平等参与；第二是实现国内国际政策的衔接互动。这样，使外商直接投资、国际贸易以及知识的全球流动等开放举措，能够与打破垄断、矫正价格扭曲以及消除资源配置障碍等国内改革相互衔接，不仅创造各国共享的全球化红利，也借助国际竞争环境和世界分工体系，为各国国内经济发展全面创造基本条件，实现各国的经济发展，通过国内收入分配机制及再分配政策，实现全民共享的发展。

类似地，历次工业革命的历史也表明，科学发现、技术进步和生产方式革命的成果，并不能自然而然地给各国带来经济增长和全民共享。只有在对外参与全球分工和竞争、对内通过改革消除阻碍发展的根本性体制障碍，从而培养出促进发展的关键条件的前提下，才能使有利于增长的制度创新和技术创新成为常态，像能够搭上全球化快车那样抓住工业革命的机遇，以其支撑本国的长期可持续增长。

在历史上，中国曾经一再错过全球化和工业革命提供的发展机遇。直至在与全球化3.0并行的时期，中国坚持推进经济体制改革和对外开放，创造了发展所需的“钱纳里条件”，实现了人类历史上罕见的高速经济增长，从而抓住了第三次工业革命的机会，逐步走近全球化舞台的中央和新一轮工业革命的前沿。

中国拥有世界近1/5的人口，因此，中国经济发展的失败教训、成功经验和面临挑战，不应该只是作为一个普通的案例来看待，而需要挖掘其强大的印证力量和一般意义：一方面，以之丰富和发展具有国际视野的发展经济学，另一方面，也需要从发展经济学逻辑本身再次比照中国发展，为其续写一个完满的新篇章。

随着中国经济发展水平越来越接近于跨入高收入国家行列，经济增长的减速现象如期而至。中国即将完成对中等收入阶段的跨越这个事实，并不意味着经验意义上的“中等收入陷阱”不再具有针对性，事实上，中国面临着更具挑战性的门槛陷阱。

这个命题在于提示我们，一个经济体越是处在更高的经济发展阶段，面临的挑战越是前所未见，因而也愈加严峻。人口红利迅速消失弱化了传统增长动能，全球化逆风和中国比较优势变化弱化了传统全球化红利，劳动力供求关系变化弱化了改善收入分配的市场化机制，都意味着对于中国经济来说，低垂的果子已经摘尽。

应对这些严峻挑战和成长中的烦恼，仍然需要从全球化和工业化的逻辑以及中国经济得以参与其中的“钱纳里条件”中去寻找答案。当我们说人口红利是中国经济增长的必要条件时，实际上指的是中国经济何以实现超乎寻常的高速增长，从而实现了迅速的赶超，而非永恒的发展条件。

如果强调具有激励效应与资源配置效应相结合的“钱纳里条件”，则可以得出结论：人口红利的消失只不过意味着高速增长阶段的结束，而坚持和与时俱进地完善“钱纳里条件”，推进更深入的经济体制改革和更全面的对外开放，可以使中国抓住第四次工业革命和全球化 4.0 提供的机遇，保持经济长期可持续增长。

第十二章　全球化的政治经济学及中国策略

一　引言

自从20世纪70年代以来，全世界商品和服务贸易出口的实际增长率，除个别年份波动之外，始终高于全球国内生产总值（GDP）的增长率，充分说明我们所处的经济全球化时代特点。因受国际金融危机影响，世界贸易总量于2009年骤降之后，2010年和2011年都得到恢复性的增长，且也大大高于GDP增长速度。

然而，自2012年以来，世界贸易增长率持续低于GDP增长率。诸如全球经济增长疲软等需求侧经济因素，以及中国等新兴经济体转向内需驱动等供给侧经济因素，可以或多或少解释世界贸易的减速，然而，全球性贸易保护主义加剧，应该是产生这一现象的重要的政治经济学因素。

从更广泛的意义上说，贸易下降或许是在金融危机之后世界经济复苏乏力的背景下，反全球化的政治生态致使经济全球化受阻的一个特征性表现。与此同时发生的，是全球资本流动数额占全球经济总量的比重，从 2007 年的峰值水平上骤跌。

这种现象不难理解。国际金融危机之后，世界各国纷纷设定新的贸易壁垒，其中，作为最发达和最大经济体的美国、德国和英国就分别出台了数百项措施。诸如此类的政策变化，也反映了西方国家政治结构的变化，即以反对全球化为核心主张的政治民族主义化和民粹主义化，并迅速演化为非合作性的反全球化策略和贸易保护政策。截至 2016 年，这种趋势已经表现得十分明显，而且呈现政治上的极端化与指向上的趋同化并存的新特征。

例如，美国总统特朗普上台伊始，就实施一系列政策，包括遏制移民和旅行、退出《跨太平洋伙伴关系协定》，酝酿与中国及其他国家的贸易摩擦，以及退出气候变化《巴黎协定》等。与之隔洋呼应的是，继英国公投脱欧之后，欧洲各国民粹主义等极端性政党在政治上崛起，形成咄咄逼人之势，“黑天鹅”事件频发，f 一波未平一波又起。

诸如此类事件的发生愈演愈烈，以美国为代表的单边主义全面转化为破坏全球化的对外政策。美国对中国及其他主要贸易伙伴挑起贸易争端，不仅是一种针对他国的霸凌行为，而且极大地危害着全球经贸秩序，造成巨大的负外部性，旨在阻挡甚至逆转经济全球化。嫁祸于中国和其他贸易伙伴，无非两种可能性，要么是缺乏经济学方面的基本常识，要么是转移矛盾，不惜以伤害全球经济和贸易伙伴利益为代价，为自己增加选票。不管怎样，这种做法从思想方法上是民粹主义、民族主义、保护主义，对其他国家也好，对自己的选民也好，都是有百害而无一利。

国际政治经济学可以很好地解释这种现象。全球化本身并不是利益中性的，最初人们看到的是发达国家及其政治经济精英和智囊们主导着全球化，使其朝着于发达国家有利的方向演进。布雷顿森林体系的国际金融与贸易机构也好，欧盟这样的一体化共同体也好，做决策的是那些握有生杀予夺权力的大国，由代表这些国家的财政部长、中央银行行长和贸易部长行使权力，使广大发展中国家特别是最不发达国家不能从全球化中均等获益。

进而，人们又发现，发达国家中主宰利益安排的实际上是跨国公司和其他代表资本的利益集团[①]，不难想象，发达国家的中产阶级和低收入家庭，同样未能通过劳动力市场从全球化中获益。加之美国社会政策缺乏再分配机制，的确使很大一部分社会群体成为经济全球化的“输家”。

---

① Joseph E. Stiglitz, *Globalization and Its Discontents*, New York and London: W. W. Norton & Company, 2003; Joseph E. Stiglitz, "Globalisation and Its New Discontents", Official website of Straits Times: http: //www. straitstimes. com/opinion/globalisation-and-its-new-discontents, 2016.

如果说，发展中国家的呼声难以实质性影响全球化进程和方向的话，发达国家内部数量众多的输家，终究要通过“投票箱”机制表达自己的意愿，最终影响一国的政治和政策取向。然而，对此做出反应的诸多带有民粹主义色彩的经济政策，往往酿成更为严重的后果，激起民众更大的政治对抗。例如，美国实施宽松的信贷政策以刺激房地产泡沫，引致次贷危机和全球性金融危机，使国内中产阶级和低收入者陷入更加深重的灾难，导致“占领华尔街”等群众运动及左翼和右翼极端政治势力抬头。

归根结底，全球化这一事物本身并没有错，错的是由西方国家主导的全球化管理和治理的方式，以及由此产生的利益分配格局。但是，根本调整既有利益格局需要做出颠覆性的制度变化，是任何希望以最具蛊惑性的承诺上台，或者希望在有限的任期内以尽可能低的政治成本、尽可能高的政治收益保住权位的政党和政治家，都难以做到或者不情愿做的事情。因此，把矛盾引向经济贸易关系的伙伴身上，甚至把矛头指向全球化本身，是他们做出的最符合政治经济学逻辑的选择。

本章结合经济理论的前沿动态，回顾 1990 年后开启的这一轮全球化在广度和深度上的演进，揭示经济增长和经济全球化的同源性及相互关系，指出正是西方发达国家未能把本国经济增长和社会发展与全球化良好对接，把中产阶级和低收入者置于日益边缘化的境地，造成了经济衰退和政治危机。

西方政治体制中的民粹主义基因最初驱使决策者采取金融宽松的政策，刺激起一轮又一轮的资产泡沫，演化为全球性金融危机和债务危机。进而，无所适从的政治家们转而把矛头指向全球化本身，毫不掩饰地实行贸易保护主义和其他反全球化政策，导致全球化面临着倒退的危险。

中国在改革开放期间，把二元经济发展与经济全球化有机衔接，劳动力的重新配置不仅成为高速经济增长的源泉，也保障了城乡居民在经济发展中的广泛参与度，从而在这一轮全球化中获益并实现了相对均等的利益分配，大幅度地减少了贫困现象。因此，在可能出现去全球化趋势的情况下，作为潜在的受害者，中国面临的挑战无疑是巨大的。

立足于本章的分析，在结语部分将建议，中国应立足于应有的战略高度和历史纵深度，把握和适应全球化新趋势，并利用自身经济体量庞大的优势，通过各种全球性努力引领和构造新一轮经济全球化，使自己及广大发展中国家从中获益。

二　不一样的本轮全球化：广度与深度

正如对任何事物做出概念界定一样，对于全球化的定义也有宽派和窄派之分。与此相应，研究者对于全球化始于何时的判断也莫衷一是，不同的说法竟然可以相差数百年，从 1492 年哥伦布发现美洲大陆，到反战运动和社会风潮弥漫西方国家的1968年，及至信息和通信技术全面影响各国社会生活的2000年，各种说法不一而足。[①]

经济学家倾向于从较窄的外延上定义全球化，换句话说，他们关注的是经济全球化，同时也承认全球化可以包含更广的内容。例如，斯蒂格利茨一方面把经济全球化界定为“通过扩大商品和服务、资本甚至劳动力的流动而导致世界各国之间更紧密的经济互动”，另一方面也承认，全球化也包括创意和知识的国际流动、文化分享、全球公民社会和全球环境运动。[②]克鲁格曼则认为，全球化是一个关于日益增长的世界贸易、各国金融市场连接以及把世界变得更小的许多事物的包罗万象的表述。[③]

而非经济学家则倾向于从更广的维度为全球化做定义。例如，政治学家斯特格尔概括道：全球化是一系列多维的社会过程，旨在创造、扩大、延伸和强化世界范围的社会依赖性和沟通，同时唤醒人们关于本土与外部联系日益加深的认知度。此外，人们还可能要在社会维度之外，再加上宗教、战争、体育、恐怖活动和环境等因素。[④]

---

① Alex MacGillivray, *A Brief History of Globalization*: *The Untold Story of Our Incredible Shrinking Planet*, London: Robinson, 2006, pp. 16 – 17.

② Joseph Stiglitz, *Making Globalization Work*, London: Penguin Books, 2006, p. 4.

③ Alex MacGillivray, *A Brief History of Globalization*: *The Untold Story of Our Incredible Shrinking Planet*, London: Robinson, 2006, p. 5.

④ Manfred Steger, *Globalization*: *A Very Short Introduction*, New York: Oxford University Press, 2003, p. 13.

其实，对全球化定义和起始时间的宽派和窄派，各有各的事实依据和研究意图。所以，归纳各家学说的最好办法，不是有意识地或盲目地选边站，也不是采取折衷的立场，而是着眼于我们意欲讨论的问题的本质和对中国的相关性。从历史和逻辑统一的角度，我们可以把诸如贸易和资本流动这些经济全球化最重要的标识，作为全球化的动机从而也是最直接的特征，进而把这类特征显现出关键性转折的时间节点作为全球化的起点，观察全球化如何在其广度上和深度上演进，以及其后果对各国的政治过程和政策制定的影响。

据此，结合经济全球化的定义即着眼于货物和服务贸易及外商直接投资的扩张、地缘政治的显著变化，以及中国在高速增长中拥抱世界经济的表现，我们可以把 1990 年前后作为本轮全球化的起始时间。一方面，中国于 20 世纪 80 年代初开始了改革开放，作为其必然进程和进一步推进的催化剂，1986 年提出恢复关贸总协定缔约国地位的申请，2001 年加入世界贸易组织（WTO）。另一方面，1991 年苏联解体标志着长达 40 余年世界范围冷战的结束；随后，原苏联加盟共和国和中东欧国家开始进行经济转型。也恰好在那个时期，世界贸易和资本的全球流动迈上一个新的台阶，标志着以这些历史性事件作为引爆点（tipping points），全球化从此进入一个新的高潮。

正如在图 12—1 中所描述的，20 世纪 90 年代之后，随着更多国家加入全球分工体系，世界货物贸易依存度呈现出一个跨越式的提高，一直攀升到 2008 年国际金融危机发生之时。按照流入量统计的全球外商直接投资总规模，也于 20 世纪 90 年代初开始大幅度增长，并在金融危机发生之前达到峰值。国际金融危机爆发以后，两个指标的陡升势头都遭到明显遏止。与之相比，中国的货物贸易依存度从有数据以来（20 世纪 80 年代初）就一直呈现增高的趋势，峰值来临的时间略早于全球的情形，而外商直接投资净流入的增长则持续得更久一些，下降的幅度也不像全球性情形那么陡峭。

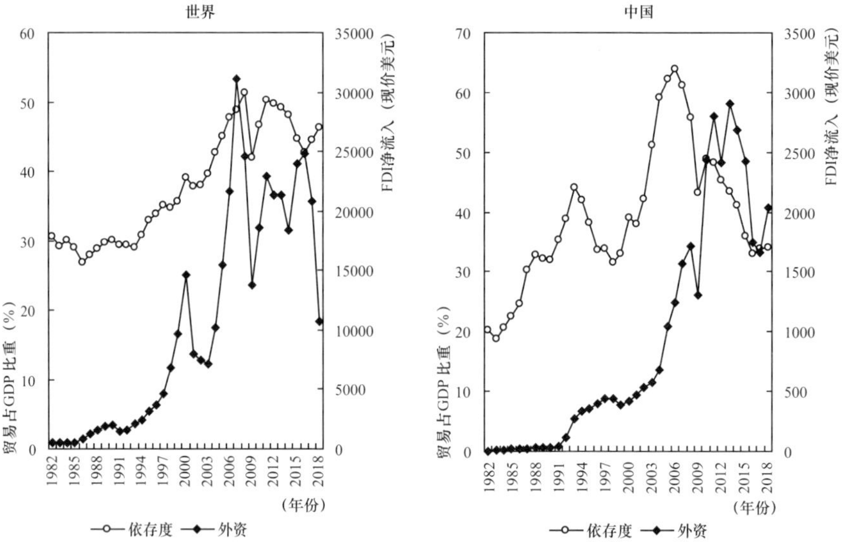

图 12—1　贸易和资本流动：世界与中国

资料来源：世界银行数据库：http：//data. worldbank. org/。

世界经济史呈现出一个特点，即越是到晚近的年代，长期经济演进的过程就越是浓缩在很短的时间里发生（及至完成）。

后起国家和地区的经济赶超过程就是一例。与其先行国家和地区相比较，新大陆（比欧洲）、日本（比美国）、亚洲四小龙（比日本）、以中国为代表的新兴经济体（比四小龙），都取得了更快的经济增长速度，并且，除了新兴经济体前景尚未可知外，此前的赶超经济体完成工业化和现代化所需的时间也更短。经济全球化也是如此，在过去短短二三十年间的演进，其广度和深度超过了历史上的任何时代，出现了未能预料到的显著新特点。

相比而言，全球化在广度上的变化或多或少是可以预期的，虽然在激进程度上越来越超过许多国家的承受能力。对于具有不同资源禀赋的各国，彼此之间进行货物贸易以获益，是经济全球化的最初动机和初等形态，这类贸易随着制度性壁垒的消除以及运输成本的下降得到不断扩大。

鉴于服务业与制造业之间的产业关联度大大提高，以及现代信息技术提高了通信和交易效率，服务贸易加速发展也扩大了全球化的广度。伴随着货物和服务贸易的发展，资本作为流动能力最强的生产要素也空前地扩大了流动规模和流动范围。随着国际政治地理格局的变化，劳动力和人力资本的流动进一步助长了全球化浪潮。

如果说上述全球化广度的扩展局限在经济全球化范畴内，仍然只是货物、服务和生产要素的全球范围流动的话，其与经济一体化程度加深的互动和相互影响，特别是在一系列全球和区域性一体化协议或协定的促进下，全球化从经济领域全方位地扩展到政治、社会、教育、文化等领域。如果说狭义的经济全球化面对的主要方面是互惠互利，次要的方面是由此产生的摩擦的话，定义和实质内容都更广的全球化则带来全方位的融合、摩擦甚至冲突。进而，在地区性冲突和国际恐怖活动泛滥的环境下，在政治层面，恐袭困扰和难民危机给全球化带来越来越多的负面代价。

然而，真正值得深入考察的问题在于经济全球化在深度上的演进，即国际贸易的性质因全球化条件的变化而与以往不尽相同。[①] 传统上，人们解释国际贸易通常遵循原创于李嘉图，进而由赫克歇尔、俄林和萨缪尔森发展定型的比较优势理论，即各国在生产不同产品上的相对生产率（或相对机会成本）差异而非绝对差异，决定了国家间进行贸易的必要性和共同获益的性质。

早期的国际贸易经验显示，这种比较优势差异主要表现在资源（要素）禀赋上，也的确验证了传统理论的正确性和解释力。然而，人们逐渐观察到在资源禀赋结构相同的国家之间，也存在着大量的贸易往来，诸如此类的现象引得经济学家纷至沓来，形成了诸多新贸易理论假说。

---

① 资本流动也有类似的性质上的变化，传统的“双缺口模型”已经不再能够令人信服地解释新兴经济体向发达国家的资本净流出现象。

虽然众说纷纭，新贸易理论的主流仍然在下面这一点上能够得到相互认同或形成共识，即从报酬递增或规模经济，以及干中学（learning by doing）等人力资本积累、研究开发等内生性技术进步等角度，寻求国际贸易的源泉和动机。值得指出的是，新贸易理论并没有改变比较优势原理本身，只是在全球化发展到更广更深层次上，把比较优势从单纯的要素禀赋因素扩大到更广的范畴，把国际贸易的理论解说与当代现实做出更好的逻辑衔接。

不过，在全球化背景下，这一系列新的观察和新的理论概括，应该帮助人们对于经济增长和贸易发展取得一些认识上的进步。下面，我们从两个方面予以概括并揭示其相互之间的逻辑关系。

首先，经济增长驱动力与国际贸易必要性同源。在很长时间里，人们有意无意地认为“对经济增长源泉的探索”与“国际贸易产生的原因”是两码事，因而，在经济学说史上，通常认为斯密通过破解前一命题催生了现代经济学，李嘉图则因在后一命题上的贡献，奠定了长盛不衰的贸易理论基础。随着新贸易理论和新增长理论的发展，并被应用于解释当代经济发展现象，人们在回归经典时，毫无意外地发现，斯密不仅应该被认作这两个新理论的思想来源，而且早在他的时代，便尝试在增长理论与贸易理论之间搭建起桥梁，在逻辑上与结构上将两者融为一体。当代研究者从两个方面挖掘了斯密的这一贡献。[1]

其一，斯密鼓吹的自由贸易原则，无非是其专业化和分工理论在全球范围的应用。对他来说，国内贸易与国际贸易两者之间并不存在截然的不同。人们熟知斯密的分工理论，却鲜有人注意，他不仅把分工论证为经济增长的源泉，也将国际贸易的发生归因为分工（扩大）的必然趋势。

其二，斯密不仅认识到资本积累对经济增长的重要性，更突出强调了技术进步的作用，并且通过其分工概念，把干中学与规模经济统一在一起，认为只有通过市场的扩大，技术才能得到改进，并且反过来推动市场的进一步扩大。

无论是受到斯密的影响，还是在经济增长和全球化更加丰富多彩的现实中独立发现，新增长理论和新贸易理论的主流都把人力资本和技术进步内生于经济增长，因此，由此分析框架出发，经济增长与国际贸易乃至全球化成为不可分割的过程。例如，在罗默的经济增长理论和全球化主张中，具有非竞争性（nonrivalry）特质的技术、规则等创意（ideas）均居于核心的地位。[2]

其次，贸易收益不会自然而然地得到合理分配。国际贸易和投资既然发生，必然源于其非零和性质。然而，这一轮经济

① Aykut Kibritçioğlu, "On the Smithian Origins of 'New' Trade and Growth Theories", Office of Research Working Paper, No. 2 - 100, 2002.

② Paul M. Romer, "Which Parts of Globalization Matter for Catch-up Growth?", NBER Working Paper, No. 15755, 2010.

全球化的经验和教训都表明，这一在理论上和整体意义上成立的非零和性质，并不必然意味着参与国际分工的各国均等获益，更不意味着一国内部所有参与主体均等获益。现实中发生的与传统认识相悖的事情，引起主流经济学界的理论反思，有些成果固然具有积极的建设性意义，有些则成为贸易保护主义的学理依据和行动集结号。

如果国际贸易主要产生于国家之间资源禀赋差异，贸易很容易被看作是国家之间的互惠或竞争关系，在强调非此即彼的竞争关系的情况下，极而言之便形成历史上的重商主义思潮和政策取向，而其现代版本则被称为“战略贸易论”或“国家竞争力论”。虽然克鲁格曼常常被当作是这一论点的理论依据的始作俑者[①]，不过，他对于该观点及其相关的“国家竞争力”概念给予了认真而尖锐的批评，认为既然国际贸易不是零和博弈，国家之间也不存在非输即赢的关系，国际贸易并不能被简单比拟为国家间的竞争。[②]

不过，这类观点的流行也值得思考：既然经济增长与国际贸易同源，影响经济增长绩效的企业生产率、产业结构以及与之相关的资源配置效率，都影响国际贸易从而分工格局；反过来，国

① Paul Krugman, “New Theories of Trade Among Industrial Countries”, *The American Economic Review*, Vol. 73, No. 2, 1983, pp. 343 – 347.

② ［美］保罗·克鲁格曼：《流行的国际主义》，中国人民大学出版社、北京大学出版社2000年版。

际分工也影响一国的企业和产业结构，乃至收入分配格局。

可见，“战略贸易论”错误的实质不在于使用“国家竞争力”这个表述，而在于把看似源自国际贸易，却根植于一国内部的经济乃至社会和政治问题归咎于国际竞争中的失败。听任这种论调盛行的一个弊端是，如果把国家比喻为一家要在全球范围内竞争的企业，则巧妙地把跨国公司的利益与国家及其全体人民的利益混为一谈了，也为实行以邻为壑的保护主义政策提供了合理性依据。事实却是，保护主义正如自由贸易一样，自身并不会自然而然地惠及普通国民。

严肃的美国经济学家不愿意承认国家竞争力的式微，也不愿意背上保护主义的名声，毕竟，他们中的多数都曾经不言而喻地宣誓：“我相信自由贸易”，而且他们无法否认，无论国际贸易演变到何种形态，贸易之所以发生，必然是由于它能给一国带来总体上的净收益。与此同时，越来越多的经济学家承认，国际贸易或全球化的其他形式所带给一个国家的收益，并不能自动为所有群体均等合理地分享，配套的经济体制和社会政策是不可或缺的。

以美国为代表，发达国家的比较优势在于物质资本和人力资本密集型产业，因此，其与发展中国家进行贸易的特点是以出口这类产品为主，同时进口简单劳动密集型产品。按照这种分工逻辑进行的产业结构变化，影响到这些国家的就业结构从而收入分配格局，并且，其影响方式和方向，与它们的发展中国家贸易和投资伙伴不尽相同。所以说，这一轮全球化对于在不同发展阶段上的国家，分别塑造了不尽相同的产业结构、产业组织和收入分配格局。

三　全球化的后果及其政治反映

自第二次世界大战结束后，到20世纪90年代这一轮全球化开始之前，具有类似生产要素禀赋的发达国家之间进行的产业内贸易，在这些国家乃至全球贸易中发挥着重要的作用，其收入分配效应与本轮全球化主要发生在新兴经济体与发达国家之间的贸易大不相同，在后一种情形下，贸易收益的分配不利于那些相对稀缺的生产要素。[①] 换句话说，在劳动相对稀缺的工业化国家，劳动者获益较少，在资本相对稀缺的新兴经济体，资本所有者获益较少。斯彭斯等发现，在1990—2008年期间，美国处于价值链低端的制造业大量转移到海外，与此对应的就业岗位也随之丧失。因此，在此期间的新增就业几乎全部来自以服务业为主的非贸易部门。[②]

由于留在国内的制造业生产率不断得到提高，非贸易部门

---

① Paul Krugman, "New Theories of Trade Among Industrial Countries", *The American Economic Review*, Vol. 73, No. 2, 1983, pp. 343 - 347.

② Michael Spence and Sandile Hlatshwayo, "The Evolving Structure of the American Economy and the Employment Challenge", Working Paper, Maurice R. Greenberg Center for Geoeconomic Studies, Council on Foreign Relations, March, 2011.

生产率提高较慢，形成对人力资本的不同需求，也诱导了美国教育发展的两极化。相应地，美国劳动力市场形成两极化的趋势，即高科技领域的技能型岗位和低端部门的非熟练岗位增长较快，中间层次的岗位相对减少。[①]

这种格局导致传统意义上的中产阶级收入增长缓慢甚至停滞。在政府未能把收入分配问题置于恰当的政策优先序，从而再分配政策执行不力，甚至向精英群体倾斜的情况下，国内收入分配状况必然恶化。[②] 收入两极分化及大学费用高企，使得教育出现两极化趋势从而社会流动性降低，低收入家庭的劣势地位得以固化甚至在代际遗传。

诺贝尔经济学奖获得者萨缪尔森，自诩并被公认为是比较优势理论的最忠诚信仰者，曾经宣称该理论是社会科学中唯一既正确且重要的理论。然而，对全球化及其国际国内影响的现状观察，使其或多或少改变了看法，认为各国并不必然从贸易中均等获益，并且无可奈何地承认，由于一个国家内部的全球化受益者并不会自动对受损者做出必要的补偿，那些岗位被中国竞争者所替代掉的美国工人，无疑承受了全球化的代价。[③]

---

① David H. Autor, Lawrence F. Katz, and Melissa S. Kearney, "The Polarization of the U. S. Labor Market", NBER Working Paper, No. 11986, 2006.

② ［美］保罗·克鲁格曼：《美国怎么了？一个自由主义者的良知》，中信出版社 2008 年版。

③ Paul Samuelson, "Where Ricardo and Mill Rebut and Confirm Arguments of Mainstream Economists Supporting Globalization", *Journal of Economic Perspectives*, Vol. 18, No. 3, 2004, pp. 135 - 146.

正如否认经济增长可以通过“涓流效应”使所有国民获益的传统观念一样，经济学家终于认识到全球化也不能自然而然地使所有人获益。这无疑是理论上的一个进步。然而，问题在于许多人特别是政治家们并未止步于此。

其实，早在斯密之前甚至重农学派之前，处在现代经济学（甚至贸易理论）婴儿形态的重商主义及其政策主张，就反映了政治和政策对贸易可能导致的利益格局变化的立场。此后，从斯密倡导自由贸易到李嘉图创造比较优势理论，直至后来占据主导地位的贸易理论及其补充性研究，都在重演着这种政治与经济（或经济学）的作用与反作用的互动过程。因此，在上一节讨论全球化演进过程的基础上，了解发达国家产业结构和社会结构随之发生的变化，以及其究竟如何影响经济社会政策乃至政治气候，有助于我们对全球化的可能前景做出更确切的研判。

美国的政治家和政治学家通过回顾美国政府决定政策因素的变化，证明过去20—30年间美国社会是朝着有利于富人而不是穷人或中产阶级变化的。例如，吉林斯等人采用计量方法，对1981—2002年期间1779项影响收入的政策进行了分析，发现经济领域的精英和代表商界的利益集团，对美国政府政策具有重要的影响，而普通选民和大众团体的政策影响力则微乎其微。[①]

---

① Martin Gilens and Benjamin I. Page, “Testing Theories of American Politics: Elites, Interest Groups, and Average Citizens”, *Perspectives on Politics*, Vol. 12, No. 3, 2014, pp. 564 - 581.

许多观察者认为，全球化中哪个国家获益已经不再是恰当的问题，而是具有强大的谈判力从而政策影响力的跨国公司从全球化中绝对地获益，赢家只是发达国家中的1%，而普通中等收入和低收入群体则被推向边缘化。①

或许，1999年在西雅图首次以激进形式爆发的反全球化运动，主要还只是一些发展中国家的社会活动者及其同情者的情绪、思潮和行动的反映，欧美大国的政府尚未认识到其严重性，在政治上对其加以利用也没有成为主流。然而，在西方代议制民主体制下，归根结底赢得选票是政治家高度关注的事情。因此，政策也不得不对国内收入差距不断扩大的现状做出必要的反应。

例如在美国，政府试图通过扩大信贷刺激消费，以缓解中产阶级和低收入者的深层次焦虑，就是这样一种具有悠久历史的政策传统。② 而其后果即金融过度发展，则导致物质资本和人力资本的错配。更有甚者，打着“居者有其屋”的“美国梦”旗号，借助金融衍生工具的技术手段，倚仗政府的信用背书和松弛的金融监管，美国掀起了以次级贷款支撑的房地产热，大批收入水平不高甚至陷于长期停滞的普通家庭也纷纷办

---

① 例如参见 Joseph E. Stiglitz, *Globalization and Its Discontents*, New York and London: W. W. Norton & Company, 2003; Joseph E. Stiglitz, “Globalisation and Its New Discontents”, 2016, Official website of Straits Times: http: //www. straitstimes. com/opinion/globalisation-and-its-new-discontents。

② ［美］拉古拉迈·拉詹：《断层线——全球经济潜在的危机》，中信出版社2011年版。

理了房屋抵押贷款。

这种并非由真实支付能力拉动的需求，靠次贷的推波助澜，必然导致大规模大范围的泡沫，直到2007年在美国爆发次贷危机，并进而演化为全球性金融危机。不仅在社会保障体系相对不健全的美国，而且在欧洲、新兴经济体和许多发展中国家，千千万万中产阶级和低收入家庭因此而陷入深重的灾难之中。

各国为应对金融危机而采取了多种宏观经济手段，美国和欧洲主要经济体也缓慢乏力地得以复苏。然而，在世界经济总体陷于新平庸的同时，普通家庭收入增长停滞的状况并没有得到解决。例如，美国经济增长率和就业的复苏虽然在发达国家中算得上强劲，及至于2015年12月实施了9年多以来首次加息，到2018年则逐步加息缩表，退出量化宽松政策。但是，危机之前业已存在并且成为危机导火索的产业结构和收入分配等问题，并未得到真正解决。

例如，虽然美国的失业率近年来下降到较低的水平，似乎摆脱了自20世纪90年代初以来反复出现的“无就业复苏”魔咒，在特朗普政府执政近一个任期中，失业率甚至降到多年未有的低位，但是，观察劳动力市场的另一个重要指标——劳动参与率，却可以发现情况并不像失业率下降所显示的那样乐观。截至2016年，16岁以上美国劳动年龄人口的劳动参与率仍然比2007年危机爆发之前低3个百分点。①

据美国学者分析，造成这种情况的原因并不在于劳动力供给侧因素，而在于制造业岗位长期流失和技术变化导致对中低端技能需求减少等需求侧因素②，也就是说，即使整体经济得以复苏，在部分产业的空心化、劳动力市场以及人力资本两极化等问题没有得到解决的情况下，对中低端劳动力的需求就不够强劲，从而持续处于结构性失业，造成部分劳动者退出劳动力市场，产生所谓“沮丧的工人效应”。

实际上，根据大量实证研究的结果，我们甚至可以从字面意义上感知这种“沮丧”。人们不仅可以从统计数字看到普通劳动者工资几十年不变，贫困在美国这样富裕的国家大量滋生，还发现人类发展水平的下降。诺贝尔经济学奖获得者迪顿（Angus Deaton），把自杀和其他与慢性自杀无异的“自我毁灭”行为，以及导致实际死亡率的提高这样的现象，最恰当不过地表述为“绝望而死”（deaths of despair）。③

这个表述充分揭示出美国社会存在着深层的矛盾，也一举

① Jason Furman, “The Truth about American Unemployment: How To Grow the Country's Labor Market”, *Foreign Affairs*, Vol. 95, No. 4, 2016, pp. 127 – 138.

② Jason Furman, “The Truth about American Unemployment: How To Grow the Country's Labor Market”, *Foreign Affairs*, Vol. 95, No. 4, 2016, pp. 127 – 138.

③ 例如，参见 Angus Deaton, “Globalization and health in America”, January 14, 2018, based on remarks during a panel discussion at the IMF conference on *Meeting Globalization's Challenges* (October 2017), http: //www. princeton. edu/ ~ deaton/downloads/Globalization-and-health-in-America_ IMF-remarks. pdf。

概括诸多现象之间的逻辑关系。例如，那些受上一代影响而没有上过大学的普通工人，最容易受到劳动力市场冲击，随之而来的则是长期失业以及与之俱来的沮丧心态，加之社会保护机制的缺失，造成医疗成本过高使这些群体无力就医，转而诉诸滥用毒品、酗酒或者服用鸦片类止痛药，及至丧失劳动能力，被迫退出劳动力市场。

在这个人口群体的对立端，则是富人的为富不仁。对资本所有者从全球化中赚取的大额利润，并没有通过劳动力市场或者再分配政策为普通劳动者分享。相反，由于具有强大的市场垄断地位和政治游说能力，富人们和超级大企业通过对经济社会政策的影响，进一步攫取社会财富和收入。研究者发现，在许多像美国这样的发达国家中，形成了以往被认为是拉丁美洲或中等收入陷阱现象的收入不平等扩大趋势，甚至使过去相对平等的收入分配和财富分配格局遭到逆转。经济学家称这种趋势为收入不平等的“逆转赶超”（reverse catching-up）。[①]

美国的情形也可以作为许多其他发达国家的缩影。孱弱的需求继续压抑普通劳动者在劳动力市场上的谈判地位，使得工资和收入得不到明显改善，移民的涌入产生了竞争压力和相对剥夺感，使情况进一步恶化。可见，就业岗位不足不仅仅表现

① Jose Gabriel Palma, “Do Nations Just Get the Inequality They Deserve? The ‘Palma Ratio’ Re-examined”, *Cambridge Working Paper Economics*, No. 1627, 3, May, 2016.

为收入不足，更被人们深切感受为在全球化及其相关政策中成为输家。普通家庭固然不能像精英阶层那样，总是可以凭借有利的谈判地位，通过影响政策制定来保护自身的利益，然而，他们也必然以某种方式表达自己的不满。

一般来说，在西方政治体制下，民众和社会可以主要通过三种制度化或非制度化的方式，即分别以投票（vote）、呼吁（voice）和退出（exit）表达其不满。[①] 从政治经济学角度，无论是在位还是在野，政治家总是要充分权衡所主张和实施政策的政治收益和政治成本，以取得净收益的最大化，即执政机会尽可能大，执政时间尽可能长。从此出发，他们不能长期无视民众的意愿。

然而，或者是他们看不到面临问题的真实所在，或者是他们难以触动既得利益格局去做出调整，或者他们急于上台而等不及从根源上解决问题，所以，无论是从左的方向还是从右的方向，祭起民粹主义的大旗，把问题归咎于全球化，不啻为一种成本低廉却颇为取巧的政治策略。

《金融时报》作者巴贝尔在一篇文章中，批评欧洲乃至整个西方无力应对其面临的文化、经济、政治和技术挑战，借用希腊诗人卡瓦菲斯（Constantine P. Cavafy）著名诗作《等待野

---

① 如参见［美］阿尔伯特·O. 赫希曼《退出、呼吁与忠诚——对企业、组织和国家衰退的回应》，经济科学出版社 2001 年版；Charles M. Tiebout, "A Pure Theory of Local Expenditures", *The Journal of Political Economy*, Vol. 64, No. 5, 1956, pp. 416 - 424。

蛮人》刻画的一种情形：一个无力应付其衰落前途的国家或组织，往往制造出或者夸大外部威胁，期冀转移批评者和公众的视线。[①] 我们不妨读一读这首诗的最后一句："没有了野蛮人我们该怎么办？他们，那些野蛮人，本可以成为一种解决方案"[②]，由此不难想象和理解，为什么在西方国家（甚至不限于西方国家），如此之多且五花八门的民粹主义政治力量，如雨后春笋般滋生出来。

关于民粹主义及其政策倾向，有时很难做出一个明确的界定。如果从学理上做定义的话，民粹主义也是一个众说纷纭的概念。例如，有的学者倾向于将民粹主义视为一种意识形态，其信奉者代表一国人民对精英阶层无视甚至剥夺普通人的权利、价值、成就感、认同感和声音的行为进行抵制。[③] 然而在现实中，民粹主义并非总是以一个褒义的词汇出现，而常常被政治家用来批评对手所持的偏颇而冠冕堂皇的政策主张。

综合该用语的某些定义、流行历史以及在当前的针对性，我们可以把民粹主义看作是一种政治语言体系，主要被政治家用来以因应平民诉求的形式或政治外壳，兜售特定的政治主

---

① Tony Barber, "Europe's Decline is a Global Concern", *Financial Times*, 22 December, 2015.

② C. P. Cavafy, "Waiting for the Barbarians", in George Savidis (ed.), *Collected Poems*, translated by Edmund Keeley and Philip Sherrard (Revised Edition), Princeton: Princeton University Press, 1992.

③ Daniele Albertazzi and Duncan McDonnell, "Introduction: The Sceptre and the Spectre", in Daniele Albertazzi and Duncan McDonnell (eds.), *Twenty First Century Populism: The Spectre of Western European Democracy* (*1st Edition*), London: Palgrave Macmillan, 2008, p. 3.

张，后者不仅并不必然代表平民利益，甚至是出于政治家自身的利益，或被某些特定利益集团所俘获。

据此来看，我们今天遇到的挑战便是：西方国家的一些政治家，利用本国中产阶级和（或）弱势群体在全球化中未获益这个事实（或认知），推销反全球化的理念及政策的政治思潮和政策取向，以赢取政治支持（选票）。虽然许多舆论界精英，例如政治学家福山和经济学家斯蒂格利茨，都认识到民族主义或民粹主义不是当前问题的有效解决方案，但是，从西方民主政治制度内在具有的追求选票而不是追求自我完善的性质来看，民粹主义政策的出现甚至泛滥终究是不可避免的。

四　作为全球化受益者，中国为什么不一样？

一般认为，以 1978 年底中共十一届三中全会召开为标志，中国进入改革开放年代。这里强调两层含义：第一，改革与开放是同时发生的，也是紧密联系、相互促进的。改革是开放条件下的改革，开放也是在改革过程中得以推进。所以，国内经济发展与融入全球经济是相互交织在一起的。第二，对外开放又是具有相对独立和确切内容的。初期的对外开放还带有实验性和地域性，从建立经济特区、开放沿海城市和沿海省份等入手；及至 20 世纪 90 年代，中国为加入 WTO 做出努力，开始全方位地拥抱经济全球化。

开办经济特区和扩大区域开放的成功经验也好，引进外商投资和扩大对外贸易的成效也好，所有这些经验都体现出高速经济增长与深度对外开放的一致性。由此可以得出结论，中国是这一轮经济全球化毋庸置疑的受益者，对此我们也从不讳言。

本节将从理论和实证的角度着眼，回答为什么在许多国家置疑自身在全球化中获益的同一时期，中国借助改革开放实现了前所未有的高速增长，并且，在全球性金融危机之后世界经济进入新平庸的条件下，中国仍然保持着与自身所处经济发展新常态相符的中高速增长，以及经济增长总体上具有为广大人民群众分享的性质。

在全球化高潮背景下的中国经济，恰好处于最适宜于从经济全球化中充分获益的发展阶段。从经济发展的历史长河看，一国经济发展通常典型地或非典型地依次经历马尔萨斯贫困陷阱、格尔茨内卷化、刘易斯二元经济发展、刘易斯转折点和索洛新古典增长五个阶段或类型。[①] 中国实行改革开放政策，融入经济全球化的时期，恰好与其二元经济发展阶段相吻合（后期则跨过终结这个阶段的刘易斯转折点）。

在这个阶段上，关键要解决的发展问题是通过资本积累推

---

① 蔡昉：《二元经济作为一个发展阶段的形成过程》，《经济研究》2015 年第 7 期。

动工业化进程，为中国大量农业剩余劳动力找到出路，从而把过剩的生产要素转变为产业比较优势。这种类型的经济发展不适用于以新古典增长理论来解释，而且，中国也的确没有把新自由主义经济学教条以及西方经济学家四处兜售的“华盛顿共识”奉为圭臬。

事实表明，中国的二元经济发展，在时间上恰好与这一轮经济全球化完美对应，而中国经济发展模式也与利用全球化机会实现了充分对接。包括美国、欧洲、日本和亚洲四小龙在内的发达经济体，相对于物质资本而言劳动力是稀缺要素，不断提高的工资和福利成本削弱了制造业比较优势，在全球化条件下，劳动密集型制造业以雁阵的形态相继向外转移。

当时，中国（主要是沿海地区）正处在最有利的承接产业转移的发展阶段，农业中剩余劳动力被吸纳到制造业，以低廉的成本和相对高的人力资本凝结在制造品之中，不以任何人的意志为转移，在全球市场上表现为比较优势和竞争力。人们普遍观察到，在中国的出口产品中占主导地位的是制造业产品，这充分反映了中国所处特定发展阶段的比较优势。

中国对外开放程度不断加深的一个外在表现，是贸易依存度显著地提高到大国中罕见的水平。如图 12—1 所示，按现价计算，中国货物贸易总额与 GDP 的比率，从 1983 年的 18.9% 大幅度提高到 20 世纪 90 年代初超过 40%，2006 年峰值时更高达 64.0%。然而，货物贸易总额及其与 GDP 的比率这种指标，尚不能充分反映中国对外贸易的实际性质。

在图 12—2 中，我们展示两组按照现价计算的数据，一是海关统计的货物出口总值，二是作为支出法 GDP 构成部分的货物和服务净出口额，也即净出口对 GDP 的贡献。虽然两个口径计算所依据的价格不同，即海关数据是按照到岸价格计算，支出法数据是按照离岸价格计算，两个数据之间的巨大差异仍然可以表明，快速增长的大规模货物和服务出口，支撑了同样快速而大规模的进口，其中装备及资本品所内含的先进技术有助于中国产业结构的不断升级。可见，贸易扩张从供给和需求两侧推动了高速经济增长。

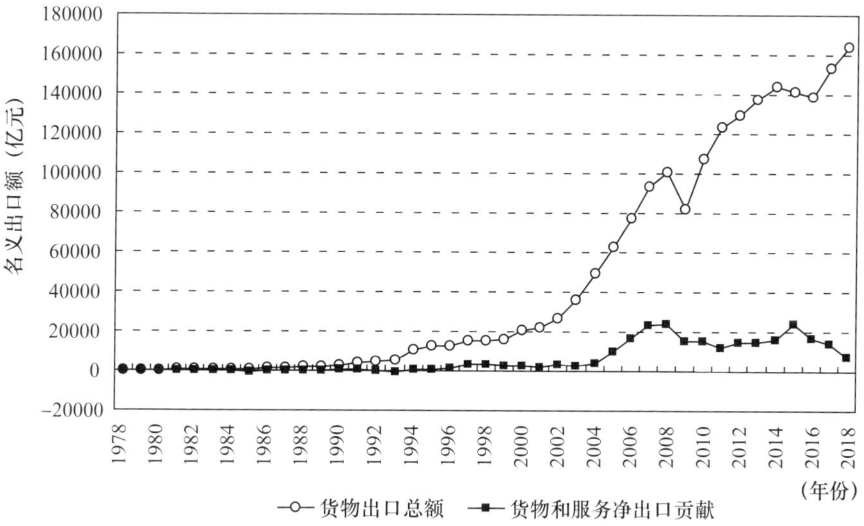

图 12—2　出口总值与进出口的 GDP 贡献

资料来源：国家统计局官方网站：http：//www. stats. gov. cn。

虽然中国的制造业在很长时间里处于价值链的较低端，但是，以劳动密集型制造品为主的出口结构创造了大量非农产业的就业机会，促进了劳动力的重新配置，是中国二元经济发展的主要需求因素、产业结构变化的驱动力和生产率从而经济增长的源泉。与此同时，大量外商直接投资也进入这些制造业部门。这不仅反映了对外开放对高速增长所做的贡献，也揭示了这一外向型经济增长所具有的分享性质。

据笔者估算[①]，在1978—2014年期间，农业劳动力比重从70.5%大幅度下降到19.1%。中国经济高速增长以及从经济全球化获益的全部奥秘，几乎都隐含在这个符合经济发展铁律（即农业份额下降）的就业结构剧烈变化中。

对应斯彭斯等从分析美国就业结构的变化，而得出“产业外移毁灭了美国经济”的方法和结论[②]，我们可以从中国的就业结构变化，理解在二元经济发展时期，中国经济作为整体层面，以及城乡劳动者和居民从个体层面，分别是如何从全球化获益的。

直到2010年以前，中国15—59岁劳动年龄人口都处于不

---

① Cai Fang, Guo Zhenwei, Wang Meiyan, “New Urbanisation as a Driver of China's Growth”, in Song Ligang, Ross Garnaut, Cai Fang, and Lauren Johnston (eds.), *China's New Sources of Economic Growth, Vol. 1: Reform, Resources, and Climate Changes*, Canberra and Beijing: Australian National University Press and Social Sciences Academic Press, 2016, p. 53.

② Michael Spence and Sandile Hlatshwayo, “The Evolving Structure of the American Economy and the Employment Challenge”, Working Paper, Maurice R. Greenberg Center for Geoeconomic Studies, Council on Foreign Relations, March, 2011.

断增长的动态之中，构造并强化了食之者寡、生之者众的有利人口结构特征，形成潜在的人口红利，而大规模吸纳转移劳动力的劳动密集型产业的迅速扩张，其产品在国际市场占有庞大份额，则是人口红利得以兑现的关键。我们可以采用与斯彭斯等类似的分类方法，基于中国分别在2004年、2008年和2013年进行的三次经济普查数据，将非农产业中按照法人单位进行统计的就业，按照可贸易部门和非贸易部门进行分类，分别观察其增长规模和结构变化（图12—3）。

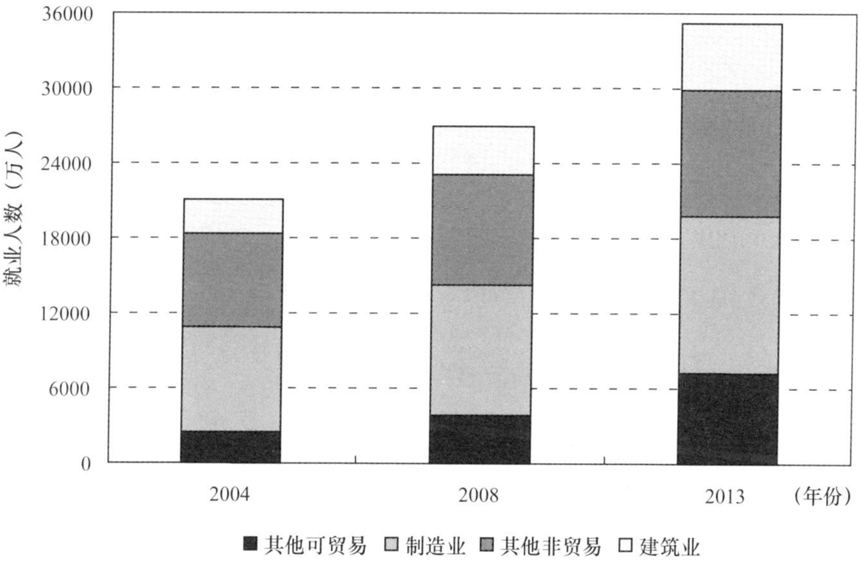

图12—3　非农产业单位就业增长与结构

资料来源：三次经济普查数据，国家统计局官方网站：http：//www.stats.gov.cn。

从图12—3可见，在数据所覆盖的时期，中国（包括城市和农村）非农产业就业增长十分迅速，2004—2013年期间年均增长率为5.9%，2013年达到总数35213万人；同时，贸易部门与非贸易部门就业增长速度相对平衡，同一时期前者年均增长率为6.9%，后者为4.7%。

其实，这里使用的法人单位就业数据，尚远远不能充分反映实际非农就业的增长情况。下面，我们对城镇就业的几种不同统计口径进行比较，便可以看到这个差异，即实际就业及其增长显著高于图12—3所显示的情况。

在按年度进行的城镇就业统计中，一种口径是单位就业，包括法人单位（corporation）和产业活动单位（establishment），所以该口径得出的就业人数必然会大于前述法人单位就业数。根据这一“基本单位统计报表制度”获得的数据，2014年仅城镇单位就业总人数就达18278万人。不仅如此，由于单位就业数还不包括私营企业和个体工商户，所以一旦把这两类就业加入统计中，城镇就业人数就提高到34861万人。

此外，由于城镇单位大量使用临时雇用人员和劳务派遣工，却往往不将他们作为雇员反映在报表中，致使这些就业者在统计中被遗漏。所以，以城镇住户为基础，按照国际劳工组织推荐的口径进行调查，得出实际城镇就业总人数竟高达39310万，其与单位就业人数之间的差异，则可以被看作是非正规就业人数。

即使这个数字，也遗漏了大量稳定在城市就业的农民工。根据计算，在现行统计的城镇就业总数之外，尚有4710万进城农民工未被纳入就业统计。换句话说，如果把稳定在城镇就业的农民工全部包括在城镇就业统计中，2014 年城镇实际就业人数可达 44020 万人。[①]

此外，我们还可以把农民工作为城镇非正规就业者的代表，观察其就业的部门结构。2015 年农民工总数 27747 万人，其中 16884 万人离开本乡镇（大部分进入各级城镇）6 个月及以上，占到全部城镇就业的 38.4%，另有 10863 万人在本乡镇从事非农产业。[②] 同年，农民工在第二产业就业的比重为 55.1%，其中，在制造业（可贸易部门）的比重为 31.1%，在建筑业（非贸易部门）的比重为 21.1%；在第三产业（大部分为非贸易部门）的比重为 44.5%；从事第一产业的仅为 0.4%。与法人单位甚至所有单位就业的结构相比，农民工在建筑业就业的比重更大，也可以说，农民工就业和建筑业就业具有更明显的非正规性质。[③]

在资源配置市场化和经济全球化条件下，中国劳动力的重新配置为高速经济增长提供了充分的劳动力和人力资本供给、

---

① 参见 Cai Fang, Guo Zhenwei, Wang Meiyan, "New Urbanisation as a Driver of China's Growth", in Song Ligang, Ross Garnaut, Cai Fang, and Lauren Johnston (eds.), *China's New Sources of Economic Growth*, *Vol. 1*, Canberra and Beijing: Australian National University Press and Social Sciences Academic Press, 2016；国家统计局：《中国统计年鉴 2015》，中国统计出版社 2015 年版。

② 参见国家统计局《2015 年农民工监测调查报告》，2016 年，国家统计局官方网站：http://www.stats.gov.cn。

③ 农民工的就业结构随后发生了较大的变化，到 2018 年，制造业和建筑业就业比重均降低，服务业就业比重显著提高，占全部城镇就业比重也进一步提高。

较高的资本回报率，以及资源重新配置效率为特征的生产率改进等必要条件，把人口红利兑现为经济增长奇迹。然而，在得出中国是全球化的获益者结论时，主要不应该从其出口产品份额和引进外资规模看，而是要依据城乡居民对改革、开放和发展成果的分享程度进行判断。

五　逆全球化背景下的挑战和策略选择

无论是从政治经济学逻辑，还是从长期的历史观察，我们都可以认识到，西方式的代议制民主制度与经济政策的关系，决定了欧美乃至拉丁美洲国家在长期中呈现出经济政策及全球化政策时左时右的周期变化。很显然，至少在一个不会短的时期内，西方国家的政策牵引力将朝着不利于全球化的方向偏斜。

作为经济全球化逆流对中国的直接冲击，美国从 2018 年 3 月 22 日依据 301 条款开始对中国进口商品提高关税，随后在一年多的时间里，不断升级。特别是不顾多轮高级别磋商谈判，特朗普政府一意孤行，把 2000 亿美元商品的关税提高到 25%。

在出现这种不利的全球化走向的情况下，对于一些国家来说，自扫门前雪的政策可能会大行其道。然而，对于中国来说，出于保持经济发展的目的，既要做到免受逆全球化其累，以如期实现全面建成小康社会乃至实现国家现代化的目标，也不能采取与全球经济脱钩的政策。正确的选择是，利用自身作为世界第二大经济体、第一大货物贸易国、大国中对外依存度最大的国家在世界经济中举足轻重的地位，以及在全球治理中日益提升的话语权，引领今后的全球化并使之有利于广大发展中国家。

第一，认识到全球化的政治经济学逻辑，中国在清晰认识到全球化倒退可能性的同时，应该充分利用自身的政治制度优势，不纠缠于一时一事或一城一地的得失，在政策选择和制定中，在方向上保持战略定力，在时机上保持历史耐心，在力度上保持分寸感，避免与其他主要国家一起盲目地“向左转向右转”。

既然国际贸易也好经济全球化也好，终究都不是零和博弈，因此，在民族主义和民粹主义政治影响下的贸易保护主义和去全球化政策，都会造成全球福利的净损失，并给参与各方带来伤害。面对美国发起并不断升级的贸易摩擦，放弃反制、坐以待毙，固然不是面对对方挑起贸易战的通常做法，更不应当是中国作为发展中大国之所为。换句话说，中国对世界经济和经济全球化的贡献不在于此。中国在维护全球规则和秩序、稳定世界经济方面的作为，都要靠坚持和扩大改革开放。从过去 40 年的经历，中国懂得，改革和开放都会带来真金白银甚至立竿见影的红利，即有助于提高潜在增长率。外部压力不会减弱，反而只会增强我们进一步改革开放的紧迫感。

实际上，任何一个国家都不会在去全球化潮流以及任何相关策略中真正受益，只不过对于不同的国家来说，需要花费不尽相同的时间来认识到这一点。在这个“试错”的时期，合作的机会窗口仍然存在，并且每个参与主体都会按照“梯波特效应”（Tiebout effect）而趋利避害。这一效应是指，通过改善对外合作的宏观政策环境，让善于“用脚投票”的潜在合作者“近者悦、远者来”，从而创造全球化的微观气候。[①] 因此，具有更高的战略眼光，稳住阵脚，善意相待，哪怕是单方面地创造更好的经济合作条件，仍然可以使中国在经济全球化处于低潮时继续从中获益。

第二，利用中国在世界经济中日益提升的地位，积极参与世界经济贸易规则的改革，提高在全球治理中的话语权，按照有利于广大发展中国家特别是新兴经济体分享权益的原则，调整全球化的方向和规则，并抓住全球市场的新机遇。

去全球化的一个具体举措，就是以美国为代表的西方国家，大都对已经参与其中的一体化机制进行反思甚至重新选择，或者酝酿着对已经签署甚至实施的协议进行再谈判，以及对 WTO 规则进行改革。诚然，这类再选择、再谈判和改革旨在把利益向发达国家进一步倾斜，中国、新兴经济体和其他发展中国家也能够从中转危为机，借此机会在全球经济治理中提升自身的话语地位，争取自身的合理权益。

---

① Charles M. Tiebout, “A Pure Theory of Local Expenditures”, *The Journal of Political Economy*, Vol. 64, No. 5, 1956, pp. 416 – 424.

此外，西方国家在政治上和政策上抑制全球化发展的一些做法，固然不排除产生像人们对特朗普的政策进行观察的那样，进一步向资本所有者的利益倾斜，但是，局部或者一定程度出现另一种情形的可能性也是存在的，即作为对工业化国家中等收入和低收入群体呼声不可回避的回应，贸易争端的解决、贸易协定的再谈判和 WTO 改革等新的全球化框架产生抑制跨国企业既得利益，注重普通劳动者和消费者利益的后果，从而或多或少改善其国内收入差距过大从而中低收入家庭消费力不足的问题。

这样，一方面会缓解贸易争端的剧烈程度，另一方面也提供新的需求机会。如果不失时机地抓住与自身比较优势相对应的商机，中国和新兴市场经济体可以获得新的贸易和投资机会。

第三，推动中国经济内外联动，开创对外开放的新格局，制造有利于各国共建共享、互惠互利的经济全球化新成长点（或引爆点）。麦吉利弗雷列举了全球化历史上出现过的 4 个以十年为单位，导致地球显著缩小的标志性事件，作为全球化的引爆点，分别为 1490—1500 年伊比利亚瓜分世界、1880—1890 年不列颠国际制高点、1955—1965 年人造卫星世界，以及 1995—2005 年全球供给链。[①] 他并且预测，下一个引爆点应该是所谓

① Alex MacGillivray, *A Brief History of Globalization*: *The Untold Story of Our Incredible Shrinking Planet*, London: Robinson, pp. 19 - 21.

“热力全球化”（thermo-globalization），即以全球气候变化为焦点，世界范围合作得以广泛开展，激发新一轮全球化高潮。[①]

中国向全世界提出的“一带一路”倡议，借用古老的陆地和海上丝绸之路这一历史符号，旨在发展与沿线国家的经济合作伙伴关系，打造政治互信、经济融合、文化包容的共同体，体现了全球化的本质内涵，着眼于构造崭新的全球治理框架，预期可以成为新一轮全球化的引爆点。

该倡议着眼于中国经济发展的内外联动，在国际范围内以基础设施建设推动实体经济和产能合作，发展投资和贸易关系。世界经济曾经出现过若干次依比较优势动态发生的雁阵式产业转移，中国具有的大国经济特征，决定了雁阵模式首先经历一个从沿海地区到中西部地区的国内版，继而可以通过“一带一路”建设将其推向国际版。[②]

在全球化治理体系尚未根本改变，并且现行格局可能长期存在的条件下，“一带一路”倡议以及配套的亚洲基础设施投资银行等推进方式，可以补充现行全球化格局中忽视新兴经济体和其他发展中国家利益的缺陷。为了使参与各方相信其比西

---

① 我们尚不能判断气候变化合作能否成为新一轮全球化的引爆点，不过，围绕这一全球性议题展开的合作，无疑具有维护和推进全球化的作用。2016 年 9 月 3 日，全国人民代表大会常务委员会在北京批准了有助于形成 2020 年后全球气候治理格局的《巴黎协定》。同一天，中国国家主席习近平即与美国总统奥巴马、联合国秘书长潘基文，在杭州共同举行了批准文书交存仪式。特朗普上台退出该协议后，中国继续引领和推动着该协定。

② 参见 Cai Fang, *Demystifying China's Economy Development*, Beijing, Berlin, Heidelberg: China Social Sciences Press and Springer-Verlag, 2015, Chapter 4。

方主导的全球化更关注各国共同获益，让西方大国相信其作为现行规则的补充而非挑战，需要从战略层面到务实环节，做出预期目标明确、短期收获与长期成果结合、实施环节紧密衔接，从而在执行中不会走样变形的整体机制设计。

第四，做好自己的事情，坚定推进经济体制改革。一方面，40 年改革开放让中国人民充分相信改革开放红利是真金白银，立竿见影。这一点也越来越为决策者了解，如中央政府推进放管服、商事制度改革都显示出对经济增长正面效果的信心。另一方面，刺激性政策效应明显减弱也为决策者所认识到。因此，在贸易摩擦升级预期产生对增长速度冲击的情况下，结构性改革的紧迫感反而增强了。例如，最近各种改革措施的密集部署和积极推动，且改革措施的针对性（提高潜在增长率）也在加强。研究表明，随着 2010 年以后人口红利加快消失，劳动力供给、人力资本改善、资本回报率、劳动力重新配置效率等增长因素都趋于减弱，所以，中国经济减速是供给侧因素造成的潜在增长率下降。政府反复强调不搞大水漫灌刺激，就是懂得不要使实际增长率超过潜在增长率；政府积极推动供给侧结构性改革，则是意图从生产要素供给和生产率提高方面提高潜在增长率。

面对美国的单边主义行为，中国最根本的策略就是以扩大开放，反对和抵制各种形式的保护主义措施。虽然全球化遭遇逆风，世界经济格局和态势仍然于我有利。例如，1990—2017

年期间，美国经济全球占比从 23.9% 下降到 21.6%，同时发展中国家 GDP 占世界比重从 22.0% 提高到 35.3%；美国制造业比重从 15.9% 进一步下降到 11.6%，而中国的这一比重在 2017 年仍然高达 29.3%。可见，中国应有足够的信心以及切实的方案，加强与世界经济的紧密联系，而不是回到“内向”发展或接受“脱钩”。

第五，实践新发展理念，使参与经济全球化最大限度地促进创新发展，并通过共享发展使全体中国人民获益。中国之所以能够在改革开放期间充分利用全球化机遇，在大幅度提升国力的同时使城乡居民明显受益，根本还在于这一时期的赶超型经济增长体现了共享理念。

在世界经济进入新平庸，甚至可能出现去全球化趋势的条件下，中国经济发展也跨越了刘易斯转折点，随着人口红利消失，劳动密集型产业的比较优势明显弱化，进入以增长速度减慢、增长动能转换和增长模式转型为特征的新常态。在这个发展阶段，经济增长必然伴随着微观主体的创新和产业结构的升级，实现从要素投入驱动到全要素生产率的驱动。

在成熟的市场经济国家，通过企业之间的竞争实现优胜劣汰，可以在整体上达到提高全要素生产率的目标。在中国正在进入的发展阶段，劳动力资源重新配置这种大规模的效率改善机会也将减少，生产率提高的源泉越来越依赖于“创造性破坏”。然而，与其他生产要素不同，作为劳动要素载体的人本身，不仅要得到社会政策的保护，而且应该分享生产率提高的成果。美国的教训也表明，如果劳动力市场制度等社会保护机制不健全，普通劳动者在创新中成为“输家”，即使充分参与了经济全球化，国民经济得以发展，企业整体获得了竞争力，也不能被称作共享发展。

因此，从以人为中心的发展思想出发，必须在增强竞争的同时，加大政府实施再分配的力度，坚持社会政策托底，使普通劳动者和中低收入家庭能够跟上创新发展的步伐，成为新一轮全球化的赢家，才能实现全体人民共享的全面小康社会。

六　结语

针对拉丁美洲国家的政治转向，据说智利前总统皮涅拉（Miguel Juan Sebastián Piñera Echenique）说过这样的话：“好的时光国家向左转，糟的时光国家向右转。”显然，向哪个方向转并不是命中注定的。有着投资银行背景的畅销书作家夏尔马以自己的研究对此做出注解：国家政治倾向于遵循这样一个循环往复：危机催生改革—改革带来繁荣—繁荣导致自满—自满扼杀改革，因而造成又一轮危机。①

---

① Ruchir Sharma, “Thanks to Economic Turmoil, Left-wing Latin American Countries Are Turning Right”, *Time*, Vol. 187, No. 23, 2016.

然而，正如狄更斯所说：“这是最好的时刻，这是最糟的时刻”，判断某一历史时刻是好是坏的标准不一，往往仁者见仁智者见智。并且，在偏激的政治情绪支配下，由于缺乏平和心态，缺乏政策执行的平衡性，即使掌权者意欲实行改革也难以实际推进。例如，在欧洲，既然旨在增强劳动力市场灵活性的改革会导致部分工人失去工作，怎么能够设想此项改革得到他们的支持。

归根结底，把拉丁美洲国家与西方国家结合起来观察，受到民意或选票引导的政治上的时左时右、或左或右，叫倒退也好，叫改革也好，其实都在广义上符合关于民粹主义泛滥的定义。关键在于，国家政治或政策是在每一次周而复始中有所进步，还是仅仅重复着西西弗斯（Sisyphus）式的不可能使命？

经济全球化的确是一柄“双刃剑”，需要恰当的理念和有效的机制进行治理。自由贸易也好，经济全球化也好，要推进其顺利发展，从国际角度，需要正确且取得各国共识的义利观予以引导，从国内角度，则需要更具包容性的经济和社会政策予以配合。对于全球化治理以及国内再分配政策这种公共品来说，中国古代哲学强调“国不以利为利，以义为利也”。随着贸易摩擦弊端和损人不利己性质的显现，各国特别是挑起贸易摩擦的国家，应该反思自己的对待全球化的认识，以更加包容的发展理念和国内政策在不可逆转的全球化中实现趋利避害。

无论是从总结成功经验的角度，还是从吸取失败教训的角度，过去几十年的经历皆表明，全球化能否使所有国家以及一国全体居民均等获益，不仅在于充分抓住全球化做大蛋糕的机会，更在于良好治理全球化和善治国家合理分配蛋糕的做法。中国是上一轮经济全球化的参与者，然而却不是规则的制定者。在预期中的新一轮全球化高潮中，中国应该也必将发挥更加重要的引领作用，同时成为推动者和规则制定者。

中国特色社会主义民主制度为应对全球化新趋势奠定了政治保障，改革开放的成功实践也为认识、适应和引领新一轮全球化提供了经验依据。中国不断提升的全球经济地位和治理话语权，不会成为妄自尊大的资本，也不应该成为固步自封的借口，而是形成更强烈的国际责任感、更开阔的全球视野和更高屋建瓴的应对策略的基石，在促进全球化的同时实质推进国内供给侧结构性改革，把提高生产率与加强社会保护有效结合起来，使未来的全球化本身以及中国参与全球化的实践，更加符合包容性和可持续性的要求。

第十三章　全球公共品供给和中国方案

一　引言

这里可以将讨论的话题概括为“金德伯格陷阱”和“伊斯特利悲剧”。作为两位著名的国际发展经济学家，金德伯格并没有设下什么与发展有关的陷阱，伊斯特利也没有制造任何发展悲剧。所谓金德伯格陷阱，是由美国智库学者约瑟夫·奈重提的一个概念，指在曾经具有世界领袖地位的大国衰落之际，由于新兴大国无力或不愿提供必要的国际公共产品，从而造成世界治理的领导力真空这样一种局面。[①]

金德伯格最早提出这个命题，认为正是美国取代了英国

① Joseph S. Nye, Jr. , “The Kindleberger Trap”, Jan. 9, 2017, https://www. project-syndicate. org/.

作为世界霸主的地位，却未能跟进发挥英国提供全球公共品的作用，因而导致20世纪30年代的“灾难的十年”。[①] 吉尔平也赞成这个论断，但是更强调从政治角度或霸主国家利益角度认识问题。[②] 奈针对中国崛起与美国衰落以及由此可能引发的“修昔底德陷阱”焦虑，用金德伯格陷阱来说明，同样需要担忧的是一个无力或不愿意提供充分全球公共品供给的新兴大国——中国。

关于这个当代版的金德伯格陷阱，包括奈本人在内的西方智库学者，说出来的观点和未予明言的潜台词有两个含义。

其一是希望把崛起的中国排斥在作为全球公共品供给者的选项之外。无论是从偏见出发还是从立场出发，他们都认为中国正在或者将改变现存的游戏规则，把全球治理引向与原霸主国家利益不相符合的方向。一般来说，国际政治学家更倾向于持有这样的观点，无论是否说了出来。

其二是担心中国在全球公共品供给问题上成为一个纯粹的免费搭车者。他们认为中国是现有全球治理模式的获益者，担当的责任（无论是以货币衡量还是以其他方面的利益牺牲衡量）与获益程度却极不对称，以致造成全球公共品供给不足的局面。一般来说，经济学家天生易于成为这种观点的持有者。

---

① ［美］查尔斯·P. 金德尔伯格：《1929—1939年世界经济萧条》，上海译文出版社1986年版。

② ［美］罗伯特·吉尔平：《国际关系政治经济学》，经济科学出版社1989年版。

正如修昔底德陷阱提供一个历史镜鉴，提示要创造性地处理大国关系一样，金德伯格陷阱也具有其参考价值。然而，这个概念除去其对世界经济增长的解释与众说纷纭的经济学假说不尽一致之外，尚有其似是而非、语焉不详、充满传统偏见的缺陷。①

首先是关于全球公共品如何界定。国家在一国之内提供的公共品，显然不能与没有全球政府条件下的全球公共品相提并论。霸权国家也好，“稳定者”也好，既然只能是唯一的，并且是利益驱动的，终究不能反映最大多数国家的利益及其诉求，公共品从何谈起。

其次是需要问一问，历史上真有过单一国家有效提供全球公共品的时代吗？实证研究需要科学的方法论，而不能从先入之见出发，主观武断地把这个充其量可以说好坏参半的世界或者归功为公共品到位，或者归咎为公共品缺失。

最后是当代世界的问题究竟何在，什么样的公共品是真正需要的以及如何提供。在新兴市场国家和发展中国家日益成为全球经济增长的主要贡献者的情况下，传统的全球治理模式日显捉襟见肘，意味着公共品的供给脱离了需求，对传统的全球公共品供给模式进行改革，已经成为现实而迫切的课题。

---

① 金德伯格对于1929年大萧条的解释，只是经济学界众多假说中的一种。虽然我们不应该以是否符合主流观点判断其正确与否，然而，把一个重要到具有战略意义的概念（金德伯格陷阱）建立在该假说的正确性上面，基础是十分不牢靠的。

习近平主席在世界经济论坛2017年年会开幕式上的主旨演讲中，指出世界经济领域存在的突出矛盾分别是：（1）全球增长动能不足，难以支撑世界经济持续稳定增长；（2）全球经济治理滞后，难以适应世界经济新变化；（3）全球发展失衡，难以满足人们对美好生活的期待。[①] 如果说，在当今世界经济面临的这三个问题中，前两个问题即增长问题和治理问题，分别是后金融危机时期世界经济格局变化带来的新挑战的话，最后这个问题即发展或贫困问题，则是全球治理中最为古老的问题，拥有足够长期的历史，可以作为一个缩影，帮助我们认识既往全球公共品供给模式的缺陷所在，以及提示我们应该期待怎样的变革。

而且，这第三个问题因涉及发展的目的这一根本理念问题，也与前两个问题紧密相关。由此，我们先来提出一个对于金德伯格陷阱的替代概念——“伊斯特利悲剧”。在其著作中，世界银行前经济学家伊斯特利谈到世界上的穷人面临着两大悲剧。第一个悲剧尽人皆知，即全球有数亿人处于极度贫困，亟待获得发展援助。而很多人避而不谈的第二个悲剧是，几十年中发达国家投入了数以万亿美元计算的援助，却收效甚微。[②]

① 习近平：《共担时代责任 共促全球发展——在世界经济论坛2017年年会开幕式上的主旨演讲》，《人民日报》2017年1月18日。

② ［美］威廉·伊斯特利：《白人的负担——为什么西方的援助收效甚微》，中信出版社2008年版。

从更一般的意义上看，经济增长、经济全球化和技术进步，无疑都被认为具有促进发展的“做大蛋糕”效应。然而，由此导致的发展却没有产生预期的涓流效应，做大的蛋糕如何在国家间和一国内均等分享，总体而言，在国际和国家层面都远远没有破题。

由于正是伊斯特利这个传统全球治理机构的反叛者，敢于像小孩子一样指出国王其实没有穿衣服，所以我们把全球公共品供给传统模式下世界性贫困的普遍而顽固的存在，作为比“金德伯格陷阱”更具有针对性的全球治理议题，并称之为“伊斯特利悲剧”。

习近平主席的演讲中引用了国际红十字会创始人杜楠的一句话——“真正的敌人不是我们的邻国，而是饥饿、贫穷、无知、迷信和偏见。”[①] 可见，穷人的贫困与治理模式的贫困是同时存在的，只不过后者表现为“无知、迷信和偏见”。因此，从“陷阱”命题转向“悲剧”命题，可以帮助我们更好地回答世界经济面临的挑战，认识传统全球治理模式特别是全球公共品供给模式的缺陷，从而找准世界经济面临问题的原因和有效解决的出路。

中国40年的改革开放发展分享，提供了一个同时“做大

① 习近平：《共担时代责任 共促全球发展——在世界经济论坛2017年年会开幕式上的主旨演讲》，《人民日报》2017年1月18日。

蛋糕”和“分好蛋糕”的成功经验。在1978—2017年期间，中国GDP总量实际增长了34倍，由劳动生产率17倍提高所支撑。人均GDP实际提高了23倍，城乡居民实际可支配收入提高近23倍，不仅总体上实现了两者之间的同步，而且表明在人类发展史上，只有改革开放时期的中国，第一次在最短的时间里，实现了史无前例的人民生活质量改善。

孔子曰：四十不惑。从全球视野观察和分析中国改革开放发展分享的历程，把中国经验和中国故事提升为理论层面的中国智慧，揭示中国方案的全球意义，可以作为对于“金德伯格陷阱”和“伊斯特利悲剧”的正面回答。本章拟在这个目标下做一次初步并且可能是粗浅的尝试。

二　什么样的全球公共品？

关于全球公共品的需求以及单一霸权国家作为提供者这个话题，只有在以下条件下才是有意义的。第一是全球化的形成。虽然全球化出现的时间可以无限追溯，但是，一般认为至少是在15世纪到17世纪，以欧洲人的船队普遍出现在世界海域为特征的地理大发现时代，全球化才成为现象级的事物。第二是工业革命的发生。自古以来许多民族都有过扩张甚至开辟殖民地的行为，只有在生产力取得实质提高的时代，普遍性的海外探险、开发以及拓展殖民统治才具有了全球性质。第三是某一单个国家能够在诸如经济总量和军事力量硬实力方面，以及文化影响和话语权等软实力方面，具有唯一或统治性的世界影响力。当然，这种影响力又是与具有霸主国家地位彼此促进和相互强化的。

所以，经济总量、人均收入、地域规模显然都还不足以构成一个国家是否成为霸主国家或者丧失该地位的唯一标准。如直到 1820 年，中国 GDP 总量仍占世界 1/3，清帝国也处于中国历史上疆域最广阔的时候。但是，从生产力发展、人均收入以及开放水平衡量，中国显然离霸主国家地位相距甚远，而且自那之后愈行愈远。

此外，奥斯曼帝国在地理上横跨了亚洲、欧洲和非洲三块大陆，军事上具有挑战西欧国家的实力，文化上在伊斯兰世界和基督教世界皆具影响力。但是，从其经济规模和人均收入水平看，1820 年土耳其的 GDP 不到世界的 1%，人均 GDP 也低于世界平均水平，不仅不具备充当霸主的资格，甚至算得上是世界经济中的落伍者。

从作为工业革命的故乡、在世界上进行殖民统治的范围、GDP 总量和人均水平等条件（图 13—1），特别是结合其在世界经济政治中实际发挥的作用综合来看，英国至少在 19 世纪中期以后就获得了唯一的世界霸主国家地位。

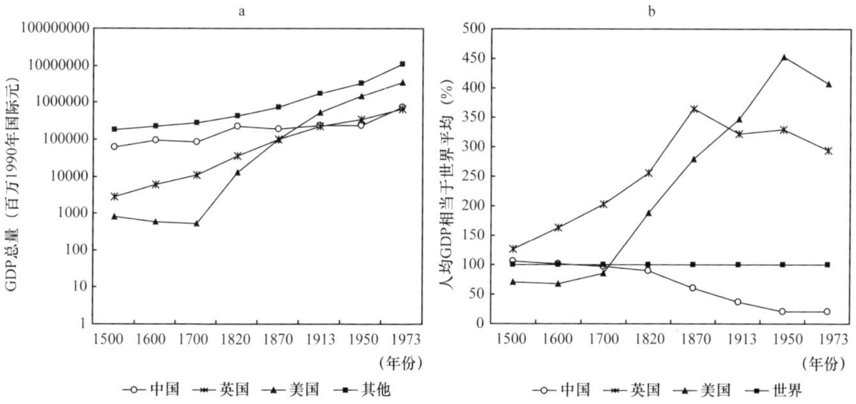

图 13—1　经济总量与人均收入的国际比较

注：图 13—1—a 纵坐标采用的是对数格式。另外请注意横坐标代表的年份区间不是等距的。

资料来源：安格斯·麦迪森：《世界经济千年统计》，北京大学出版社 2009 年版，第 266—267、270—271 页。

虽然麦迪森的数据显示，美国已经于 1870 年之后在经济总量上超过英国（图 13—1—a），但是，如果人均 GDP 可以粗略地表示国家富裕程度、创新能力和生产率水平的话，将其考虑在内并结合历史事实进行事后判断，美国具备能力取代英国成为唯一霸主国家的时间，应该迟至 20 世纪初（图 13—1—b）。与此同时，英国的霸主地位却仍然保持到至少第一次世界大战结束时。

金德伯格把国际公共品主要界定在以下方面，即维护和平、维护开放的贸易体系，以及形成国际宏观经济管理机构和机制。他仅仅在后两个方面展开了论述。如为了维护开放的贸易体系，他举出了诸如公海航行自由、清晰界定产权、国际货币和固定汇率等公共品需求。在国际宏观经济政策方面，他综述了经济学家和国际政治学家的讨论，如在超国家层面形成类似于交通规则一样的制度体系，包括具有充分共识的原则、准则和决策程序等。对于维护和平这种国际公共品，他并没有展开。[①]

金德伯格作为经济学家，无论是为了突出主题还是有意扬长避短，强调一些问题而忽略另一些问题，或许都情有可原。然而，对于诸如国际范围贫困问题及其治理只字未提，却是一个难以想象的遗漏。很显然，金德伯格的视角受到了冷战时代的局限，并且把发展中国家排除在讨论范围之外了。

这提示我们，应该真正基于包括世界所有地区的全球视角，认识所谓的全球公共品供给问题。由此出发，笔者在随后的行文中将按照金德伯格的关注程度，即略微提及的（和平问题）和充分关注的（宏观经济政策问题），分别对国际公共品供给问题进行讨论。我们将极其简略地回顾一下世界历史，看一看英国和美国分别提供了什么样的世界性公共品，是以何种方式提供的，对全球治理产生了怎样的效果。至于被金德伯格完全忽略的贫困问题，我们将在下一节专门进行讨论。

如果不是仅仅站在西方国家的立场，应该看到，无论是通过殖民统治还是充当“世界宪兵”，英美的霸权地位并未使其

---

① Charles P. Kindleberger, "International Public Goods without International Government", *The American Economic Review*, Vol. 76, No. 1, March, 1986, pp. 1 – 13.

真正履行“和平守护者”的职能。自从欧洲反法联军在滑铁卢大败法国，拿破仑被终身流放圣赫勒拿岛之后，英国以其强大的海上军事力量、不断扩张的殖民地以及新技术转化为生产力的能力，逐渐取得世界霸主国家的地位。

但是，如果说英国的牵头作用和震慑力量真的有利于和平的话，充其量可以说，与此前相比欧洲内部的战争和冲突减少了。与此同时，包括英国在内的欧洲国家发动了更多的以企图统治亚洲、美洲和非洲为目的的战争。根据学者归纳，在1789—1917年期间爆发的较大规模战争中，有大约2/3发生在欧洲之外，其中包括争取民族独立的战争。[①] 这方面最为人们熟知的如英国于1840年和1858年对中国发动的两次鸦片战争，以及1857年镇压印度民族大起义的战争。

关于欧洲的战争或者从欧洲发起的两次世界大战，尽管历史学家可以并且事实上的确做出过多种反向事实假设（counter-factuals）[②]，无论从这类分析得出的替代性后果如何，英国和美国的霸权地位以及提供维护和平的公共品的方式，都足以否定战争可以从根本上被避免的假设。

例如，第一次世界大战恰是在列强之间外争亚非殖民地，

① ［英］尼尔·弗格森：《世界战争与西方的衰落》，广东人民出版社2015年版，第114—115页。

② ［英］安德鲁·罗伯茨：《希特勒统治下的英国——假如希特勒在1940年入侵英国会怎样?》，载［英］尼尔·弗格森主编《虚拟的历史》，中信出版社2012年版。

内夺欧洲小国领土，以秘密协定和盟约进行外交斡旋不奏效的情况下爆发的典型的帝国主义战争。而第二次世界大战之前英国奉行的绥靖政策，固然与其第一次世界大战后国际政治经济和军事实力的江河日下不无相关，但更是视共产主义为头号威胁、抑制苏联崛起的强烈意图下的必然选择。所以说，无论就国际政治学家所期待的维护和平的国际公共品实质和提供方式而言，还是就此类公共品潜在的提供者实际扮演的助纣为虐角色而言，都不能证明存在着什么“金德伯格陷阱”。

至于第二次世界大战后迄今为止的世界秩序，的确受到了美国独一无二的霸主地位的主导，然而毋庸置疑的是，无论是战争还是和平，虽然常常以联合国的名义，终究只是体现美国及其盟友的意识形态和国家利益。总体而言，美国在这方面提供的国际公共品，是以长期冷战的方式“维护”世界和平，而事实上，美国发起成立北大西洋公约组织，也就从动机上激发了华沙公约组织的成立。背后支撑这一格局的，必然是军备竞争、核武器开发和外空竞赛，同时也外在地表现为各种局部战争频仍，终究是生灵涂炭。

冷战时期最著名、规模最大的两场实战——朝鲜战争和越南战争，分别耗时3年和近20年，由于着眼于其在两大阵营间争夺势力范围的性质，美国不仅未予制止，反而成为主要的交战方，甚至还怂恿作为第二次世界大战战败国的日本和德国违背其宪法向海外派兵。这两场战争在人的生命、经济民生、国际关系等方面付出巨大代价，何谈国际公共品。

至于无论是出于石油动机还是以反恐为名，由美国直接发动的海湾战争、阿富汗战争、伊拉克战争等，均可定义为负公共品（public bads）。正如伊斯特利所说：“新军事干涉与冷战时期的军事干涉大致相同。新帝国主义者与旧时代殖民者的幻想也别无二致。”[①]

例如，美国以反恐为由发动的阿富汗战争，自2001年至今（2019年）已经持续18个年头，既打不赢也剪不断。其间经历过美国前总统奥巴马宣布战争结束到暂缓撤军，及至新任美国总统特朗普任职前的激烈批评，到任职后决定的深度介入和重新部署，既说明了传统霸权观念不可能自动消失，也证明其不可能达到任何维护和平的效果。

好莱坞影片《战争机器》中的一段画外音，最形象地揭示了美国面临的这个矛盾境地：啊，美国。你是召之即来的主心骨，你是为世界带来安宁与善意的使者……当你在打一场不可能取胜的战争时，你该怎么做？当然，你撤掉那个打不赢的家伙，让另一个家伙重装上阵。在2009年，那场战争就是阿富汗，而那另一个家伙……名叫格林。[②]

---

① ［美］威廉·伊斯特利：《白人的负担——为什么西方的援助收效甚微》，中信出版社2008年版，第8页。

② 影片中的格林·麦克马洪四星上将，以美国前任驻阿富汗美军最高指挥官斯坦利·麦克里斯特尔（Stanley A. McChrystal）为原型。该角色和原型皆因批评美国总统，在担任该职务仅一年后被要求辞职。

这种服务于霸主国家防务利益的外交政策和国际战略，同样决定了英美两国在维护世界宏观经济稳定方面公共品的供给及其方式。[1] 的确，在扩大海外贸易和倡导经济自由主义（英国）和以跨国公司的方式实施经济扩张（美国）的过程中，英美两国不遗余力地主导建立了一系列旨在维护宏观经济稳定的全球治理机制，如英国推动建立了金本位制和固定汇率制，美国主导建立和运行了布雷顿森林体系，行使了美元霸权。

这些机制在促进两霸国家利益的同时，也在一定程度上起到了稳定世界经济秩序的作用。然而，这些事实并不支持金德伯格陷阱假说。

首先，以往的单一霸主国家主导全球公共品供给的模式，并未能有效维护世界经济及各国经济的稳定。例如，对于反复发生的国家和世界性经济危机究竟根源何在，如何治理甚至根除，迄今并未有公认的理论和成功的经验，更谈不上存在任何关于单一国家的全球公共品供给可以予以防范的共识。

根据经济作家拉斯·特维德的总结，自 1557 年哈布斯堡王朝几个国家发生第一次危机以来，到 2001 年共有可称为大规模的经济危机约 445 次。[2] 从发生的时间分布看（图 13—2），自 1716 年约翰·劳借助奥尔良大公把纸币概念在法国付诸实践后，

---

① 参见［美］罗伯特·吉尔平《国际关系政治经济学》“前言”，经济科学出版社 1989 年版。

② ［挪威］拉斯·特维德：《逃不开的经济周期》，中信出版社 2008 年版，第 293 页。

经济危机即成为常态，发生频率越来越密集，而并不存在与霸主国家在全球提供多少公共品或怎样提供之间的联系。

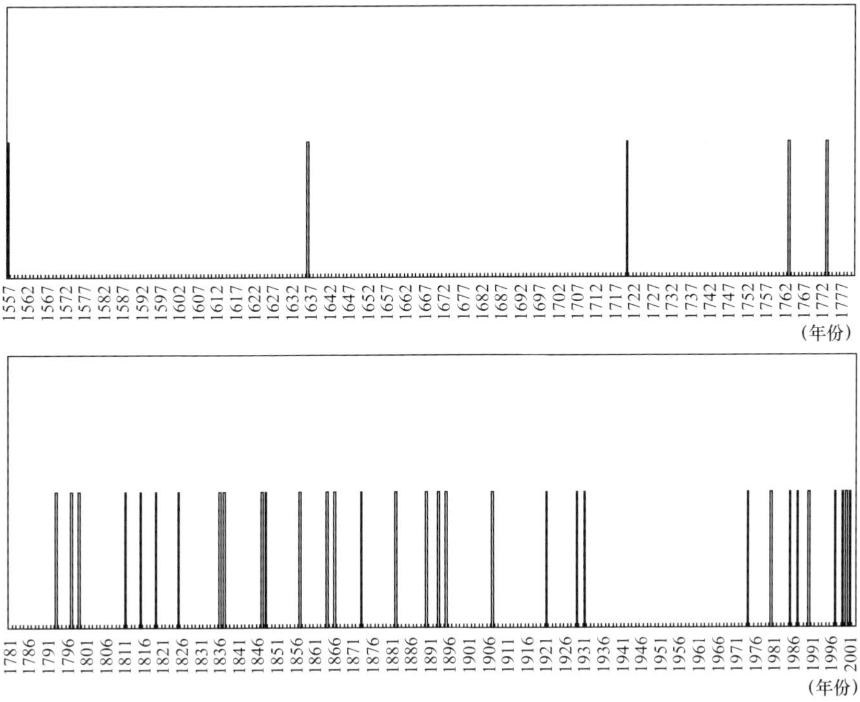

图 13—2　历史上大规模金融危机发生频率

资料来源：［挪威］拉斯·特维德：《逃不开的经济周期》，中信出版社 2008 年版，第 293 页。

不仅如此，图中未予显示的 2007 年至 2009 年的国际金融危机，恰恰滥觞于全球公共品供给者：无论是从直接起源（次贷危机）来看，还是就其更深层的国内经济社会矛盾（民粹主义经济政策）来说，美国皆难辞其咎。[①]

① 参见［印］拉古拉迈·拉詹《断层线——全球经济潜在的危机》，中信出版社 2011 年版。

其次，堪称美国主导的全球经济公共品——布雷顿森林体系（世界贸易组织、国际货币基金组织和世界银行），就其战略理念和运转模式来说，本身就是许多国家的决策者和学者所诟病的对象。

诺贝尔经济学奖获得者斯蒂格利茨曾任世界银行首席经济学家，他把这些机构称作“全球化机构”，对之进行了深刻的批判。一方面，它们没有给所有国家和所有人带来所承诺的利益，如帮助穷人摆脱贫困，促进发展中国家实现增长，推动苏联模式国家建立有效的市场机制。另一方面，这些机构实施的公共品供给，本质上使用的是各国纳税人的钱，由部长们和央行行长们，在少数发达国家甚至单一霸主国家的主导下进行决策，输出的是未必适用于广大发展中国家和转型国家的自由主义经济模式和政策。[①] 这一批评观点曾几何时还被看作颇为离经叛道，而在当今的世界政治经济环境下，得到了越来越广泛的认同。

再次，如果说经济史上确曾有过霸主国家（就其经济体量和影响力而言）在全球治理话语权上一国独大的时期，如今这已不再是事实。换句话说，单一国家以一己之力提供全球公共品的时代已经一去不复返了。

例如，无论霸主国家在布雷顿森林体系的形成过程中主导

---

① 参见［美］约瑟夫·斯蒂格利茨《全球化及其不满》，机械工业出版社 2004 年版。

作用多么大，以及在很长时间里有多么强势，目前，诸如国际货币基金组织、世界银行和世界贸易组织等机构本身的治理方式，以及联合国安理会及各类联合国组织，皆在完善治理结构和管理体制，逐渐加大新兴经济体的话语权，摆脱美国政府的干预和干扰。甚至，以1999年在西雅图爆发的抗议世界贸易组织大会事件为标志，国际上各种非政府组织也开始影响全球公共品的供给。

此外，彼此之间具有竞争关系的国际机构和机制大量形成，作用不断扩大，如经济合作与发展组织、欧洲联盟、二十国集团、东南亚国家联盟、金砖国家合作机制、区域性开发银行，以及无数区域性协定和机制，都在提供着全球公共品，自然也极大地分散了单一国家的权力。

最后，客观上，一个国家在世界经济总量中占据绝对优势地位的格局已经发生变化，今后也很难再现。我们来看世界经济总量的国家构成是如何变化的。世界银行主要根据总和生育率和劳动年龄人口增长情况，把各国分别归入不同的组别。根据各自可供利用的人口红利潜力，我们可以较为确定地预期各组国家未来的经济增长趋势。[①]

---

① The World Bank Group and the International Monetary Fund, "Global Monitoring Report 2015/2016: Development Goals in an Era of Demographic Change", International Bank for Reconstruction and Development / The World Bank, 1818 H Street NW, Washington, D. C., 20433, 2016.

在图 13—3 中，我们展示了美国、中国、不包括美国的后人口红利国家、不包括中国的晚期人口红利国家、早期人口红利阶段国家和（主要是处在前人口红利阶段的）其他国家的 GDP 规模，以及其在世界经济总量中的地位和变化趋势。从中可见，美国占世界经济总量的比重虽然高居榜首，且远远高于任何其他国家，但是，自 1960 年以来处于持续下降的趋势，从 27.5% 降到了 2016 年的 21.8%。而且，随着人口红利的消失，中国的潜在增长率也将逐渐下降。[①] 未来世界经济总量构成将越来越多极化。

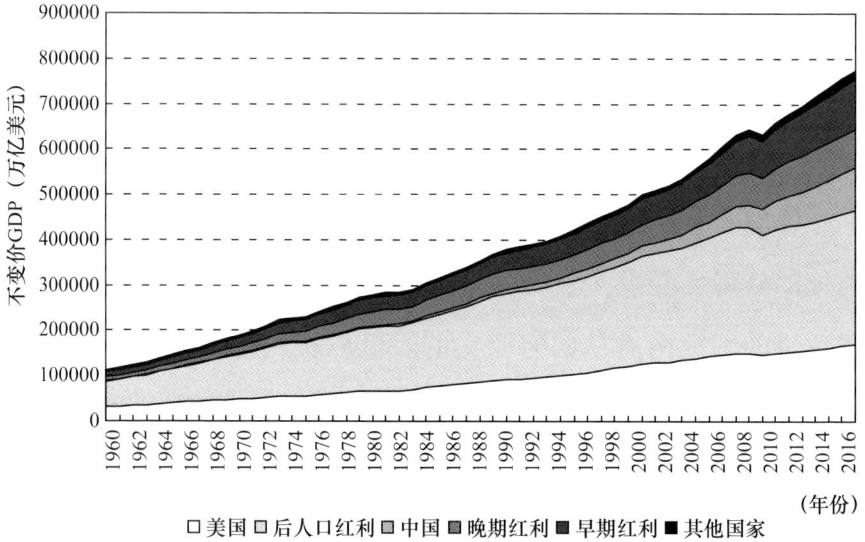

图 13—3 世界经济总量的分布及趋势

资料来源：世界银行数据库：http://data.worldbank.org.cn/。

---

① 参见 Cai Fang and Lu Yang, "The End of China's Demographic Dividend: The Perspective of Potential GDP Growth", in Garnaut, Ross, Cai Fang, and Song Ligang (eds.), *China: A New Model for Growth and Development*, Australian National University E Press, 2013, pp. 55 - 73。

三 国家的贫困与治理模式的贫困

虽然战争、冲突、恐怖主义、经济不稳定与不发达及贫困问题互为因果，但是，越来越无可争辩的事实表明，在一般列举的国际公共品的主要领域中，贫困问题具有比和平和宏观经济更为深层的性质。有些学者尝试把恐怖活动的发生情景与诸如人均收入、增长表现、人口特征、不均等状况、全球化参与程度、经济自由化程度、社会发展和国际援助等因素进行回归分析，拒绝了经济不发达（或贫困）状况导致恐怖活动的假说。[①]

其实，恐怖主义活动和冲突与贫困之间的关系，是一个具有历史深度和宏观广度的大命题，而不是可以在微观分析的层面，通过回归一些变量之间的统计关系就能作出定论的。就连深陷这种困境之中的美国前总统们也不得不承认："极度贫穷的社会为疾病、恐怖主义和冲突提供最理想的温床。"[②] 即便不是从作为直接诱因而是提供"温床"的角度，我们也应该认识到，治理全球贫困是比维护和平和国际宏观经济治理更紧迫和

---

① Martin Gassebner and Simon Luechinger, Lock, Stock, and Barrel, " A Comprehensive Assessment of the Determinants of Terror", *Public Choice*, Vol. 149, 2011, pp. 235 – 261.

② 此为奥巴马语（其前任小布什也说过类似的话）。引自"The Economist, Economic Focus: Exploding Misconceptions", *The Economist*, December 18, 2010, p. 130。

更根本的国际公共品。

需要开宗明义的是，在英国成为世界霸主之前，确切地说在工业革命发生之前，包括英国和欧洲在内的整个世界皆处于马尔萨斯陷阱之中，无论何时无论何地，贫困无所不在。而正是工业革命，使英国和欧洲大陆以及随后的新大陆等地区得到迅猛发展，与此同时出现了著名的“大分流”，广大发展中国家陷入了新的贫困恶性循环。

所以，至今杜之不绝的亚非拉地区的持续贫困，当年正是与英国成为世界霸主、在世界范围扩充殖民地的历史源自同一家铸币厂，是“一枚硬币的两面”。换句话说，当年英国对殖民地国家乃至其他贫困国家负有责任，其援助出发点和实施手段，也必然与其殖民统治是相容相兼的，因为对统治者来说，受援助的对象“半是魔鬼，半是孩童”①。

如果说英国主导的国际公共品供给，就其模式和减贫效果来说乏善可陈的话，20 世纪中期以来美国主导的、很长时间里是在冷战格局下实施的国际公共品供给，的确给予了发展中国家的贫困问题更高的优先序。然而，无论是作为冷战思想指南的杜鲁门主义，还是与之异曲同工的麦克纳马拉“铸剑为犁”之举——从国防部长转任世界银行行长，终究不能在减少贫困

---

①　这是殖民时代英国诗人吉卜林《白人的负担》中的句子。参见 Rudyard Kipling，“The White Man's Burden（1899）”，Fordham University official website，http：//sourcebooks. fordham. edu/halsall/mod/kipling. asp。

上面真正有所作为。[①]

伊斯特利认为，之所以产生在减少全球贫困方面的失败悲剧，是由于西方采取的具有悠久传统的错误援助方法。后文中，我们列举若干普遍观察到的这类方法及其错误。

第一，不顾援助对象的现实国情，一厢情愿地推行由陌生人——西方专家们炮制出来的减贫计划。这里之所以强调国情这个概念，并非只是质疑这种援助是否为特定国家所真正需要，更是旨在指出，这些国家的现实决定了这样的大计划很少能够真正落地，援助者把穷人需要的东西真正送到其手中的意图常常落空。

然而，这种做法至今仍然大行其道。例如，伊斯特利批评的对象，就包括美国著名经济学家、联合国千年项目等国际反贫困项目的负责人萨克斯教授。后者在《贫穷的终结》一书中，仍然沿用并扩展了传统发展经济学的“贫困陷阱”（亦称“贫困的恶性循环”）假说，试图为穷国制订实施一个无所不包的一揽子大计划，而不顾这种全方位计划是否符合特定受援国家的具体国情。[②]

---

① 事实上，如今美国仍然以反恐之名进行战争，保持巨额军费开支。正如萨克斯指出的那样，忽视极端贫困地区的不稳定，任由其成为动乱、暴力甚至全球恐怖主义的天堂，其军费开支终究不能买来和平。［美］杰弗里·萨克斯：《贫穷的终结——我们时代的经济可能》，上海人民出版社 2007 年版，第 6 页。

② 参见［美］杰弗里·萨克斯《贫穷的终结——我们时代的经济可能》，上海人民出版社 2007 年版。

这种被伊斯特利称为“大推动”的计划，不禁让人联想到萨克斯教授曾经在拉丁美洲、俄罗斯和中东欧等国推行过的“大爆炸”式的改革方案，亦称“休克疗法”。受身为儿科医生的妻子的启发，萨克斯比较喜欢借用医学的术语甚至方法论，去解决经济转轨和贫困问题。例如，他在领导反贫困项目中创造了所谓“临床经济学”（Clinical Economics），并依此开出了治愈全球贫困顽疾的处方。

然而，消除贫困终究不是医学意义上的救死扶伤，不能过分依靠甚至经验证明主要不能依靠“医生”。况且，即便我们一定要借助医学道理来说明贫困问题的话，无论是否华佗再世，疗效最终也要取决于病人自身机体做出反应和进行调适。事实是，萨克斯信誓旦旦宣称的“我们这一代人能够消除极端贫困”预言，以及他主持的最引人瞩目也是最烧钱的非洲示范项目，皆未被证明是卓有成效的，反而引起极为广泛的质疑和批评。[①]

第二，或许是在认识到援助不能代替受援国进入发展轨道的努力，而特别是在看到了穷国存在着与援助者期望不相符的体制机制障碍的条件，国际货币基金组织等机构转而推行所谓的结构性改革。典型的做法是对于受援国家的扶贫贷款和救助

① Paul Starobin, “Does It Take a Village?”, *Foreign Policy*, No. 201, July/August 2013, pp. 92 – 97.

性贷款附加条件，要求借贷国家实施由银行经济学家设计的一揽子政策，即结构性调整项目。于是，扶贫的目标及其项目实施，便与引导受援国家经济走上以“华盛顿共识”为圭臬的新自由主义道路合二为一。

这种做法在几十年实践中广受诟病。结果往往是侵害国家经济主权，造成严重债务问题；推行私有化导致国有资产和资源流入个人手中，公共目标被私利所取代；实施财政紧缩往往以教育、公共卫生等社会保护项目为代价。事实表明，这种结构性调整恰恰是发展中国家贫困不断滋生的原因。

第三，与实施大规模援助还是强加于人的结构性调整这个旷日持久的循环往复一样，对于援助项目究竟是应该由援助者控制，还是由本国政府或精英控制这样的问题，实践中也是纠缠不休，认识上反反复复。[①] 而无论是援助国和国际组织还是非政府慈善组织，似乎都忘记了可持续发展是消除贫困的根本途径，而发展的主体是包括工人、农民和企业家在内的本国人民。后者摆脱贫困、走上发展轨道的热切希望、强烈动机和创造精神，在援助计划和项目中被严重忽略。从根本上说，吉卜林式殖民主义者的傲慢依然在支配着此类行动。

把贫困作为一个整体概念时，我们的确可以像萨克斯教授

① “The Economist, Foreign Aid: Fading Faith in Good Works”, *The Economist*, July 1st, 2017, pp. 50 – 52.

一样，归纳若干具有共识的关于贫困的诱因，如各种制度弊端抑制经营自主权和劳动积极性，妨碍生产要素特别是人力资本和物质资本的积累与配置。又如不利的资源和生态条件或地理位置，以及衰弱的政府治理能力等等。

然而，正如托尔斯泰所说：不幸的家庭各有各的不幸。对于国家、区域、社区、家庭和个人来说，贫困永远是具体的和个案的，由独特的诸种因素或其组合所造成。因此，不能期望在万里之外的制度和文化环境中成就出来的专家、项目官员和慈善活动者能够识别、理解从而解决特殊问题。越俎代庖谈不上是公共品，指手画脚则容易成为霸权行径。

真正知道自己需要什么的，是千千万万实际处于贫困中的本国人民。任何发展战略或援助项目，只有得到他们的认同，凭借他们的参与，才可能转化为行动并预期成功。外来者充其量可以针对特定需求提供可替代的、却绝非强加于人的选项作为参考，最终效果必须通过立足本土的诱致性制度变迁和发展绩效予以检验。

总而言之，在旨在消除全球贫困的国际行动中，始终沿袭的传统理念和方案，是坚信用一把（在发达国家打造的）万能钥匙可以打开（贫穷国家的）千万把锁。正是这种方法论上的根本性错误，导致伊斯特利悲剧在几十年上百年中持续上演。

根据世界银行数据，2013 年被定义为中等收入和低收入国家的人口占全球人口的比重高达83.6%。以2011年不变国际美元计算，全世界每人每天收入不足1.9美元的人口，几乎全部生活在这些国家，占全球人口的10.67%。虽然全球贫困发生率在1981年的41.91%基础上已经显著改善，但是，在占全世界人口8.4%、绝对人数超过6亿人的低收入国家，贫困发生率仍然高达46.17%。正如习近平主席指出，对全球很多家庭而言，拥有温暖住房、充足食物、稳定工作还是一种奢望。这是当今世界面临的最大挑战，也是一些国家社会动荡的重要原因。①

四　从中国故事到中国方案

根据世界银行等机构按照购买力平价进行的统计，早在2014年中国的GDP总量已经超过美国，成为全球第一大经济体。虽然购买力平价的统计方法有待商榷，按照汇率计算，中国经济超过美国也指日可待。2018年中国GDP总量为13.6万亿美元，占世界经济总量的15.9%，美国经济总量为20.5万亿美元，占世界经济的23.9%。由于美国总体上处于稳态增长状况，可以假设其未来增长率在2%—3%。而中国处在经济增

① 习近平：《共担时代责任 共促全球发展——在世界经济论坛2017年年会开幕式上的主旨演讲》，《人民日报》2017年1月18日。

长的新常态，潜在增长能力将处于长期下降的趋势中，但仍然显著高于世界平均水平。[①]

根据两种假设来预测 GDP 的潜在增长率，预计中国经济在 2030 年前后超过美国，占世界经济比重超过 23%。从人均 GDP 来看，虽然预期在 2022 年前后跨越中等偏上收入国家到高收入国家的划分门槛，但是，中国达到高收入国家的平均收入水平，至少也要到 21 世纪 40 年代中期，赶上美国的水平尚难以确定时间表。

无论如何，中国经济总量自 2010 年以来稳居全球第二位，占世界经济的比重从 1978 年的 1.7% 提高到 2018 年的 15.9%，人均收入相当于世界平均水平比率从 10.4% 提高到 86.5%。中国绝非国际政治学中讨论的那种单一霸主国家，今后也不准备谋求这个地位，然而，中国愿意对全球公共品供给做出更大的贡献。

早在 1979 年，中国改革开放总设计师邓小平在向来访的日本客人解释小康社会时就指出：有了这个（经济）总量，就可以做一点我们想做的事情了，也可以对人类作出比较多一点的贡献。[②] 在编入《邓小平文选》第二卷时，这句话被正式表

---

① Cai Fang and Lu Yang, "Take-off, Persistence, and Sustainability: Demographic Factor of the Chinese Growth", *Asia & the Pacific Policy Studies*, Vol. 3, No. 2, 2016, pp. 203 - 225.

② 董振瑞、益蕾：《回忆 70 年代末邓小平访问日本和会见大平正芳——王效贤访谈录》，《党的文献》2007 年第 2 期。

述为："到了那个时候，我们有可能对第三世界的贫穷国家提供更多一点的帮助。"[①]

习近平主席多次在国际场合强调：中国人民崇尚"己所不欲，勿施于人"。中国不认同"国强必霸论"，中国人的血脉中没有称王称霸、穷兵黩武的基因。[②] 他同时也指出，中国要努力为人类和平与发展事业做出更大贡献。在帮助亚洲和非洲等地区的发展中国家加快发展，以及为世界应对各种人类挑战的努力中，中国并不是把自己的发展道路定为一尊，更不会把自己的发展道路强加于人。而是立足于找准世界经济和发展中国家面临问题的根源，将自身发展机遇同世界各国分享。

中国改革开放促进发展和分享，并在区域发展中得以复制的成功经验，以及进一步的发展，就是中国为世界发展提供的公共品，并且通过"一带一路"建设、加强与非洲国家的经济合作等，使各国特别是广大发展中国家搭上中国发展的便车。

在过去的40年里，中国在激励机制、企业治理结构、价格形成机制、资源配置模式、对外开放体制和宏观政策环境等众多领域推进改革，逐渐拆除了计划经济时期阻碍生产要素积累和配置的体制障碍。物质资本、人力资本和劳动力等传统生

---

① 《邓小平文选》第二卷，人民出版社1994年版。

② 习近平：《弘扬和平共处五项原则　建设合作共赢美好世界——在和平共处五项原则发表60周年纪念大会上的讲话》，人民出版社2014年版。

产要素得到更迅速的积累和更有效率的配置。

这就意味着，改革推动的高速经济增长，不仅有要素投入的驱动，也伴随着生产率的大幅度提升。一些海外学者之所以屡试屡败却坚持唱衰中国经济，一个重要的原因，就是他们无视中国经济增长中生产率提高的作用。[①] 而包括国际货币基金组织在内的许多研究表明，中国经济增长在很大的程度上是由劳动生产率的提高所支撑。[②] 前面的章节已经显示了充分的经验证据，表明中国这一时期实现的高速增长，不仅在于选择了适合自身国情的改革开放方式，也在于符合一般发展规律。而突出的表现——就业的扩大，则意味着广大城乡居民得以亲身参与改革开放和发展过程，并均等地分享了取得的成果。

中国故事既是全国性的又是地区性的。由于历史形成的区域发展差距，改革开放进程也具有区域上的梯度性，在一定时期也产生经济发展在东部、中部和西部地区之间的差别。解决的方式是把早期在经济特区，随后在更广泛的沿海地区形成的改革开放促进发展和分享的经验，创造性地复制于中西部地区

---

① 扬曾经直言不讳地指出：只需运用一点小小的技巧，即可把中国发展经验化神奇为腐朽。出于这种先入之见，他否认中国经济增长中生产率的实质性提高和贡献。参见 Alwyn Young, "Gold into the Base Metals: Productivity Growth in the People's Republic of China during the Reform Period", *Journal of Political Economy*, Vol. 111, No. 6, 2003, pp. 1220 – 1261; Paul Krugman, "Hitting China's Wall", *New York Times*, July 18, 2013。

② International Monetary Fund, "Asia Rising: Patterns of Economic Development and Growth", Chapter 3 of *World Economic Outlook*, September, 2006, pp. 1 – 30; Xiaodong Zhu, "Understanding China's Growth: Past, Present, and Future", *Journal of Economic Perspectives*, Vol. 26, No. 4, 2012, pp. 103 – 124.

的发展。即在把改革开放逐步深入中西部地区的同时，针对这些省份人力资本欠缺、基础设施薄弱、产业结构单一制约经济发展速度的问题，从21世纪初开始，中央政府开始实施西部开发战略，随后又启动中部崛起战略，基础设施投资和基本公共服务投入大幅度向中西部地区倾斜，并落实在一系列重大建设项目的实施上。

这一系列区域发展战略迄今取得明显效果，改善了中西部地区的交通状况、基础设施条件、基本公共服务保障能力和人力资本积累水平，投资和发展环境显著改善，良好地调动了这些地区劳动者、创业者和企业家参与地区发展的积极性和创造力。

在21世纪第一个十年中，中国经济发展迎来了两个重要的转折点，分别是跨越了刘易斯转折点和人口红利消失转折点，标志着进入崭新的发展阶段。这种转折点效应率先表现在沿海地区劳动力成本提高从而制造业比较优势弱化，使得经济增长难以保持既往的速度。如果完全以国外发展经验为依据，即遵循所谓的国际产业转移的雁阵模式，中国制造业比较优势的下降，将导致产业大规模向劳动力成本低廉的国家转移。[①]

---

① 关于雁阵模型请参见 Kiyoshi Kojima, "The 'Flying Geese' Model of Asian Economic Development: Origin, Theoretical Extensions, and Regional Policy Implications", *Journal of Asian Economics*, No. 11, 2000, pp. 375 - 401。

然而，随着西部开发和中部崛起战略效果的显现，并且由于这些地区仍然保持劳动力成本较低的特点，产业转移更多地发生在沿海地区与中西部地区之间，国际雁阵模式变成了中国的国内版。① 劳动密集型制造业开始加快向中西部地区转移，中西部省份的工业投资领先增长，促进了这些地区更快的经济增长（图 13—4）。

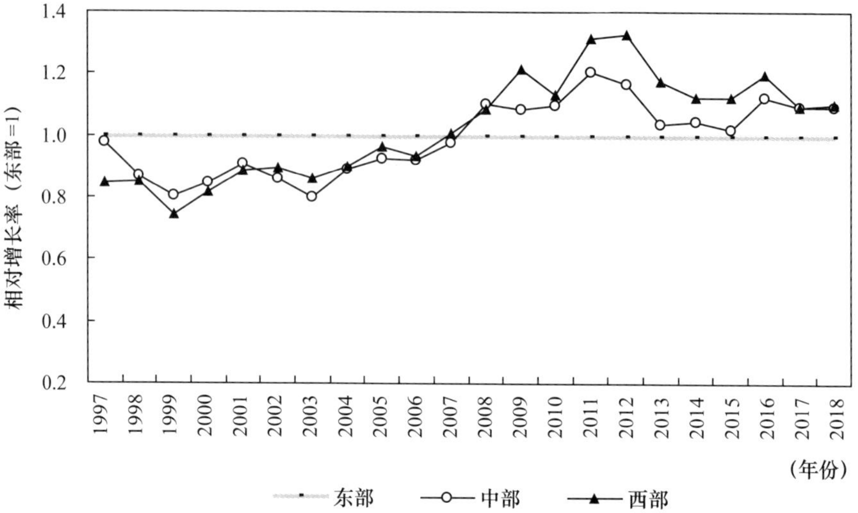

图 13—4　中国国内版雁阵模型

资料来源：国家统计局网站：http：//www. stats. gov. cn/。

经济学家把东亚经济体之间由于比较优势差异及变化而发

① Yue Qu, Fang Cai, and Xiaobo Zhang, "Has the 'Flying Geese' Phenomenon in Industrial Transformation Occurred in China", in Huw McKay and Ligang Song (eds.), *Rebalancing and Sustaining Growth in China*, Canberra: Australian National University E Press, 2012, pp. 93 – 109.

生的产业转移概括为雁阵模式。[①] 该模式着眼于从不同经济体或不同区域之间的关系观察，需要把握经济发展的三个要点：第一是梯度性，世界经济或区域经济发展有先行者和赶超者，有领头雁和追随群；第二是渐次性，经济体各自按照资源禀赋和比较优势变化定位发展模式；第三是动态性，随着比较优势等条件的变化，不同经济体的相对地位发生变化，原有发展模式也会改变。

按照雁阵模式内在的逻辑而非固有经验，我们可以预期到并且已经实际观察到，日本向亚洲四小龙以及后者向东盟国家和中国大陆进行产业转移的雁阵模式，在中国跨越刘易斯转折点之后发生了形态变化，成为一个产业从沿海地区向中西部地区转移的国内版。而按照相同的逻辑，结合广大发展中国家所处的人口转变阶段和经济发展阶段，这个中国国内版的雁阵模型随后又会理所当然地形成一个崭新的国际版——制造业产业向具有潜在比较优势的国家转移，为后者创造收获人口红利的机会窗口。

中国改革开放促进发展与分享的成功故事，以及建立经济特区和试验区先行先试，继而实施区域发展战略，在中西部地区创造条件重演沿海地区发展奇迹的有益经验，可以通过中国

---

① 关于雁阵模式理论的来龙去脉，以及分析运用的简要历史的文献综述，请参见 Kiyoshi Kojima, "The 'Flying Geese' Model of Asian Economic Development: Origin, Theoretical Extensions, and Regional Policy Implications", *Journal of Asian Economics*, Vol. 11, 2000, pp. 375 – 401。

进一步参与经济全球化和世界经济治理，成为促进经济全球化健康发展，帮助广大发展中国家摆脱贫困、走向现代化的中国智慧和中国方案。这方面最具有引领意义的战略框架和行动纲领，就是习近平主席于2013年提出的“一带一路”倡议。

“一带一路”倡议并非简单地借用古老的陆地和海上丝绸之路这个符号，还有更深的历史含义和现实启迪。从更大的历史深度上，这个符号隐含了对于传统西方中心论的否定，更强调东西方文明相互交通、互学互鉴在人类发展历史上的作用。从更广的历史视野上，这个符号也蕴含着如何打破以传统霸主国家为中心的全球公共品供给的内容及模式，更加注重通过所有国家的参与消除全球贫困的新理念。

历史学家弗兰科潘用24种具有象征意义的词语形容古老的丝绸之路，如既表现为变革之路、和谐之路、重生之路、黄金之路……又出现过奴隶之路、帝国之路、冷战之路、霸权之路……[①]而“丝绸之路经济带”和“21世纪海上丝绸之路”，则完全着眼于发展与沿线国家及相关国家的经济合作伙伴关系，打造政治互信、经济融合、文化包容的共同体，既体现了全球化的内涵，同时着眼于内外联动，以基础设施建设推动实体经济和产能合作，发展投资和贸易关系，实现雁阵式产业转

① 参见［英］彼得·弗兰科潘《丝绸之路——一部全新的世界史》，浙江大学出版社2016年版。

移模式的国内版与国际版相衔接。由于沿线国家和相关国家大多数为发展中国家，这一建设举措也是用中国智慧和中国方案帮助发展中国家摆脱贫困的重要载体和途径。

固然，每个国家最终摆脱贫困、走向现代化，终究需要立足于国情，依靠内在的决心和努力，消除现存发展动力和制度环境方面的各种障碍。如果说外部人能够做什么有意义的事情（无论是否称其为国际公共品）的话，那无疑就是提供有益的知识，包括曾经在其他环境下取得过成功的经验和需要汲取的教训、软件和硬件基础设施建设上的必要帮助，以及容易入手和见效的市场投资机会。"一带一路"就是这样一种可以同各国自身需要和努力并行不悖的共建共享倡议。

首先，推动基础设施建设，实现互联互通，改善产业投资环境和贸易环境。麦肯锡一份报告指出，如果按照目前投资不足的趋势，2016—2030 年期间全球基础设施投资缺口可达 11%，其中主要存在于发展中国家。而如果考虑到实现联合国可持续发展目标的要求（即意味着更多考虑贫穷国家的基础设施投资需求），到 2030 年累积投资缺口可达 1/3。[①] 在几乎所有的"一带一路"相关国家，都存在着交通、能源等基础设施薄弱的瓶颈问题，长期制约投资效率和产业发展，也使许多国家

---

① McKinsey Global Institute, *Bridging Global Infrastructure Gaps*, McKinsey & Company, June, 2016.

不能充分享受经济全球化红利。

中国借助亚洲基础设施投资银行、金砖国家开发银行、丝路基金等融资机构，与相关国家和地区进行基础设施建设能力的合作，可以像西部开发战略所显示的那样，预期大幅度改善发展中国家的基础设施条件。

其次，促进产业转移，帮助相关国家把潜在的人口红利转化为经济增长。大部分发展中国家，特别是东南亚、南亚、非洲诸国，人口年龄中位数低，劳动年龄人口继续增长，因而拥有有利的人口年龄结构，正处于潜在的人口红利收获期。

例如，根据人口特征指标判断，世界银行和国际货币基金组织认为最近仍在开启“人口机会窗口”的国家和地区有62个，而未来将开启“人口机会窗口”的国家和地区有37个，两者合计占到有统计数据的国家和地区总数（192个）的51%。[①] 只要投资环境和贸易环境得到显著改善，在中国等国家逐渐丧失了比较优势的制造业便可以转移到那里，通过推动工业化和扩大就业，增加当地居民收入，实现更加包容的经济发展，同时使这些国家分享经济全球化的红利。

再次，通过更广泛的人文交流推动民心相通，既为经济合作夯实社会根基，又有助于相关国家的治理能力建设，使经济

---

① The World Bank Group and the International Monetary Fund, “*Global Monitoring Report 2015/2016: Development Goals in an Era of Demographic Change*”, International Bank for Reconstruction and Development / The World Bank 1818 H Street NW, Washington, DC 20433, 2016.

社会发展更可持续。中国实施区域协调发展战略和扶贫战略的经验表明，授人以鱼不如授人以渔。开拓和推进与沿线及相关国家在青年就业创业培训、职业技能开发、社会保障管理服务、公共行政管理，以及科技、文化、教育和卫生交流、智库交流等诸多社会和人文方面的合作，提高当地的治理能力，改善人力资本禀赋，使这些国家能够结合本地实际，通过本国政府和人民的努力，把基础设施建设和产业投资带来的增长契机，转化为长期的经济增长和社会发展能力。

五　结语

每一个国家的长期历史都是自身艰辛探索的结果，无不由失败与成功共同构成，只是在不同的历史时期，分别处于失败多于成功或成功大于失败的状况。因此，传统意义上的、体现英国殖民主义理念或者美国例外论（实际上，无论是孤立主义态度还是霸权主义行径皆出于此）的单一霸主现象，撇开其并未为提高全球人类福祉履行好国际公共品供给者的职能不说，从长期的历史观点来看终究是短暂的现象。

事实上，英国直到 19 世纪 60 年代以后，美国直到 20 世纪 30 年代以后，才分别从实施严苛的贸易保护主义转向倡导贸易自由化。而随着英国脱欧和美国特朗普执政后的政策转向，这两个国家也已不再被看作是捍卫自由贸易的旗手。所以，它们曾经声称的国际公共品之内涵，从历史的长河来看也是短暂的。从这个意义上来说，美国走向单边主义也并不是一个总统的一意孤行，而有其不可避免性。

而且，当今的世界已经越来越不需要一国独霸或少数独尊的公共品供给者。垄断国际事务的想法是落后于时代的，垄断国际事务的行动也肯定是不能成功的。[①] 相反，全球公共品供给，是不分大小、贫富、强弱和远近的所有国家的共同责任，而每一个具体的国家从特定公共品上获益或多或少，又在诸如经济能力、文化影响、国际网络、既往经验等方面分别具有比较优势，因而承担责任可以有所差别或有所分工。

诸多来自西方的当事人对传统全球公共品供给模式和实践进行了反思与批评，如越南战争期间担任美国国防部长的麦克纳马拉对美国错误发动越战的忏悔，长期执掌美联储的格林斯潘对过分相信自由市场功能和金融机构自律的反省，作为内部人的斯蒂格利茨对布雷顿森林体系全球经济治理模式的批判，以及伊斯特利以世界银行反叛者身份对于全球反贫困方式的质疑。

但是，西方的学术界、舆论界和决策圈显然并没有完全放弃传统理念，即必须要由单一或少数霸主国家履行国际公共品

① 习近平：《弘扬和平共处五项原则 建设合作共赢美好世界——在和平共处五项原则发表60周年纪念大会上的讲话》，人民出版社2014年版。

供给者的职能。这就是奈提出“金德伯格陷阱”这个命题的背景和含义所在。世界秩序终究要在乱与治的对立统一中实现和谐，全球事务从一国独霸到全球共治的转型也必然经历破与立的长期摩擦。

无论如何，还是让我们放下对“金德伯格陷阱”的担忧，着眼于共同破解“伊斯特利悲剧”。迄今为止，首先，中国已经通过自身的减贫成效，对全球扶贫做出了统计意义上的显著贡献；其次，中国还奉行人类命运共同体的理念，以这样那样的方式参与到了低收入国家的减贫战略之中；最后，中国对于全球减贫做出智慧和方案的贡献，其经验基础一方面来自中国的改革开放从而促进经济发展和成果共享，同时也在于实施了针对区域贫困的扶贫战略。

作为世界第二大经济体、经济全球化的积极参与者和世界经济稳定发展的推动者，中国将在全球经济治理中发挥更加积极的作用。特别是，面对全球贫困这一长期攻而不克的难题，中国最有资格也有责任提出解决方案，以自己的经验、智慧和能力做出更大的贡献。

第十四章　新技术革命与经济学反思

一　引言

在世界经济及各国经济的发展过程中，技术进步既呈现出如影随形、无所不在的特点，又常常以革命性的方式集中爆发。技术进步推动经济增长的关键作用，得到人们的普遍认同，也从来就是学界和政策圈关注的热点话题。认识技术进步的渐进性和革命性，往往影响到人们对技术进步于经济发展作用大小，从而预测经济发展前景的依据。

作为一种非主流思想流派的代表，罗伯特·戈登（Robert Gordon）在其一本畅销书中，以令人惊讶的史料和故事指出，就技术变革而言，1870—1970 年期间是一个独特的世纪，电力、内燃发动机、室内给水和排水设施等发明和应用，对于提高人类生活质量具有真正的革命性质。与之相比，在那之后发生的技术进步都是渐进性的。也正因为如此，美国经济陷入长期低迷就是不可避免的。[1]

一种更占主流地位的思想流派则着力于揭示新技术革命的来临。例如，克劳斯·施瓦布（Klaus Schwab）用新一轮科技变革的各种特征，宣称第四次工业革命已经来临。施瓦布总结道，第一次工业革命特征是铁路建设和蒸汽机的使用把人类引领进机械生产，第二次工业革命表现为电力和生产线出现导致规模化生产，第三次工业革命即为半导体、计算机和互联网发展催生的计算机革命或数字革命。

按照一致性的定义，正在发生的这次技术变革必然导致第四次工业革命，其特点是互联网无处不在，移动性大幅提高；传感器体积越来越小，性能却越来越强大，成本日益低廉；人工智能和机器学习方兴未艾；以及内涵更为广泛的方面。[2] 人们大多认同新一轮科技革命或产业革命到来的结论，同时也普遍观察到这一轮科技革命所具有的新特点与更大的挑战。

首先，从自然科学家到各个领域学者乃至决策者，都无法忽略的一个特点便是当前技术突破的速度前所未有。摩尔定律、库兹韦尔奇点等理念，就不过是把人们在现实中的体验加以提炼，进而做出的大胆科学预测。

其次，以人工智能和互联网为代表的新科技，打破了以往

---

① 参见［美］罗伯特·戈登《美国经济的起落》，中信出版集团2018年版。

② ［瑞士］克劳斯·施瓦布：《第四次工业革命：转型的力量》，中信出版集团2016年版。先后发生的四次工业革命的特征概括请见本书第一章。

经济活动中的边际成本递增或投资报酬递减的规律，意味着我们除了必须为进入里夫金式的零边际成本社会做好准备之外，还需要更好地认识一个可能出现的报酬递增经济。诺贝尔经济学奖委员会因其把技术创新融入长期宏观经济分析，而把2018年度该奖颁授给保罗·罗默（Paul Romer），无疑反映了经济学家团体对新的科技革命重要性认识的提高。

再次，由于这一轮工业革命的性质，技术不仅不能均等地渗透到所有国家、地区、产业和经营主体，其导致的经济增长也不会自然而然以涓流的方式惠及社会所有群体。美国经济学家奥特等发现，由于全球化和技术革命有利于巨星级企业发展，使其在相应的行业中占据更高的产品市场集中度。又由于这类企业具有盈利水平高、劳动成本份额低的特点，随着巨星级企业在各个行业的重要性越来越突出，一个国家的整体劳动报酬占国民收入比重趋于降低。[①] 这就是说，全球化和技术革命潜在地具有导致收入分配恶化的效应。

最后，无论是从历史规律还是从现实逻辑看，第四次工业革命不可避免伴随着全球化4.0。[②] 而此前无论哪个全球化版本

---

① David Autor, David Dorn, Lawrence Katz, "Christina Patterson and John van Reenen, Concentrating on the Fall of the Labor Share", *American Economic Review*, Vol. 107, issue 5, 2017, pp. 180－85.

② Klaus Schwab, "Globalization 4.0-What Does It Mean", World Economic Forum Official Website: https://www.weforum.org/agenda/2018/11/globalization-4-what-does-it-mean-how-it-will-benefit-everyone/.

都存在着诸多未经解答的疑虑。例如，全球化本质上是否可以使所有主动参与或被动介入的国家均等获益；即便对于从全球化获益的国家来说，是否每个社会群体及至每个人都能从中获益；每一个新版全球化必然比此前版本的全球化更具有包容性或分享性吗，等等。

也就是说，我们在关于科技进步与经济增长的关系方面，面临着紧迫的转变思维方式的挑战，特别是在经济学对此存在着旷日持久的谬误的情况下。作为经济学家，笔者并不打算以颠覆性的态度笼而统之批评经济学本身。这里所说的“谬误”实际上来自于两种经济学传统，可以分别称之为“涓流经济学”（Trickle-down Economics）和“渗透经济学”（Penetration Economics）。

不过，既然两种经济学思维和结论都是基于传统经济理论及其逻辑结论，即经济理论在解释技术革命或技术进步时，往往预设或无条件夸大其可能的“溢出”效应，由此形成认识上的谬误，并且误导政治家和决策者，所以，在澄清这两种经济学谬误的同时，一般经济学也不可避免“躺着中枪”。

事实上，经济思想演进方式本身也好，经济学家习以为常甚至引以为荣的研究范式也好，都包含并反映出造成溢出经济学痼疾的基因。为什么经济学家面对技术进步或经济增长并未产生预期的“溢出”效应，却不愿意修正经济学的基本假设呢？

正如人们发现完全市场信息和完全理性假设与实际不符的情况下，主流经济学并不尝试修正这些假设，最后只好以某种新建的经济学门类去专门研究不做这样假设的情形。如果这里有着更加深层的方法论缺陷，归根结底还是需要追溯到实证经济学与规范经济学之争上面去。

本章的意图在于提醒经济学家尝试以崭新的思维认识新技术革命。我们将首先对人们如何从经济学的角度思考技术进步做一个极简的回顾，既强调这里所讨论问题的针对性，也从中寻找帮助提高我们认识能力的思想渊源。进而，我们尝试从理论和经验的角度，分别对涓流经济学和渗透经济学两种思维定式进行反思和批判。最后，笔者将对全章进行简要总结，尝试对冥顽不化的传统经济学范式进行探究，同时提出一些初步的政策建议。

二　关于技术进步的思想简史

虽然人类经济活动从一开始就伴随着技术的应用和改进，但真正产生对经济增长的实质性影响，亦即打破“马尔萨斯陷阱”的技术进步，发生于18世纪末和19世纪初的工业革命时期。然而，这个在人类历史上第一次发生的技术进步及相应的经济增长，从一开始就表明，蛋糕做大并不意味着人人可以得到更大的份额。

无论是从狄更斯的文学写照，还是从实际记录的卢德运动历史，都可以看到，工业革命最初是伴随着工人生活状态的恶化：恶劣的工作条件、极低的工资水平、未能伴随增长而得到改善的生活质量，及至在工业革命中心地带降低的人均预期寿命。

研究表明，在18世纪80年代到19世纪50年代即工业革命如火如荼的半个多世纪期间，英国工人阶级的生活水平没有什么实质性改善。例如，经济史学家把失业状况、家庭抚养系数和城市化成本考虑在内之后发现，英国工人阶级家庭的实际生活水平提高不到15%。[①] 以70年时间计算的话，这意味着年平均提高幅度不到0.2%。这样的事实解释了为什么马尔萨斯虽然生活在工业革命时代，却得出生产的算术级数增长难以满足人口的几何级数增长，最终人类不可避免陷入贫困、饥馑乃至战争和灾难的结论，并且奠定了经济社会思潮乃至学术研究中的悲观主义认识论基础。

虽然梅纳德·凯恩斯对马尔萨斯崇拜不已，他本人却是一个技术进步和经济增长的乐观主义者，坚信科学和复利具有改变人类命运的力量。1930年，世界正处于经济大萧条之际，凯恩斯发表了一篇著名文章，其中虽然承认诸多成长中烦恼的存

---

① Charles H. Feinstein, "Pessimism Perpetuated: Real Wages and the Standard of Living in Britain during and after the Industrial Revolution", *The Journal of Economic History*, Vol. 58, No. 3, 1998, pp. 625 – 658.

在，例如技术进步的速度过快，以致难以一下子吸纳过剩的劳动力，但是仍然大胆地对子孙后代面对的经济可能性做出了乐观的预测——100 年之后生活水平再提高 8 倍。[①]

凯恩斯能够对未来经济前景保持乐观，来自于他把那个时代及以后的技术进步和资本积累的速度，与工业革命之前的漫漫长夜进行比较。撇开具体的数字来说，他所做出的预测方向无疑是正确的。在做出这个预测之后，凯恩斯继续提出问题，就其性质而言也是正确的，但是，因其富于挑战性，以致很多后世经济学家至今仍然苦思不得其解。

其一，虽然他关于“人类永恒问题”的经济目的与非经济目的之间的划分不尽准确，关于两种目的内容的解释也有些语焉不详，但是，他终究提出了一个重要的、前人从未如此明确提出的问题，即劳动生产率提高解决了经济问题之后，人类的生存目的何在。

其二，虽然他跨越了从一种类型的工作到另一种类型的工作之间转换这样更为现实的问题，一下子提出从工作状态转入闲暇状态这样更为终极的问题，颇显有些突兀，但是，他在当时已经在暗示革命性的理念——工作与收入之间是可以脱钩的。这再一次提出了重大的经济学挑战，即支配人类行为和活

① John Maynard Keynes，“Economic Possibilities for our Grandchildren，1930”，in Lorenzo Pecchi and Gustavo Piga（eds.），*Revisiting Keynes Economic Possibilities for our Grandchildren*，Cambridge，Massachusetts and London，England：The MIT Press，2008，pp. 17 – 26.

动的经济动机最终将何去何从。

亚当·斯密把机器的发明与应用同他本人所倡导的分工结合起来，实际上为新增长理论奠定了报酬递增的认识基础。同时，斯密也将其增长理论与贸易理论结合，形成一致性的解释体系。[①] 这样，斯密的理论本身也就为我们面临的问题埋下一个伏笔。

由于机器的采用和分工发展，在劳动生产率提高的同时，劳动者技能日益变得过于专业化、简单化从而单一化，劳动者的人力资本反而变得更加脆弱，就业岗位变得愈加不安全。在技术革命乃至全球化的条件下，作为这种人力资本载体的劳动者更加容易受到巨大的冲击。此外，复杂的技术创造与简单的工作操作之间的不对称，也使劳动者特别是简单劳动者在要素报酬分配中处于不利的谈判地位。

人们从历史和现实中不断发现，技术进步并没有做到在任何时期、使所有国家以及国内所有群体均等获益，即便在技术变革速度异常迅速的当今也仍然如此。困惑于科技变革在经济增长和生活质量改善中的这种效应的非均衡特征，有些经济学家试图把不同时期的科技变革从性质上加以区分，认为技术进步在此一轮与彼一轮之间，可能具有不尽相同的分享性。

---

① Aykut Kibritçioğlu, "On the Smithian Origins of 'New' Trade and Growth Theories", Office of Research Working Paper, No. 2-100, 2002.

例如，泰勒·考恩（Tyler Cowen）提出一个未经验证的假说，认为21世纪新的技术进步越来越具有获取公共资源，用于投资在仅使少数人获益的“私人产品”领域的性质，因而无助于普通居民的收入增长。①

尽管越来越多的经济学家认识到，经济增长和技术变化不能自动惠及所有国家和所有个人，但他们中的很多人尚未认识到，技术进步也不能自动渗透到所有的国家、所有的部门和所有的生产要素上面。一个广为传播的轶事或多或少就说明了这一点。

据说在20世纪60年代，担任亚洲某发展中国家政府顾问的米尔顿·弗里德曼（Milton Friedman）考察一个大型公共工程项目，他奇怪地发现，工人们挥舞着铁锹而不是驾驶推土机、拖拉机等重型设备进行施工。对于他的疑惑，本地官员回答说这个建设项目是一项“就业计划”。由于认为提高劳动生产率天经地义，而且提高生产率的手段本该唾手可得，这位经济学大师做出了堪称经典的讽喻性回应：那么，为什么不让工人用勺子来干活？②

尽管经济学家始终关注着技术变革的经济社会影响这一问

---

① Tyler Cowen, *The Great Stagnation: How America Ate All the Low-Hanging Fruit of Modern History, Got Sick, and Will (Eventually) Feel Better*, New York: Dutton, 2011, pp. 20－22.

② 参见［美］马丁·福特《机器人时代：技术、工作与经济的未来》前言，中信出版社2015年版。

题，但是，充其量只能说人们对这个课题的关注程度日益提高，而远远谈不上已经破题。2017 年，模仿马丁·路德在 500 年前的做法，一篇由 65 位经济学家签名的《经济学改革 33 条论纲》（以下简称《论纲》）被钉在了伦敦经济学院的大门上。

这个《论纲》的第 21 条承认创新过程中存在着不均衡性，由此提出对传统经济学的挑战：创新并非外生于经济，而是经济活动的内在组成部分。如果能够把创新看作是在不断演进和非均衡的生态系统中发生的，是由市场设计所塑造的，以及因市场中所有参与者间的互动而形成，我们对 GDP 增长的理解力便可以得到提升。[①]

事实上，并非只有经济学家们关心技术变革及其后果。早在 1964 年，一个包括诺贝尔经济学获得者冈纳·缪尔达尔（Gunnar Myrdal）在内的、包括各个领域人士的 26 人专门委员会，撰写了一份给美国总统的公开备忘录，报告题目为《三重革命》。这份报告不仅对于经济学传统分析手段的批判比前述《论纲》早了半个世纪，而且在诸多判断和认识上颇有先见之明。

例如，该报告指出，以自动化控制革命为标志，一个生产的新时代开始了。这场革命以既往的农业革命和工业革命所无以比拟的速度发生，表现为计算机和自动化自控机器的结合，

---

① Daniel Lapedus et al.，"33 Theses for an Economics Reformation"，2017，New Weather Institute，http：//www. newweather. org/wp-content/uploads/2017/12/33-Theses-for-an-Economics-Reformation. pdf.

形成一个几乎没有极限的产能体系，并日益减少对劳动力的需求。①

令人惊讶的是，这个报告当时就指出了，由于机器从人那里接管生产……后者越来越需要依靠最低限的政府保障。而这种思想已经演变为如今广为试验的所谓“无条件基本收入”(universal basic income)。这个项目与各国普遍实施的碎片化社会保障项目的大拼盘相比，至少具有两个方面的不同之处。

首先，这个项目的思路正如其名称所示，包含“无条件”即涵盖无论贫富的所有人、“基本”即以满足最低生活需求的支付为限，以及“收入”即直接给予现金这些要素，是对社会保险理论和实践的理念革命。

其次，这个项目的针对性是如何在人工智能最新发展趋势下应对技术性失业。技术性失业是一个历史久远的现象，也是一个旷日持久的话题。但是，神经科学与大数据、互联网的交融结合，使人工智能发展进入一个崭新的阶段，机器人将不仅替代简单重复性劳动，也将替代各种复杂智力型工作。

颠覆性的技术变革需要革命性应对方案。虽然尚未成为普遍接受的观念和广泛实践的事物，无条件基本收入这个理念已经得到越来越多的讨论，并在一些国家着手试验。鉴于这个理

---

① Ad Hoc Committee, “The Triple Revolution: An Appraisal of the Major US Crises and Proposals for Action”, *International Socialist Review*, Vol. 24, No. 3, Summer, 1964, pp. 85 – 89.

念和设计旨在破解传统方案的缺陷，许多人认为它不仅是这一次前所未有的技术性失业现象的应对办法，而且包含了消除贫困、颠覆工作理念和重塑世界的崭新思维和终极方案。①

如果认同未来机器人终究要摧毁相当大比例的就业岗位②，因而现行的各种社会保险项目，无论是实行完全积累制还是现收现付制，都无力对此结果做出托底的保障，无条件基本收入似乎应该成为未来的政策选项。那么，这个项目的实施足够紧迫吗?

答案也是肯定的。从劳动者个人的角度，与机器人的竞争还是要靠人力资本的提升，包括不断掌握新技能，以及提高认知能力和非认知能力。然而，对于一个每日需要挣扎生存的劳动者来说，是没有时间和能力与时俱进改善人力资本的，而一旦丢掉了工作就没有足够的人力资本赖以转岗。因此，若在工作的时候便能得到一个额外的基本收入，就为劳动者留出余地做未雨绸缪的准备。

三 涓流经济学批判

美国社会舆论关于中国等新兴经济体夺走了工作岗位的说

① 如参见 Annie Lowrey, *Give People Money: How A Universal Basic Income Would End Poverty, Revolutionize Work, and Remake the World*, New York: Crown Publishing, 2018。

② 麦肯锡全球研究院的一份报告指出，人工智能的发展及其导致的自动化，预计在2030年造成占全球总数3%—14%（7500万—3.75亿人）的劳动力改变工作。这个转变的力度丝毫不亚于历史上农业和制造业的劳动力转移。参见 McKinsey Global Institute, *Jobs Lost, Jobs Gained: Workforce Transitions in A Time of Automation*, December 2017, McKinsey and Company。

法，在经济学中的反映则是这样一个立论，新兴经济体以廉价的生产要素甚至不公平的竞争手段，通过贸易和产业转移导致美国工作岗位流失到海外。在这方面，不乏研究者提供证据，把岗位流失归咎于经济全球化过程中产业链重新布局后的贸易格局，进而直接把矛头指向中国等新兴经济体。[①]

与此同时，也不乏研究发现，这些发达国家遭遇的普通技能岗位流失，并不仅仅是全球范围产业链分工的结果，其实更重要、更持久、更有普遍意义的岗位流失，在于自动化过程中的机器和机器人的应用。在这方面，有研究表明了自动化以及相应的生产率提高，是岗位流失更重要的因素。例如，一位 TED 演讲者指出，2000—2010 年期间美国 570 万个制造业岗位的流失，87% 是由于应用自动化技术导致劳动生产率提高所造成的。[②]

于是，在对美国岗位流失原因的研究中，实际上形成了“贸易主因说”和“技术主因说”的对立或者关于两种因素相对重要性的争论，而且两种假说都得到了实证经验的检验。例

---

① 这方面影响最广的如 David H. Autor, David Dorn, and Gordon H. Hanson, “The China Shock: Learning from Labor-Market Adjustment to Large Changes in Trade”, *The Annual Review of Economics*, Vol. 8, 2016, pp. 205 - 240, https://doi.org/10.1146/annurev-economics-080315-015041。

② Augie Picado, “The Real Reason Manufacturing Jobs Are Disappearing”, https://www.ted.com/talks/augie_picado_the_real_reason_manufacturing_jobs_are_disappearing/transcript.

如，福特等人的研究[1]，针对“中国冲击”的片面论调，发现对于美国制造业岗位的流失，贸易（外国竞争）因素和技术（自动化）因素都发挥了重要作用，同时也承认难以准确估计出两者相对重要性究竟如何。

不过，这些作者注意到的一些事实，发现情况常常是由于竞争导致被迫采用自动化技术，使企业在得以生存的同时，却大幅度减少了雇用人员。可见，贸易因素与技术因素两者是互相交织在一起的，难以区分开来。

在现代社会，无论是自主创新还是引进借鉴，解决企业竞争力不足问题的技术总是可得的，即使竞争不是来自于国外，也可能来自国内的其他地区或者其他企业。这意味着，贸易和技术因素并非可以截然分开的独立事件，而是在相互促进和协同作用中达到某种效果，无论是好是坏。

从历史的观点看，贸易和技术这两个事物都是不容回避的。交易和发明，同人类经济活动从来就是相伴相生的，是进步之源泉，所以不能心存侥幸，期望其不存在或者可以人为使其消失。把工资停滞和岗位流失归结为机器的使用和技术进步这种“卢德情结”（Luddite mindset），如今也扩展至对于贸易、产业转移（外包）乃至经济全球化的对抗。政治家固然懂得朝

① Teresa C. Fort, Justin R. Pierce, and Peter K. Schott, “New Perspectives on the Decline of US Manufacturing Employment”, NBER Working Paper, No. 24490, 2018.

着这个方向的努力终究回天乏术，但是，为了获得选票，他们毕竟要捡起这根源远流长、屡试不爽的救命稻草。

从认识论的角度看，我们需要放弃目前这种实证主义的研究范式。归根结底，这里讨论的是关于全球化和工业革命产生的收入分配效果，是福利经济学的问题。从实证研究的角度去寻找造成岗位流失和收入分化的原因，已经被证明是一条死胡同。

另辟蹊径的话，需要我们更多地从规范经济学角度认识问题，寻找答案。既然我们面对的可能情景，其实是根据全球化和工业革命后果，对政治选择或政策抉择产生的成本与收益做出比较的结果，所以，我们所讨论的归根结底是政治经济学问题。

从理论基础上说，已经到了彻底摒弃涓流经济学假设的时候。虽然涓流经济学也有其深厚的历史渊源，当代经济学更是从理论上不遗余力论证，政策制定者从经验上尝试证明。一些经济学家和政策制定者认为，一旦经济活动从某个部门甚至单个企业发起，最终会通过涓流效应，使经济整体乃至全社会利益均沾。

例如，弗里德曼指出，在自由市场社会，合理的收入分配伦理原则，便是让每个人得到他运用自己的工具所生产的物品。弗里德曼也谈到国家的作用，但是他强调的并不是再分配，而是界定和执行产权。[①] 在理论上坚信这一理念，并且在政策上予以付诸实施的是美国总统罗纳德·里根（Ronald Reagan），使其成为“里根经济学”的一个重要基点。

克鲁格曼回顾了美国民主党和共和党交替执政过程中，对待收入分配的不同政策倾向与实际不平等程度的关系，得出的结论是，采取什么样的收入分配政策，不是无关紧要的，而是对产生的收入分配结果影响十分显著的。[②]

克鲁格曼的逻辑，反过来看也是有用的，即收入分配的结果又会影响政治风向从而政策倾向。美国岗位流失的问题就是这样一个例子，充分反映了涓流经济学从理论到实践、从原因到结果、前期政策的后果反过来影响随后的政策制定，及至造成政治分野和社会分裂的完整过程。

法国经济学家托马斯·皮凯蒂（Thomas Piketty）以及他的前辈安东尼·阿特金森（Anthony Atkinson）关于收入分配问题的杰出研究，都毫不含糊地得出了这样的结论：解决收入不平等问题的唯一出路是政府和社会对收入进行必要的再分配。[③]

例如，皮凯蒂收集并分析了丰富的各国历史数据，发现资

---

① Milton Friedman, *Capitalism and Freedom*, Chicago, London: The University of Chicago Press, 1962, pp. 161 – 162.

② 参见［美］保罗·克鲁格曼《美国怎么了？一个自由主义者的良知》，中信出版社 2008 年版。

③ 最具影响力的两部著作请见 Thomas Piketty, *Capital in the Twenty-First Century*, Cambridge Massachusetts: The Belknap Press of Harvard University Press, 2014; Anthony B. Atkinson, *Inequality: What Can Be Done?* Cambridge Massachusetts: Harvard University Press, 2015。

本报酬增长速度大大快于经济增长率，导致财富越来越集中。既然这种趋势分别是长期时序数据所揭示的历史轨迹以及跨国数据所描述的现状，无论是市场机制还是时间跨度的自然力量都无法遏止，社会干预和政府政策就是无可避免的。

四 渗透经济学的谬误

很久以来人们就发现，科学、技术、知识、创意都具有外部性。更为晚近出现并流行的新增长理论则更重视这个问题，更贴近地称之为溢出效应（spillover effect）或非竞争性（non-rivalry）。这种性质的表述本身隐含着一个可以得出的推论，即技术变革可以无远弗届、无微不至地得到渗透，从而可以完全转化为整体的而非局部的经济增长。[①]

实际上，涓流经济学这个概念及其逻辑，已经包含了笔者想表达的另一层意思，即存在着一种习以为常的经济学假设，认为技术变革会自然而然地在一个经济体内部传播，从而可以不断渗透并达及所有部门和企业，最终在整体经济范围内完成预期的革命性变化。鉴于涓流经济学已经有了与经济增长成果的分享性相关的特指含义，所以，笔者不揣冒昧地创造另一个

① 参见 Richard Langlois and Paul Robertson，"Stop Crying Over Spilt Knowledge：A Critical Look at the Theory of Spillovers and Technical Change"，*Journal of Public Finance and Public Choice*，Vol. 33，No. 1，pp. 63 - 80。

概念，并称之为渗透经济学。

斯蒂芬·科恩（Stephen S. Cohen）和约翰·吉斯曼（John Zysman）合著的《制造业依然重要》一书，就是建立在技术渗透假设之上的一部代表作，尝试阐述技术变革渗透进而引起经济整体变化的机制。[①] 他们认为，由于部门之间的产业关联性质，技术变化即使从一个部门或少量几个部门开始，也会蔓延至整个国民经济。并且，他们坚信这种部门关联十分密切，不仅存在于企业之间、制造业内部，而且存在于制造业与服务业之间。

与此同时，包括这两位作者在内的许多研究者也发现许多与这种假设相抵牾的现象，最典型的表现为所谓的"生产率悖论"。罗伯特·索洛（Robert M. Solow）在针对前述这本书的评论中调侃道：作者像许多其他人一样，对于技术革命没有导致生产率的提高，反而使生产率增速减慢这一现象感到尴尬和困惑。进而，索洛教授用一句话揭示出生产率悖论的含义——计算机无处不在，在统计中却看不到生产率的提高。[②]

在以多样性著称的生产和交易活动中，经济活动主体具有显著的异质性，因而它们之间是非对称和对等的关系。无论是

---

① 作者对这种观点的论述和支持证据遍布全书，但最具代表性的集中表述可以参见 Stephen S. Cohen and John Zysman, *Manufacturing Matters: The Myth of the Post-Industrial Economy*, New York: Basic Books, Inc., 1987, pp. 100 – 107。

② Robert M. Solow, "We'd Better Watch Out", *The New York Times Book Review*, July 12, 1987, p. 36.

理论逻辑还是经验证据，都并不支持科恩等把产业关联性扩展为经济关联，进而作为技术变化具有广泛渗透性基础的假设。实际上，这种关于“超级连接”创造出一个网络化世界的假设，从其理论基因来看，具有典型的技术工具论的色彩；从其扩展的社会含义来说，则是一种乌托邦式的理论幻想；而从经验角度认识，与我们观察到的社会网络运作方式也是不相一致的。

尼尔·弗格森（Niall Ferguson）对社会网络每一个节点的地位从而社会连接性的非匀质性做出简洁概括[①]，可以帮助我们认识这个问题。正如网络系统中每个节点（node）和连接线（edge）并非相等一样，社会网络或经济关联中的个体（可以是个人、企业、组织以及其他社会活动参与者），也并不具有相同的连接性。造成这种连接性（或穿透性）差异的因素，分别来自个体差异、社会网络结构以及支配它们的治理结构。

其实，据说罗默这位强调创意的非竞争性从而外溢效应，长期致力于探寻技术变革转变为增长路径的诺贝尔奖得主，最近也表达了对阻碍新知识和新洞见的自由流动政策的深切关注，承认在创意的生产和分配体制上，仍然存在巨大的改善空间。[②] 而这个“空间”可大可小，直至可以大到阻止技术的外

---

① Niall Ferguson, “The False Prophecy of Hyperconnection: How to Survive the Networked Age”, *Foreign Affairs*, Vol. 96, No. 5, 2017.

② 参见 Eric Jing, “Responsible Use of Technology Can Transform Millions of Lives”, *Financial Times*, January, 2019。

溢和渗透。我们可以从弗格森关于连接性的几个因素及其相互影响关系，进一步认识社会网络或经济关联的穿透性问题，并尝试回答索洛“生产率悖论”产生的原因。

首先，经济活动中个体的差异性决定了每个单个主体具有不尽相同的连接性，从而技术对其产生穿透性。这种个体差异可能产生于市场参与者的规模不同以及享受的政策待遇不同，因而在它们之间形成不尽相同的信息获取地位、资源获取权、市场和技术的进入机会等。实际上，经济学讨论的“鲍莫尔成本病”讲的就是提供产品或服务方式的异质性，导致部门之间具有不尽相同的技术渗透性。从此出发，我们至少可以部分解释统计意义上的“生产率悖论”。

人们观察到的生产率提高因素通常包括：（1）每个劳动者平均使用资本数量的增加；（2）生产技术的改善；（3）劳动者技能的提升；（4）管理水平的提高；（5）规模经济。很显然，并非任何部门在这五个方面可以做到并驾齐驱。事实上，正如鲍莫尔本人意欲解释的那样，一般的服务业也好，或者其中更具独特性的表演艺术也好，在这些方面的改善速度以及可以达到的幅度，显然不可能与制造业相提并论。[①] 过去几十年在欧美观察到的劳动力市场两极化，以及就业增长缓慢几乎全

① James Heilbrun, *Baumol's Cost Disease: A Handbook of Cultural Economics*, Edward Elgar, 2011, pp. 91 - 101.

部发生在不可贸易部门的现象，背后就是上述原理在发挥作用。

在自动化把劳动者挤出制造业就业岗位之后，从理论上讲，劳动者分别面临四种前景：第一是人力资本得到改善后进入更高技能岗位。这是最为合意的情形，因为生产率相应得到提高；第二是短期或长期处于摩擦性失业状态；第三是虽然不情愿但不得已退出劳动力市场。第二和第三种状态皆因生产要素没有得到充分利用，导致全社会生产率的降低，但不会表现在可计算的生产率指标上面。第四是转移到生产率较低的部门譬如服务业。这是典型的生产率降低的情形。

其中，第四种情形是现实中比较普遍发生的，因而也最值得注意。技术进步的报酬递增性质越明显，劳动力替代过程中的这种生产率降低的后果就越突出，生产率下降幅度也就越大。而且，由于劳动者从生产率较高部门重新配置到生产率较低部门的同时，必然伴随着工资率的降低，而低报酬与低生产率之间具有相互强化的关系，以致形成“生产率悖论”的恶性循环。

例如，人们在观察英国的工资水平与劳动生产率之间关系时发现，与多数经济发展与合作组织国家相比，在英国有更多的就业者所挣工资水平偏低，这种情况通过产生对劳动者技能学习的负面激励，以及抑制社会纵向流动，制约了劳动生产率的提高。[1]

其次，在以互联网、大数据和人工智能发展与应用为特征的新一轮工业革命中，超大型企业的自然垄断倾向被推到极致，它们通过算法和应用程序，一方面把中小企业排斥在竞争之外，或者使其沦为技术附庸，压制新成长企业的创新和创业，另一方面把劳动者的技能进一步简单化，割裂了技术渗透从而社会生产率与技术进步的关联，最终阻断了全社会分享技术进步成果的通路。

越来越多的事实还证明，由于这一轮工业革命的性质，技术不仅不能均等地渗透，事实证明还选择性地以隐私泄露、诱导成瘾、数据监控、儿童伤害等形式侵害用户的权利。针对已经出现的一些案例，人们认为以硅谷为标志的创新企业或巨星企业不懂得尊重、分享和感恩，甚至成为“监控型资本主义”(surveillance capitalism）的帮凶。

最后，经济体制和机制可以放大或者抵消上述个体差异的负面效应，政府也可以通过作为或不作为、做对或做错，对经济关联性和技术穿透性产生巨大影响。也就是说，政策取向和规制以及其他制度安排，对技术渗透性产生重要的影响。然而，政府应该如何作为这个旷日持久的争论问题，在

① Sarah O'Connor，“For Clues to the Productivity Puzzle, Go Shopping”，*Financial Times*，2 February 2017.

这里更显突出，依特定的问题和特定的作用方式而定，并无一定之规。

在这方面，保罗·罗默通过一个唾手可得的案例提出问题，被人们称为“几内亚悖论”。在几内亚共和国首都科纳克里的机场附近，年轻学生通常在路灯下学习。他观察到，这些年轻人都有手机，家里却没有电力供应或付不起电费。产生这个悖论的制度原因，在于扭曲市场信号的电价制定规则：过低的电价使电力公司缺乏供电激励，政府意图改变定价机制（取消或减少补贴）又遇到利益集团（有较高谈判地位的补贴电价获益者），因而电价始终处于扭曲状态，供电受到抑制。[①] 可见，政府的职责是促进公平竞争，而不是以补贴的方式实施产业政策。

五　经济学亟待回应的问题

经济史上每一轮科技革命或工业革命的经验都表明，一方面，已有的技术并不会在所有的时间、地点和网格上面都充分渗透，从而带来经济增长；另一方面，在技术导致经济增长的情况下，增长也不会自动带来在所有群体间的均等分享。流行的经济学方法论和理论假设，在解释这类理论与经验之间的缺

① 参见［美］保罗·罗默《何不推行特许城市?》，《财经》2011年第16期。

口方面颇显捉襟见肘。

鉴于人们普遍观察到，新一轮科技革命在其经济社会后果方面具有史无前例的颠覆性，经济学无疑面临着重大的挑战，必须进行一场自我革命才能抓住和用好新机遇。

首先，反思长期主导经济学的实证主义方法论。米尔顿·弗里德曼倡导的实证经济学，是涓流经济学和渗透经济学遭遇失败却仍然大行其道的方法论根源。他的观点可以分别用一个陈述、一个判断和一个例子来解释。①

就经济学的目的来说，弗里德曼做出的著名陈述是，理论或假说要能够对尚未观察到的现象做出合理且有意义的预测。由此他得出的判断是，实证经济学较之规范经济学，更能够帮助人们在何为正确的经济政策上面取得一致看法。至于实证经济学究竟具有什么样的特征，他举出一个臆造的事例，即树叶出于追逐阳光的动机，通过自己行为的调整，形成不同位置上不同的树叶密度，由此得出“假说中的各种矛盾之处皆不重要”的结论。

这种实证方法论对于经济学的演变方向，具有重要的影响，也成为经济理论和政策放弃价值判断的传统依据，甚至还诱导出经济学研究中的不诚实倾向。有鉴于此，罗默以“费曼

---

① Milton Friedman, “The Methodology of Positive Economics (1953)”, in Uskali Mäki ed., *The Methodology of Positive Economics: Reflections on the Milton Friedman Legacy*, Cambridge: Cambridge University Press, 2009, pp. 3 –44.

诚信”与“斯蒂格勒信念”作为彼此对立的学术良心信条，批判经济学中的这种恶劣倾向。[①]

被罗默称为学术生活指南的“费曼诚信”是指这样一种科学诚信：在以证据支撑自己观点的同时，同样把不利于自己的结果公之于众。与此对立的“斯蒂格勒信念”则主张，经济学家要不遗余力地推销自己观点的重要性和正确性，除非有助于人们接受他的事实，任何其他事实都不重要。

经济史表明，产业革命和技术变革从未能够自然而然地改善收入分配和促进技术渗透，然而，经济学却始终不渝地假设涓流效应的存在。把“斯蒂格勒信念”与弗里德曼的实证经济学方法论做一交互印证，便可以看清涓流经济学和渗透经济学的根本弊端在于，不遗余力地预测“尚未观察到的现象”，却刻意忽略甚至掩盖所有不利于己的“已经观察到的事实”。

其次，是应该以理论圭臬还是现实需要决定经济发展政策取向。一旦可以排除实证经济学方法论的误导，我们就需要反思经济学自身，以便可以更好地回答这个问题。经济学家把自己的学问定义为解决在资源稀缺条件下如何实现最大化产出的问题，相应地，经济增长理论则是如何有效动员和配置资源实现总量扩大的学问。

---

① Paul Romer, “Stigler Conviction vs. Feynman Integrity”, https://paulromer.net/old-blog/stigler-conviction-vs-feynman-integrity/index.html.

然而，在这个对经济学的定义中，却遗失了经济增长或者最大化产出和总量扩大的目的本身。许多政治家和经济学家对GDP这个被顶礼膜拜的流量指标提出质疑，也尝试过能够更多覆盖发展目的的其他指标，如按照购买力平价重估GDP、人类发展指数、幸福指数、综合性国民财富，以及能够反映收入均等化和环境改善的诸多指标。[①] 迄今为止这些尝试都没有成为主流，说明经济学关注手段甚于关注目的的传统观念之根深蒂固。

可见，经济学绝不能止步于仅仅研究最大化产出和增长，也必须关心分配和分享，规范经济学提出的价值判断、福利经济学着眼的福利目标，以及政治经济学探讨的政策选择，在经济研究中须臾不能或缺。特别是，既然经济史反复证明根本不存在一种无条件的涓流效应，因此，经济政策的制定尤其要远离传统的经济学范式影响，而是坚持以人为中心，从现实问题和实际需要出发。

最后，重新认识经济发展中政府的作用以及政府与市场的关系。涓流经济学和渗透经济学，归根结底是基于存在涓流效应这同一个假设的两种表现，解决问题的思路也不无共通之处，核心是处理好政府与市场作用之间的平衡取舍。然而，面

① 参见［英］伊桑·马苏德（Ehsan Masood）《GDP简史：从国家奖牌榜到众矢之的》，东方出版社2016年版。

对收入分配问题和技术渗透问题，分别具有特定的针对性；在不同的体制环境下，在不同的发展阶段，主要矛盾和矛盾的主要方面也不尽相同，因而解决问题的着重点也应有所差别。总之，政府与市场关系并没有一个永恒的公式，而是因时因地因人而改变的。

近年来，面对人工智能和大数据的飞速发展，在企业家与经济学家之间展开了关于计划经济是否可以复活的讨论。[①] 按照传统的经济学论证逻辑，人们通常要援引哈耶克的有关论述，来否定计划经济的复活或回归。

例如，哈耶克指出：经济计算所依据的"数据"并非由一个能够据此做出决策的单一大脑所获得，而且也绝不会如此。[②] 既然知识和信息是分散的，一方面，确保每个社会成员所拥有的信息能够得到充分利用，价格体系或市场机制是必由之路；另一方面，需要千千万万企业家或其他当事人，在不断的试错中才能决定何种知识和信息是有效的，所以，产生于企业家选择失败的切肤之痛无疑是必不可少的激励。

然而，经济学家沿着这个方向参与这场争论，却是在走死胡同。面对具有学习能力的人工智能和无限发展空间的大数

---

① 如宁越主持《"大数据＋人工智能"能否支持计划经济?》，《汕头大学学报》（人文社会科学版）第33卷第9期。

② F. A. Hayek, "The Use of Knowledge in Society", *American Economic Review*, Vol. 35, No. 4, 1945, p. 519.

据，即使不是现在，不远的将来也会证明，我们已经不再能够百分之百地确定知识和信息必然是分散的，因而也无需假设只有在试错中才能筛选出可供决策使用的正确信息。

有趣的是，哈耶克本人在极力兜售自由市场经济理念、反对高度集中计划化的时候，却没有被这种强烈的意识形态蒙蔽双眼。他指出在唯一决策者做出整个经济的集中计划（中央计划）与分散的个体做出自身计划（企业决策）之间，其实还存在着由组织（大型企业）获得关于产业的计划权力的情形，而这就是通常所谓的“垄断”现象。[①]

弗格森在讨论网络关联性时，实际上列举出若干个明星企业家的勃勃雄心以及现实中的矛盾。例如，“脸书”（Facebook）的创始人和首席执行官马克·扎克伯格（Mark Zuckerberg）自称曾经的梦想是“把整个世界连接起来”，他自己也看到了残酷的现实：知识流动、贸易和迁移的力量并没有抵制住诸如威权主义、孤立主义和民族主义的抑制力量。弗格森认为，恰恰是“脸书”这样的企业造成了如此的现实。[②]

无论初创者和首席执行官们动机如何，也毋庸讳言这些明星科技企业确实对社会做出积极的贡献，只需看一看这类企业

① F. A. Hayek, “The Use of Knowledge in Society”, *American Economic Review*, Vol. 35, No. 4, 1945, p. 521.

② Niall Ferguson, “The False Prophecy of Hyperconnection: How to Survive the Networked Age”, *Foreign Affairs*, Vol. 96, No. 5, 2017.

和它们的投资人的行为，就不难看破，无论他们说出来的愿景听上去如何美好和善意，背后终究存在着某种符合规律的冲动。而不管他们自己意识到了与否，也不管用什么词汇表达，这个内在的冲动，其本质就是垄断。

例如，已经出名的明星企业也好，冉冉升起的新星企业也好，以及在他们身上倾注巨额资金的风险投资人也好，一个具有共性的发展战略是，无需考虑企业是否盈利，只求以任何方式筹集到哪怕是天文数字的投资，并义无反顾地投下去。这种不计企业盈亏的投资行为，目的是什么呢？显然不会有其他答案，那就是取得足够大，以至大到舍我其谁的市场份额。

其实，经济学不该对价值判断遮遮掩掩。当下提出所谓计划经济的问题，本质上反映的是，无论是有意还是无意，执新技术发展之牛耳的巨星企业所有者或代理人都有对于自己在未来社会中控制地位的判断和意图。凯恩斯在其《通论》最后一章的最后一句话是："无论早或晚，无论好或坏，危险的终究是思想，而不是既得利益。"① 事实上，既得利益一定会早于思想出来作祟，而且在多数情况下代表的是坏的影响力。

市场是最有效率的资源配置机制，但是，不受限制的市场力量可能导致垄断。在科技革命呈现前所未有的颠覆性特征的

---

① John Maynard Keynes, *The General Theory of Employment, Interest and Money*, New York: Cambridge University Press for the Royal Economic Society, p. 384.

情况下，与之相连的垄断力量也将是空前强大的。政府在这个问题上有可能表现出两面性，或者过度补贴为明星企业的垄断倾向火上浇油，或者维护平等竞争环境为新创企业雪中送炭。核心不在于要还是不要产业政策，而是产业政策如何在竞争中性原则与发展战略目标间取得合理的平衡。

六　结语

这里得出的结论，一言以蔽之，就是并不存在所谓涓流效应，涓流经济学或者渗透经济学都只是流行的神话而已。只有与时俱进地在政府职能与市场机制之间做到最适合的平衡，才能把新技术革命和新一轮全球化转化为经济增长动能，同时实现包容性发展。一个值得进一步阐述的问题是，中国经验在这个讨论中的意义，以及这个讨论对中国的含义。

按照施瓦布的时间划分，第一次工业革命发生在1760—1840年期间，第二次工业革命在1891—1910年期间，第三次工业革命在1960—1999年期间，21世纪以来便开始进入第四次工业革命。[①] 每一次工业革命又分别与特定版本的全球化相重合或者相交叉。

① ［瑞士］克劳斯·施瓦布：《第四次工业革命：转型的力量》第1章，中信出版集团2016年版。

由此可见，中国显然是完全错过了第一次和第二次工业革命可能提供的赶超机会。第三次工业革命发生在中华人民共和国成立以后，真正成为中国经济发展的机遇被抓住，则要到20世纪80年代以来的改革开放时期。在第四次工业革命兴起之后，以及面临着的正在来临的全球化4.0，中国已经成为其中不可忽视的推动力量。

在改革开放的很长时间里，虽然在整体上并不处于科技发展的前沿，但由于消除了阻碍生产要素积累和配置的制度障碍，通过引进外商投资学习技术和管理，中国得以充分发挥了后发优势，实现了史无前例的赶超速度。逐步扩大对外开放和参与全球分工体系，中国也把劳动力丰富的资源禀赋转化成比较优势，把人口红利兑现为增长源泉。在1978—2018年的40年中，中国以任何其他国家都未能达到的年均9.4%的速度增长，成为世界第二大经济体、第一大工业国和第一大货物贸易国。

改革开放和发展的成果，总体来说得到了分享。由于从国情出发，采取了渐进式的改革开放推进方式，没有造成休克疗法那样对民生的冲击，改革开放本身因具有帕累托改进性质而获得各个社会群体的支持。更重要的因素是，这个时期的经济增长源泉主要来自人口红利，劳动力资源的重新配置既转化为比较优势，支撑了经济增长，也扩大了就业数量，提高了就业质量，从而增加了城乡居民的收入。

虽然城乡之间、地区之间、部门之间和群体之间都存在着收入不平等现象，诸如基尼系数等指标也较高，但是，这种差距是在所有地区和所有人群的收入水平同时改善的情况下形成的。这个时期，劳动力市场发育本身具有改善收入分配的效果，再分配政策也起到了积极的作用并不断得到增强。

在总体上科技水平尚未处于前沿位置，因而享有后发优势的条件下，中国在改革开放时期生产率的提高途径呈现梯度性。第一个层次是由相对前沿的地区、部门和企业，通过借鉴和吸收国外技术，以较小的赶超代价和创新风险，在缩小差距的过程中改善生产率；第二个层次是通过产业结构调整，实现了劳动者就业扩大、收入改善与资源配置效率提高相统一的库兹涅茨过程。这个过程也具有帕累托改进的性质。

然而，随着中国经济发展进入新的阶段，由人口红利而来的经济增长源泉迅速式微，诸如劳动力充分供给、人力资本改善、高储蓄率和高投资回报率，以及资源重新配置带来全要素生产率提高等“低垂的果子”已经摘尽。与世界科技水平的差距缩小意味着后发优势的减弱，越来越需要自主创新引领。传统比较优势终将丧失，参与全球分工亟待培育新的比较优势。新技术革命以及与之相伴的全球化新版本，为中国实现高速增长到高质量发展转变提供了新的机遇，而抓住这个机遇必须进一步加大改革和开放力度。

在新的发展阶段上，改革开放也面临着新的挑战。特别是在改革具有越来越少的帕累托改进效应的情况下，对在技术变革中处于脆弱地位群体的保护，以及增进技术变革对弱势市场主体的渗透力，特别需要探寻市场机制与政府作用之间的新的平衡点。

首先，在生产率提高越来越依靠具有创造性破坏性质的自主创新的情况下，劳动力市场具有的改善收入分配的作用趋于减弱，特别是不能充分保护在竞争中处于相对不利地位的劳动者群体。因此，包括劳动力市场制度、社会保障体系以及其他基本公共服务在内的政府再分配政策需要发挥更大的作用。

其次，在国家整体科技更加接近前沿水平，甚至许多领域已经处于前沿的条件下，技术能否渗透到整个经济，是否会产生技术渗透的中梗阻现象，会受到垄断倾向、体制障碍和产业政策的影响。这要求政府的科技政策和产业政策应该更加体现竞争中性原则，加大监管和反垄断力度，使国民经济整体均衡地获益于技术变革和全球化。

后　　记

在回顾新中国70年和改革开放40年，特别是党的十八大以来中国经济发展辉煌历程时，一项不容忽视的研究工作，是认识和揭示其间取得的伟大成就的历史意义和世界意义。鉴于这些年来我一直关注这样的问题，并且投入时间和精力做了相关的研究，增进了认识也发表了一些成果，借庆祝中华人民共和国成立70周年之机，利用已有的积累写作这本书，也是“四个一批”资助课题“中国长期经济发展理论与经验”研究内容的题中应有之义。

我的成果中一如既往地包括了许多合作者和中国社会科学院同事的贡献。本书的出版也得到中国社会科学出版社的支持，特别是赵剑英社长和王茵总编助理的具体帮助。对社会科学特别是经济学这样需要面对不断变化的现实学科来说，任何研究成果终究只是，也应该只是阶段性的成果。只有这样，作者和读者的认识才能不断得到深化，取得更多的理论共识。本书也是一样，作者愿意为其中不完善甚至错误之处承担责任，也诚挚地期待读者的批评和指正。

蔡 昉

2019 年 10 月 21 日于北京